四訂版の発刊に当たって

　本書の初版の発刊は、平成25年11月ですから、それから９年もの月日が経過したものの引き続き四訂版の発刊に漕ぎつけることができたのは、ひとえに読者の皆様方のお陰であると深く感謝申し上げます。

　この９年ほどの間においても、絶えず社会経済情勢は進展し、これに伴って不動産の形成要因が変化し、加えて過疎化又は人口の集中化による土地利用の実態の変化が加速し、さらには安全・安心な都市形成のための土地利用に対する法的規制の強化など、さまざまな要因によって不動産の価値が変動するため、これらの変化に的確に対応するために財産評価通達もしばしば改正されました。

　本書は、３ページ以下の「はじめに」において、(1) 本書の目的、(2) 財産評価通達の解説及び(3) 本書の構成について触れました。

　このうち、「(1) 本書の目的」は、税理士等の実務家の方々が財産評価通達を適用するに当たり、評価の作業にお役立ていただくために、実務的な観点から、各種の情報や評価手法に関する解説を随所において提供させていただいておりますが、これらの情報を最新のものに更新し、また、新たな情報を随所で追加提供いたしました。

　次の「(2) 財産評価通達の解説」に関しては、かねてよりの懸案でもあった「定期借地権等を含めた借地権等の評価」の解説を新たに追加しました。

　また、「家屋の評価」についての解説も、新たな項目として追加しました。

　これに対し、平成29年９月２日付の財産評価基本通達の一部改正により、同年12月31日限りで廃止された「広大地の評価」の解説は、現下においてはほとんど適用される機会がなくなったといえますので、今回の改訂を機に削除しました。

　これら以外に改訂した解説としては、「土砂災害特別警戒区域内の宅地の評価」、「都市計画道路予定地の区域内にある宅地の評価」、「生産緑地の評価」及び「配偶者居住権の評価」などに関して、評価通達が新たに創設され、あるいは従前の評価通達の一部が改正されましたので、これによりそれぞれの解説を改訂しました。

　「(3) 本書の構成」に関しては、従前の本書の構成の体裁を踏襲しながら、「第８章」に「家屋及び家屋の上に存する権利」を新設しました。そのため従前の「第８章」の「留意すべき情報等」は、「第９章」に繰り下げました。

　また、【巻末付録】は、これまで「不動産用語」・「豆知識」・「一口メモ」・「用語の意義」に分けて索引を作成していましたが、四訂版では、本文中で使用する用語も含めて、不動産関連用語集として利用できるように「50音順用語索引」として一本化しました。

その他の事項としては、次に掲げる2項目を敢えて取り上げたことです。

> ① 「第55 貸家建付地の評価（アパート等の一部が空室となっている場合）」
>
> （⇒250ページ）
>
> ② 「第60 相当の地代を支払っている場合等の借地権等の価額」の中のコラム欄「この取扱いについて考えてみよう！」
>
> （⇒294ページ）

　いずれも公表裁決や判例の判断と異なる見解を述べていますが、実務でこのような事案に遭遇した場合には、その対応に苦慮せざるを得ないのが実情です。

　そこで、本書は共著ではありますが、この2項目の解説を担当した小寺の意見として、この問題点を明らかにすることによって、読者の皆様にお考えいだだき、今後の対応策を見出していただくことができれば幸いと念じつつ執筆しました。

　特に、①の「アパート等の一部が空室となっている場合」の評価に関しては、相続税の申告においては、かなり高い頻度で直面する評価事例ですが、現下における大方の申告においては、空室となった部分を貸家として使用できるよう維持管理し、継続して入居者を募集している場合には、その空室の期間の長短に拘わらず、貸家及び貸家建付地として評価して申告されており、そのほとんどは修正申告を求められていないのが実情ではないかと推測されます。

　これに対し、自用の不動産として評価して申告し、その後に貸家及び貸家建付地の価額によって更正の請求をする場合には、たちまちその形勢は逆転してしまいます。

　したがって、このような案件の申告については、ご自身でその正否を的確に見定めた上で、くれぐれも慎重に対処していただき、斯かる事態を招くことがないようにと願いながら、本書の執筆に臨んだ次第です。

　著者としましては、相続税の申告等に携わる実務家の方々が適正かつ効率的に不動産の評価をしていただくために、本書を広くご活用いただければ幸甚であり、今後も皆様からの忌憚のないご意見を拝聴し、さらにその内容を充実させたいと願うところです。

　最後になりましたが、本書に改訂に当たり、実務出版の皆様方から多大なご協力とご尽力を賜ったことにつきまして、深く感謝を申し上げる次第です。

　令和4年9月　菊秋

税理士　小寺　新一

不動産鑑定士・税理士　吉村　一成

はじめに

　相続税の申告実務において、不動産評価の問題に頭を悩ませることが多いのではないでしょうか。実際に不動産評価に直面した場合には、物的確認や法的利用規制の確認などが必要不可欠で、現地調査や市町村役場の調査を行わなければならず、これらを万全に行い、評価額に反映させるのはかなり面倒で厄介なものです。財産評価基本通達を熟読したとしても、一筋縄で対処できないことも少なくないでしょう。しかし、物件の見方のコツをつかむと、かなり整理して捉えることができるようになります。

　本書は、このような不動産調査のコツをつかむための一助になればとの思いでとりまとめた解説本で、理解の助けとなるように、図表や写真をなるべく多く取り入れています。

(1)　本書の目的について

　本書は、相続税の不動産評価の入門書としてではなく、不動産の評価実務をある程度経験された税理士や公認会計士、その他の相続に関わる実務家の方々にご覧いただき、相続税又は贈与税の申告手続きなどにお役立ていただくことを願って執筆いたしました。

　解説の内容は、財産評価基本通達の適用についての解説を中心とし、加えて、財産評価基本通達の適用に当たって評価作業にお役立ていただけるように、実務的な観点から土地利用に対する法的規制の種類やその把握方法、地方自治体の担当窓口、各種の地図の紹介とその収集・活用の方法、現地調査をする際の手順と留意事項、土地の形状の計測方法などの情報や手法に関する解説を織り込みました。

　これらの情報や手法は、不動産の評価作業を行う際に、無駄を回避して作業を適正かつ効率的に行うための情報や手法といえるものです。

　本書に記載された内容は、一般的な財産評価基本通達の解説書では知りえない情報や実務に即した手法であり、著者らが不動産の評価実務を通じて経験して得た「不動産評価の有用情報」や「不動産関連便利グッズ」などを織り交ぜたもので、いわば本書はこのようなハウツウ本の役割を兼ねた「実用向きの不動産評価の手引」を目指しています。予めご一読いただいた上で、不動産評価の作業に着手していただくと、必ずお役立ていただけるものと自負しております。

(2)　財産評価通達の解説について

　本書が主として解説する財産評価基本通達の内容は、中級以上のレベルまでの解説を目標に執筆いたしましたが、紙面の都合上、初級レベルの解説は割愛するほかなく、例えば、路線価図の見方や路線価方式の概要、評価明細書の作成要領などの入門編の解説は致しておりませんので、予めご了承ください。

　また、定期借地権を含めた借地権の評価に関して、特に法人と個人の間で権利設定される

場合は、その課税上の取扱いと密接な関係がありますので、課税上の取扱いを抜きにして評価方法のみを解説しても満足のいく解説にはなりません。しかし、これらを全般的に解説すると相当数の紙面を要しますので、それは別の機会に譲ることとして、本書においては借地権の取扱いに関して留意すべき基本的な事項についての解説のみに留めました。

　しかしながら、不動産評価の基本となる事項については、たとえ入門編ではなくても、それらを確実に理解していただく必要があることから、紙面を割き、詳細な解説に心掛けました。

　これは、小手先だけの評価手法のみを学んでいただくのではなく、基本となる事項については確実にご理解いただき、如何なる不動産の評価事例であっても、応用を利かして対応することができるようにしていただくためです。

(3)　本書の構成について

　本書の構成は、章と節からなりますが、見出しは、解説項目全般に第1から第74までの通し番号を付しています。これは解説文中各所に⇒印で参照項目を掲げており、解説を相互に関連付けて不動産の評価を体系的に理解していただくためのもので、参照項目を検索し易いように通し番号としたものです。

◆第1章「土地評価の基礎知識」は、公的土地評価の適正化・均衡化の要請に伴う評価割合や評価時点などの相互の関連、不動産の表記に関する決まりごと、土地利用に関する公法上の規制と財産評価基本通達の定めなどの基礎知識に関する解説で、適正な土地の評価額の分析などをする場合に欠かすことができない基礎知識です。公法上の規制については、不動産に関わる法律は、約60にも及ぶと言われているところ、そのうち必要不可欠なものに的を絞って解説しています。

◆第2章「土地評価の手順」は、土地評価のための各種の資料や情報の収集先、その収集の方法、不動産評価に大きな影響を及ぼす建築基準法上の規制の内容とその確認方法、現地調査による評価土地情報の収集などについての解説で、評価の作業を効率的かつ的確に行うための情報や手法です。

　一般的な不動産評価の作業は、概ね次の①ないし⑤の手順で行いますが、いずれの手順に関しても手引きとなるべき解説を加えていますので、それぞれの局面において本書をご一読いただき、評価作業の効率的かつ的確な実施のためにご活用ください。

　　①　評価する不動産の所在や範囲等の確定（不動産の物的確認）

　　②　不動産の評価のために必要な地積や形状、利用状況等の確認（個別的要因の確認）

　　③　土地の上に存する権利が存する場合はその内容の確認（用益権等権利の態様の確認）

　　④　その土地に利用規制がある場合にはその内容の確認（法的利用規制の確認）

　　⑤　上記①〜④に適用される財産評価基本通達の確認と適用条件となる情報の収集

◆**第3章「土地評価の通則」**は、財産評価基本通達の「通則」に相当する部分の解説です。その内容はいずれも不動産評価全般に関わる基本的な事項の解説ですが、特に評価通達を適用するに当たっての大前提というべき「地目の判定」と「評価単位」の関係を中心に詳細な解説を試みました。

「評価単位」は、財産評価通達における特有の定めと言ってもよいもので、土地の現実の利用状況に即して評価を行うことにその趣旨があるのですが、これを間違えると大きな評価誤りにつながる重要な取扱いです。

◆**第4章「宅地の評価」**は、財産評価基本通達の「宅地及び宅地の上に存する権利」に相当する部分の解説です。

宅地の評価は、単純に、路線価に評価対象地の地積を乗じて算出すればよいものではありません。その宅地がどのような形で前面道路に接面しているのか、その宅地は、どのような地域に存しているのか、その宅地の利用状況はどのようなものなのかといった様々な要因分析が必要とされます。

このような宅地の評価は、農地や山林などを宅地比準方式で評価する場合の基本となりますので、本書の財産評価基本通達の大部分の解説は第4章からなります。

◆**第5章「農地の評価」**は「農地及び農地の上に存する権利」、**第6章「山林の評価」**は「山林（原野）及び山林（原野）の上に存する権利」、**第7章「雑種地の評価」**は「雑種地及び雑種地の上に存する権利」などについて、また、**第8章「留意すべき情報等」**は、最高裁判決「売買契約中の土地等又は建物等に係る相続税の課税等について」を踏まえて公表された「資産税課情報第1号(H3.1.11)ほか」など、相続税等の申告に当たって留意すべき取扱いについて、それぞれ解説をしています。

これらの地目の土地やその上に存する権利は、宅地化が熟成されている地域に存する場合と、宅地化の熟成度が進んでいない地域あるいは宅地化が抑制されている地域に存する場合とでは、全く価格水準が異なりますので、注意が必要です。

これらの財産評価基本通達の取扱いの解説に当たっては、その解説の根拠通達や出典を可能な限り付記することとしました。特に、「質疑応答事例」、「資産評価企画官情報」又は「タックス・アンサー」として国税庁ホームページなどで公表されてはいるものの、財産評価基本通達には定められていない取扱いについては、その出典根拠を掲げるように心掛けました。

(4) 本書の特色について

本書は、財産評価基本通達の解説に合わせて、その通達に密接に関連する事項については、実務家の方々により一層お役立ていただけるように【不動産用語】、【豆知識】又は【一口メモ】として、その説明を加えています。

不動産は、単なる土地ではなく、どこにあっても同じといった財産ではありません。人が

利用することにより、不動産は土地と人間との関係の体現者として現れ、そこから価値が生まれることになります。人が存在する限り不動産も存在し、人が作り出す地域が変動すれば、それに伴って不動産と人との関わりも変わっていくことになります。また、所有者とその家族にとっては、様々な思いや感情が込められた財産でもあります。このようなことを理解し、不動産に関する基礎的な知識を深めていただく一助になれば幸いです。

　随所に挿入した【ひと休み】は、読書で疲れた神経を和らげるための暫しの清涼剤としてお楽しみください。

　なお、解説の参考となる具体的な法規制の事例や地方自治体の担当窓口などの紹介については、筆者らが活動の拠点としている近畿地方のものに偏らざるを得ない点をご容赦ください。しかし、直接的な事例ではないものの、どの地方においても類似の法規制の事例があり、また、どの地方自治体においても同様に取り扱われていますので、十分に参考にしていただけるかと思います。

　税務や相続に携わる実務家の方々の不動産評価の参考書として、本書を広くご活用いただければ幸いです。

　本書の内容につきましては、紙面の都合上、まだまだ足りないと感ずるところもございます。今後、読者の皆様方からの忌憚のないご意見を拝聴し、さらに充実した解説書にいたしたく願う所存でございます。

　最後になりましたが、本書の刊行に当たって、実務出版の皆様方から多大なご尽力をいただいたことについて深く感謝する次第です。

　平成25年11月　錦秋

税理士　小寺　新一

税理士・不動産鑑定士　吉村　一成

も　く　じ

第3章　土地評価の通則　～地目・評価単位・地積の一般的な定め～

第6章 山林の評価

第7章 雑種地の評価（基礎知識）

家屋及び家屋の上に存する権利の評価

第8章 家屋及び家屋の上に存する権利

不動産評価の留意すべき情報等

第9章　不動産評価の留意すべき情報等

【凡　例】

相　法	………………………	相続税法
相　令	………………………	相続税法施行令
相　規	………………………	相続税法施行規則
措置法	………………………	租税特別措置法
措置法令	………………………	租税特別措置法施行令
措置法規	………………………	租税特別措置法施行規則
所法通達	………………………	所得税法基本通達
【所基通	………………………	所得税法基本通達（文末にて根拠通達表示の場合）】
措法通達	………………………	租税特別措置法基本通達
相続税通達	………………………	相続税法基本通達（根拠通達を表示する場合）
【相基通	………………………	相続税法基本通達（文末にて根拠通達表示の場合）】
評価通達	………………………	財産評価基本通達（根拠通達を表示する場合）
【評基通	………………………	財産評価基本通達（文末にて根拠通達表示の場合）】
資産評価企画官情報	………	国税庁資産評価企画官情報
質疑応答事例	……………	国税庁ホームページ『質疑応答事例』
タックスアンサー	…………	国税庁ホームページ『タックスアンサー』
固定資産税課長通達	………	自治省税務局固定資産税課長通達
最　　判	………………………	最高裁判所判決
東京高判	………………………	東京高等裁判所判決
建基法	………………………	建築基準法
建基令	………………………	建築基準法施行令
都計法	………………………	都市計画法
登記事務準則	………………	不動産登記事務取扱手続準則
「調整率表」	………………	「土地及び土地の上に存する権利の評価についての調整率表」

【例示】
相基通23─1　　　：相続税法基本通達23─1（借地権及び区分地上権の評価）
評基通７─２（７）：財産評価基本通達７─２（土地の評価上の区分）の（７））

≪備考≫本書は、令和４年９月30日現在の法令通達等により作成しています。

第1章 土地評価の基礎知識

第 1 　評価を中心とした土地税制史

　明治新政府は、税の中心を「年貢」から「地租」に変えたため、課税方法や負担者などが大きく様変わりし、「地租」が税収入の大部分を占める重要な「税」になりました。

　その後、社会は大きく変化し、経済も驚異的な発展を遂げ、地価が大幅に上昇したことを受け、土地に係る「税」についても「地租」が「固定資産税」として生まれ変わることになりました。

1 　地租の導入と地方自治体への移譲

　明治維新政府成立当時、財政は逼迫しており、廃藩置県によって藩の壁がなくなった結果、地域によって年貢の負担割合が違うことが農民に知られたことなどから、各地で騒動が起きるようになりました。

　このような状況の中で、安定した財源を確保し、国力強化、国際的な地位の獲得、さらに農民の不満を抑えるためなどの理由から、広く一般にも負担を求め、公平化、統一化を図るための財源として「地租」が課されることになりました。

　「地租」の導入により、土地の所有権が認められ、土地所有者に地券が交付され、地券に記載された地価に応じて地租が課されました。

　地券は、所有権を表すものとして利用されていましたが、明治19年に登記法が制定され、権利関係が登記されるに伴って重要性が薄れ、明治22年に土地台帳規則が制定された際に、地券制度は廃止されました。

　地租導入以後、耕地の地価は、特に問題がある一部の地域を除いて、ほとんど修正されることはありませんでした。

　しかし、半世紀ほどの歳月が流れると、経済の発展、交通機関の発達による都市への人口集中など、農業中心社会から、商工業中心の社会へと発展を遂げ、農地の宅地化、市街地化が進むなど土地の利用状況が大

【明治13年に発行された「地券」】

きく変化することになりました。その結果、「地租」によっては税負担の公平性、合理性を維持することが困難な状況となったため、大正15年に税制改革が行われました。

　地価については、土地の賃貸が比較的多く行われていたため、調査が容易であることから、地租の課税標準をすべて賃貸価格に基づいて算定することになりました。

　その後、昭和15年には国が徴収した地租、家屋税及び営業税の全部が分与税として地方に交付されるようになり、昭和22年3月に、「地租」は府県税として地方に移譲され、さらに昭和25年の税制整理で家屋税などと統合されて「固定資産税」となりました。

2　相続税法の創設と土地評価

　一方、明治38年に日露戦争の戦費調達策として、相続税が創設されました。

　原案では、土地の評価額を「賃貸価格ノ20倍」に相当する価額とされましたが、時価に比べると高過ぎるとの意見から「時価」に修正されたようです。

　明治42年の主税局通牒によると、当時から詳細な土地の評価基準が作成されていたことがうかがえ、また、大正14年12月に出された相続税事務規定の様式編からは、その当時から路線価の考え方があったことが推測されます。

　昭和25年の相続税法改正により、土地評価は、「取得した時における時価により」評価し、課税時期における「客観的に想定される交換価値」とされましたが、実際には、賃貸価格倍数方式あるいは固定資産税評価額を基礎とする倍率方式で評価していました。しかし、区画整理や戦後の復興で街並みが大きく変化しており、類似地区を比較しようとすると対象を細分化せざるを得なくなり、賃貸価格倍数方式は使えなくなりました。

　また、一方の固定資産税評価額についても、地方の財政状況によって評価に差が開いており、公平な土地の評価基準としては使えませんでした。このため、路線ごとに土地を評価する路線価方式が導入されることになったのです。

　路線価方式が導入されたのは昭和30年で、第二次世界大戦後、財産税、富裕税の導入などによって地価評価の重要性が増すとともに、評価方式が複雑化したので、これを整備したものです。

　その後現代に至るまでに、税制面においては、地価高騰に伴い地価抑制を目的とした譲渡所得の分離課税、土地譲渡益に係る重課税制度及び地価税なども導入され、一方では、住宅取得促進を目的に住宅取得に係る減税制度が導入されるなど、土地に係る「税」に対する考え方は大きく変わりつつあります。

（参考文献：佐藤正男　税大論叢39号）

土地台帳及び公図はかつて税務署から移管された簿書

～ 地租を課税する目的で作成 ～

「土地台帳」とは、旧地租法・旧土地台帳法による土地の状況を明らかにする地籍簿です。

府県税である地租家屋税が廃止され、市町村が固定資産税を課することになったため、国の機関である税務署が土地台帳及び家屋台帳を所管して、賃貸価格の調査をする必要がなくなったので、附属地図（いわゆる「公図」）とともに法務局に移管されたものです。

次の判例の判断等からも、このような経緯をうかがい知ることができます。

■昭和40年5月17日前橋地方裁判所民事部判決（昭和36年（ワ）第122号）

～ 山林境界確認等請求事件 ～

「ところで、現在地方法務局に備付けられている地図は、明治政府が明治6年7月から明治14年の間に改租のために調製したものであって、その図面の作成に当たっては、政府の一般方針としては、先ず検地のため人民から土地の地番、反別等を記載した地引絵図なるものを差し出さしめたうえ、町村吏が実地に臨み四隣の地主を立会わしめて官、民有地の別なく一筆毎にその所有を検し、その報告に基いて官吏が更めて現地に臨み地主および村総代人を会集して地引絵図と照合して誤りなきを期したうえ完成したものであることは世人の知るところであって、被告○○本人尋問の結果によると本件法務局図面は、△△村戸長が、実地を調査し、先ず、一筆毎の野帳を作成し、明治6年にこれを税務署に提出し官吏がこの資料に基いて作成したものであることが認められるので以上の事実をあわせると本件法務局図面は、本件土地の位置、境界について相当の正確性を有し、その記載は、証拠資料として信用するに足るものと考える。しかして現在市町村備付図面は、前記法務局図面を謄写したものであることはこれまた一般の知るところであるから、本来両図面は、完全に一致すべき筋合のものである。・・・」

■昭和43年4月23日　長野地方裁判所判決（昭和41年（行ウ）第10号）

「・・・昭和25年法律第227号土地台帳法等の一部改正に関する法律により、台帳事務が税務署から登記所に移管される以前においては、土地台帳は、税務署が地租の課税標準たる土地の賃貸価格の均衡適正を図るため、土地の状況を明確に把握するに必要な事項の登録を行う（右改正前の旧土地台帳法第一条）ことを目的として設けられていた課税台帳にすぎないものであり、右台帳付属の図面も、右目的に資するためのものにすぎないというべきである・・・」

登記に関する質問

【Q】　登記所には、どのような地図が備え付けられていますか。

【答】　登記簿のほか、登記所に備え付けてある地図、地積測量図、建物図面等の図面は、だれにでも公開されていますので、管轄の登記所に必要な事項を記入した申請書を提出すれば、これらの図面を閲覧又は写しの交付請求をすることができます。登記所に備え付けてある代表的な地図及び図面について、簡単に紹介します。

【法14条地図】・・・不動産登記法第14条第1項の規定によって登記所に備え付けることとされている地図で、精度の高い調査・測量の成果に基づいて作成されたものです。登記所に備え付けてある地図の中では、最も精度が高い地図ですが、備え付けが完了していない地域が多くあります。

【地図に準ずる図面（いわゆる「公図」）】・・・上記「法第14条第1項地図」が備え付けられるまでの間、これに代わって登記所に備え付けることとされている図面で、土地の位置、形状及び地番を表示しているものです。これらの地図の大部分は、明治時代に作製された旧土地台帳付属図面（いわゆる公図）で、昭和25年以降に税務署から登記所に移管されたものですが、上記「法14条地図」と比べ、精度が比較的低い地図です。

【地積測量図】・・・地積測量図は，土地の分筆登記などの際に提出される図面で、土地の形状、地番、地積及びその求積の方法を明らかにするとともに、方位、境界標、隣接の地番等を表示して、土地を特定することを目的とする図面です。なお、地積測量図は、すべての土地について備え付けられているものではなく、地積測量図の提出後に合筆等がされている場合には、現状に合致していないものもありますので、ご注意ください。

【建物図面、各階平面図】・・・いずれも建物の表示に関する登記の申請の際に提出される図面で、建物図面は建物の位置及び形状を明確にしている図面、各階平面図は建物の各階の形状と床面積等を表示している図面です。なお、建物図面及び各階平面図は、すべての建物について備え付けられているものではありませんので、ご注意ください。

（鹿児島地方法務局ホームページ）

《著者補足》

「**法14条地図**」とは、基準点を基点として境界を測量するもので、必ず筆界点1点ごとの座標値と共に管理され、災害等により土地の位置や区画が不明確となっても境界を復元することが可能となります。この地図を、一般的には「14条地図（平成16年法律第123号による不動産登記法の改正前は「17条地図」）」と呼んでいます。14条地図は、土地区画整理事業や土地改良事業においても作成されますが、その大部分は国土調査法に基づく地籍調査により作成されます。しかしながら、地籍調査は、昭和26年から行われ、既に半世紀以上が経過していますが、地籍調査の進捗率は50％と低く、特に、都市部（ＤＩＤ：人口集中地区＝22％）及び山村部（林地＝43％）においては調査が遅れています（国土交通省 地籍調査Webサイト）。

「**地積測量図**」は、過去に「分筆」又は「地積更正」が行われた土地について存在しますが、

逆に、合筆が行なわれた土地については存在しません。また、「地積測量図（建物図面,各階平面図）」の作成は、昭和35年の不動産登記法一部改正によるもので、数年の経過措置があるため、その体制が整備されたのは昭和38～40年頃（法務局により異なります）で、整備以前の分筆（表示登記）であれば、地積測量図（建物図面, 各階平面図）は存在しません。

　なお、不動産登記法の改正（平成16年法律第123号）後に分筆された土地に係る地積測量図に関しては、「第20　分筆登記と縄延び」（116ページ）を参照してください。

「登記情報提供サービス」

　「登記情報提供サービス」を利用して、インターネットにより、次の登記や供託等の申請・証明書の交付の請求を行うことができます（有料）。

　なお、「登記情報提供サービス」内の「地番検索サービス」を利用すれば、住居番号（住居表示）からおおよその地番を検索することができます（無料）。

① 不動産登記情報（全部事項）
② 不動産登記情報（所有者事項）
③ 地図情報
④ 図面情報
⑤ 商業・法人登記情報
⑥ 動産譲渡登記事項概要ファイル情報及び債務譲渡登記事項概要ファイル情報

　　　　　　　　　　　　　　　　　　　一般財団法人　民事法務協会

第2 公的土地評価の均衡化・適正化
～ 路線価等によって過去における土地の時価を推計する方法 ～

1 公的土地評価とは

　土地基本法第16条《公的土地評価の適正化等》は、「国は、適正な地価の形成及び課税の適正化に資するため、土地の正常な価格を公示するとともに、公的土地評価について相互の均衡と適正化が図られるように努めるものとする。」と規定しています。

　公的土地評価とは、①地価公示価格（評価時点＝1月1日）及び地価調査価格（「基準地価格」。評価時点＝7月1日）、②相続税評価の路線価等、並びに③固定資産税評価額を指し、これらは次の図のような関連で相互の均衡と適正化が図られています。

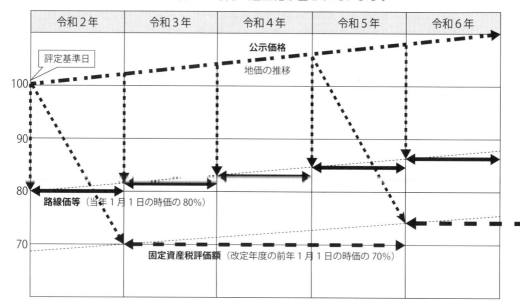

　相続税評価額（◀▬▬▶）は、当年1月1日の地価公示価格水準の価格の約80パーセント相当額で評定し、毎年改定されます。

　これに対し、固定資産税評価額（◀ ▬ ▶）は、3の倍数の年度に改定されます（西暦の場合は、下二桁が3の倍数になります）。改定年度の前年1月1日の地価公示価格水準の価格の約70パーセント相当額で評定し、改定年度から3年間適用されます（ただし、地価下落局面にあっては、状況類似地区ごとの下落率によって、改定年度の固定資産税評価額を下方修正する措置もあります）。したがって、令和2年分路線価等と同3年度改訂の固定資産税評価額との評定基準日は、令和2年1月1日で一致し、これらの価格比は「8対7」ですから、「令和3年度固定資産税評価額×1.14倍（8÷7）＝令和2年分相続税評価額」となる関係にあります。

2　公的土地評価の相互の均衡と適正化

　このように公的土地評価の相互の均衡と適正化が図られるようになったのは、相続税路線価等の場合は、平成４年分の土地評価からで、それ以前は前年７月１日を評定基準日とし、評価割合は70％相当額で評価が行われていました（例えば、平成３年分の路線価等は、基準地価格と同じ評価時点である平成２年７月１日の時価の70％相当額で評定されていました）。

　したがって、例えば、平成２年７月の時価を求める場合は、平成３年分の路線価を0.7で除して求めた価額がこれに近似し、また、平成４年１月の時価を求める場合は、平成４年分の路線価を0.8で除して求めた価額がこれに近似することになっていました。

　また、固定資産税評価の場合は、平成６年度の改定から公的土地評価の相互の均衡と適正化の要請を受け、時価の70％相当額で評価することになりました。

（注）１．ここでいう「時価」とは、一般的な土地取引の指標ともなる公示価格及び基準地価格の水準の価格をいいます。

　　　２．路線価等に基づいて、古い年代の土地の時価を検証する際には、上記のように評定基準日や評価割合に変遷があることを心得ておく必要があります。

> **【昭和55年１月の時価を推計する場合の計算例】**
> その土地の昭和55年分路線価200,000円÷0.7＝ 昭和54年７月１日の時価285,714円
> その土地の昭和56年分路線価230,000円÷0.7＝ 昭和55年７月１日の時価328,571円
> （328,571円÷285,714円－１）×６月÷12月＝ 0.075（54年７月から半年間の地価変動率）
> 285,714円×（１＋0.075）＝ 307,142円（昭和55年１月の時価の推計値）

　　　３．地価公示地及び基準地一覧にアステリスク「＊」の付されたものがありますが、これは地価公示地と基準地の標準地が同じ地点であることを示しますので、この地点及びその周辺地域については、これらの価格を基に１から６月と、７月から12月までの間の各地価変動率を求めることができます。

　ただし、「路線価等 対 固定資産税評価額」が「８対７」で均衡が図られているのは宅地のみで、それ以外の地目の公的土地評価については相互の均衡は図られていません。

　なお、農地の評価割合については、314ページを参照してください。

第3　路線価と標準化補正

1　路線価

　「路線価」は、財産評価基本通達14《路線価》の定めのとおり、その路線のみに接する標準的な間口距離及び奥行距離を有するく形（長方形）又は正方形の土地（画地調整率がいずれも1.00となる標準地）の１㎡当たりの価額が付されています。

評価通達

（路線価）

14　前項の「路線価」は、宅地の価額がおおむね同一と認められる一連の宅地が面している路線（不特定多数の者の通行の用に供されている道路をいう。以下同じ。）ごとに設定する。

　路線価は、路線に接する宅地で次に掲げるすべての事項に該当するものについて、売買実例価額、公示価格（地価公示法（昭和44年法律第49号）第６条《標準地の価格等の公示》の規定により公示された標準地の価格をいう。以下同じ。）、不動産鑑定士等による鑑定評価額（不動産鑑定士又は不動産鑑定士補が国税局長の委嘱により鑑定評価した価額をいう。以下同じ。）、精通者意見価格等を基として国税局長がその路線ごとに評定した１平方メートル当たりの価額とする。

(1)　その路線のほぼ中央部にあること。

(2)　その一連の宅地に共通している地勢にあること。

(3)　その路線だけに接していること。

(4)　その路線に面している宅地の標準的な間口距離及び奥行距離を有するく形又は正方形のものであること。

(注)　(4)の「標準的な間口距離及び奥行距離」には、それぞれ付表１「奥行価格補正率表」に定める補正率（以下「奥行価格補正率」という。）及び付表６「間口狭小補正率表」に定める補正率（以下「間口狭小補正率」という。）がいずれも1.00であり、かつ、付表７「奥行長大補正率表」に定める補正率（以下「奥行長大補正率」という。）の適用を要しないものが該当する。

2　標準化補正〜路線価の仕組みを理解するための一助として〜

　次の図のとおり、路線価図には、その地域に所在するすべての地価公示地及び基準地（地価調査価格）の地点が「公5−1」又は「基6」などの記号で示されています。

　（注）「公5−1」は、番号5−1の地価公示地であることを示します。

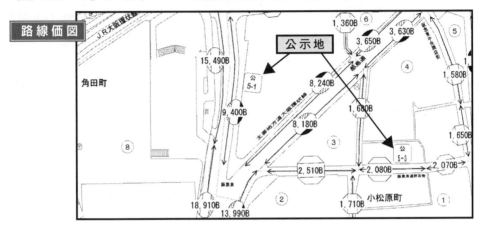

（1）路線価と地価公示価格の関係

　平成4年分以降の路線価は、地価公示価格と評定基準日（当年1月1日）が同一であり、地価公示価格の概ね80％の価格水準（評価割合）で評定することとされているので、原則的に、両者の価格は8対10の比になります。

　しかし、前記[1]のとおり、路線価は、その路線のほぼ中央に位置し、一の路線のみに面するその地域における標準的な規模と形状を有する土地（すなわち、画地調整率1.00が適用される土地）に係る1㎡当たりの価格（標準価格）を表すものであるのに対し、地価公示地は、角地や不整形地、奥行が長大な土地などが標準地に選定されていることもあり、その地価公示地そのものの1㎡当たりの価格を表しているので、地価公示地の所在する路線については、その地価公示価格を標準化補正し、標準化補正後の地価公示価格の80％相当額で路線価を評定する必要があります。

● 「標準化補正」の具体的な計算例 ●

「標準化補正」を具体的な計算例で示すと、次のとおりです。

例　地価公示地は奥行価格補正率0.90が適用される形状（奥行距離）の土地とし、公示価格は180,000円とする。

　・公示価格180,000円÷0.90＝200,000円（地価公示価格の標準化補正後の価格）

　・200,000円×評価割合0.8＝160,000円（地価公示地に係る路線価）

《地価公示地の相続税評価額》

　・路線価160,000円×奥行価格補正率0.90＝地価公示地の相続税評価額144,000円

　（注）単純な単価の比較では10対8.88…になるが、「地価公示価格180,000円」対「地価公示地の相続税評価額144,000円」は10対8の比になる。

（2）「標準化補正」の仕組みを正しく理解する

　大部分の地価公示地や基準地は、その地域における標準的な規模と形状を有する土地が選定されていますが、その一部には、例えば、側方又は二方に面する土地や、奥行が長大な土地、不整形な土地等も選定されています。

　特に、京都市内（中京区に多い）などには、いわゆる「うなぎの寝床」と称される間口が狭小で、奥行が長大な土地が地価公示地として選定されているので、同一の評定基準日でありながら、地価公示価格と路線価との比が10対8にならない地域が出現します。

　むしろ、この標準化補正は、「その地価公示地に係る土地を、路線価に基づき、奥行価格補正率や間口狭小・奥行長大補正率などの画地調整率を適用して評価した1㎡当たりの価額が、地価公示価格の80%相当額になる計算上の仕組みである。」と説明した方が理解し易いかも知れません。

地価公示における標準化補正　〜抜粋〜

　国土交通省の令和4年地価公示鑑定評価書の用語等の説明には、次のようなQ＆Aが掲げられています。

Q　前年公示価格からの検討における標準化補正とは

A　対象標準地の個別的要因を反映したものを、対象標準地の個別格差といいますが、代表標準地の個別格差を反映した補正を標準化補正といいます。（以下略）

Q　標準地とは

A　地価公示において価格を公示する地点のことを意味し、土地鑑定委員会が自然的及び社会的条件から見て類似の利用価値を有すると認められる地域において、土地の利用状況、環境等が通常と認められる土地を選定しています。

Q　対象標準地の個別的要因とは

A　対象標準地の属する近隣地域の標準的な画地と比べた場合の、対象標準地の個別格差のことをいいます。

不動産鑑定評価制度の歴史と地価公示制度の概要

(1)　不動産鑑定評価制度の歴史

　わが国においては昭和30年代に高度経済成長による都市への急速な産業・人口の集中を背景として著しく地価が高騰し、土地・住宅の入手難、投機的な土地取引の増大といった国民経済にとって重大な問題が生じました。この地価高騰の重要な要因の一つとして、合理的な地価形成を図るための制度の欠如が指摘され、この問題に対処するため昭和37年に建設省に宅地制度審議会が設置されました。当時の建設省は宅地制度審議会の答申を受けて法案を国会に提出し、昭和39年4月1日に「不動産の鑑定評価に関する法律」が施行されました。

　不動産は、不動性、非代替性、不変性といった他の一般の財と異なる特性を有し、その一つひとつが極めて個別性に富んだものであるため、いわゆる妥当な相場というものが形成され難いものです。このため個々の取引等において、その価格の決定に当たっては、対象不動産について、鑑定評価という行為が必要であり、この鑑定評価の行為は、極めて専門的な知識、経験、判断力を必要とし、このような資質を備えた専門家によってはじめてなされ得るものです。

　そこで、不動産の価格が合理的に決定されることを可能とするために、このような資質を備えた専門家を確保し、その規制と育成を図ること、すなわち専門家制度としての不動産鑑定評価制度が必要とされ、整備されることになりました。

(2)　地価公示制度の概要とその役割

　地価公示価格は、地価公示法（昭和44年法律第49号）に基づき、土地鑑定委員会が毎年1月1日を価格時点とする標準地の正常な価格を3月に公示し、一般の土地の取引価格に対して指標を与え、公共用地の取得価格の算定に資するとともに、不動産鑑定士等が鑑定評価を行う場合の規準等となることにより、適正な地価の形成に寄与することを目的としています。公示価格は、これらの役割に加え、公的土地評価の均衡化・適正化の観点から、相続税評価や固定資産税評価の目安として活用されているとともに、土地の再評価に関する法律、国有財産、企業会計の販売用不動産の時価評価の基準としても活用されるなど、地価公示制度の重要性が高まっています。

　一方、基準地価格（地価調査価格）は、国土利用計画法に基づいて、同法に定める取引に際しての届出等の価格審査の基準を示すため、各都道府県知事が、毎年7月1日を価格時点とする標準地の正常な価格を9月に公表します。地価公示とは異なり、都市計画区域内を原則とはせず、また、林地が相当数含まれます。

　いずれの価格も標準的な土地についての、売り手にも買い手にもかたよらない客観的な価値を示し、不動産鑑定士2名（基準地価格は1名）による鑑定評価に基づき、土地本来の価値を示すため、現存する建物の形態や種々の権利にかかわらず、その土地の効用が最高度に発揮できる想定の下で、1㎡当たりの（更地）価格、所在、地積、土地の利用状況、駅への接近状況などの情報を公表しています。

「うなぎの寝床」と「間口税」
現在も各地に残る「うなぎの寝床」

間口が狭く奥行が極端に長い敷地を「うなぎの寝床」といいます。

江戸時代には、間口（家などの正面）の広さを課税標準として「間口税」を課していた地域があり、そのために必要な敷地の規模を確保しつつ税負担を軽減する目的で、間口を狭くし、奥行きを長くした「うなぎの寝床」と称される町並みが形成されました。

そのために、今でも京都市のほか各地に間口が狭く奥行の長い町並みが残されている地域があります。

岐阜県関市本町５丁目界隈もそうした町並みが残っている地域ですが、その中に、創業140年ほどになるという「うなぎの辻屋」が営業をしています。

奥に細長い客席が続いており、「うなぎの寝床にあるうなぎの辻屋」と呼ばれているそうです。

【うなぎの寝床にある
うなぎの辻屋】

オランダの「間口税（窓税）」

中世のオランダには、窓の数を課税標準とする「窓税」が適用されており、16世紀には、これが「間口税」となったそうです。

我が国の場合は、奥に向かって細長い建物を建てて必要な床面積を確保したのに対し、オランダの場合は、我は国ほどの地震国ではありませんので、上空に向かって細長い石造建物を建てて必要な床面積を確保しました。

ところで、「アンネの日記」で有名なアンネ＝フランクは、アムステルダム市街の４階建ての建物の内部に秘密の隠れ部屋を作って暮らしていました。建物は、通りに面した広い部分と、裏側の１～３階の狭い部分に分かれていて、裏側の入口は扉のように回転する仕組みの書棚でふさがれており、アンネたちはこの裏側の部分に隠れ住んでいたそうです。

今でもアムステルダムの運河沿いなどにこうした建物がほぼ隙間無く立ち並

【アムステルダムの景観】

【うなぎの寝床の京町家】

んだ景観が往時の名残を留めています。

風土の違いにより、我が国とはまったく異なる景観の町並みが形成されたのですが、国民の租税回避行動は、万国共通で、回避行動はこのように町並みさえもすっかり変えてしまうほど強いものなのです。

第4　不動産の表記と住居表示
～ 納税者からの信頼を失うことがないように！ ～

1　地番と住居表示

　地番と住居表示には、以下のような違いがあります。

　特に、表記方法を誤って遺産分割協議書の作成などを行うと、不動産取引や登記手続きに詳しい納税者からの信頼を失いかねませんので、注意を要するところです。

　誤りを回避するには、不動産登記簿謄本や住民票の写しを確認するのが最も確実な方法です。

（1）地番

　地番とは、一筆の土地ごとに登記所が付す番号をいいます。

　不動産登記規則第98条《地番》及び不動産登記事務取扱手続準則第67条《地番の定め方》は、地番を定めるに当たっては市、区、町、村、字又はこれに準ずる地域をもって「地番区域」を定め、この地番区域ごとに土地の位置が分かりやすいものとなるように定めるものとしています。また、土地を分筆した場合は、分筆前の地番に支号（枝番）を付して各筆の地番を定めることとし、これに対し、土地を合筆した場合には、合筆前の首位の地番をもってその地番とすることなどを規定しています。

　国有地である土地は、原則として、登記されないため地番が付されません。例えば、皇居や宮内庁には住居表示はあるものの地番はなく、国立大学も国立大学法人化されるまで地番がありませんでした。この場合、最も近い「地番の付いた」土地の番号を用いて「○○町××番地先国有無番地」とします。明治以来一貫して国有地である土地上の建物の所在（住所）は、すべて「国有無番地」で、「番外地」という表現も、国有地に地番が付されないことに起因するものです。　　　　　　　　⇒「《不動産用語》赤線（赤道）・青線（青道）」（61ページ）参照。

　このように、地番は、主に不動産登記で使用され、住居表示が実施されていない地域では住所を表すときにも使用されますが、この場合は、次ページの2の⑵のとおり、表記の仕方を変えます。

（2）住居表示

　我が国の住居表示は、昭和37年に施行された「住居表示に関する法律」に基づいており、住居表示の方法として、次の二つの方式が定められています。そのため、住居表示に関する法律に基づいて住居表示が実施された地域では、住居表示と地番は異なることになります。

イ　街区方式

　道路、鉄道などの恒久的な施設又は河川などによって区画された地域に付けられる符号（街区符号）と、その地域内の建物に付けられる番号（住居番号）を用いて表示する方法で、我が国のほとんどの地方自治体で採用されている方式です。

ロ　道路方式

道路の名称と、道路に接する（又は道路に通ずる通路を有する）建物に付けられる番号を用いて表示する方法で、欧米で一般的に採用されている方式です。

我が国では、山形県 東 根市の一部で採用されています。

（例）山形県東根市板垣大通り10

京都市においては、住居表示は実施されておらず、京都市の中心部で用いられている「通り名」による所在地の表記方法は、類似はするものの、ここでいう道路方式ではありません。

2　地番、住居及び建物の表記方法

以下にこれらの表記方法を示します。

（1）地番の表記方法

イ　地番の表記

地番は、「○○市△△町××番」という形式で「番」と表記します。

（例）大阪市中央区谷町２丁目123番

ロ　枝番がある場合の表記

枝番がある場合は、枝番が「番」の後に続きます。

（例）大阪市中央区谷町２丁目123番１

（注）上記の例では、「谷町２丁目」と記載しましたが、正しくは漢数字を使用して「谷町二丁目」と表記します。しかし、不動産登記の実務では、アラビア数字で表記して差し支えありません。

（2）住居の表記方法

イ　住居表示を実施している地域

住居表示を実施している地域では、一般的に次のように表記します。

（例）○○市△△町８番13号

（例）○○市△△町３丁目８番13号

ロ　住居表示を実施していない地域

住居表示を実施していない地域の多くは地番を住所として扱いますが、その際は地番ではなく住所を表していることを示すために、「番地」と表記します。

（例）○○市△△町123番地

（例）○○市△△町123番地１

（注）枝番がある場合は、従来は番地と枝番の間に「の」を挿入していましたが、上記の例のとおり、現在は多くの自治体が「の」を廃止しています。

（例）○○市△△町□丁目123番地の１・・・（従来の表記方法）

　　　○○市△△町□丁目123番地１・・・・（最近の表記方法）

（3）建物の表記方法

次表は、建物の表記方法を示しています。「所在」及び「家屋番号」は、いずれも建物の場

所を特定するもので、不動産登記簿に記載されています。

イ　所在

「所在」は、その建物が建っている土地の地番ですが、表記の方法は、土地の地番を「123番1」とするのに対し、建物の場合は、「123番地1」と表記します。

所　在	○○市△△町□丁目123番地1
家屋番号	123番1
種　類	居宅
構　造	木造瓦葺
総階数	2階建
床面積	1階　75㎡　　2階　45㎡ 延床面積（床面積の合計）120㎡

ロ　家屋番号

「家屋番号」は、個々の家屋に付される番号です。この家屋番号には、基本的には土地の地番と同じ番号が付されますが、次の図のように、一つの敷地に二以上の建物がある場合は、地番と家屋番号は異なることもあります。

また、土地の分筆や合筆によって地番と家屋番号が異なっている場合もあります。

家屋番号：123番1の1　　家屋番号：123番1の2

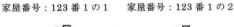
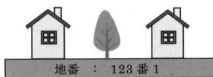

地番　：　123番1

社会実験「通り名で道案内」

　土地に不慣れな方に、通りの名前と距離を表す番号を記載した「標識板」によって、目的地への案内をしようという試みが実施されています。

　例えば、この「六本木通り#6」の標識は、通りの起点から60mの位置にあることを示します。もしあなたの目的地が「六本木通り#22」であるとすると、「あなたの目的地は、ここから160m先にある。」ということを示します。

場所を特定するルール
1) 通りに名称を付ける。
2) 通りの起点から概ねの距離を位置番号とする。（10m単位）
3) 起点を背に右側に奇数、左側に偶数を表示する。

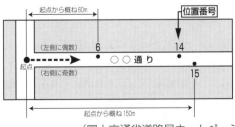

（国土交通省道路局ホームページ）

「渡辺－3」

右の写真は、「大阪市中央区久太郎町4丁目渡辺」の住居表示板で、例外的な街区符号として、数字以外の文字が用いられている例です。

通常は、4丁目の後には「3番3号」のような数字が続くのですが、この住所は「渡辺3号」などと表記されます。この地にある「坐摩（いかすり）神社（通称：ざまじんじゃ）」の住所が正に「久太郎町4丁目渡辺3号」に当たります。

この坐摩神社は、天正10年（1582）の豊臣秀吉の大坂築城に当たり替地を命ぜられ、寛永年間現在地に遷座されました。

昭和63年に地名が変更されるまでのこの辺りの地名は「渡辺町」であって、神社の遷座に伴い元の地名までもが移されたのです。

旧社地と伝えられる中央区石町には現在も行宮（御旅所）が鎮座されており、近くには「渡辺橋」の名が残されているように、この地は渡辺綱（わたなべのつな）が住んだといわれ、全国の渡辺・渡部等の姓の発祥の地とされます。

そのため、その末裔で構成される「全国渡辺会」が、渡辺町の地名変更に反対し、その結果、丁目に続く街区符号の替わりに「渡辺」の名が残されることになったそうです。

司馬遼太郎著「歴史を紀行する－政敵を亡ぼす宿命の都〔大阪〕－」にも、「平安から鎌倉期にかけては現在の大阪市の都心あたりはワタナベとよばれていた。大阪のもとのよびなは渡辺であった。渡辺党という二流程度の武士団が住んでいた。日本の姓のなかでもっとも多い姓のひとつである渡辺姓はここを発祥としている（文春文庫）」とあり、この町名にはこれほど古い来歴があるのです。

「A－7」

次も、大阪市中央区上町（うえまち）にある珍しい住居表示です。「上町」の地名は、上町台地にある町の総称で、大阪の歴史の発祥の地ですが（149ページ「地名考－坂道と住環境－」参照）、この大阪市中央区上町には、街区符号が「アルファベット」で表記される地域があります。

例えば、大阪における能楽の本拠地ともいうべき「大槻能楽堂」の住所は、大阪市中央区上町A番7号です。

実は、大阪市中央区は、1989年に旧東区と旧南区が合併して誕生した区ですが、この合併が原因でこのようなアルファベット表記の街区符号が生じたものです。

つまり、この上町には、「1丁目」と「丁目割りをしていない地域」とがあり、例えば、旧東区には「1丁目1番」が、これに対して旧南区には「1番1号」があって、これらを省略表記するといずれも「1－1」となって紛らわしくなるため、旧来表記の1丁目とアルファベット表記とが並存することになったそうです。

「堺の目なし」

　堺市では美原区域以外の住居表示は「丁目」ではなくて「丁」となっています。

　理由をはっきり示す資料はありませんが、一説では、美原区域を除いた堺の町名に丁目の「目」がつかないのは、江戸時代の「元和の町割り」にそのルーツがあると考えられています。

　元和元年（1615年）、大阪夏の陣で全焼した堺は、徳川家康により、南北の大道筋、東西の大小路通を基軸として、碁盤の目の形に町割りされ、整然とした町に生まれ変わりました。これを元和の町割りといいます。

　通称名も含めた町の数は、多いときで400近くにも及び、覚えにくいので、大道筋（南北の大通り）に面した24の町名と縦筋の通り名とを合成させた、ちょうど現在の京都のような呼び方を通称として使うようになりました。

　例えば、「南材木丁」を「大町中浜筋」というように。（右上図参照）

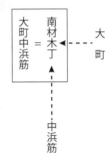

　さらに、明治5年（1872年）の町名改正では、町名をより分かりやすくするために、独立した町名のかわりに、当時の町組（ちょうぐみ＝連合自治会）を生かし、2街区位に再編し、大道筋に面した町名をもとに、東側は○○町東1丁、東2丁…、西側は、○○町西1丁、西2丁・・・と変えました。

　それぞれ独立した町が東1丁や西2丁・・・などに変わったため、町を細分する意味合いを持つ「丁目」はなじまず、町と同格の意味で、「丁」を使ったものと思われます（1町、2町とも呼ばれていました）。先の例の「南材木丁」は、「大町西1丁」に変わりました。（右下図参照）

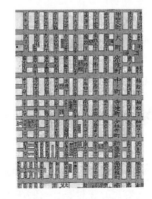

　確かに覚えやすいですが、少々味気ない気がしないでもありません。

　堺市では、平成17年2月に編入した美原区域を除いて、泉北ニュータウンのような新しい町も「丁」を使っていますが、現代にも踏襲されて来たわけです。

　ちなみに、昭和の初めに、「目」をつけるかどうかで市議会で論議されたことがありますが、やはり由緒のある「丁」に統一しようということになった経過もあります。

（堺市ホームページより）

──────────────────────

（注）　2005年に堺市に編入合併された南河内郡美原町（現　堺市美原区）の町名には「目」がついています。

第 5　相続税の非課税財産
～ 庭内神しの敷地 ～

　自宅の庭に、お社やお稲荷さんなどが祀られている土地をしばしば見掛けます。これを「庭内神し」（ていないしんし）と呼びます。

　お稲荷さんや祠自体は非課税財産ですが、その下の敷地（土地）は相続税の課税対象とされていました。

　しかし、東京地裁平成24年6月21日の判決で、一定の「庭内神し」の敷地は相続税の非課税財産に当たるとの判断が示されたことにより、敷地も非課税対象となり、話題となりました。

1 ┃ 相続税の非課税財産

　相続税法第12条には相続税の非課税財産が規定されていますが、同条第1項柱書及び同項第2号によると、「墓所、霊びょう及び祭具並びにこれらに準ずるもの」は、相続税の非課税財産と定められています。

　民法第896条《相続の一般的効力》によると、「相続人は、相続開始の時から、被相続人の財産に属した一切の権利義務を承継する」のが原則とされていますが、同法第897条《祭祀に関する権利の承継》第1項によりますと、祖先祭祀、祭具承継といった伝統的感情的行事を尊重して、「系譜、祭具及び墳墓の所有権は、・・・慣習に従って祖先の祭祀を主宰すべき者が承継する」ものとされています。

　相続税法第12条第1項柱書及び同項第2号の規定は、上記の民法第897条第1項の祭祀財産の承継の規定の精神に則り、また、民俗又は国民感情の上からもこれらのものが日常礼拝の対象となっている点を考慮して定められたものと考えられます。

2 ┃ 「墓所、霊びょう及び祭具並びにこれらに準ずるもの」の意義

（1）「墓所」

　一般に死者の遺骸や遺骨を葬った所をいい、遺体や遺骨を葬っている設備（墓石・墓碑などの墓標、土葬については埋棺など）を意味する民法第897条第1項にいう「墳墓」に相当するものと解されます。民法上、当該設備の相当範囲の敷地は、墳墓そのものではありませんが、これに準じて取り扱うものとされているため、「墓所」は、墓地、墓石等の墓標のほかこれらのものの尊厳の維持に要する土地その他の物件を含むと解されます。

（2）「霊びょう」

　一般に祖先の霊を祀った屋舎をいい、必ずしも遺体や遺骨の埋葬を伴う施設ではありませんが、広い意味で「墳墓」に相当するものとされ、「墓所」と比較しても祖先崇拝・祭祀等の目的や機能の点で異なるものではありません。このため、「霊びょう」についても、祖先の霊

を祀った屋舎のほか、その尊厳の維持に要する土地その他の物件を含むと解されます。

（3）「祭具」

　民法第897条第1項にいう「祭具」と同様に、祖先の祭祀、日常礼拝の用に供される位はい、霊位、それらの従物などをいうものと解されます。

（4）「これらに準ずるもの」

　「墓所」、「霊びょう」及び「祭具」に類するものをいい、截然と「墓所、霊びょう、又は祭具」に該当しない設備・施設でなくても、それを日常礼拝することにより間接的に祖先祭祀等の目的に結び付くものも含むとされています。

　そうすると、「これらに準ずるもの」とは、庭内神し、神たな、神体、神具、仏壇、位はい、仏像、仏具、古墳等で日常礼拝の用に供しているものをいいますが、商品、骨とう品又は投資の対象として所有するものはこれに含まれません（相基通12－2）。

相 続 税 通 達　　　　　　　　　　　　　　　（第12条《相続税の非課税財産関係》）

> **（「墓所・霊びょう」の意義）**
> **12－1**　法第12条第1項第2号に規定する「墓所、霊びょう」には、墓地、墓石及びおたまやのようなもののほか、これらのものの尊厳の維持に要する土地その他の物件をも含むものとして取り扱うものとする。

3　庭内神しとその敷地

　「庭内神し」とは、一般に、屋敷内にある社や祠のような、ご神体を祀り日常礼拝の用に供しているものをいい、「ご神体」とは、不動尊、地蔵尊、道祖神、庚申、稲荷等の神霊に代えて祀る御霊代（みたましろ）で特定の者又は地域住民等の信仰の対象とされているものをいいます。

　上記の東京地裁平成24年6月21日の判決では、庭内神しとその敷地は別個のものであり、庭内神しの移設可能性も考慮すれば、敷地が当然に「これらに準ずるもの」に含まれるということはできないが、別個のものであることを理由としてこれを一律に排除するのは相当ではなく、社会通念上一体の物として日常礼拝の対象とされている程度に密接不可分の関係にある相当範囲の敷地や附属設備も「これらに準ずるもの」に含まれるとされました。

　ここで注意すべき点は、この裁判事例によると、問題となった祠は、①100年程度前に建立されて、代々家族の日常礼拝の対象となっており、当該敷地から移設されたこともなく、②当該敷地は、各祠がコンクリート打ちの土台により固着されており、石造りの鳥居や参道が設置され、砂利が敷き詰められるなど、外形上小さな神社の境内地の様相を呈しており、その機能上も各祠、附属設備及び当該敷地といった空間全体を使用して日常礼拝が行われていたケースです。

　したがって、例えば、仏壇や神たな等だけが置かれていて、当該敷地や当該家屋部分全体が

祖先祭祀や日常礼拝の利用に直接供されていない単なる仏間のようなものとは異なります。

　平成24年7月付で国税庁ホームページに掲載された「お知らせ」によりますと、次のとおり事実認定の判断基準が示されました。

庭内神しの敷地の取扱いの変更

○「庭内神し」の敷地については、「庭内神し」とその敷地とは別個のものであり、相続税法第12条第1項第2号の相続税の非課税規定の適用対象とはならないものと取り扱ってきました。

　しかし、①「庭内神し」の設備とその敷地、附属設備との位置関係やその設備の敷地への定着性その他それらの現況等といった外形や、②その設備及びその附属設備等の建立の経緯・目的、③現在の礼拝の態様等も踏まえた上でのその設備及び附属設備等の機能の面から、その設備と社会通念上一体の物として日常礼拝の対象とされているといってよい程度に密接不可分の関係にある相当範囲の敷地や附属設備である場合には、その敷地及び附属設備は、その設備と一体の物として相続税法第12条第1項第2号の相続税の非課税規定の適用対象となるものとして取り扱うことに改めました。

○この変更後の取扱いは、既に相続税の申告をされた方であっても、相続した土地の中に変更後の取扱いの対象となるものがある場合には適用があります。

（「国税庁ホームページ」より）

「・・姉三六角蛸錦・・」

ひと休み

　　テレビのＣＭや名探偵コナン劇場版「迷宮の十字路」などでお馴染みになった「京都の東西の通り名」を北から順に綴った歌です。

　京都市内の道は、「碁盤の目」のように東西南北に整然と敷設されていますが、御所によって東西の道は途切れるため、御所の直ぐ南の丸太町通から十条通までの25の通り名を綴ったもので、室町時代から歌われているそうです。

　　遊びながら子ども達が通り名を覚えるための歌ですが、観光などで京都市内を訪れた際には、これを暗誦していると、住所を聞くだけでおよその位置が分かるので、なかなか便利なものです。

丸(まる)竹(たけ)夷(えびす)二(に)押(おし)御池(おいけ)、姉(あね)三(さん)六角(ろっかく)蛸(たこ)錦(にしき)四(し)綾(あや)仏(ぶっ)高(たか)松(まつ)万(まん)五条(ごじょう)、雪駄(せった)ちゃらちゃら魚の棚(うおのたな)、六条(ろくじょう)三哲(さんてつ)とおりすぎ、七条(しちじょう)こえれば八(はっ)九条(くじょう)、十条(じゅうじょう)東寺(とうじ)でとどめさす。	丸太町通、竹屋町通、夷川通、二条通、押小路通、御池通、姉小路通、三条通、六角通、蛸薬師通、錦小路通、四条通、綾小路通、仏光寺通、高辻通、松原通、万寿寺通、五条通、魚棚通、六条通、花屋町通、七条通、八条通、九条通、十条通。

　　五条通と魚棚通りの間に、雪駄屋町通（現在の楊梅通）、鍵屋町通があります。「ちゃらちゃら」という擬音は、鍵が触れ合う音を表現しているようです。

　　初期の「丸竹夷・・・」は、丸太町通から五条通までが歌われていたという説があります。それは、五条通以南の通り名が語呂合わせ的で、十条通が大正時代に新たに造られた道であることなどから、五条通以南は後付と考えられるためです。五条から七条までの間の花屋町通り、上数珠屋町通、中数珠屋町通が歌われていないのもこのためかも知れません。

　　また、南北の筋を覚える「寺御幸（てらごこ）」という歌もあります。

第 6　公法上の規制と財産評価基準

　土地の利用や建物の建築については、一定の行政目的を達成するため、さまざまな法律、政令、条例などによる規制があります。これらを公法上の規制といいます。

　土地は、その上下方向の利用について、また、隣地との関係で水平方向の利用について制限を受けるのが通常です。取引をすることについて、許可や届け出を必要とすることもあります。さらに、利用と取引の両方について制限されることもあります。

　ところが、財産評価基本通達の規定等を援用しつつ作成される『財産評価基準書』に織り込まれている法規制は意外に少なく、織り込まれていない法規制は納税者自らが把握しなければならないことになります。

　『財産評価基準書』に織り込まれている法規制が少ない理由は、個々の評価対象不動産ごとに判断しなければならない個別的なものを、路線価に反映させることができないからだといえます。個々の納税者自身が法規制のあることを熟知している場合は、その内容を把握することはさほど困難ではありませんが、そうでない場合には、法規制の存在を把握すること自体容易ではありません。

1　公法上の規制の調査によって確認する財産評価基準

　財産評価基本通達を適用するに当たって、市町村役場等で公法上の規制の調査を要する主なものは、次の表のとおりです。

　これらの評価通達等は、減価要因を定めたものが多く、調査を怠ると過大評価につながることになってしまいます。

■市町村役場等で公法上の規制の調査を要する主なもの

法令等		表題	本書該当項目
法	23	地上権及び永小作権の評価	第65、66、69
財産評価通達	20-2	地積規模の大きな宅地の評価	第44、45 参考資料2、3
	21-2		
	20-3	無道路地（接道義務を満たしていない宅地）の評価	第35
	20-6	土砂災害特別警戒区域内にある宅地の評価	第39
	20-7	容積率の異なる2以上の地域にわたる宅地の評価	第40
	23	余剰容積率を移転している宅地又は余剰容積率の移転を受けている宅地	第41
	23-2		
	24	私道の用に供されている宅地の評価	第42
	24-2	土地区画整理事業施行中の宅地の評価	第43
	24-5	農業用施設用地の評価	第46
	24-6	セットバックを必要とする宅地の評価	第47
	24-7	都市計画道路予定地の区域内にある宅地の評価	第49
	24-8	文化財建造物である家屋の敷地の用に供されている宅地の評価	第51

	36	純農地の範囲	第63
財産評価通達	36 - 2	中間農地の範囲	
	36 - 3	市街地周辺農地の範囲	
	36 - 4	市街地農地の範囲	第63
	37	純農地の評価	
	38	中間農地の評価	
	39	市街地周辺農地の評価	
	40	市街地農地の評価	
	40 - 3	生産緑地の評価	第64
	41	貸し付けられている農地の評価	第65
	42	耕作権の評価	第65
	43	存続期間の定めのない永小作権の評価	
	49	市街地山林の評価	第66
	50	保安林等の評価	第67、68
	50 - 2	特別緑地保全地区内にある山林の評価	―
	58 - 3	市街地原野の評価	―
	58 - 5	特別緑地保全地区内にある原野の評価	―
	82	雑種地の評価	第69
	83 - 3	文化財建造物である構築物の敷地の用に供されている土地の評価	第51
	89 - 2	文化財建造物である家屋の評価	
	97 - 2	文化財建造物である構築物の評価	

2　市町村役場の窓口と調査事項

　法令上の制限を調べるためには、大前提として、法令に関する基本的な知識を身に付けた上で、市町村役場の窓口等で、評価対象地についてどのような制限が適用されるかを系統立ててチェックする必要があります。

　なお、昨今においては、市町村等のホームページが充実し、机上でチェックできる項目も多くあります。

　財産評価に関して特に調査を要する公法上の規制と市町村役場の調査窓口、及び調査事項をまとめると、次ページの表のようになります。

　市町村役場で調査をする場合の注意事項としては、窓口の担当者はコンサルタントではありませんから、尋ねられたことにしか答えないということです。

　したがって、どういう事項を尋ねるべきかを自身で判断できる程度に基本的な法律知識などをあらかじめ備えておく必要があります。また、現地調査を先に行い、デジタルカメラで撮影した写真などをあらかじめ用意しておくと窓口で説明するときに便利です。

（注）「**調査窓口**」欄に掲げる部署の名称は、自治体によって区々です。

	公法上の規制	調査窓口	調査事項	評価通達等
都市計画法関係	市街化区域及び市街化調整区域の区分	都市計画課 まちづくり課 開発指導課　等	建物建築の可否 条例指定区域かどうか	36-4 49 58-3 82
	容積率（容積率が異なる宅地） 余剰容積率の移転		用途地域、容積率の判定	20-2、20-7 23、23-2
	都市計画道路予定地 （都市計画施設予定地）		都市計画道路や公園等の有無 計画道路の計画ライン	24-7
	生産緑地		生産緑地地区の指定	40-3
建築基準法関係	セットバック	建築指導課 建築課 道路課　等	42条2項道路かどうか セットバック距離	24-6
	無道路地		接道義務を満たしているか	20-3
	私道		建築基準法上の道路か否か	24
	水路・赤道	建築指導課 建築課 河川管理課　等	建築基準法上の道路か否か	20-3 24
文化財保護法関係	文化財建造物の敷地	教育委員会	重要文化財か否か 登録有形文化財か否か 伝統的建造物か否か	24-8 83-3 89-2
土地区画整理法関係	土地区画整理事業地	都市計画課 まちづくり課 土地区画整理課 土地区画整理組合	事業及び工事の進捗状況 仮換地指定の効力発生日 使用収益開始日	24-2
農地法関係	市街化区域及び市街化調整区域の区分 貸し付けられている農地等	農政課 農業委員会　等	農業振興地域内の農用地区域 農家台帳	24-5 36〜36-3 37〜43 相続税法第23条
森林法関係	保安林 特別緑地保全地区	森林部 林業部 林務事務所 農政事務所 都市計画課　等	保安林か否か 特別緑地保全地区か否か	50
土壌汚染対策法関係	要措置区域 形質変更時要届出区域	環境保全課等	土壌汚染の状況	（H16.7.5資産評価企画官情報第3号）（242ページ）

3 主要な公法上の規制と財産評価

（1）市街化区域と市街化調整区域

都市計画では、無秩序な市街化を防止し、計画的な市街化を図るため、都市計画区域を指定し、さらにその都市計画区域を市街化区域と市街化調整区域に区分します（都計法7①）。

財産評価基本通達を適用する場合において、特に農地や山林、雑種地を評価する場合に、この区域区分の把握が重要になります。市街化区域内にあるこれらの土地の価格水準は宅地並みとなるため、原則として、宅地比準方式によって評価することになります。

都市計画法による市街化区域と市街化調整区域の定義は、次のとおりです。

市街化区域	既に市街化を形成している地域及び概ね10年以内に優先的かつ計画的に市街化を図るべき地域
市街化調整区域	市街化を抑制すべき地域（都市計画区域内の市街化区域以外の区域）

市街化区域及び市街化調整区域については、その区分、各区域の整備・開発・保全の方針が都市計画に定められ、この区分がされた場合は、その都市計画区域内の土地は市街化区域か市街化調整区域のどちらかに属することになり、どちらでもない区域はありません。

この区分がされていない都市計画区域を、非線引き都市計画区域などと呼びます。

【建物の建築と市街化区域・市街化調整区域との関係】

市街化区域内では建物を建築することができますが、市街化調整区域内では建物を建築することができません。このため、市街化区域と市街化調整区域とのいずれに区分されるかにより、評価対象土地が宅地として建物の敷地として利用できるか否かに決定的な影響を与えることになり、価格水準が全く異なるものになります。

したがって、市街化区域内の土地は、たとえ現況地目が農地や山林、雑種地であっても、原則として宅地としての価格水準で評価されることになり、財産評価基本通達においても路線価による宅地比準方式が適用されることになります。

これらの区分は、市町村役場の都市計画課などで都市計画図を閲覧すれば判明しますし、ブルーマップでも把握することができます。また、固定資産税の名寄せ台帳又は納付通知書の課税明細に「都市計画税」の金額の記載があれば、市街化区域内の土地であるということができますが、確実な区分は都市計画図で確認してください。

（注）市街化調整区域内の土地であっても、都市計画法第34条第11号に規定する区域内の土地は、都市計画法の定めにより開発行為を許可することができるとされた区域内の土地であり、具体的には、「市街化区域に隣接し、又は近接し、かつ、自然的社会的諸条件から市街化区域と一体的な日常生活圏を構成していると認められる地域であって、おおむね50以上の建築物（市街化区域に存するものを含む。）が連たんしている地域」のうち、都道府県の条例で指定する区域内の土地は、評価上は市街化区域と同様に取り扱うことになります。このような土地は「条例指定区域内の土地」と呼ばれ、財産評価上は市街化区域内の土地と同様に取り扱うことになります。

（2）建築基準法の適用関係

　財産評価に当たっては、評価対象地に接面する道路の調査が重要なポイントとなります。建物の敷地と接面道路に関する規制などは、建築基準法に定められているのですが、これらの具体的な適用関係については、市町村役場の建築指導課（担当部署の名称は、市町村役場によって異なることがあります。）において調査します。

　なお、建築指導課等においては、既に建築された建物の建築計画概要書を入手することができ、これによって道路の幅員を確認することができることもありますし、評価単位を判定する際に活用できる場合もあります。

イ　建築基準法の趣旨と都市計画法との関係

　建築基準法は、次の２つの目的のために、建築物の敷地・構造・設備・用途に関する最低基準を定めたものです。

　①　良好な集団的建築関係の確保⇒第３章の規定（集団規制）

　②　構造上・防火上・衛生上等の安全性の確保⇒第３章以外の諸規定（単体規制）

　一方、都市計画法においては、計画的な土地利用という観点から各種の地域地区を都市計画で定めることになっています（都計法８条・９条）。この地域地区制は、適正な都市環境を確保するためのものですが、この地域地区が定められた場合に、その目的に従った規制を行う法律のひとつが建築基準法です。例えば、用途地域が定められた場合に、建築基準法第48条《用途地域等》及び別表第２《用途地域内の建築物の制限》で建築物の用途制限を行うというような関係です。

ロ　建築基準法の適用関係

　建築基準法のうち、上記イの「①　良好な集団的建築関係の確保」のために定められた第３章の規定（集団規制）は、都市計画区域及び準都市計画区域内に限り適用され（建基法41条の２）、これに対し、②の「構造上・防火上・衛生上等の安全性の確保」のために定められた第３章以外の諸規定（単体規制）は、全国に適用されます。すなわち、都市計画区域内では、建築基準法のすべての規定が適用されることになります。

　そして、建物の敷地と接面道路との関係は、上記①の集団規制に含まれ、都市計画区域及び準都市計画区域内（次ページの表参照）に適用される規制です。したがって、例えば、都市計画区域外においては、接面道路の規制はなく、自由に建物を建築することができます。

　　※都市計画法において、一体的総合的に都市造りを進めるべき単位となる地域が都市計画区域として指定されます。都市計画は、都市計画区域内で定められるのが原則であり、市街化区域と市街化調整区域の区分（都計法７条）などがあります。

⇒「市街化区域と市街化調整区域」については、**（1）**（49ページ）を、「都市計画区域」については、次ページを参照。

都市計画区域	市街化区域	①　既に市街地を形成している区域 又は ②　概ね10年以内に優先的計画的に市街化を図るべき区域
	市街化調整区域	市街化を抑制すべき区域
	非線引都市計画区域	区域区分が定められていない都市計画区域
準都市計画区域		都市計画区域外において、積極的な整備又は開発を行う必要はないものの、土地利用を整序し、又は環境を保全するための措置を講ずることなくそのまま放置すれば、将来における一体の都市としての整備、開発及び保全に支障が生じるおそれがある区域
都市計画区域外		上記以外の区域

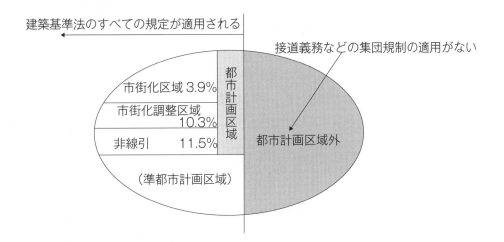

※　都市計画区域は、国土の25.7%を占めるに過ぎませんが、この区域には、91.6%の人が住んでいます。

　　例えば、大阪府の都市計画区域は、次の4区域が指定されており、府下のほとんどの地域が指定され、この区域に非線引区域（市街化区域と市街化調整区域の区域区分が定められていない都市計画区域）はありません。

・**大阪都市計画区域**　　（全域）大阪市

・**北部大阪都市計画区域**（全域）豊中市、池田市、吹田市、高槻市、茨木市、箕面市、摂津市、島本町、豊能町、能勢町

・**東部大阪都市計画区域**（全域）守口市、枚方市、八尾市、寝屋川市、大東市、柏原市、門真市、東大阪市、四條畷市、交野市

・**南部大阪都市計画区域**（全域）堺市、岸和田市、泉大津市、貝塚市、泉佐野市、富田林市、河内長野市、松原市、和泉市、羽曳野市、高石市、藤井寺市、泉南市、大阪狭山市、阪南市、忠岡町、熊取町、田尻町、太子町、河南町、千早赤阪村

（一部）岬町

第2章　土地評価の手順

第 7　各種の地図の収集

1　評価する土地（地目や規模）に応じた地図の収集

次の2以下に掲げるとおり、様々な種類（縮尺）の地図が作成され販売されていますが、その使用目的に従い、評価する土地の規模や地勢（地目）に応じた地図を選定し入手します。

例えば、宅地の地形を計測する場合は、利用区分が複雑に入り組んでいることが多いので、現地にて実地に計測をするのが安心・安全です。しかし、建物や構築物などに遮蔽されて立ち入ることができない宅地などがあって、計測が困難なこともあるので、そのような場合は、地図等によってその距離等を求めるしかありません。

また、水田の場合は平坦地ですが、正方形又は矩形（長方形）の地形ばかりとは限りません。そうでない地形である場合には、一般人が広大で不整形な土地を正確に計測するのは困難です。

更に、山間部の傾斜地に開墾された畑や棚田、山林などにあっては、むしろ精度の高い「地図」を入手して、その地図上の水平投影面積によって計測をする方が測量の精度に期待することができます。

2　実測図、地積測量図、地役権図面

土地の所有者が実測図や地積測量図、地役権図面などを保存しているか否かを確認します。これらの地図は、いずれの地目を評価する場合でも有用です。

分筆や地役権の設定登記がなされておれば、法務局で地積測量図や地役権図面を入手することもできます。

⇒「第1の≪一口メモ≫登記所には、どのような地図が備え付けられていますか」（28ページ）参照。

豆知識

平成17年2月25日付で改正された不動産登記事務取扱手続準則は、平成17年3月7日から施行されましたが、改正前の不動産登記事務取扱手続準則第123条は、「分筆後の土地のうち一筆については、必ずしも求積及びその方法を明らかにすることを要しない。」と規定していたため、分筆後の残地につき地積測量図がないのが通常です。

⇒「第20　分筆登記と縄延び」（116ページ）参照。

登記済証などの確認をしましょう‼

　納税者から、「登記済証（いわゆる権利証）」などの提示を求めましょう。

　これにより、共有持分や用益物権等の設定の有無を確認することができる場合があるほか、一般的に、「登記済証」などとともに、次のような書類が保管されていることが多いので、これらの提示を受けることにより、新たな事実が判明したり、仕舞い込まれていた地図を発見したりすることがあり、こうしたことが、じ後の不動産の評価の作業等の大幅な省略につながることになります。

① 不動産売買契約書（売買契約書に物件説明書が添付されていると、契約当時の各種法規制が明らかになります。また、相続税の場合は、取得時期や取得価額の確認ができるので、預貯金からの多額の出金と不動産の取得代金との結び付きを解明できることがあります。）

② 登記簿謄本又は登記事項証明書

③ 14条地図（不動産登記法第14条）・地図に準ずる図面・地積測量図

④ 地役権図面

⑤ 建物建築請負契約書

⑥ 建築確認申請書類

⑦ 建物図面及び各階平面図　・・・etc

（注）不動産登記法が平成16年6月18日に約100年ぶりに大改正されました。それまでは、登記が完了すると、不動産の権利を取得した人には登記済証（登記所の印鑑を押した書類）が交付されていました。これが、いわゆる「権利証」です。このときまでは、権利証を「持っている」ことが、不動産の権利者としての判断材料のひとつでした。ところが、法改正によって不動産登記のオンラインによる申請制度が導入されるとともに、従来の登記済証の制度に代えて不動産特有の本人確認制度として「登記識別情報」が通知される制度が導入されました。登記識別情報は、アラビア数字その他の符号の組合せにより、不動産及び登記名義人となった申請人ごとに定められます（不動産登記規則61条）。

3　「ブルーマップ」又は「住宅地図」

（1）ブルーマップ

　「ブルーマップ」とは、ゼンリンの住宅地図上に、「公図に基づく公図界」、「公図番号」、「地番」、「都市計画の用途地域名」、「用途地域界」及び「建ぺい率・容積率（一部の地区は日影規制・高度規制）」が青色のインクで印刷された地図です。

　住宅地図上（現況図）に、これら青色で印刷された情報が重ねて印刷されているため、土地の評価資料としては非常に有用です。

　ブルーマップは、1冊が数万円で販売されており、住宅地図に比して高価なため、周辺地

域一円のブルーマップを揃えるのは困難ですが、図書館で閲覧やコピーをすることができます。

　ただし、ブルーマップが発刊されていない府県（例：京都府）や市町村も多々ありますので、予めインターネットで発刊されているか否かの確認をしてください。

（2）住宅地図

　イ　全国の住宅地図は、次の「ゼンリン住宅地図プリントサービス」により、入手することができます。

　ロ　図書館で住宅地図を閲覧するときは、図書館のホームページから蔵書一覧（住宅地図）を検索し、蔵書の有無を確認した上、赴くようにしてください。

　図書館では、ブルーマップ及びゼンリンの住宅地図の見開き左右両ページのコピー申請は受け付けてくれませんので、日を改めるか、2名で左右のページを別々に申請する必要があることに留意してください。

「ゼンリン住宅地図出力サービス」

　コンビニのマルチコピー機により、又はオフィス等のパソコンからインターネットで接続することにより、全国の住宅地図から必要なエリアを選んでプリントすることができます。

■コンビニのマルチコピー機による住宅地図販売
　A4横カラー（縮尺1/1500相当）　　1枚400円（税込）

■住宅地図ダウンロード販売

商品サイズ等	A3・B4・A4いずれもカラー	
複製許諾証	あり	なし
1部（標準価格）	770円（税込）	550円（税込）

4　市町村で作成（販売）されている各種地図

（1）都市計画図

　市町村の都市計画課で作成、販売されている都市計画図（総図）は、市町村域の広狭により1/50000～1/10000程度の縮尺であるため地域境界が分かりにくいという難点があります。むしろ、「ブルーマップ」や「都市計画地図帳（編集・発行：ジンブン21）」の方が有用かと思います。

　最近は、ホームページから、地域境界を見分けることができる程度の縮尺の都市計画図を出力できるように措置している自治体も数多くあります。

（2）地籍図（地番参考図）

　市町村の固定資産税の担当部署で調製し、閲覧に供されている「地籍図（又は「地番参考図」と命名されています。）」が比較的有用です。（ただし、市町村によってその精度は区々で

す。地籍図の縮尺から求めた距離により算定した地積とその土地の地積が概ね一致すれば、その精度は信用して差し支えないと思われます。)

　最近は、インターネットでこの地籍図を取り込めるように措置している自治体もあります。(名称が定まっていないので、例えば、大阪市の場合は「地籍図」、豊中市や堺市の場合は「地番参考図」の名称でサイト内検索をします。)

　ブルーマップが発刊されていない市町村にあっては、この地籍図によって、土地の所在等を確認することができます。

　　(注) 地方税法第380条《固定資産課税台帳等の備付け》第3項「市町村は、・・・地籍図、土地使用図、・・・その他固定資産の評価に関して必要な資料を備えて逐次これを整えなければならない。」

（3）地形図（通称「白地図」）

　農地や山林、マンションの敷地など、広大な土地の評価には「地形図」が有用です。地形図は、「白地図」とも称し、一般的に縮尺は1/2500です。

　「地形図」は、各府県の測量計画（各市町村が複製計画）により、航空写真等に基づく正確な縮尺で作成し販売しているので、できれば縮尺が1/500程度のものを市町村の都市計画担当課で買い求めます（1枚300円程度）。この地形図により、土地の形状や高度、地勢（等高線は2mごと）の概要を把握することができます。

　なお、自治体によっては、1/500程度の精度の高い地図を販売しているところもあります。(例えば、八尾市土木課では「地形図（1/500）」を販売しています。)

○　兵庫県西宮市のホームページの「にしのみやWeb-GIS」による「白地図」

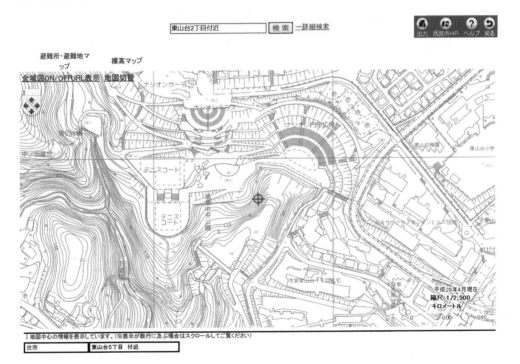

傾斜地の平均斜度の算定方法

　山林は、もともと土地の境界線が不明確なことが多く、しかも、傾斜地であるので、一般人には水平投影面積の計測は困難ですが、「地形図」には高低差2mごとに等高線が表示されていますので、地図上の水平距離と高低差から三角関数（tangent）によって傾斜地の平均斜度を算定することもできます。三角関数が苦手な方は、次のような縮尺図を作図して、分度器で斜度を計測してください。　　　⇒【参考資料】4の「表2　傾斜地の宅地造成費」（396ページ）参照。

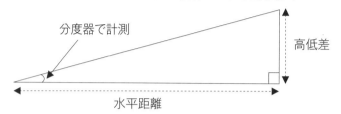

　なお、任意の地点の標高値は、国土地理院ホームページの「地理院地図」によっても測定することができます（インターネットの「地図蔵」のサイトの「標高と緯度・経度を取得」からも標高値の測定をすることができます。）。

【標高値の求め方】　国土地理院ホームページの「地理院地図」を開き、田印を目的地に合わせると左端のバー上に求める地点の標高値が表示されます。

（4）道路台帳平面図

　現況図面の名称とこれを取り扱う担当部署は自治体により区々で、例えば、堺市では「路政課」、枚方市では「道路管理課」で、いずれも「道路台帳現況平面図」といい、また、柏原市では「道路水路管理課」で、「道路台帳平面図」といいます。これらの平面図は、航空写真を基に、500分の1の縮尺で調製されている道路管理台帳の現況図面です。

⇒「【豆知識】道路台帳」（80ページ）参照。

　もともと道路の現況を示す地図ですから、道路の管理が主目的で作成されており、道路の幅員や境界が明示されています。しかし、最近は、縮尺が1/500程度の地形図を基に道路管理台帳の現況図面が作成されていることが多いので、その場合には、沿道の土地の評価資料としても活用することができます。

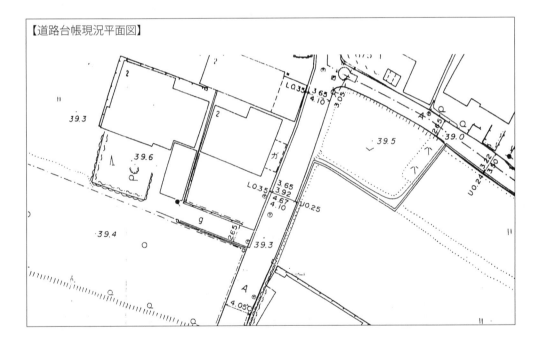

【道路台帳現況平面図】

（5）全国地価マップ

　全国地価マップ（一般社団法人資産評価システム研究センター）のサイトから、縮尺1/1000相当の地図（固定資産税、路線価等、相続税路線価等、地価公示・地価調査）を入手することができます。

京セラドームの地籍図

ひと休み　　左下の円形の土地は大阪市西区千代崎3丁目中にある京セラドームの敷地です。

　この地籍図は大阪市のホームページから取り込んだものですが、円形の敷地は、中心点から扇状に分筆されていて、各権利者がそれぞれ所有しています。

　敷地は、右下の図のとおり、4つの路線価が付されたドーナツ状の都市計画道路に囲まれていますが、路線価方式で評価するのに、どのように画地調整をして評価すると思いますか？

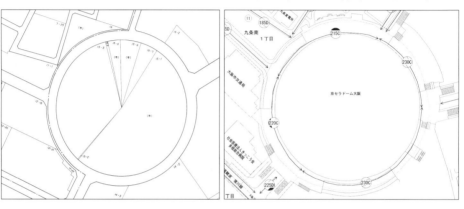

公図と道路

　　財産評価における現地調査の前段階として、固定資産税の課税明細書、地図、全部事項証明書、公図などを収集し、事前に調査をしておく必要があります。

　このうち、公図とは、旧土地台帳法施行細則第2条第1項の規定に基づき法務局などに保管されている土地台帳附属地図等のことで、ある地域の土地の区画と地番を明らかにした地図です。

　必ずしも正確に現況を示しているとは言えませんが、土地のおおまかな形や大きさ、それぞれの土地の配置、地番などについて参考になるものです。

⇒「第1の≪一口メモ≫登記所には、どのような地図が備え付けられていますか」（28ページ）参照。

1．公図上の道路のイメージ

　公図上、道路とされるものは次の図のような形で表われ、必ずしも公図からは道路であるかどうかは判明しませんし、固定資産税の評価額に反映されているとも限りません。したがって、道路の調査に当たっては、現地調査及び市町村役場での調査を欠かすことはできません。

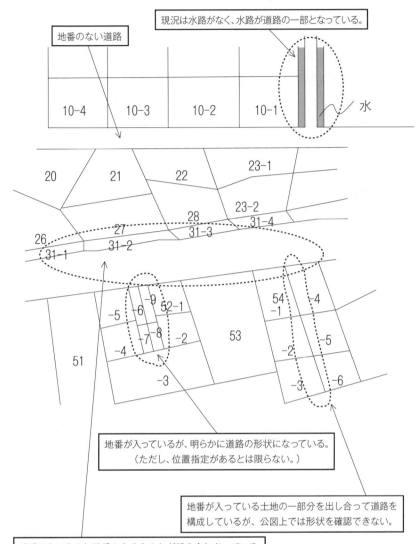

現況は水路がなく、水路が道路の一部となっている。

地番のない道路

地番が入っているが、明らかに道路の形状になっている。
（ただし、位置指定があるとは限らない。）

地番が入っている土地の一部分を出し合って道路を
構成しているが、公図上では形状を確認できない。

地番のないものと地番のあるものとが組み合わさっている。

２．公図上の道路

　道路については、昔からある公道や水路などには地番が入っていないものもあります。また、公図では分筆されていない１筆の土地の中に、現実には道路負担が生じている場合もあります。

　道路として利用されている部分は、私道として評価することになり、また、この部分の面積は、建ぺい率・容積率の計算にも算入されません。ここで気を付けなければならないのは、本来非課税であるはずの道路部分が、固定資産課税明細書では道路を含んだ１筆の土地としてその全部が課税されている場合があるということです。固定資産課税明細書や登記上の記載数量は必ずしも評価の基礎となる数量ではないということに留意してください。

３．赤道と青道

　道路（里道）を「赤道」、水路を「青道」と呼ぶことがよくあります。もちろん、現地が実際に赤や青の色に塗られている訳ではありません。現在のように情報技術が発達していない時代には、土地の管理は地図（公図）で行われていました。

　そして、どこが道路か水路かを分かり易くするため、赤や青の色で地図を塗りつぶすことによって区別していたのです。

　つまり、赤道や青道とは当時使われていた通称のなごりです。

　　　　　　　　　　　⇒「≪不動産用語≫赤線（赤道）・青線（青道）」次ページ参照。

　赤道や青道を建築基準法上の道路として取り扱うか否かについては、一概には言えないのですが、例えば【参考】のような取扱例があります。

【参考】赤道（里道）の取扱い

①道路に平行して里道があり、かつ、高低差が無い場合

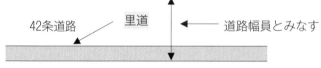

※　道路に平行して里道があり、かつ、高低差がない場合は、里道も含めて道路として扱うことができます（建築基準法及び同大阪府条例質疑応答集）。

②里道によって敷地が分断されている場合

※　「一の建築物又は用途不可分の関係にある一団の土地（建築基準法施行令1一）」が建築物の敷地と規定されていますので、里道の奥にあるＢ宅地は接道義務を満たしていないことになると考えられます。

　ただし、地元自治体又は財務局に対して里道の払下申請又は時効取得（最高裁昭42.6.9判決）をして、一画地の宅地とすれば、接道義務を満たすことになり、里道をまたいで建物を建築することが可能になります。したがって、評価単位の認定については、慎重に行う必要があります。

「赤線（赤道）」・「青線（青道）」

これらはいずれも道路法、河川法、下水道法、海岸法等の法令の適用又は準用がされない法定外公共物です。

明治6年太政官布告によって地券を発行し地租を課した際に、生産に寄与しないとの理由で地租をかけなかったため、土地台帳に地番、地積、所有者名等が記入漏れとなっていて、公図上においても河川、道路等以外で無番地になっている土地をいいます。

 「赤線（あかせん）・赤道（あかみち）」

赤線とは、道路法の適用のない法定外公共物である道路のことで、公図に赤い色で着色されていることから、このように名付けられたもので、赤道（あかみち、あかどう）又は赤地（あかち）とも称されます。

世間では、この赤線を農道、獣道、路地、脇道、あぜ道、里道（りどう）などと称しますが、これらの中で一番よく使用されているのは、里道です。里道は、道路として機能を果たしているにもかかわらず、明治9年の太政官通達により、国、県、里道の制度のうち旧道路法によって路線の認定がされずに、そのまま残っていたもので、道路法によって管理されていない道路、いわゆる認定外道路のことをいいます。

 「青線（あおせん）・青道（あおみち）」

青線とは、河川法、下水道法などの法令で管理が規定されている一級河川、二級河川、準用河川と雨水管渠以外で、公共の用に供されている小河川や水路をいい、公図に青色で着色されていることから、このように名付けられたもので、青道（あおみち、あおどう）又は青地（あおち）とも称されます。

 地方分権一括法による法定外公共物の無償譲渡

平成12年4月1日施行の「地方分権の推進を図るための関係法律の整備等に関する法律（通称：地方分権一括法）」に基づき、その機能を有するすべての法定外公共物は、平成17年3月31日までに地元自治体へ無償で譲渡され、機能を喪失している旧法定外公共物については、平成17年4月以降は国（財務局・財務事務所）が管理・売払いを行っています。

（注）地方分権一括法は同法独自の条項はなく、475の法令について一部改正又は廃止を定めた改正法です。

 取得時効との関係

国有財産法第18条《処分等の制限》、地方自治法第238条の4《行政財産の管理及び処分》第1項、第3項の規定に基づき、原則として、行政財産には私権を設定することはできず、取得時効

は成立しないとする見解があります。しかしながら、判例は、次の場合には、公共用財産については、黙示的に公用が廃止されたものと解することができ、よって法定外公共物（水路）について取得時効の成立を妨げないものと解すると判示しています（最判昭和51年12月24日民集30巻11号1104頁）。

①　公共用財産が、長年の間事実上公の目的に供用されることなく放置され、公共用財産としての形態、機能を全く喪失している場合であること

②　その物のうえに他人の平穏かつ公然の占有が継続したが、そのため実際上公の目的が害されるようなこともなく、もはやその物を公共用財産として維持すべき理由がなくなっている場合であること

また、法定外公共物（里道）についても、黙示の効用廃止がされたものとして、取得時効の成立が認められた事例もあります（大阪高判平成15年6月24日判例時報1843号77頁）。

第 **8**　法律の規定における道路の意義

　我が国には、様々な種類の道路があります。

　その土地がどのような種類の道路に接しているかによって、その土地の利用に大きな影響を及ぼしますので、土地の評価を行うに当たって、その土地が接している道路の種類は、評価額に影響を及ぼす重要な要因となります。

1　法令による「道路」の代表的なもの

　法令による「道路」のうち、代表的なものを次に掲げました。

①　「道路法」による道路（国道、・都道府県道・市町村道）

　　道路法による道路は、国道（一般国道と高速自動車国道）・都道府県道・市町村道（特別区道を含む）とされており（2条①）、これは、管理主体による道路の種類といえます。

②　「都市計画法」による都市計画道路

　　都市計画道路は、「自治体がまちの将来を10年単位で計画する際に都市計画法に基づいて決定され、市町村道から国道までが対象となります。住宅地と交通機関、公園をつなぐなど、都市の骨格となる道路です。急速にまちづくりが進められた高度経済成長期に多くの計画が決定されてきました。区域内は建築物に一定の制約がかかることになります。（2009.12.4　朝日新聞朝刊　富山全県地方版）」

　　　　　　　　　⇒「第49　都市計画道路予定地の区域内にある宅地の評価」（230ページ）参照。

　　都市計画法に基づいて築造される道路は、都市計画道路であり、この築造は街路事業により行われ、築造後に公道移管がなされた道路は、国、府県、市村道として位置付けられるので、管理の段階では道路法上の道路であり、建築基準法上の道路にも該当することになります。

　　原則として、そのほとんどが道路法による道路となっていますが、小規模開発により築造したものやその形態が行止りであるなどの関係上、公道移管がされずに事業主等がこれを管理している場合であっても、建築基準法上の「42条1項2号道路」に該当することになります。

③　「道路運送法」による自動車道（一般自動車道・専用自動車道）

　　「自動車道」とは、専ら自動車の交通の用に供することを目的として設けられた道で道路法による道路以外のものをいいます。このうち「一般自動車道」は、専用自動車道以外の自動車道で、「専用自動車道」は、自動車運送事業者（自動車運送事業を経営する者をいいます。）が専らその事業用自動車（自動車運送事業者がその自動車運送事業の用に供する自動車をいいます。）の交通の用に供することを目的として設けた道をいいます（道路運送法2条8項）。

「一般自動車道」は、料金を支払うことによって誰もが通行できる道路ですが、むしろ、次のように具体的な路線名で掲げると、理解が容易になるかと思います。

平成24年4月1日現在、全国で供用中の「一般自動車道」は、33路線（28事業者）あり、近畿地方における一般自動車道の路線としては、①奥比叡ドライブウェイ（奥比叡参詣自動車道㈱）、②比叡山ドライブウェイ（比叡山自動車道㈱）、③嵐山高雄パークウェイ（西山ドライブウェイ㈱）、④信貴生駒スカイライン（近畿日本鉄道㈱）、⑤新若草山線（新若草山自動車道㈱）、⑥高円山線（新若草山自動車道㈱）、⑦芦有ドライブウェイ（芦有ドライブウェイ㈱）があります。（国土交通省ホームページ）

④　「土地改良法・農用地開発公団法」による農道（農免道路・広域農道）

⑤　「森林法・林業基本法・森林開発公団法」による林道

⑥　「漁港漁場整備法（旧称・漁港法）」による漁港施設道路・漁免道路

　　漁免道路は、完成後は道路法上の道路となります。

⑦　「漁業法」による漁港道路

⑧　「港湾法」による臨港道路

⑨　「鉱業法・金属鉱山等保安規則」による道路

⑩　「自然公園法」による公園道路（公園車道・一般歩道・自然研究路・長距離歩道）

⑪　「都市公園法」による園路

⑫　「国有財産法」による里道

　　里道とは、明治9年の太政官通達により、国、県、里道の制度のうち旧道路法による路線の認定がされずに、そのまま残っていたもので、公図上赤線で表示されている道路です。

　　現に機能を有する里道については、平成17年3月31日までに市町村へ所有権が移転されました。　　　　　　　　⇒「《不動産用語》赤線（赤道）・青線（青道）」（61ページ）参照。

⑬　「建築基準法」による道路

　　建築基準法による道路に関しては、「第36　建築基準法上の道路と接道義務（170ページ）参照」に一覧表で掲げてありますので、参照してください。

　　建築基準法は、土地を評価する上で、最も重要な関係法令であるということができます。

　　建築基準法による道路は、公道と私道を区分していませんので、同条の道路は、後記⑮の私道を含みますが、漁面道路を除く上記③ないし⑪の道路は含みません。

　　次の⑭の道路交通法上の道路の意義とは、重なる部分がありますが、たとえ公道であっても道路の「形態」が存在しない場合は、道路に該当しないとされます。

⑭　「道路交通法」による道路

　　道路交通法第2条《定義》第1項は、以下の3つのいずれかに該当するものを「道路」と定義しており、一般の交通の用に供されるすべての道路について適用されます（同法2

条①一。道路運送車両法2条⑥も同じ意義で定義がされています。）。

　　イ　道路法第2条第1項に規定する道路（いわゆる公道）

　　ロ　道路運送法第2条第8項に規定する自動車道（専ら自動車の交通の用に供すること

　　　を目的として設けられた道で道路法による道路以外のもの）

　　ハ　一般交通の用に供するその他の場所

　そして、この「ハ　一般交通の用に供するその他の場所」とは、不特定多数の人が一般
交通のためにその場所を利用していることが客観的（客観性）に認められ、通行すること
についてその都度管理者の許可を受ける必要なく許される（公開性）場所であれば道路に
該当し、道路としての形態（形態性）を備える必要はないとされます（仙台高裁　昭
38.12.23、最高裁　昭44.7.11）ので、最も広い意義が付与されているといえます。

　したがって、私有地であるか公有地であるかに関わりなく、また、道路としての形態を
備えていなくても、道路に該当するので、例えば、近隣の住人など不特定多数の者が買い
物や通勤などの日常生活のために通行し生活道路化している学校の校庭や公園、河川敷な
どであっても、道路交通法上の道路に該当することになります。

⑮　私道（建築基準法第42条第1項第5号の規定による「位置指定道路」を含む。）

　「私道」とは、国や地方公共団体が管理する道路である「公道」の対義語で、個人や団
体が所有する土地のうち、道路として使用している区域のことです。

　私道の意義を定義した法令の規定はありませんが、財産評価基本通達24《私道の用に供
されている宅地の評価》は、これを「私道の用に供されている宅地」と定めています。

　不動産登記簿上の地目の一種として、「公衆用道路」がありますが、これは、一般交通の
用に供する道路のことを指し、公道であるか私道であるかは問いません。

⇒「《不動産用語》位置指定道路」（177ページ）参照。

2　路線価と道路の関係

　以上のとおり、各法令で用いられている「道路」の意義は区々です。

　財産評価基本通達14《路線価》は、「前項の「路線価」は、宅地の価額がおおむね同一と認
められる一連の宅地が面している路線（不特定多数の者の通行の用に供されている道路をい
う。以下同じ。）ごとに設定する。」と定めていますが、租税法の規定等において他の法令の
規定と同じ用語が用いられている場合は、「借用概念」として、他の法令における用語と同じ
意義により解釈すべきであるとされますが、各法令で用いられている「道路」は、以上のと
おり、統一的な意義によって規定されてはいません。

　したがって、財産評価基本通達14に定められる「道路」は、同通達の「固有概念」という
べきですから、同通達の趣旨・目的にそって、その意義を解釈することによって確定するこ
とになります。　　　⇒「第9　財産評価基本通達14に定める「道路」の意義」（67ページ）参照。

囲繞地通行権（いにょうちつうこうけん）

　「囲繞地通行権」とは、他の土地に囲まれて公道に通じない土地の所有者が、その土地を囲んでいる他の土地（囲繞地）を通行することができる権利（隣地通行権）のことです（民210～213）。

　他の土地に囲まれて公道に通じないとき、池や沼、河川、水路、海などを通らなければ公道に至ることができないとき、又は崖があって土地と公道とに著しい高低差があるときには、その土地の所有者は、その土地を囲んでいる他の土地（囲繞地）を通行することができます。囲繞地通行権は、公示制度とは無関係ですから、土地所有権取得の登記なしに主張することができます（最判昭和47年4月14日）。

　①　この通行に当たっては、他の土地のために最も損害の少ない場所及び方法を選ばなければなりません。

　②　この通行権を有する者は、通行する他の土地の損害に対しては、償金を支払わなければなりません。

　なお、分譲等の分割によってこのような土地が生じたときには、他の分割者の土地のみを通行することができますが、この場合には、償金の支払いは不要です。

　「囲繞地」の語は、平成16年民法改正による現代語化により、「その土地を囲んでいる他の土地」と規定されましたが、適切な代用語がないため、依然として頻繁に使用されています。

　不動産用語では、他の土地に囲まれて公道に通じない土地を「袋地」といい、池や沼、河川、水路、海などを通らなければ公道に通じないか、崖があって土地と公道とに著しい高低差がある土地を「準袋地」といいます。

　通常は、これらを「無道路地」といい、路地状の私道を通じて公道に通ずることのできる「袋地」と区分するのが一般的です。

（注）法令上は、国土利用計画法施行規則第6条に「袋地」の用例があります。

第 9　財産評価基本通達14に定める「道路」の意義

1　路線価が付される道路

　財産評価基本通達14（路線価）は、「前項の「路線価」は、宅地の価額がおおむね同一と認められる一連の宅地が面している路線（不特定多数の者の通行の用に供されている道路をいう。以下同じ。）ごとに設定する。」と定めています。

　しかし、この路線価が付される「道路」の意義に関しては、「不特定多数の者の通行の用に供されている道路」ということ以外、明らかにされていません。

　現状の路線価図には、不特定多数の者の通行の用に供されていない道路や建築基準法上の道路でない道路に、路線価が付設されていたり、いなかったりします。

　そのため、実務の現場においては、次のような取扱いや説明が行われるなど、これらの取扱いに関して混乱を来たしているように思われます。

① 　財産評価基本通達14《路線価》も同14－3《特定路線価》も、建築基準法上の道路に限定する旨の定めはしていませんが、後記「第25　路線価が付されていない宅地の評価」の2の（豆知識/こんなことにも気をつけよう！！）の5（134ページ）に掲げるとおり、「特定路線価は、原則として建築基準法上の道路に設定する」旨の取扱いが示されています。

　　　建築基準法上の道路に接していない土地は多数存在しますが、特定路線価が設定されない場合は、付近の公道の路線価を基に路地状土地として評価をします。しかしながら、これによって求めた価額は、建築基法上の道路に接していないことをしんしゃくした価額（無道路地としての価額）にはなりません。

② 　不特定多数の者が出入りする公共的施設や商店街等のない行止まりの私道に付された路線価も多々あり、これについては、往々にして、「特定路線価の申請をする必要がないように、予め申請に対処して設定した仮の路線価である。」との説明がされます。

⇒「第42　私道の用に供されている宅地の評価」（203ページ）参照。

③ 　上記②のような説明がされる反面、「路線価が付されている以上、側方又は二方路線としての影響加算をすべきである。」との説明を受け、あるいは「路線価が付されている以上、不特定多数の者の通行の用に供されている私道であるから、その敷地は0円で評価して差し支えない。」といった説明がされることさえあり、先の「仮の路線価」という説明と矛盾したりすることもあります。

　こうした通達の運用上の混乱は、路線価（及び特定路線価）を付すべき「道路」の意義ないしその範囲が明確にされていないことに起因するもので、その結果、このように不統一な運用がされるのだと考えられます。

　財産の評価が適正かつ統一的に行われることを期待して、その意義につき、私見を交えな

がら以下に解釈を試みます。

2 ▎ 法律の規定による道路

　代表的な法律における道路の意義は、「第8　法律の規定における道路の意義」のとおりで、法律ごとに区々で、統一されたものではありません。

　したがって、財産評価基本通達14の道路は、同通達の「固有概念」として、その制定の趣旨や目的に則って、その意義を合目的的かつ合理的な解釈によって導き出す必要があります。

3 ▎ 財産評価基本通達14に定める「道路」の意義

　上記2のとおり、法令に規定する道路の意義は区々ですが、このうち、参考となる法令は、建築基準法と道路交通法といえます。

　そこで両法令の異同を比較しながら、財産評価基本通達14に定める「道路」の意義の解明を試みます。

（1）道路の接続制限による区分

　道路を「接続制限」によって区分すると、「一般道路」と「自動車専用道路」に分類することができます。

イ　一般道路

　　次の「自動車専用道路」以外の道路を、通常「一般道路」と称しています。

ロ　自動車専用道路

　「自動車専用道路」とは、自動車だけが走れる構造になっている以下の条件を満たす道路で、歩行者や自転車などの通行は禁止されます。

　①　自動車だけの通行に限られること。

　②　出入はインターチェンジに限られること。

　③　往復車線が中央分離帯によって分離されていること。

　④　他の道路や鉄道等との交差の方式は立体交差であること。

　⑤　自動車の高速通行に適した線形になっていること。

　この自動車専用道路としては、高速自動車国道、都市高速道路及び上記の条件を満たす一般有料道路、自動車専用道路が該当します。

　　（注）道路運送法による「自動車道」は、道路運送法第2条《定義》第8項に規定された、自動車専用道路です。

　道路の接続制限による区分の概要は、以上のとおりですが、道路交通法の道路にはこの区分がありません。

　これに対し、建築基準法上の道路からは自動車専用道路が除外されています（建基法43条）。

　路線価は、公道から、評価する土地に通じている道路に設定されますので、自動車専用道路はその対象となる道路に当たらないことは明らかです。

　したがって、財産評価基本通達14が定める「道路」の意義からは、この「自動車専用道路」が除かれると考えられ、この区分において、建築基準法上の道路と同じ意義であるといえます。

（2）道路の「形態性」

　「第8　法律の規定における道路の意義」（63ページ）の⑬及び⑭のとおり、建築基準法と道路交通法による道路とでは、ともに道路を認定する上で「開放性」及び「客観性」が要件とされますが、道路の「形態性」を要するか否かにおいて、両者間に差異が生じます。

　道路交通法上の道路は、「形態性」は要件とされませんが、建築基準法上は、道路の「形態」が存在しない場合は、道路に該当しないものとされます。

　この点を相続税路線価についてみると、道路としての「形態性」のない区域は、路線価図上に道路の範囲を特定して表示することができないのですから、これに路線価を付設することができないことは言うまでもありません。

　また、次は、「第15　宅地の評価単位」の2の『(2)　「自用地」と「貸宅地又は貸家建付地」の評価単位』（99ページ）で掲げた評価事例ですが、この事例からも、路線価等による評価上においては、通路の「形態性」の有無が、評価の方法を隔てる基準となっていることが分かります。

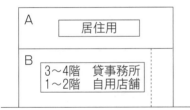

（注）A土地、B土地とも同一の者が所有し、A土地は自用家屋の敷地として、B土地は左のように利用している1棟の建物の敷地として利用している。

　この図のような評価単位の異なる土地の場合は、次のような方法で評価します。

　A土地については、通路部分が明確に区分されている場合には、その通路部分も含めたところで不整形地としての評価を行います。これに対し、通路部分が明確に区分されていない場合には、原則として、接道義務を満たす最小の幅員の通路が設置されている土地（不整形地）として評価しますが、この場合には、当該通路部分の面積はA土地には算入せず、また、無道路地としての補正は行ないません。

　これらのことを総合勘案すると、道路の「形態性」の要件において、財産評価基本通達14に定める道路は、建築基準法上の道路と同じように解釈すべきであるといえます。

（3）路線価の意義

　以上のとおり、建築基準法は道路の種類を限定列挙していますが、これに対し、道路交通法は一般の交通の用に供されるすべての道路について適用され、道路の「形態性」を要しないとする点においても、同法の道路の意義は広くなっています。

　ところで、相続税又は贈与税の課税のために評価して、申告を要する土地は、建築基準法上の道路に接する土地ばかりではありません。

　そもそも財産評価基準書（路線価図）は、相続税又は贈与税の申告を要する土地の評価に資する目的で作成されているのですから、この目的を全うする必要があるというべきで、この観点からは、道路交通法における道路と同程度の意義を付与すべきであると考えられますが、その詳細については、次の(4)で検討します。

（4）結論（試案）

イ　以上(1)ないし(3)で検討したところによれば、財産評価基本通達14に定める「道路」の意義は、①一般交通の用に供されているすべての道路のうち（上記(3)参照）、②「一般道路（自動車専用道路以外の道路）」に該当する道路（上記(1)参照）で、③「開放性」、「客観性」及び「形態性」を備えたもの（上記(2)参照）と定義することができるのではないかと考えられます。

　相続税又は贈与税の申告の対象とならない公有地のみが接する道路に路線価を付設する必要はないのは当然だと考えられますが、この問題は、課税庁にとってこれらの道路に路線価を付設する実益があるか否かに関わる事柄であって、道路の意義とは直接の関わりはありません。

　同通達の「不特定多数の者の通行の用に供されている道路」の意義に関しては、「第42 私道の用に供されている宅地の評価」（203ページ）を参照してください。

ロ　財産評価基本通達14の定めによれば、「不特定多数の者が地域等の集会所、地域センター及び公園などの公共施設や商店街等に出入りするために通行している行き止まりの私道」には路線価を付設すべきであり、仮に、このような私道に路線価が付設されていなければ、（たとえ建築基準法による道路ではなくても）特定路線価を付設して対処するべきでしょう。

　この私道の用に供されている宅地は評価の対象になりませんので（評価額は0円）、このこととのバランス上、この私道に付された路線価又は特定路線価は、これに沿接する土地の評価上、側方又は二方路線の影響加算をすることとしても差し支えないのではないかと考えられます。

ハ　これに対し、上記ロに掲げるような「公共施設に通じていない行き止まりの私道」は、財産評価基本通達14の定めに従えば、路線価は付設されませんが、この私道に沿接する土地は、この私道に（たとえ建築基準法による道路で

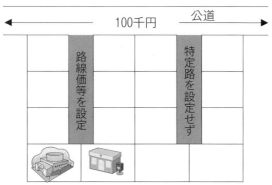

路線価又は特定路線価により評価する土地と、特定路線価を設定しないで（路線価100千円により路地状土地として）評価する土地とでは、その価額に大きな乖離が生じます。

なくても）特定路線価を付設して対処するべきでしょう。

　仮に、特定路線価を付設しないで評価をする場合には、前記1の①のとおり、付近の公道に設定されている路線価を基に路地状土地としてその私道に沿接する土地を評価することになりますが、この方法で評価した土地の価額は、公道からその土地に至るまでの距離によって、評価額に大きな乖離が生じてしまいます。

　この評価の乖離は、その私道に沿接する土地の間で比較すればバランスを失することはありませんが、上記ロの私道に沿接する土地の価額と比較すると、課税の公平を著しく欠くほどにバランスを失することになります。

ニ　しかも、この方法によって評価する場合は、大幅に評価額が減額されますので、多くの納税者は、これに素直に従うことになるのでしょう。しかし、この方法によって評価した価額は、建築基法上の道路に接していないことをしんしゃくしたもの（無道路地としての価額）ではありませんから、この方法で評価した（同しんしゃくがされていない）価額によって申告等が行われるとすれば、過大申告になってしまいます。

ホ　かつて乱開発ともいうような宅地開発がされた地域や、起伏のある丘陵・山麓地域などには、行き止まりの道路が多くあります。

　そのため特定路線価の申請が頻繁に提出されるため、その対応で汲々とする税務署もあると思います。税務行政の効率化や納税者の便宜を考慮すると、こうした行き止まりの道路に特定路線価に相応する路線価を予め設定して対応するのもやむを得ないと思います。

　税務行政の現場におけるこうした対応措置を一律に禁ずるよりは、むしろ路線価又は特定路線価を設定する道路の意義を明らかにするとともに、こうした行き止まりの道路に設定された路線価の取扱いを明確に示すことの方が大切なのではないかと思料します。

建築基準法上の道路と接道義務

　建築基準法上の道路と接道義務に関しては、「第35　無道路地（接道義務を満たしていない宅地）の評価」（166ページ）及び「第36　建築基準法上の道路と接道義務」（170ページ）を参照してください。

第10　地積を基に縮尺が不明な地形図や航空写真から距離を算定する方法

　土地の評価をするに当たっては、基本的には、現地に赴いて調査をするべきです。

⇒「第11　現地調査」（75ページ）参照。

　しかし、僅かの価額の土地を評価するためだけに、遠方まで出向くことができない場合もあります。そのような場合に、航空写真などを入手すれば、地積を基に土地の形状（距離）を机上で確定することができます。

事例1　**整形地の場合**（地積960㎡で、図面上のA辺34.5mm、B辺24.5mm）

$$\sqrt{960㎡ \times \frac{A辺34.5mm}{B辺24.5mm}} = A辺\quad 36.77m（分子の辺の距離）$$

A辺　36.77m・B辺　26.11m

事例2　**不整形地の場合**（地積1650㎡で、左下の図の形状）　－　**事例1**の応用　－

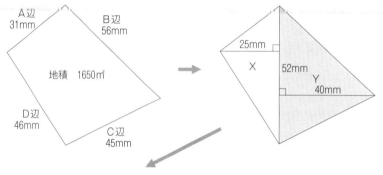

① 三角形XとYの高さの比　（又は）
　25mm　：　40mm

①′ 面積の比（3以上の三角形の場合はこの方法）
　52mm×25mm＝ 1,300（三角形Xの面積比）
　52mm×40mm＝ 2,080（三角形Yの面積比）
　　　　　　　　計　　3,380

② 三角形XとYの高さの比で地積按分　（又は）
　$1,650㎡ \times \frac{40}{65} = 1015.38㎡$（三角形Yの地積）

②′ 三角形の面積の比で地積按分
　$1,650㎡ \times \frac{2,080}{3,380} = 1015.38㎡$

③ 三角形Yの地積を2倍にして四角形の地積に換算
　三角形Yの地積1015.38㎡×2＝2030.76㎡（下図の四角形の地積）

④　下図の四角形の地積を基に52mmの辺の距離を算定

$$\sqrt{2030.76㎡ \times \frac{52mm}{40mm}} = 51.38m$$

⑤　図面１mm当たりの距離により各辺の距離を算定
$$\frac{51.38m}{52mm} \times A：31、B：56、C：45又はD：46mm$$

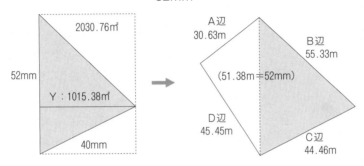

■地形図の面積（cm²）と地積（㎡）から辺の距離（m）を求める方法

　不整形地の辺の距離は、次の方法によっても算定することができますので、不整形地の地形に応じ、いずれか簡便な方法によって算定してください。

①　不整形地1650㎡の図面上の面積（cm²）を算定する。

　　　（5.2cm×2.5cm＋5.2cm×4.0cm）×1/2＝　16.9cm²　　（図面上の面積）

②　不整形地の地積1650㎡を①の図面上の面積16.9cm²で除して求めた数値の平方根を求める。

$$\sqrt{\frac{1650㎡}{16.9cm²}} = 9.8809（図面上の距離cmを実際の距離mに換算する倍数）$$

③　各辺の長さ（cm）に②の平方根を乗じる。

　　　A辺3.1cm×9.8809倍＝30.63m

　　　B辺5.6cm×9.8809倍＝55.33m

　　　C辺4.5cm×9.8809倍＝44.46m

　　　D辺4.6cm×9.8809倍＝45.45m

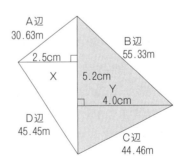

いずれも縮尺が明らかな地形図から、距離や面積を算定する器材です。

【プラニメーター】　　　平面上の閉曲線で囲まれた図形の面積を計測する器械で、閉曲線が曲線であっても面積の計測ができます。最近ではデジタル・プラニメーターも使われており、曲線の距離も計測ができますが、操作に慣れないと正確な計測は難しいでしょう。

【キルビメータ】　　　棒の先に、目盛り円板に連動する小さなローラーがあり、これで地図の上をなぞって距離を測る器具で、曲線計ともいいます。主に地図上の道路、鉄道などの距離を測るのに用います。

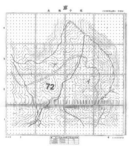

【点格子板】　　　格子線で区画された透明なフィルムベースに点を所要間隔で配列した面積測定器材です。

図面上に点格子板をのせて、測定しようとする範囲内におちた点を数えて係数を乗ずるだけで、操作に慣れない者であっても簡単に面積を求めることができます。

【地図ソフト】　　　近年は精度の高い各種の地図ソフトも販売されており、距離や面積が測定できるものもあります。

「三斜（求積）法」

　三斜（求積）法（さんしゃ（きゅうせき）ほう）は、三角形の任意の頂点から対辺に垂線をおろし、その長さと底辺の長さを測って面積を求める方法です。

　測定区域が多角形の場合は、幾つかの三角形に分割し（「三斜をきる」といいます。）、その各々について面積を計算し、その和から多角形の面積を求めます。

【計算例】

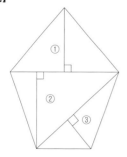

番号	底辺（m）	高さ（m）	倍面積（㎡）
①	39.52	22.56	891.5712
②	39.52	26.41	1043.7232
③	39.07	8.52	332.8764
合計倍面積（㎡）			2268.1708

（求める面積）2268.1708㎡× 1 / 2 =1134.08㎡

第11　現地調査

1　現地調査の留意事項と準備する器材等

　現地調査には、予め収集した地図を持参します。

　精度の高い地図があれば、要所のみを計測すれば足りるので、できるだけ精度の高い地図の収集に努めます。　　　　　　　　　　　⇒「第7　各種の地図の収集」(52ページ)参照。

　現地調査は、不動産の位置やその利用状況を確認しながら記録を行う必要があり、また、土地の計測は一人では困難なので、案内人（補助者）を帯同するようにしましょう。

　なお、第三者の占有下にある不動産に立ち入る場合には、占有権者との間でトラブルが懸念されるので、案内人は、所有権者である相続人やその不動産の管理人などが望ましいと思われます。

　現地調査を実施するに当たっては、地図のほか計測の結果を記録するための記録紙や画板、鉛筆などの筆記具、デジタルカメラ（備忘のために用意する。その場で撮影状況の確認ができるデジタルカメラが望ましい。）、(広大又は長大な土地の場合は長尺の)メジャー（平坦な地勢であれば、一人で計測できるウォーキングメジャーが便利）、ビニールテープ、チョーク（セロハンテープでチョークを巻いておくとポケットや手が汚れず、また、折れにくくなる。）、長めの釘（計測地点の目印にしたり、メジャーの一端を固定するために用いる。）、高低差を計測する場合には、目測できるよう一定の長さごとにビニールテープを貼付した竿や棒（持ち運びには釣竿が便利）、電卓などを用意します。

ウォーキングメジャー　　　トランジット

　なお、地盤の状況や天候次第では長靴や作業着が必要となります。

　コンパスやトランジット（transit。いずれも水平角と鉛直角を測る機械）を使用することはほとんどないでしょう。

　　(注) 林地や立木の実地調査をすることは稀ですが（一般人には困難です。）、調査を実施する必要がある場合は、上記のほか、地図、長靴又は地下足袋、作業着、手袋、空中写真、立体鏡（stereoscope立体写真を見るための装置で携帯用のものがあります。）、コンパス、高度計、磁石、輪尺（直径巻尺が持ち運びに便利です。）、測竿、測高器、（木材）チョーク、野帳（フィールド・ノート）、アナログ時計、鉈（なた）、雨具、薬、水、食料などの準備が必要になります。

【輪尺】
立木の胸高直径を計測します。

【直径巻尺】
立木の円周を測定すると、裏面の目盛りによって即時に直径の割出しができます。

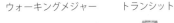

2｜　立地条件や環境条件の確認

　評価対象土地の周辺地域にも注意を払いながら、次のような事項を確認します。

⑴　評価土地の上下や周辺地域も含めて観察する（高圧架空電線、歩道橋などの地上阻害物や地下鉄、埋設ケーブル、隧道、公共水道などの地下阻害物）。

⇒「評基通27－4《区分地上権の評価》・27－5《区分地上権に準ずる地役権の評価》」

⑵　斎場、墓場などの忌み地や汚水処理場などの嫌悪施設の有無につき、評価土地の周辺地域に気配りをします。このために、住宅地図で事前確認をし、予め相続人等からも聴取しておきます。　　　　　⇒「第28　利用価値が著しく低下している宅地の評価」（141ページ）参照。

⑶　評価土地の傾斜や高低差は、現地確認をしないと、平面図からでは分かりません。（広大な土地であれば、等高線の入った「地形図」が有用）。

⇒「第7　各種の地図の収集」（52ページ）参照。

⑷　特定路線価の設定を申請する場合（その周辺地域の路線価との比較しておき、特定路線価の評定をリードします。）⇒「第25　路線価が付されていない宅地の評価」（132ページ）参照。

　（注）騒音、震動、異臭、日照阻害（冬至の真太陽時で測定）、冠水などは、曜日（工場などの操業日）、時間帯、天候などを考慮して現地調査を実施しないと徒労に帰すことがあります。

3｜　現地調査による計測結果等の記録

　上記で準備した地図を基に、その都度、計測した結果を記録します。

　この計測結果に基づいて図面の作成ができるように、計測したポイント（計測の始点と終点）を地図上で表示して特定できるように記録をしておきます。

　例えば、境界杭などがなく、塀で隣地と隔てられている土地の場合は、塀の所有者（設置者）を明らかにしないと、境界線の確定ができない場合があるので、塀までの土地の距離と塀の幅を記録しておきます。同様に、側溝がある場合は、順次、側溝までの土地の距離と側溝の幅、続いて側溝を含まない道路の幅員と計測土地の向かい側の側溝の幅を記録しておき、後日、再計測をしなくても済むように記録します。

　（注）建築確認申請の実務上、道路幅員（例えば幅員が4m以下か否か）に側溝を含めるか否かは、各特定行政庁により取扱いが異なります。　　　　　⇒「第12　道路幅員の調査方法」（78ページ）参照。
　　　この計測結果は、「セットバックを必要とする宅地（評基通24－6）」に関連しますが、道路台帳現況平面図を入手すれば、道路の計測数値は、記録されています。
　　　　　　　　　　　　　　　　　　⇒「第7　各種の地図の収集」（52ページ）参照。
　　　なお、「法面」は、その法面の上にある土地に含まれるのが一般的です。

　また、土地の高低差を計測する場合は、例えば、下記の図のように目印となる主要な基準点（道路と宅地の接点などの一地点）を任意に定め、この基準点を（±0m）とし、評価する土地や接面道路などの目印となる主要な地点を定め、この地点に基準点との高低差を（＋1.0m）、（△0.5m）などのように記録します。

　電卓を用意し、土地を計測した都度、計測結果に基づく求積と公簿面積に大きな誤差が生じていないかを必ず確認します。

　（注）このように、大きな誤差が生じる原因は、土地の縄延び（又は縄縮み）、あるいは計測の誤り（境界線の誤認や計測機器の目盛などの読み違い）が想定されますが、後になってこのような誤差があることに気付き、その原因解明のため、再度、現地に赴いて計測をしなければならないような事態に陥らないように、必ずその場で確認をしましょう。

　図の右上の階段下の公道を基準点（・±０m）として、この地点と図面上の各地点（・）との高低差をプラス（＋）又はマイナス（△）の差で表示します。

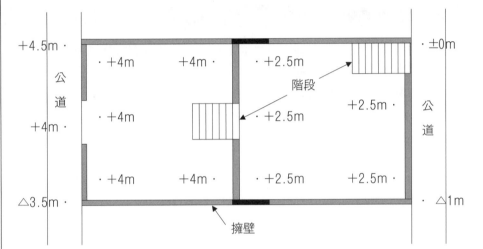

時計で方位を確かめる方法

　昼間なら時計の短針を太陽の方向に向けると、図のように「短針」と「12時」の真ん中を南北の線が通ります。

　日本は北半球に位置しますから、太陽の傾いている（12時）側が南です。

　また、神社の鳥居や寺院の山門（南大門）は、一部に例外はあるものの、ほとんどが南向きに建築されていますので、こうした建築物から方位を知ることもできますが、現地調査で山へ奥深く分け入る場合は、地図と磁石を必ず携行してください。

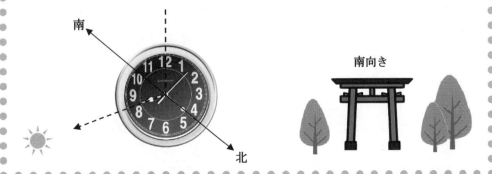

第 12　道路幅員の調査方法

　道路幅員は、セットバックを要する宅地の調査や、基準容積率にも関係することになりますが、道路の幅員を調査する場合、どこからどこまでが道路の範囲かが問題となります。

⇒「第47　セットバックが必要な宅地の評価」（224ページ）参照。

⇒「≪豆知識≫容積率」（196ページ）参照。

1　現地調査の要領

　道路の調査手順について、実務においてはまずメジャーを持って現地調査することになりますが、測量に当たっては次の事項に注意する必要があります。

（1）建築基準法上の「側溝」の扱い

　建築基準法上の取扱いにおいては、側溝を含むが、法敷（道路両側の斜面）は含まないこととされています。

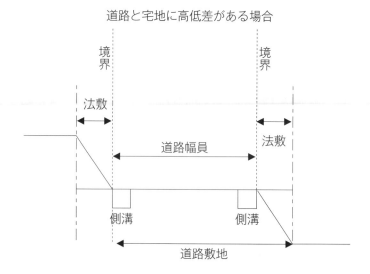

道路と宅地に高低差がある場合

（2）道路幅員を測定する場合

　道路幅員を測定する場合、側溝については、内法で測るのか外法で測るのかが問題になりますが、これについては、下水道整備前と整備後でその扱いが異なります。下水道整備前のものは側溝の内法で測定しますが、下水道整備後のものは、道路側溝はすべて道路内に設けて管理するように改められているため、側溝の外法から測定することとされています（昭和58．8．2建設省計民発第54号建設次官から各知事宛通達）。

　ただし、自治体によって取扱いが異なることもありますので、市町村役場等の調査は欠かせません。

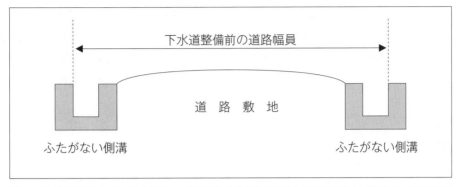

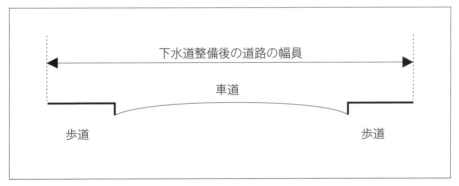

≪お役立ちアドバイス≫

　評価対象地の間口や奥行距離などを概測するときに、Ｌ字溝やＵ字溝の長さは60cm、また、コンクリート・ブロックは横が40cm、縦が20cmの長さであることを記憶しておくと、対象地の周囲に設置された溝やブロック塀によって計測ができるので、便利です。

2 　市町村役場での調査の要領

　現地調査を了した後、市町村役場で次の事項を調査します。

（1）公道認定の確認

　市町村役場の道路課（道路管理課、路政課など名称は様々です。）で道路台帳を調査し、道路法上の道路認定等（公道か私道か）を受けているかどうかを確認します。

　道路台帳によって行政が管理している道路であれば、道路名と幅員、路線番号などを確認

することができます（道路法上の道路でない場合は、原則私道ということです）。

　道路台帳に記載の幅員は、行政が測定した当時の幅員ですから、測定当時からの周辺状況の変化に伴い、現況幅員が変わっている可能性もあります。このように現地で測定した幅員と道路台帳の幅員が異なる場合は、現地で測定した幅員を優先して税務上の評価をすべきものと考えられます。

道路台帳

　「道路台帳」は、道路管理者が作成する道路法第3条《道路の種類》に規定する道路に関する調書及び図面で、同法第28条《道路台帳》によって作成が義務づけられています。

　図面は、道路法施行規則第4条の2によると縮尺1/1000以上となっていますが、多くは縮尺1/500で作成されており、この図面のことを道路台帳附図（道路台帳現況平面図など）ということがあり、国道、県道、市町村道毎に各道路管理者が各々図面を作成し、保管を行っています。

　ホームページで道路台帳の図面をPDFデータで公開している自治体もあります。

⇒「第7　各種の地図の収集」（52ページ）参照。

○　道路法
（道路台帳）
第28条　道路管理者は、その管理する道路の台帳（以下本条において「道路台帳」という。）を調製し、これを保管しなければならない。
2　道路台帳の記載事項その他その調製及び保管に関し必要な事項は、国土交通省令で定める。
3　道路管理者は、道路台帳の閲覧を求められた場合においては、これを拒むことができない。

【参考】道路法による認定道路（公道）網図

　大阪市を例にとりますと、建設局道路・下水道資料閲覧コーナーで「道路法による認定道路（公道）網図」を閲覧することができます。

　コピーは請求できませんが、右のように写真撮影をすることは許されています。

（2）建築基準法上の道路認定の確認

　上記の調査で、公道として管理されていないことを確認した場合は、建築指導課などでその私道が建築基準法上の道路として認定されているかどうかの確認を行います（42条１項５号の位置指定道路、42条２項道路等）。

（注）幅員４ｍ未満の道路は、42条２項道路と認定されているものと、建築基準法附則５に規定されている「この法律施行前に指定された建築線」によるものとがあります。42条２項道路の場合は、その中心線は現況に基づいて定めるのを原則として、両側の敷地から等距離にある点を結んだ線になりますが、附則５によるものは、現況にかかわらず、中心線が明示され、建築線そのものが指定されています。
⇒「第36　建築基準法上の道路と接道義務」（170ページ）参照。

　建築計画概要書の調査も有用ですが、評価対象不動産が開発許可や道路位置指定を受けている場合は、開発登録簿や道路位置指定図もそれぞれの担当部署の窓口で調べることができます。
⇒「≪不動産用語≫　位置指定道路」（177ページ）参照。

　開発許可をした土地については、許可した土地ごとに、調書、土地利用計画図（完了図）から成る「開発登録簿」が調製され、保管されます。開発登録簿は、誰でもが閲覧、複写を請求することができます。

各市町村の道路幅員の例

　道路の幅員については、各市町村により測定の方法が異なる場合がありますので、必ず市町村役場で調査する必要があります。

１．大阪市の例

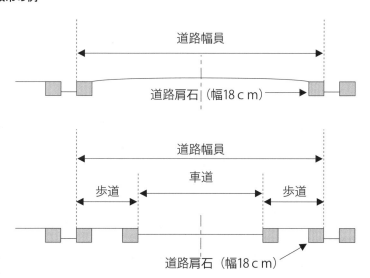

２．豊中市の例

　図は、４m未満の前面道路の敷地の反対側に水路がある場合の建築基準法第42条第２項道路の取扱いを示したものです（『建築基準法解釈・取扱集（第４版）』）。

　道路の幅員の測定方法が、大阪市と同じであることも分かります（ただし、肩石は幅15cm）。

①道の中心線から水路側へ２m進んだ位置が水路上となる場合は、水路と道の境界から敷地側に４mの一方後退とします。

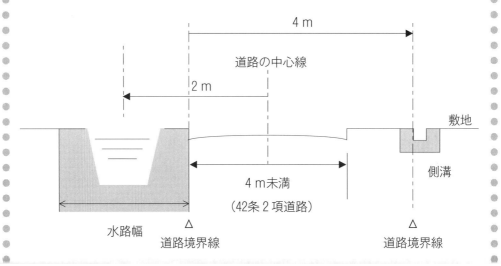

②道の中心線から水路側へ２m進んだ位置が水路を超える場合は、道の中心線から敷地側に２mの後退とします。

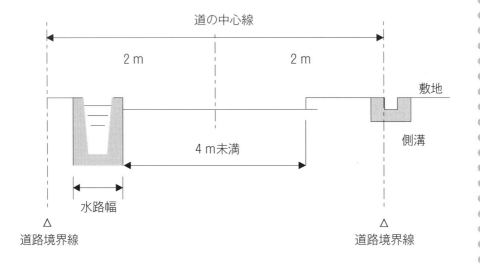

第3章 **土地評価の通則**
～地目・評価単位・地積の一般的な定め～

 第1節 **地目と評価単位**

第13 地目と評価単位
～ 課税時期における現況により地目を判定する ～

1 土地評価の基本（現況地目）

　土地の評価は、まず評価する土地の地目を判定することから始めます。この判定ができないと、評価単位も定まりません。つまり、財産評価基本通達による土地の価額は、原則として宅地、田、畑、山林、原野、牧場、池沼、鉱泉地及び雑種地の地目の別に評価することになります（評基通7）。

　この場合の地目は登記簿上の地目にかかわらず、課税時期における土地の現況によって判定します（評基通7）。

　したがって、例えば、「宅地」とは、「建物の敷地及びその維持若しくは効用を果すために必要な土地（登記事務準則68条(3)）」をいいますので、建物の敷地内に設置された自家用駐車場の敷地は「宅地」に該当し、また、農機具倉庫の敷地となっている土地（登記事務準則69条(3)）は、登記簿上の地目が「畑」であっても、「宅地」として評価することになります。

⇒「第46　農業用施設用地の評価」（222ページ）参照。

　これに対し、家屋を取り壊し、その跡地を月極め駐車場や資材置き場として使用し、あるいは空閑地として放置している場合、登記簿上の地目は「宅地」であっても、現況地目は「雑種地」に該当します。

> **一口メモ**　農機具倉庫の敷地となっている土地は、農業用施設用地ではありますが、農地には該当しませんので、「農地等についての相続税の納税猶予の特例」の対象にはなりません。
>
> 　上記のように現況によって地目の区分を行うため、「借地権（建物の所有を目的とする地上権又は土地の賃借権をいいます。）の評価」は、財産評価基本通達の「第2節　宅地及び宅地の上に存する権利」に定められ、また、「賃借権の評価」は、「第10節　雑種地及び雑種地の上に存する権利」に定められることになります。

2　地目の判定基準

　地目の判定は、次の不動産登記事務取扱手続準則第68条《地目》及び第69条《地目の認定》の定めに準じて行います（評基通7（注））。

　上記1のとおり、土地の価額は、原則として地目の別に評価しますから、地目の判定を正しく行わないと評価単位を誤り、ひいては評価額そのものを誤ることになります。

登記事務準則

（地目）

第68条　次の各号に掲げる地目は，当該各号に定める土地について定めるものとする。この場合には，土地の現況及び利用目的に重点を置き，部分的にわずかな差異の存するときでも，土地全体としての状況を観察して定めるものとする。

（1）　田　　農耕地で用水を利用して耕作する土地

（2）　畑　　農耕地で用水を利用しないで耕作する土地

（3）　宅地　建物の敷地及びその維持若しくは効用を果すために必要な土地

（4）　学校用地　校舎，附属施設の敷地及び運動場

（5）　鉄道用地　鉄道の駅舎，附属施設及び路線の敷地

（6）　塩田　海水を引き入れて塩を採取する土地

（7）　鉱泉地　鉱泉（温泉を含む。）の湧出口及びその維持に必要な土地

（8）　池沼　かんがい用水でない水の貯留池

（9）　山林　耕作の方法によらないで竹木の生育する土地

（10）　牧場　家畜を放牧する土地

（11）　原野　耕作の方法によらないで雑草，かん木類の生育する土地

（12）　墓地　人の遺体又は遺骨を埋葬する土地

（13）　境内地　境内に属する土地であって，宗教法人法（昭和26年法律第126号）第3条第2号及び第3号に掲げる土地（宗教法人の所有に属しないものを含む。）

（14）　運河用地　運河法（大正2年法律第16号）第12条第1項第1号又は第2号に掲げる土地

（15）　水道用地　専ら給水の目的で敷設する水道の水源地，貯水池，ろ水場又は水道線

路に要する土地

(16)　用悪水路　かんがい用又は悪水はいせつ用の水路

(17)　ため池　耕地かんがい用の用水貯留池

(18)　堤　防水のために築造した堤防

(19)　井溝　田畝又は村落の間にある通水路

(20)　保安林　森林法（昭和26年法律第249号）に基づき農林水産大臣が保安林として指定した土地

(21)　公衆用道路　一般交通の用に供する道路（道路法（昭和27年法律第180号）による道路であるかどうかを問わない。）

(22)　公園　公衆の遊楽のために供する土地

(23)　雑種地　以上のいずれにも該当しない土地

（地目の認定）

第69条　土地の地目は，次に掲げるところによって定めるものとする。

（1）　牧草栽培地は，畑とする。

（2）　海産物を乾燥する場所の区域内に永久的設備と認められる建物がある場合には，その敷地の区域に属する部分だけを宅地とする。

（3）　耕作地の区域内にある農具小屋等の敷地は，その建物が永久的設備と認められるものに限り，宅地とする。

（4）　牧畜のために使用する建物の敷地，牧草栽培地及び林地等で牧場地域内にあるものは，すべて牧場とする。

（5）　水力発電のための水路又は排水路は，雑種地とする。

（6）　遊園地，運動場，ゴルフ場又は飛行場において，建物の利用を主とする建物敷地以外の部分が建物に附随する庭園に過ぎないと認められる場合には，その全部を一団として宅地とする。

（7）　遊園地，運動場，ゴルフ場又は飛行場において，一部に建物がある場合でも，建物敷地以外の土地の利用を主とし，建物はその附随的なものに過ぎないと認められるときは，その全部を一団として雑種地とする。ただし，道路，溝，堀その他により建物敷地として判然区分することができる状況にあるものは，これを区分して宅地としても差し支えない。

（8）　競馬場内の土地については，事務所，観覧席及びきゅう舎等永久的設備と認められる建物の敷地及びその附属する土地は宅地とし，馬場は雑種地とし，その他の土地は現況に応じてその地目を定める。

（9）　テニスコート又はプールについては，宅地に接続するものは宅地とし，その他は雑種地とする。

（10）　ガスタンク敷地又は石油タンク敷地は，宅地とする。

（11）　工場又は営業場に接続する物干場又はさらし場は，宅地とする。

（12）　火葬場については，その構内に建物の設備があるときは構内全部を宅地とし，建物の設備のないときは雑種地とする。

(13) 高圧線の下の土地で他の目的に使用することができない区域は，雑種地とする。

(14) 鉄塔敷地又は変電所敷地は，雑種地とする。

(15) 坑口又はやぐら敷地は，雑種地とする。

(16) 製錬所の煙道敷地は，雑種地とする。

(17) 陶器かまどの設けられた土地については，永久的設備と認められる雨覆いがあるときは宅地とし，その設備がないときは雑種地とする。

(18) 木場（木ぼり）の区域内の土地は，建物がない限り，雑種地とする。

第 **14** 複数の地目からなる一団の土地の評価単位
~ 地目と評価単位 ~

　地目と評価単位に関する取扱いは、財産評価基本通達7及び同7－2に定められているところ、この取扱いを正しく理解するためには、これらの通達を正確に読み解くことが大切です。

　以下、これらの通達の読み解き方とともに、評価単位の具体的な取扱いを質疑応答事例に照らしながら説明します。

（1）評価通達7の「本書」の定め（原則）と評価単位に関する通達の適用の順

　「第13　地目と評価単位」のとおり、財産評価基本通達7《土地の評価上の区分》の本書は、地目と評価単位の判定につき、総論として、「土地の価額は、地目の別に評価する。」と定めています。

　そして、地目別の評価単位の判定についての各論は、財産評価基本通達7－2の(1)ないし(7)に定められています。

　これらの定めによる具体的な取扱いについては、後述の「15　宅地の評価単位」、「第16　不合理分割が行われた場合の評価単位」及び「第17　農地、山林、原野、牧場、池沼、鉱泉地及び雑種地の評価単位」をご覧ください。

　このように、地目と評価単位の判定の手順は、まず、財産評価基本通達7－2の(1)ないし(7)の定めに従って現況地目の別にそれぞれ評価単位を判定します。

　次いで、これらの定めに従って判定をした評価単位の土地のうちに財産評価通達7のただし書又はなお書の定めに該当する土地がある場合には、さらに、それぞれの定めに従って評価単位を判定します。

　つまり、土地の評価単位は、「財産評価基本通達7の本書」⇒「同通達7－2の(1)ないし(7)」⇒「同通達7のただし書」⇒「同通達7のなお書」の順に、それぞれの定めを適用し、その判定をすることに留意してください。

評 価 通 達

　（土地の評価上の区分）
　7　土地の価額は、次に掲げる地目の別に評価する。ただし、一体として利用されている一団の土地が2以上の地目からなる場合には、その一団の土地は、そのうちの主たる地目からなるものとして、その一団の土地ごとに評価するものとする。
　なお、市街化調整区域（都市計画法（昭和43年法律第100号）第7条（（区域区分））第3項に規定する「市街化調整区域」をいう。以下同じ。）以外の都市計画区域（同法第4条（（定義））第2項に規定する「都市計画区域」をいう。以下同じ。）で市街地的形態を形成する地域において、40（（市街地農地の評価））の本文の定めにより評価する市街地農地（40－3（（生産緑地の評価））に定める生産緑地を除く。）、49（（市街地山林の評価））の本文の定めにより評価する市街地山林、58－3（（市街地原野の評価））の本文の定めに

より評価する市街地原野又は82（（雑種地の評価））の本文の定めにより評価する宅地と状況が類似する雑種地のいずれか2以上の地目の土地が隣接しており、その形状、地積の大小、位置等からみてこれらを一団として評価することが合理的と認められる場合には、その一団の土地ごとに評価するものとする。

　地目は、課税時期の現況によって判定する。

（1）　宅地

（2）　田

（3）　畑

（4）　山林

（5）　原野

（6）　牧場

（7）　池沼

（8）　削除

（9）　鉱泉地

（10）　雑種地

（注）　地目の判定は、不動産登記事務取扱手続準則（平成17年2月25日付民二第456号法務省民事局長通達）第68条及び第69条に準じて行う。ただし、「（4）山林」には、同準則第68条の「（20）保安林」を含み、また「（10）雑種地」には、同準則第68条の「（12）墓地」から「（23）雑種地」まで（「（20）保安林」を除く。）に掲げるものを含む。

（評価単位）

7－2　土地の価額は、次に掲げる評価単位ごとに評価することとし、土地の上に存する権利についても同様とする。（平11課評2－12外追加・平16課評2－7外改正）

（1）宅地

　宅地は、1画地の宅地（利用の単位となっている1区画の宅地をいう。以下同じ。）を評価単位とする。

　（注）　贈与、遺産分割等による宅地の分割が親族間等で行われた場合において、例えば、分割後の画地が宅地として通常の用途に供することができないなど、その分割が著しく不合理であると認められるときは、その分割前の画地を「1画地の宅地」とする。

（2）田及び畑

　田及び畑（以下「農地」という。）は、1枚の農地（耕作の単位となっている1区画の農地をいう。以下同じ。）を評価単位とする。

　ただし、36－3（（市街地周辺農地の範囲））に定める市街地周辺農地、40（（市街地農地の評価））の本文の定めにより評価する市街地農地及び40－3（（生産緑地の評価））に定める生産緑地は、それぞれを利用の単位となっている一団の農地を評価単位とする。この場合において、（1）の（注）に定める場合に該当するときは、その（注）を準用する。

（3）山林

　　山林は、1筆（地方税法（昭和25年法律第226号）第341条≪固定資産税に関する用語の意義≫第10号に規定する土地課税台帳又は同条第11号に規定する土地補充課税台帳に登録された1筆をいう。以下同じ。）の山林を評価単位とする。

　　ただし、49（（市街地山林の評価））の本文の定めにより評価する市街地山林は、利用の単位となっている一団の山林を評価単位とする。この場合において、（1）の（注）に定める場合に該当するときは、その（注）を準用する。

（4）原野

　　原野は、1筆の原野を評価単位とする。

　　ただし、58-3（（市街地原野の評価））の本文の定めにより評価する市街地原野は、利用の単位となっている一団の原野を評価単位とする。この場合において、（1）の（注）に定める場合に該当するときは、その（注）を準用する。

（5）牧場及び池沼

　　牧場及び池沼は、原野に準ずる評価単位とする。

（6）鉱泉地

　　鉱泉地は、原則として、1筆の鉱泉地を評価単位とする。

（7）雑種地

　　雑種地は、利用の単位となっている一団の雑種地（同一の目的に供されている雑種地をいう。）を評価単位とする。

　　ただし、市街化調整区域以外の都市計画区域で市街地的形態を形成する地域において、82≪雑種地の評価≫の本文の定めにより評価する宅地と状況が類似する雑種地が2以上の評価単位により一団となっており、その形状、地積の大小、位置等からみてこれらを一団として評価することが合理的と認められる場合には、その一団の雑種地ごとに評価する。この場合において、1の（注）に定める場合に該当するときは、その（注）を準用する。

（注）1　「1画地の宅地」は、必ずしも1筆の宅地からなるとは限らず、2筆以上の宅地からなる場合もあり、1筆の宅地が2画地以上の宅地として利用されている場合もあることに留意する。

　　　2　「1枚の農地」は、必ずしも1筆の農地からなるとは限らず、2筆以上の農地からなる場合もあり、また、1筆の農地が2枚以上の農地として利用されている場合もあることに留意する。

　　　3　いずれの用にも供されていない一団の雑種地については、その全体を「利用の単位となっている一団の雑種地」とすることに留意する。

（2）評価通達7の「ただし書」の定め（例外の1）

　上記(1)のとおり、財産評価基本通達7－2の(1)ないし(7)に定めに従って現況地目の別に定めた評価単位の土地のうちに、2以上の地目からなる一体として利用されている一団の土地がある場合には、更に財産評価基本通達7ただし書に従って評価単位を判定します。

　財産評価基本通達7ただし書は、「一体として利用されている一団の土地が2以上の地目からなる場合には、その一団の土地は、そのうちの主たる地目からなるものとして、その一団の土地ごとに評価するものとする。」と定めています。

　この「一体として利用されている一団の土地が2以上の地目からなる場合」とは、次の国税庁ホームページ【質疑応答事例】に掲げる「宅地」と「雑種地」との一体利用が主な例です。

質疑応答事例

地目の異なる土地が一体として利用されている場合の評価

【照会要旨】

　建物の敷地となっている宅地と、その他の雑種地からなる次の図のようなゴルフ練習場があります。このような土地を評価する場合には、地目ごとに区分し評価するのでしょうか。

（ゴルフ練習場）

※　C土地は、ゴルフ練習場の駐車場として利用している。

【回答要旨】

　土地の価額は、原則として地目の別に評価しますが、2以上の地目からなる一団の土地が一体として利用されている場合には、その一団の土地はそのうちの主たる地目からなるものとして、その一団の土地ごとに評価します。

　したがって、図のように、A土地及びB土地の一団の土地がゴルフ練習場として一体利用されている場合には、その一部に建物があっても建物敷地以外の目的による土地（雑種地）の利用を主としていると認められることから、その全体が雑種地からなるものとして雑種地の評価方法に準じて評価することになります。

　なお、駐車場の用に供されているC土地は、不特定多数の者の通行の用に供されている

道路によりA土地及びB土地とは物理的に分離されていますから、これらの土地とは区分して評価します。

（理由）

　土地の価額は、原則として、宅地、田、畑、山林等の地目の別に評価します。これは、課税時期における現況による地目の異なるごとに、価格形成要因が異なると考えられるためです。しかし、地目別評価の原則に従うと、大規模な工場用地、ゴルフ練習場用地のように一体として利用されている一団の土地のうちに2以上の地目がある場合にも、その一団の土地をそれぞれ地目ごとに区分して評価することとなりますが、これでは一体として利用されていることによる効用が評価額に反映されないため、実態に即するよう評価を行うこととしています。

【関係法令通達】

　財産評価基本通達7

次に、「一体として利用されている」の意義についてみると、例えば、「宅地」と「農地又は山林」のほか、「農地」と「山林」も一体として利用はしませんから、「宅地」と「農地又は山林」、あるいは「農地」と「山林」が一団の土地を形成していても、同項ただし書の適用はありません。また、例えば、「宅地」と「貸駐車場用地（雑種地）」は一団の土地を形成していても、一体として利用してはいません。

そうすると、次の左図や右図のような地目の異なる土地は、地目ごとに評価をすることになります。

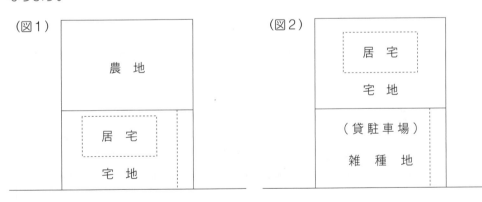

（図1）
農地
居宅
宅地

（図2）
居宅
宅地
（貸駐車場）
雑種地

「地目ごとに評価する」とはいえ、これらの土地をどのような方法で評価するかについては疑義が生じるかと思います。

この点については、次の国税庁ホームページの【質疑応答事例】「宅地の評価単位－自用地と自用地以外の宅地が連接している場合」に示されていますので、この回答要旨に準じて評価すれば足ります。

質疑応答事例 （国税庁ホームページ）

宅地の評価単位－自用地と自用地以外の宅地が連接している場合

【照会要旨】

次のように利用している宅地の評価単位はどのように判定するのでしょうか。

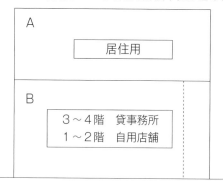

（注）A土地は、B土地とも同一の者が
　　　所有し、A土地は自用家屋の敷地
　　　として、B土地は左のように利用
　　　している1棟の建物の敷地として
　　　利用している。

【回答要旨】

A土地は所有者が自ら使用する他者の権利が存しない土地ですが、B土地は所有者が自ら使用する一方で他人の権利（借家権）も存する土地であり、A、B両土地は利用の単位が異なっているといえますから、別個の評価単位となります。

なお、これらの土地は次のように評価することになります。

① A土地については、通路部分が明確に区分されている場合には、その通路部分も含めたところで不整形地としての評価を行う。

通路部分が明確に区分されていない場合には、原則として、接道義務を満たす最小の幅員の通路が設置されている土地（不整形地）として評価するが、この場合には、当該通路部分の面積はA土地には算入しない。また、無道路地としての補正は行わないことに留意する。

② B土地については、B土地を一体として評価した価額を、原則として、建物の自用部分と貸付部分との床面積の比により按分し、それぞれ自用部分の価額と貸付部分について貸家建付地としての評価をした価額を算出し、その合計金額をもって評価額とする。

【関係法令通達】

財産評価基本通達7－2

（3）評価通達7の「なお書」の定め（例外の2）

　上記(1)のとおり、財産評価基本通達7-2の(1)ないし(7)に定めに従って現況地目の別に定めた評価単位の土地のうちに、市街化調整区域以外の都市計画区域で市街地的形態を形成する地域において、2以上の地目の土地が隣接しており、その形状、地積の大小、位置等からみてこれらを一団として評価することが合理的と認められる土地がある場合は、更に財産評価基本通達7なお書の定めにより、その一団の土地ごとに評価することとされます。

　　（注）上記(2)のとおり、財産評価基本通達7ただし書は、「一団の土地が2以上の地目からなる場合」と定められているのに対し、このなお書は、「2以上の地目の土地が隣接しており」と定められています。例えば、2以上の地目の土地が畦畔などによって隔てられているとしても、「なお隣接している状態にある」という趣旨でしょうか。

　この場合の具体的な取扱いの事例が、次の国税庁ホームページ【質疑応答事例】に示されていますので、参考としてください。

質疑応答事例
（国税庁ホームページ）

土地の評価単位―地目の異なる土地を一団として評価する場合

【照会要旨】

　市街化調整区域以外の都市計画区域で市街地的形態を形成する地域において、市街地農地、市街地山林、市街地原野及び宅地と状況が類似する雑種地のいずれか2以上の地目が隣接している場合で、全体を一団として評価することが合理的と認められる場合とは、具体的にはどのような場合ですか。

【回答要旨】

　以下の事例①～④のような場合に、農地、山林及び雑種地の全体を一団として評価することが合理的と認められます。なお、事例⑤のような場合はそれぞれを地目の別に評価します。

　　（事例①）

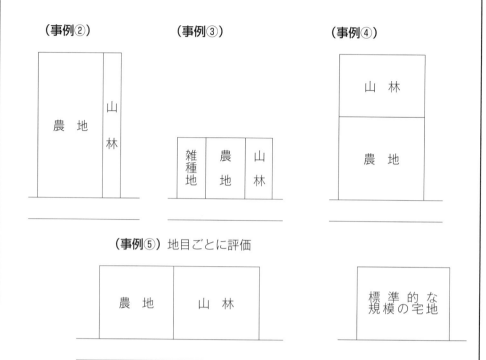

（事例②）

農　地　山　林

（事例③）

雑種地　農地　山林

（事例④）

山　林　農　地

（事例⑤）地目ごとに評価

農　地　山　林

標準的な規模の宅地

（理由）

　宅地化が進展している地域のうちに介在する市街地農地等及び宅地と状況が類似する雑種地が隣接しており、その規模、形状、位置関係等から一団の土地として価格形成がなされるものもあります。また、これらの土地は、近隣の宅地の価額の影響を強く受けるため、原則としていわゆる宅地比準方式により評価することとしており、基本的な評価方法はいずれも同一であることから、地目の別に評価する土地の評価単位の例外として、その形状、地積の大小、位置等からみて一団として評価することが合理的と認められる場合には、その一団の土地ごとに評価します。

　（事例①） の場合、標準的な宅地規模を考えた場合にはA土地は地積が小さく、形状を考えた場合には、B土地は単独で評価するのではなくA土地と合わせて評価するのが妥当と認められます。また、位置を考えた場合には、C土地は道路に面していない土地となり、単独で評価するのは妥当でないと認められることから、A、B及びC土地全体を一団の土地として評価することが合理的であると認められます。

　（事例②） の場合、山林のみで評価することとすると、形状が間口狭小、奥行長大な土地となり、また、山林部分のみを宅地として利用する場合には、周辺の標準的な宅地と比較した場合に宅地の効用を十分に果たし得ない土地となってしまいます。同様に **（事例③）** では、各地目の地積が小さいこと、**（事例④）** では山林部分が道路に面していないことから、やはり宅地の効用を果たすことができない土地となります。これらのような場合には、土地取引の実情からみても隣接の地目を含めて一団の土地を構成しているもの

とみるのが妥当であることから、全体を一団の土地として評価します。

　また、このように全体を一団の土地として評価するときに、その一団の土地がその地域における標準的な宅地の地積に比して著しく広大となる場合には、財産評価基本通達24-4（広大地の評価）、同40-2（広大な市街地農地等の評価）、同49-2（広大な市街地山林の評価）及び同58-4（広大な市街地原野の評価）を適用します。
　しかし、**(事例⑤)** のように農地と山林をそれぞれ別としても、その形状、地積の大小、位置等からみても宅地の効用を果たすと認められる場合には、一団としては評価しません。

【関係法令通達】
　財産評価基本通達7

　このなお書を適用する場合に留意すべき事項は、次のとおりです。
　すなわち、このなお書には、「生産緑地を除く。」と定められており、また、このなお書に列挙されている地目の中には「宅地」が含まれていないことに着目してください。
　つまり、生産緑地は、その農地につき都市計画法で指定されたもので、農地として管理する必要性があり、他の農地と一団として評価することは合理的とは認められず、また、宅地は、開発済みの土地ですから、生産緑地や宅地が、生産緑地でない農地又は山林（原野）と隣接していても、形状、地積の大小、位置等から一団の土地として評価しません。
　（注）　例えば、上記の質疑応答事例の（事例①）が、次のような立地条件であれば、A、B及びCの各土地は、それぞれを1画地として評価することになります。

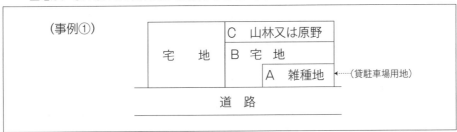

（4）一体として利用している「土地の上に存する権利」

　例えば、次の図のように、「一団の土地」が、借地権及び賃借権という2種類の「土地の上に存する権利（宅地の上に存する権利及び雑種地の上に存する権利）」からなる場合であっても、それらの権利に基づき一の者が一団の土地を一体として利用しているときは、その者にとって一団の土地の価額に差異は生じないものと認められますから、一団の土地の価額をそれぞれの地積の割合に応じて按分し、借地権及び賃借権の評価の基礎となる土地（自用地）価額を算出します。

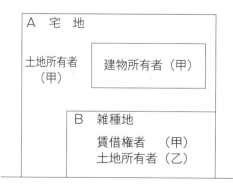

※B土地は、甲が賃借権の登記をして、2階建の立体駐車場（構築物）を設け、スーパーマーケットの買物客用の駐車場として利用している。

A土地
（スーパーマーケット）借地権者甲
所有者乙

B土地
立体駐車場　賃借権者甲
所有者丙

　したがって、事例の場合、B土地は、スーパーマーケットの買物客用の駐車場としてA土地と一体として利用されていることから、A土地とB土地を一団の土地（宅地）として評価し、その価額をそれぞれの土地の地積の割合に応じて按分してA土地とB土地の価額を求め、A土地の価額に借地権割合を、B土地の価額に賃借権割合を、それぞれ乗じて甲の借地権の価額及び賃借権の価額を評価します。

　なお、乙の貸宅地（底地）の価額を評価する場合には、A土地を1画地の宅地として評価し、また、貸し付けられている丙の雑種地の価額を評価する場合には、B土地を一団の雑種地として評価します（評基通7、7-2）。

（5）一時的、臨時的な賃借権

　例えば、次の図のように、甲が、その所有するA土地に隣接するB土地を資材置場として一時的に使用する目的で、契約期間を1年として乙から賃借している場合は、A土地と一体としてB土地を利用していますが、その賃借権の契約期間が短いことによりその賃借権の価額を評価しないため、甲が所有する土地のみを1画地の宅地として評価します。

　このような評価単位とするのは、一時的、臨時的な賃借権については、その経済的価値が極めて小さいものと考えられることから、その価額は評価しないのに対し、賃借権の目的となっている雑種地の価額は、自用地価額で評価をすることによるものです。

A　宅　地
土地所有者（甲）
建物所有者（甲）

B　雑種地
賃借権者　（甲）
土地所有者（乙）

※B土地に設定された賃借権の内容は、資材置場として一時的に使用することを目的とするもので、契約期間は1年間で地代の授受はあるが権利金の授受はない。

　この取扱いは、国税庁ホームページに掲載の次の「質疑応答事例」との関連性を有するのですが、この回答要旨は、財産評価基本通達86及び87の定めからは、直ちに導き出すことのできない解釈といえるので、注意を要する取扱いです。

質疑応答事例

（国税庁ホームページ）

臨時的な使用に係る賃借権の評価

【照会要旨】

　臨時的な使用に係る賃借権や賃貸借期間が１年以下の賃借権の価額については、どのように評価するのでしょうか。

【回答要旨】

　臨時的な使用に係る賃借権及び賃貸借期間が１年以下の賃借権（賃借権の利用状況に照らして賃貸借契約の更新が見込まれるものを除く。）については、その経済的価値が極めて小さいものと考えられることから、このような賃借権の価額は評価しません。また、この場合の賃借権の目的となっている雑種地の価額は、自用地価額で評価します。

【関係法令通達】

　財産評価基本通達86、87

第 15　宅地の評価単位
～ 利用の単位となっている１区画の宅地 ～

1 評価単位についての一般的な定め

　評価単位は、土地の評価の基本的な事項です。これを誤ると評価の計算そのものが成り立ちません。そのためには、「第13　地目と評価単位」（84ページ）で説明したとおり、地目の判定を正しく行なうことが前提となります。

　宅地の価額は、１画地の宅地（利用の単位となっている１区画の宅地をいいます。）ごとに評価します（評基通７－２　⑴）。

　「１画地の宅地」とは、原則として、①所有者が有する宅地の自由な使用収益権能に制約を加える第三者の権利（原則として、使用貸借による使用借権を除きます。）の存在の有無により区分した宅地です。また、②第三者の権利がその土地の上に存在する場合には、その権利の種類及び権利者の異なるごとに、それぞれ評価単位を別にします。

　これらの利用状況等と、それぞれに対応する評価単位を対比して示すと、次表のとおりです。

利用状況等	評価単位
⑴　所有宅地を自らが使用している場合	その用途（事業用又は居住用）にかかわらず、全体を一画地とする。
⑵　所有宅地の一部に借地権を設定させ、他の部分を自らが使用している場合	それぞれの部分を一画地とする。
⑶　所有宅地の一部に借地権を設定させ、他の部分を貸家の敷地の用に供している場合	それぞれの部分を一画地とする。
⑷　所有宅地に複数の者の借地権を設定させている場合	同一の借地人に貸し付けている一団の宅地ごとに一画地とする。
⑸　所有宅地を数棟の貸家の敷地の用に供している場合	原則として、各棟の敷地ごとに一画地とする。
⑹　２以上の所有者から隣接する宅地を借りて、これを一体として利用している場合	一体として利用している全体の宅地を一画地とする。 （注）貸主側の貸宅地の評価に当っては、上記⑷のとおり、各貸主の所有部分ごとに一画地とする。
⑺　共同ビルの敷地の用に供されている宅地の場合	共同ビルの敷地全体を一画地とする。

2 評価単位の具体例

（1）「自用地（居住用と事業用に兼用されている宅地）」の評価単位

　所有する宅地を自ら使用している場合には、その用途が居住の用か事業の用かの別にかか

わらず、その全体を１画地の宅地とします。自用の宅地であれば、借地権、賃借権、借家権等による第三者の権利の制約がないので、その全体を一体として利用することが可能です。

　例えば、図のように、所有する宅地をいずれも自用建物の敷地の用に供している場合には、その全体を１画地の宅地として評価します。

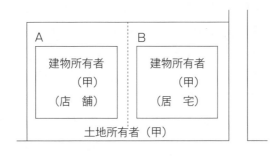

（注）「小規模宅地等についての相続税の課税価格の計算の特例（措置法69の４）」などにおいては、居住の用又は事業の用に供している宅地の地積とその価額の区分計算を行ないますが、それは特例を適用する宅地を特定し、その価額を求める必要上行うものであって、居住の用か事業の用かは、土地の評価単位とは関係ありません。

（２）「自用地」と「貸宅地又は貸家建付地」の評価単位

　所有する宅地の一部について普通借地権又は定期借地権等を設定させ、他の部分を自ら使用している場合には、それぞれの部分を１画地の宅地とします。

　所有する宅地の一部を貸家の敷地の用に供し、他の部分を自ら使用している場合もこれと同様です。

イ　例えば、次の図のような立地条件のA土地は、所有者が自ら使用し、第三者の権利の存しない土地ですが、B土地は所有者が自ら使用する一方で第三者の権利（借家権）も存する土地であり、A、B両土地は利用の単位が異なっていますから、これらは別個の評価単位となります。（93ページの「**質疑応答事例**」参照。）

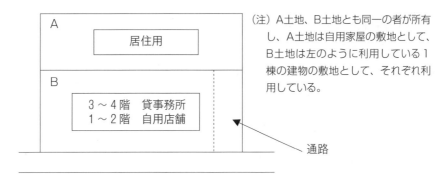

この図のような評価単位の異なる土地は、次の①及び②の方法で評価します。

　①　A土地については、通路部分が明確に区分されている場合には、その通路部分も含め

たところで不整形地としての評価を行います。これに対し、通路部分が明確に区分されていない場合には、原則として、接道義務を満たす最小の幅員の通路が設置されている土地（不整形地）として評価しますが、このときには、当該通路部分の面積はA土地には算入せず、また、無道路地としての補正は行ないません。

②　B土地については、B土地を一体として評価した価額を、原則として、建物の自用部分と貸付部分との床面積の比により按分し、貸付部分については貸家建付地としての評価額を算出し直して、その合計金額をもって評価額とします。

□　また、次の図のように、甲は所有するA土地に隣接しているB土地を借地して、A及びB土地上に建物を所有している場合には、甲の所有する土地及び借地権の価額は、A及びB土地全体を1画地として評価した価額を基に、次の算式によってそれぞれの宅地の地積の割合に応じてあん分した価額を基に各々の権利の価額を評価します。

なお、丙の貸宅地を評価する場合には、B土地を1画地の宅地として評価します。

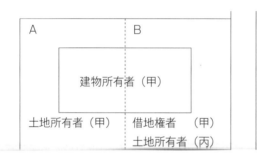

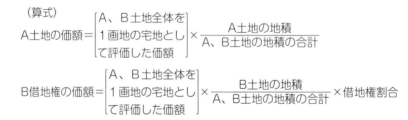

（算式）

$$A土地の価額 = \begin{bmatrix} A、B土地全体を \\ 1画地の宅地とし \\ て評価した価額 \end{bmatrix} \times \frac{A土地の地積}{A、B土地の地積の合計}$$

$$B借地権の価額 = \begin{bmatrix} A、B土地全体を \\ 1画地の宅地とし \\ て評価した価額 \end{bmatrix} \times \frac{B土地の地積}{A、B土地の地積の合計} \times 借地権割合$$

（3）「貸宅地」と「貸家建付地」の評価単位

所有する宅地の一部について普通借地権又は定期借地権等を設定させ、他の部分を貸家の敷地の用に供している場合には、それぞれの部分を1画地の宅地とします。

例えば、次の図のように、所有する宅地の一部を乙に貸し付け、他の部分は貸家の敷地として使用している場合は、A土地には借地権が、B土地には借家権という第三者の権利が存し、また、権利を有する者（借地権者、借家権者）が異なることから、利用の単位はそれぞれ異なるため、A土地、B土地それぞれを1画地の宅地として評価します。

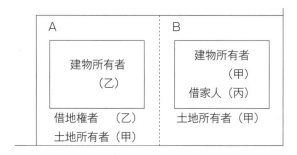

（4）「複数の者に貸し付けられている貸宅地」の評価単位

　普通借地権又は定期借地権等の目的となっている宅地を評価する場合に、貸付先が複数であるときには、同一人に貸し付けている部分ごとに1画地の宅地とします。

　例えば、次の図のような宅地は、A土地、B土地ともに第三者の権利（借地権）が存しており、いずれも貸宅地として利用していますが、それぞれの借地権者が異なるため、利用の単位が異なるので、A土地、B土地それぞれを1画地の宅地として評価します。

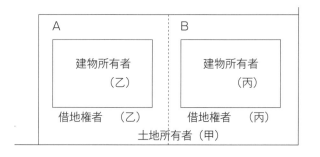

（5）「数棟の貸家の敷地（貸家建付地）」の評価単位

　貸家建付地を評価する場合において、貸家が数棟あるときには、原則として、各棟の敷地ごとに1画地の宅地とします。

（6）「複数の者から借りて一体使用している一団の土地（借主と貸主）」の評価単位

　例えば、次の図のように2以上の者から隣接している土地を借りて、これを一体として利用している場合に、その借主の普通借地権又は定期借地権等の評価に当たっては、その借りているA土地及びB土地を合わせた土地全体を1画地として評価します。

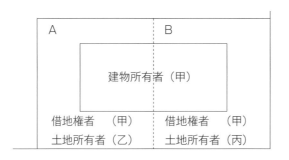

　この場合、貸主側である乙及び丙の貸宅地の評価に当たっては、各貸主が所有する土地ごとに、それぞれを1画地の宅地として評価します。

（7）「共同ビルの敷地」の評価単位

　例えば、次の図のように甲、乙、丙及び丁の共同ビルの敷地の用に供されている宅地は、A、B、C及びDの土地全体を1画地の宅地として評価した価額に各土地の価額の比を乗じた金額により評価します。

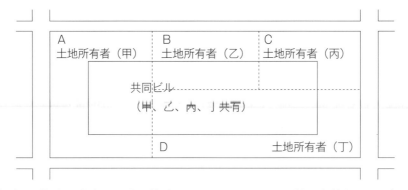

　この場合の「価額の比」は、次の算式により、あるいは1画地の宅地として評価した価額に基づき、各土地の地積の割合により価額を算出しても差し支えありません。

　　（算式）

$$価額の比＝\frac{各地ごとに財産評価基本通達により評価した価額}{各土地ごとに財産評価基本通達により評価した価額の合計額}$$

　（注）　共同ビルの敷地の借地関係については、所得税基本通達33−15の2《共同建築の場合の借地権の設定》、又は法人税基本通達13−1−6《共同ビルの建築の場合》の適用があることに留意してください。

（8）「使用貸借により貸し付けている宅地」の評価単位

　所有する宅地の一部を自ら使用し、他の部分を使用貸借により貸し付けている場合には、その全体を1画地の宅地として評価します。また、自己の所有する宅地に隣接する宅地を使用貸借により借り受け、自己の所有する宅地と一体として利用している場合であっても、所有する土地のみを1画地の宅地として評価します。

　例えば、次の図(1)のように、所有する宅地の一部を自己が使用し、他の部分を使用貸借により貸し付けている場合には、これら全体を1画地の宅地として評価します。

　また、図(2)のように、使用貸借で借り受けた宅地を自己の所有する宅地と一体として利用している場合であっても、甲は、B土地に客観的な交換価値がある権利を有しないことから、A土地、B土地をそれぞれ1画地の宅地として評価します。

　なお、使用貸借に係る使用借権の価額は、零として取り扱い、使用貸借により貸し付けている宅地の価額は自用地価額で評価しますので、B土地はいずれも自用の土地として評価することに留意してください。（財産評価基本通達7－2、昭和48年11月1日付直資2－189「使用貸借に係る土地についての相続税及び贈与税の取扱いについて」）

（1）

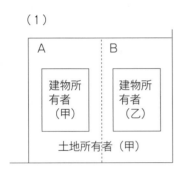

（2）

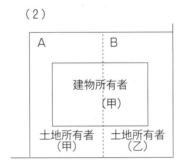

画地（かくち）

1 不動産鑑定評価

　不動産鑑定評価においては、財産評価基準にある「評価単位」という概念はありません。鑑定評価の対象となる不動産の所在及び範囲は依頼者の設定する「対象確定条件」によって定まり、想定上の条件が付加されることもあります。対象確定条件が実現性、合理性、関係当事者及び第三者の利害を害するおそれがない限り、原則としてこれに基づき鑑定評価の対象が確定され、評価の単位となります。

　このようにして確定された評価上一個の単位とされる土地の範囲を画地といいます。土地には登記上の地番が付されていますが、これは、評価単位としての画地とは必ずしも一致しません。一筆が数画地で構成されることもあれば、逆に一画地が数筆で構成されることもあります。同じ土地を一画地として評価するか、いくつかの画地に分けて評価するかによって全体の評価額は異なります。

　画地は、通常、所有者が同じである連続した数筆の土地を一つとして捉えるのが原則で、次のような土地をいいますが、絶対的な基準ではありません。

① 他の土地と画する目的で設置された塀や石垣などの工作物（境界）により、他と区別されている一かたまりの土地。

② 道路、運河、鉄道及び公園などの公共公益的施設によって、利用状況の連続性や地域の一体性が分断されて、他と区別されている一かたまりの土地。

③ 川、山、崖などの自然的状況により、他と区別されている一かたまりの土地。

④ 地目、筆などの取引ないし利用の単位により、他と区別されている一かたまりの土地。

⑤ 利用の単位（占有権の及ぶ範囲）により、他と区別されている一かたまりの土地

⑥ 土地に対する公的利用規制、所有の単位その他の事象により、他と区別されている一かたまりの土地。

2 固定資産税評価

　固定資産税評価においても、評価単位は、1画地ごとに評価することになっていますが、相続税財産評価においては、次のような理由から、評価単位の修正が必要になることがあります。

(1) 固定資産税評価においては、地上権、借地権等が設定されている土地については、これらの権利が設定されていない土地として評価されていること

(2) 実務上1筆を1画地として評価されている場合が多いこと

第16 不合理分割が行われた場合の評価単位
～ 不合理分割に該当する場合とは？ ～

宅地の評価単位は、「第15 宅地の評価単位」（98ページ）に掲げたとおりですが、例えば、次の(1)ないし(6)の例のように親族間等で贈与や遺産分割等による宅地の分割により、A部分は甲が、B部分は乙がそれぞれ取得することとした場合に、分割後の画地が宅地として通常の用途に供することができないなど、その分割が著しく不合理であると認められるときは、その分割前の画地を「１画地の宅地」とします。

下図(1)～(6)は、国税庁ホームページの【質疑応答事例】「宅地の評価単位―不合理分割(1)」からの抜粋ですが、図(1)は、現実の利用状況を無視した分割といえます。図(2)は無道路地を、(3)は無道路地及び不整形地を、(4)は不整形地を、(5)は奥行短小な土地と無道路地を、(6)は接道義務を満たさないような間口の狭小な土地を、それぞれ創出する分割といえます。

このような分割は、無道路地、帯状地又は著しく狭あいな画地を創出するなど、分割後の画地では分割時のみならず将来においても有効な土地利用を図ることができず、通常の宅地の用途に供することができない著しく不合理な分割と認められるため、原則としてA、Bに分割する前の宅地全体を１画地の宅地としてその価額を評価した上で、この価額に、A土地及びB土地の各価額の比を乗じた価額により評価します。

（国税庁「質疑応答事例」宅地の評価単位―不合理分割(1)）

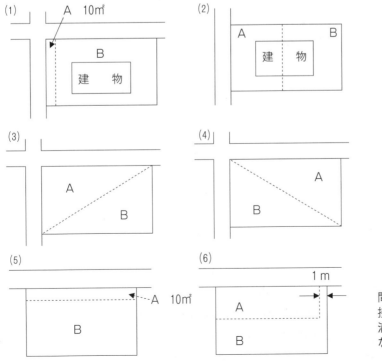

　なお、この取扱いは同族会社間等でこのような不合理分割が行われた場合にも適用されます。

○　次の②の事例は、昭和55年6月24日付　直評第15号ほか「個別事情のある財産の評価等の具体的な取扱いについて」（東京国税局管内税務署長宛）東京国税局長通達（「2－(1)　空閑地の評価単位」）において、不合理分割に該当する事例として示されたものです。

　この取扱いは、東京国税局長通達の発遣によって、遍く人口に膾炙されましたが、前ページの国税庁ホームページの【質疑応答事例】において示されている現行の取扱いは、これとは異なるといえるでしょう。

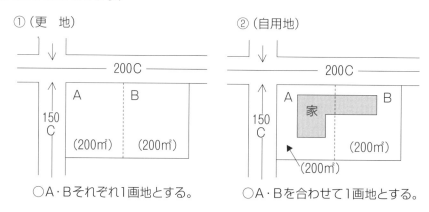

①（更　地）　　　　　　　　　　　　　②（自用地）

○A・Bそれぞれ1画地とする。　　　○A・Bを合わせて1画地とする。

限定価格と不合理分割

参　考

　不動産鑑定の用語に「限定価格」というものがあります。限定価格は、不動産の併合又は分割をすることによって市場が相対的に限定され、対象不動産の市場価値を乖離（上回る）場合の価格をいいます。そして、限定価格を求める場合の例示のひとつに「経済合理性に反する不動産の分割を前提とする売買に関連する場合」があげられています。

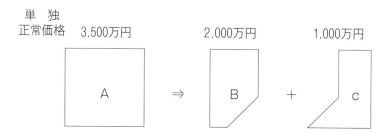

　上の例のような整形で標準的な3,500万円のA土地を不整形なB土地と不整形なC土地に分割した場合、B土地とC土地の単独の正常価格（時価）は、それぞれ2,000万円、1,000万円となるとすると、合計で500万円の価値の減少分が生ずることになります。

　したがって、A土地を分割してC土地を収用等で買収する場合の鑑定評価額は、A土地の補償を要することをしんしゃくし、C土地の正常価格（時価）1,000万円に価値の減少分500万

円を加えた1,500万円が限度となる限定価格となります。つまり、限定価格の考え方をとると、価値の減少分が消えてなくなるわけではありません。

　「第16　不合理分割が行われた場合の評価単位」で説明した取扱いは、限定価格の考え方からみても合理性があるということになります。

不動産鑑定評価基準

「第3節　鑑定評価によって求める価格又は賃料の種類の確定」－抜粋－

2．限定価格

　限定価格とは、市場性を有する不動産について、不動産と取得する他の不動産との併合又は不動産の一部を取得する際の分割等に基づき正常価格と同一の市場概念の下において形成されるであろう市場価値と乖離することにより、市場が相対的に限定される場合における取得部分の当該市場限定に基づく市場価値を適正に表示する価格をいう。

　限定価格を求める場合を例示すれば、次のとおりである。

(1)　借地権者が底地の併合を目的とする売買に関連する場合

(2)　隣接不動産の併合を目的とする売買に関連する場合

(3)　経済合理性に反する不動産の分割を前提とする売買に関連する場合

第 17 農地、山林、原野、牧場、池沼、鉱泉地及び雑種地の評価単位

　宅地以外の地目（農地、山林、原野、牧場、池沼、鉱泉地及び雑種地）の評価単位は、それぞれ次に掲げるとおりです（評基通7－2(2)～(7)）。

　なお、牧場、池沼及び鉱泉地を除き、宅地比準用方式で評価をする土地の評価単位の判定に当たっては、不合理分割について定めた財産評価基本通達7－2(1)の注書が準用されます。
　⇒「第16　不合理分割が行われた場合の評価単位」（105ページ）参照。

1 農地の評価単位

（1）純農地及び中間農地の評価単位

　田及び畑（以下「農地」といいます。）は、1枚の農地（耕作の単位となっている1区画の農地をいいます。）を評価単位とします（評基通7－2(2)）。

（2）上記以外の農地等の評価単位

　財産評価基本通達36－3に定める市街地周辺農地、同40に定める市街地農地、同40－2に定める広大な市街地農地及び同40－3に定める生産緑地は、宅地の価額の影響を強く受けることから宅地比準方式により評価することとしており、これとの整合性を図るため、評価の単位についても宅地としての効用を果たす規模や形状で評価を行う必要があります。

　したがって、これらの農地については、上記(1)のように1枚ごとといった評価単位によらず、それぞれを（これら4つの通達に定める農地の区分ごとに）利用の単位となっている一団の農地を評価単位とします（評基通7－2(2)ただし書）。

　この「利用の単位」とは、一体として利用される土地の範囲を指し、自用の土地であれば、第三者の権利による制約がないので、その全体が一体として利用されるものであり、第三者の権利が存する土地とは区分されます。したがって、自用の土地は、その全体を利用の単位として評価することとなります。また、第三者の権利の存する土地について、貸付先がそれぞれ異なっている場合には、利用についてもそれぞれ異なっているので、同一人に貸し付けられている部分ごとに利用の単位とします。

　このように、これらの農地は、利用の単位となっている一団の農地を評価単位とするのですが、具体的には、次のように判定します。

イ　所有している農地を自ら使用している場合には、耕作の単位にかかわらず、その全体をその利用の単位となっている一団の農地とします。

ロ　所有している農地を自ら使用している場合において、その一部が生産緑地である場合には、生産緑地とそれ以外の部分とが隣接していても、それぞれを利用の単位となっている

一団の農地とします。これは、生産緑地は農地等として一定の期間管理しなければならず、また、市町村長に買取りの申出をすることができる場合でも、一定の手続きやそのためにある程度の期間を要するという制約があることによるものです。

八　所有する農地の一部について、永小作権又は耕作権を設定させ、他の部分を自ら使用している場合には、永小作権又は耕作権が設定されている部分と自ら使用している部分をそれぞれ利用の単位となっている一団の農地とします。

ニ　所有する農地を区分して複数の者に対して永小作権又は耕作権を設定させている場合には、同一人に貸し付けられている部分ごとに利用の単位となっている一団の農地とします。

質疑応答事例　　　　　　　　　　（国税庁ホームページ）

土地の評価単位──市街地農地等　〜抜粋〜

（事例1）市街地農地等

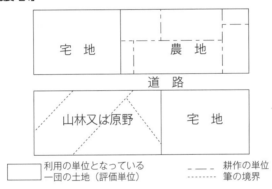

宅　地	農　地
道　路	
山林又は原野	宅　地

□ 利用の単位となっている一団の土地（評価単位）　――― 耕作の単位
…… 筆の境界

　市街地農地、市街地山林及び市街地原野（以下市街地農地等といいます。）の価額は、付近の宅地の価格形成要因の影響を受けるため、宅地比準方式により評価することとしています。

　図のような市街地農地等について、1枚又は1筆ごとに評価することとすると、宅地の効用を果たさない規模や形状で評価することとなり、隣接宅地と同じような規模及び形状であるにもかかわらず、価額が異なることとなるため、利用の単位となっている一団の土地を評価単位とします。

　なお、農地については、市街地農地のほか、市街地周辺農地及び生産緑地についてもそれぞれごとに「利用の単位となっている一団の農地」を判定します。

2　山林及び原野の評価単位

（1）純山林（原野）及び中間山林（原野）の評価単位

　純山林、中間山林、純原野及び中間原野は、1筆の山林又は原野を評価単位とします（評基通7－2⑶・⑷）。

（2）上記以外の山林（原野）の評価単位

　財産評価基本通達49に定める市街地山林、平成29年9月20日改正前（以下「改正前」という。）の同49－2に定める（広大地に該当する）市街地山林、同58－3に定める市街地原野及び改正前の同58－4に定める（広大地に該当する）市街地原野は、利用の単位となっている一団の山林又は原野を評価単位とします（評基通7－2(3)・(4)ただし書）。

　これは、上記1の(2)と同様の趣旨に基づく評価単位です。

3　牧場、池沼及び鉱泉地の評価単位

　牧場及び池沼は、原野に準ずる評価単位とし、また、鉱泉地は、原則として1筆の鉱泉地を評価単位とします（評基通7－2(5)・(6)）。

4　雑種地の評価単位

　雑種地は、利用の単位となっている一団の雑種地（同一の目的に供されている雑種地をいいます。）を評価単位とします（評基通7－2(7)）。

　ただし、市街化調整区域以外の都市計画区域で市街地的形態を形成する地域において、財産評価基準通達82≪雑種地の評価≫の本文の定めにより評価する宅地と状況が類似する雑種地が2以上の評価単位により一団となっており、その形状、地積の大小、位置等からみてこれらを一団として評価することが合理的と認められる場合には、その一団の雑種地ごとに評価します（評基通7－2(7)但書）。

　また、いずれの用にも供されていない一団の雑種地については、その全体を「利用の単位となっている一団の雑種地」とします（評基通7－2（注）3）。

第18 遺産の分割と評価単位

～ 遺産の分割方法次第で評価額に大きな差が生じます！ ～

　遺産の分割は、「配偶者に対する相続税額の軽減の特例」や「小規模宅地等についての相続税の課税価格の計算の特例」の適用要件とされています。

　このような特例を適用する必要がなければ、遺産の分割は法律上特に必要ありませんが、いつまでも分割をせずに放置しておくと、年を経るごとに相続人の関係が稀薄になってしまい、分割するのが困難となってくることが多々あります。

　また、遺産分割の方法次第で、次のとおり土地の評価単位や地積規模の大きな宅地の評価の適用などに差異が生ずることがあります。

1　共有土地として取得する場合

　評価しようとする土地が共有となっている場合には、共有地全体の価額に共有持分の割合を乗じて、各人の持分の価額を算出します（評基通2）。

　したがって、被相続人所有の下の図のような自用のA土地及びB土地を遺産分割により、相続人甲と乙が各2分の1の共有持分で相続した場合は、A土地とB土地を一画地として評価します。すなわち、正面路線価を10万円とし、7万円の二方（裏）路線影響加算をして評価し、その価額に各人の持分2分の1を乗じて、それぞれの共有持分の価額を算出しますので、両者が相続した土地の価額は等しくなります。

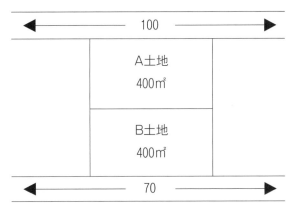

2　分割土地として取得する場合

　これに対し、この土地を分割協議によりA土地は甲が、また、B土地は乙がそれぞれ相続した場合は、評基通7-2《評価単位》の「(1)　宅地」の（注）に定める「不合理分割」に該当しない限りは、A土地とB土地は、それぞれを一画地の土地として評価することになります。　　　　　　　　⇒「第16　不合理分割が行われた場合の評価単位」（105ページ）参照。

　すなわち、甲が取得したA土地は正面路線価の10万円を基に、また、乙が取得したB土地は正面路線価の7万円を基にそれぞれ評価することになり、共有土地として取得する場合よりも、土地の価額は減額されることになります。

3　地積規模の大きな宅地の評価が適用される場合

　これに対し、例えば、この土地の総地積が800㎡であるとした場合に「地積規模の大きな宅地の評価（評基通20－2）」を適用する場合の「地積の基準」は、上記1のように共有土地として取得する場合はA土地とB土地の合計地積800㎡によりますが、2のように分割協議により、甲がA土地400㎡を、また、乙がB土地400㎡をそれぞれ取得する場合は、A土地とB土地それぞれを一評価単位として、各土地の地積400㎡により、地積規模の大きな宅地の評価の適用ができるかどうかを判定することになります。

　三大都市圏に所在する土地であれば、1の場合は、地積規模の大きな宅地の評価を適用することができますが、2の場合は、適用することができなくなります。

　土地の地積規模や立地条件、その土地が所在する地域（地積規模の大きな宅地の評価を適用することができる地域か否か）によって、いずれの遺産分割が有利に作用するかは分かりませんが、遺産分割の方法次第で、このように評価額に大きな影響が及ぶことに配意すべきです。

　この土地の総地積が800㎡で、地積規模の大きな宅地の評価の適用がある場合には、共有土地（甲は17分の10、乙は17分の7）として相続し、そして相続をした後に、共有物の分割請求（民法256条）の方法で、甲がA土地400㎡を、また、乙がB土地400㎡をそれぞれ取得する方法によれば、甲、乙間で贈与等の問題が生ずることなく、最も有利な結果を得ることができるようになると思います。

　共有物の分割に係る登記費用等は必要となりますが、共有物の分割は、所得税法第33条の「譲渡」には該当しません（所基通33－1の7《共有地の分割》）。

所 法 通 達

> **（共有地の分割）**
> **33－1の7**　個人が他の者と土地を共有している場合において、その共有に係る一の土地についてその持分に応ずる現物分割があったときには、その分割による土地の譲渡はなかったものとして取り扱う。（昭56直資3－2、直所3－3追加）
> （注）1　その分割に要した費用の額は、その土地が業務の用に供されるもので当該業務に係る各種所得の金額の計算上必要経費に算入されたものを除き、その土地の取得費に算入する。
> 　　　2　分割されたそれぞれの土地の面積の比と共有持分の割合とが異なる場合であっても、その分割後のそれぞれの土地の価額の比が共有持分の割合におおむね等しいときは、その分割はその共有持分に応ずる現物分割に該当するのであるから留意する。

第2節　地　積

第 19　公簿面積と実測面積

1　財産評価で採用する「地積」

　地積は、課税時期における実際の面積によります（評基通8）。

　しかしながら、相続税や贈与税の実務においては、すべての土地について実測を要求しているものではなく、「実際の地積が明らかなものは、それによる。」という趣旨です。

　ただし、次のような場合は、実測又は概算実測により評価することが求められる場合がありますので、留意する必要があります。

　　（注）国土調査（地籍調査）や土地区画整理事業、圃場整備（ほじょうせいび）などが行われた地域では、不動産登記法に定める「14条地図」が作成されますので、公簿面積と実測面積は一致します。

（1）相続した土地を実測により譲渡する場合

　相続により取得した土地を実測により譲渡し、相続税の申告期限までに実際の面積の確定がされる場合は、実際の面積による評価額で申告し、申告期限に間に合わない場合は、自主的に修正申告等により対応するようにしてください。

　もちろん、相続税の更正の除斥期間の満了後に実際の面積が明らかになる場合は、修正申告の義務もなくなります。

（2）相続税又は贈与税の申告期限後に新たに分筆することが予定されている土地

　相続税又は贈与税の申告期限後に新たに分筆することが予定されている土地がある場合には、納税者等に対する注意喚起が必要です。

⇒「第20　分筆登記と縄延び」の3（116ページ）参照。

（3）明らかに実際の面積が公簿面積よりも大きいと認められる土地

　特に縄延びの多い山林等については注意を要します。

　植林をしている山林の場合は、森林計画による植栽面積が判明します。

　　（注）森林簿及び森林施業（計画）図については、「≪豆知識≫山林の物的確認」の2（327ページ）参照。

　また、森林組合の証明による森林現況証明書の立木の「樹種」、「樹齢」、「植栽本数」から、その地域の「立木1本当たりの（標準的）植栽面積」を求めることにより、山林の概算面積を算定することができます。

　なお、倍率地域における実際の面積による土地の価額は、次の算式によって評価します。

【算式】

$$\text{その土地の固定資産税評価額} \times \frac{\text{実際地積}}{\text{台帳地積}} \times \text{評価倍率}$$

2 | 不動産登記における「地積」

不動産登記において、「地積は、水平投影面積により、平方メートルを単位として定め、1平方メートルの100分の1（宅地及び鉱泉地以外の土地で10平方メートルを超えるものについては、1平方メートル）未満の端数は、切り捨てる。」と規定しています。（不動産登記規則100条）。

3 | 尺貫法とメートル法

昭和41年4月1日以降は、登記簿に表示する地積及び床面積は、すべて尺貫法による表示から、メートル法による表示に変更されました。

しかし、保存がされている古い時代の登記済証書や賃貸借契約書などには、尺貫法で不動産の面積が表示されているものも少なくありませんので、土地評価の実務においては、換算定数を使用する例は多々あります。

尺貫法の換算定数は、次のとおりです。

1町＝10反（たん）
1反＝10畝（せ）
1畝＝30歩（ぶ）
1歩＝1坪（つぼ）

【換算例】　2畝15歩＝75歩＝75坪
　　　　　　1反3畝＝390坪

【尺貫法からメートル法への換算方法】「121／400」又は「0.3025」

1㎡＝121／400坪です。

したがって、「坪×400÷121＝㎡」又は「㎡×121÷400＝坪」で換算します。

（注）例えば、所得税基本通達36−41《小規模住宅等に係る通常の賃貸料の額の計算》に定める算式には、「3.3（㎡）」とありますが、これは「3.3㎡当たり」の意であって、「坪（当たり）」を示す数値ではありません。

換算定数の「121／400」は、「0.3025」ですから、「坪÷0.3025＝㎡」又は「㎡×0.3025＝坪」でも換算できますので、いずれかの換算定数を暗記しておくと便利です。

4 | 現地調査による地積の確認

現地調査により地積を確認する際の留意事項については、「第11　現地調査」（75ページ）を参照してください。

トラバース（Traverse）測量

　測量では、トランシットやトータルステーション等の測量機器を設置し、必要とされる地物を計測して行きます。このとき、測量機器を設置した点の座標と方位角の基準となる方向が解っていなければなりません。測量における基準点とは、この測量機器を設置する点のことをいいます。この基準点を設置するためには、あらかじめ座標が与えられている点が必要です。日本においては、三角点と呼ばれる国家基準点がいたる所に設置されています。トラバース測量は、基準点を設置するための測量、すなわち基準点測量です。

　長さと方向の決まった線分の連続したものを「トラバース多角線」又は「トラバース折線」といいます。このトラバースによって行う測量を「トラバース測量」、「折線測量」又は「多角測量」といいます。

　トラバース測量は、折線の各隣辺間の角と各辺の長さを測定します。

　この方法の特徴は、隣接の2点に対する見通しがあればよく、また辺の長さを任意にとれるので、境界測量、路線測量、地積測量等の測量に広く利用されています。

【開放トラバース】	【閉合トラバース】	【結合トラバース】
基準点を出発して最後の測点がどの基準点とも結合しない測量です。誤差を発見できないので最も簡易な測量に限られます。	基準点を出発して最後の測点が出発点に結合する測量です。地形が相似などの場合に測定距離の誤差を発見できない難点があります。	基準点を出発して最後の測点が出発点以外の他の基準点に結合する測量で、最も精度の高い測量です。

第20　分筆登記と縄延び
～ 不動産登記事務取扱手続準則の改正に伴う留意事項 ～

　俗に「山三倍」といわれるように、山林の実際の地積は、公簿地積の三倍ほどもあるという意味ですが、山林に限らず、一般的に縄延びのある土地はたくさんあります。

1 不動産登記法の改正前に分筆された土地

　不動産登記法の改正（平成16年法律第123号）に伴う不動産登記事務取扱手続準則は、平成17年3月7日から実施されましたが、それ以前の不動産登記事務取扱手続準則123条《分筆の登記申請》は、「分筆後の土地のうち一筆については、必ずしも求積及びその方法を明らかにすることを要しない。」と定められていましたので、分筆後の残地につき地積測量図がないのが通常です。

　そのため、例えば、公簿が1,000㎡の農地の実測地積が1,200㎡ある場合に、このうちの800㎡が道路用地として買収され、残地として公簿で200㎡が残されると、その実測地積は400㎡で、縄延び率は実に2倍にも達する土地が出現することになります。

　このような経緯で不動産登記法の改正前に分筆された残地の評価に当たっては、実測地積に着目すべきです。

2 不動産登記法の改正後に分筆された土地

　これに対し、平成17年3月7日から実施された不動産登記事務取扱手続準則72条2項は、「特別の事情がある場合」に限り、分筆後の土地のうち一筆の土地について地積及びその求積方法等を便宜省略して差し支えないこととしていますので、施行後における分筆については、原則的に、分筆後の土地の双方につき地積及びその求積方法が明らかにされることになります。

　この「特別の事情がある場合」を例示すると、おおむね以下のようになります。

⑴　分筆前の土地が広大であり、分筆後の土地の一方がわずかであるとき

⑵　地図（不動産登記法14条1項）が備えられている場合であって、分筆前の地積と分筆後の地積の差が誤差の限度内であるとき

⑶　座標値が記録されている地積測量図など既存の資料により、分筆前の地積と分筆後の地積の差が誤差の限度内であるとき

⑷　道路買収などの公共事業に基づく登記の嘱託が大量一括にされ、かつ、分筆前の地積と分筆後の地積の差が誤差の限度内であるとき

⑸　上記の場合のほか、登記官において分筆前の土地の筆界が確認できる場合であって、かつ、①分筆後の土地の一方が公有地に接し、境界確定協議や境界明示に長期間を要するとき、②隣接地所有者等が正当な理由なく筆界確認のための立会いを拒否しているとき、又

は③隣接地所有者等が行方不明で筆界確認のための立会いができないとき

　そうすると、ほとんどの土地は、分筆に当たって実測により地積更正がされるので、不動産登記法の改正後に分筆された土地は、縄延びが生じる心配はないということになりますし、また、評価に当たっては、地積測量図を活用することができます。

3　相続税又は贈与税の申告期限後に新たに分筆することが予定されている土地

　上記2で説明したとおり、相続税又は贈与税の申告期限後に新たに分筆することが予定されている土地については、測量することによって地積に異動が生ずる可能性があります。

　相続税又は贈与税の更正の期間制限内にこの分筆が予定されている場合は、「実測によって地積に異動が生じたときには、自主的に修正申告又は更正の請求をすることになるので連絡してください。」と、注意喚起をしておく必要があります。

　なお、更正の期間制限は、相続税の場合は申告期限から5年（国税通則法70条①）ですが、贈与税の場合は6年（相続税法36条①）であることに留意してください。

ひと休み　新潮文庫　『司馬遼太郎が考えたこと8　あとがき（「土地と日本人」）』389頁から

　ちょっと信じがたいことだが、日本では国土のすべてが精密に測量されて地籍簿として役所に収まっているわけではない。国土の七割強が山林であるということはよく知られているが、その山林についての測量がおこなわれておらず、役所であつかわれる台帳といえば江戸期もしくはそれ以前からの慣習による目分量でしかない。ふつう「山三倍」といわれる。実測すれば台帳記載の面積の二倍、三倍はあるといわれている。国土の七割強がそういうあいまいさの上に立っているということは、土地革命をそれぞれの歴史の変革期において終えてしまっている先進国ではありえない。

　日本において全国規模で土地を測量したのは、いわゆる「太閤検地」である。この検地の規模の大きさと精密さはこんにちふりかえっても驚嘆すべきものだし、秀吉の統一事業のなかでの最大のものといっていい。が、それは国土の二割ほどの農耕地にかぎられ、山林は直接的には貢租を生み出さないものとして、放置された。

　そのまま明治維新にいたるが、この変革期にも山林は実測されることがない。土地についての基本的な政策はなく、その後、敗戦のあとの農地解放においてわずかに農地の所有についての平衡操作がされただけで、あらかたは十六世紀末の太閤検地で成立した原形のままでこんにちにいたっている。

第 21 抵当権が設定されている土地の評価

抵当権は、債務者又は第三者が提供した物を、占有を移さずに設定者の使用収益に任せておき、債務が弁済されない場合にその物の交換価値から優先的に弁済を受けることのできる約定担保物権です。

1 抵当権のしくみ

右の図で、AがBから3,000万円を借りるとした場合、Aは自分の家に抵当権を設定して、3,000万円を借ります。抵当権を設定すると、債務者Aが3,000万円を返済できなくなった場合には、債権者Bは抵当権を実行することができます。

すなわち、BはAの家を競売にかけることができるのです。競売の結果、Cという買い手が付けば、CはBに競売代金を支払い、Bはお金を取り返すことができます。この仕組みが抵当権です。

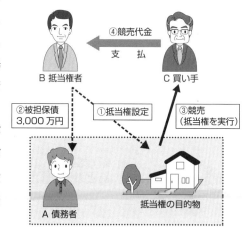

なお、抵当権は物権ですから、登記によって対抗力が与えられ、通常は不動産登記簿の乙区欄に記載されています。

2 評価方法

抵当権が設定されている土地については、原則として抵当権が設定されていることを考慮しないで評価します。

抵当権は、債務者又は物上保証人から債務の担保として提供された不動産等を、担保提供者の使用収益に任せておきながら、債務不履行の場合に目的物の価額から優先弁済を受けることを内容とする物権であり、債務の弁済により消滅し、また、目的物の処分についても何ら制限を加えるものではありませんから、抵当権が設定されていることによる価値の低下はないものと考えられます。

また、債務者が自己の債務の担保のため所有する不動産に抵当権を設定させている場合においては、その債務は別途債務控除として相続財産の価額から控除されることになっており、他方、第三者が他人の債務の担保のため所有する不動産に抵当権を設定させている場合においては、抵当権が実行されるか否かが不確実であるほか、抵当権が実行されたとしても債務

者に求償することが可能ですから、抵当権を度外視した当該不動産の時価により評価します。

　なお、課税時期において債務者が弁済不能の状態にあるため、抵当権が実行されることが確実であり、かつ、債務者に求償しても弁済を受ける見込みがない場合に限り、債務者の弁済不能と認められる部分の金額を抵当権が設定されている不動産の所有者の債務として控除します（その不動産の価額から控除して評価はしません）。

第4章 宅地の評価

▶▶▶ 第1節 路線価 ◀◀◀

第 22 路線価方式

> 土地の評価誤りは、圧倒的に路線価方式による評価に集中しており、倍率方式による場合には、評価誤りはほとんどありません。
>
> 評価誤りの事例は、枚挙に暇がありませんが、最近の土地の評価実務は、専用の評価ソフトを使用して、路線価地域にある土地の評価明細書の作成をするケースが多くなってきたので、評価ソフトによって評価明細書を作成する場合の留意事項にとどめて解説をします。
>
> （注）稀にではありますが、財産評価通達の定めと異なる評価単位により、高額な固定資産税評価がされている場合があります。このような固定資産税評価額に漫然と評価倍率を適用すると過大な価額が算定されるため、固定資産税評価額の単価を基に、近隣の固定資産税の路線価や隣接地の価格とのバランス検討をする必要が生じる場合もあります。

1 評価単位

　評価の単位は、正しい評価をするための基本で、これを誤るとその後の評価計算はすべて無に帰します。広大地の評価もその基本は評価単位を正しく判定することから始めなければなりません。

　評価の単位の判定は、評価ソフトに任せることは一切できませんので、人智によって判定するしかありません。

　「評価単位」は、「地目（登記簿の地目ではなく、現況の地目です。）」を前提に判定をします。

　評価単位を判定する際のポイントは、次の①ないし④のとおりですが、本書は、「地目」とともに、「評価の単位」について、詳しく解説をしていますので、これらを参照してください。「地目」⇒第13（83ページ）参照。「評価の単位」⇒第14（87ページ）ないし第18（111ページ）参照。

① 宅地は、筆数に関係なく、一画地の宅地（利用の単位となっている一区画の土地）ごとに評価します。

② 同じ用途に供されている一団の「宅地と雑種地」は、同じ評価単位とします。

③ 市街化区域内に所在する一団の「農地、山林、原野及び雑種地」は、その形状、地積の大小、位置等からみて、一団の土地として利用するのが合理的であると認められる場合には、これらを同じ評価単位とします。

　ただし、「生産緑地に指定された農地」と「それ以外の農地」は、たとえ一団の土地を形成していても、評価単位はそれぞれ別になります。

④ 「宅地」と「農地、山林又は原野」は、市街化区域内に所在する一団の土地を形成していても、評価単位は別です。

(注)１．道路や河川などによって物理的に分離されている場合は、原則として「一団の土地」には当たりません。

　　２．市街化区域以外の区域に所在する「農地、山林及び原野」は、路線価区域内に所在する場合であっても、路線価方式では評価しません。(財産評価基準書の「評価倍率表（一般の土地等用）」をご確認ください。)

　　　　この場合に路線価方式で評価するのは、「宅地」及び「雑種地」のみですが、雑種地については、別途「しんしゃく割合」が定められていますので、ご注意ください。

⇒「第69　雑種地の評価」の２（336ページ）参照。

2 間口及び奥行距離

　注意すべき点は、間口距離と奥行距離の測定の方法です。

　これによって各距離を正しく測定して入力しさえすれば、後は評価ソフトが画地調整率を算定します。

　測定の方法は、「第26　間口及び奥行距離」（136ページ）に掲げる基本的な５類型の間口距離の測定事例と奥行距離の求め方（「地積を間口距離で除して求めた計算上の奥行距離」と「その宅地に係る想定整形地の奥行距離」とのいずれか短い距離）のとおりで、これらを確実に覚えてください。

　この場合に、測定した間口距離と奥行距離から地積を計算して、評価土地の地積と概ね一致するかどうかを必ずチェックしてください。もし一致しないようであれば、次の①又は②のいずれかです。

① 測定を誤ったか

② 縄延び等によって公簿地積とに差が生じているか

3 正面路線

　複数の路線に接する宅地の正面路線は、各路線価にその路線の地区区分に応じた奥行価格補正率を乗じて計算した１㎡当たりの価額の高い方の路線とします（評基通16）。

　この奥行価格補正率は、各路線が「正面路線であるとした場合の奥行距離」によって求めますので、不整形地である場合は、それぞれの路線につき、上記⑵の測定方法によって、奥行距離を算定する必要が生じます。

　これによって計算した１㎡当たりの価額が同額となる場合は、宅地に接する距離（間口距

離）の長い方の路線を正面路線とします。

したがって、上記2の奥行距離の測定を誤らないことが、正面路線を正しく判定するための前提条件となります。

> （注）借地権割合及び地区区分は、「正面路線」に付された借地権割合又は地区区分によりますので、正面路線の判定は重要です。

4　地区区分

地区区分は、上記3で判定した正面路線の地区によります。

この正面路線の地区を正しく入力しさえすれば、その後の側方又は二方路線の加算計算などは評価システムがほぼ正確に演算してくれます。ただし、側方又は裏面路線に宅地の一部が接している場合や、側方又は二方路線からの奥行距離や角地又は準角地の区分などは、別途の入力が必要です。

地区の入力では、「普通商業・併用住宅地区（真円）」を「高度商業地区（楕円）」と誤って入力をしている例が散見されます。

「高度商業地区」とは、「大都市の都心や副都心、地方中核都市の都心等における容積率が600％以上で、百貨店や専門店等が連たんする地域」を指します。

したがって、「相続税等の申告に当たっては、高度商業地区に該当する土地は稀にしかない。」とさえ記憶しておけば、このような誤りを未然に防止することができるかと思います。

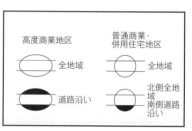

5　想定整形地

「想定整形地」とは、「正面路線からの垂線によって、不整形地の全域を囲む矩形（長方形）又は正方形の土地」を指します。

想定整形地の作図の正誤例を示して解説している参考書がありますが、むしろ、この定義を確実に理解することの方が大切で、この定義さえ理解しておけば、想定整形地の作図に失敗することはないと思います。　　　　⇒「第32　不整形地補正率の算定方法」（157ページ参照）。

想定整形地の間口及び奥行距離を正しく入力さえすれば、後は評価ソフトが機能して不整形地補正の演算をします。

第23 状況類似地区と価額バランス

1 正面路線

　複数の路線に面する宅地の正面路線は、各路線価にその路線の地区区分に応じた奥行価格補正率を乗じて計算した１㎡当たりの価額の高い方の路線とします（評基通16）。

　これによる路線価が同額となる場合は、宅地に接する距離（間口距離）の長い方の路線を正面路線とします。

　したがって、奥行距離の測定を誤らないことが、正面路線を正しく判定するための前提条件となります。

　（注）借地権割合も、正面路線に付された借地権割合によります。

　　　　　　　　　⇒「第24　地区の異なる２以上の道路に接する宅地の評価」（129ページ）参照。

（１）奥行価格補正後の１㎡当たりの価額の高い方の路線を正面路線とする理由

　次の図のＢ土地は角地であり、Ａ土地の価額145,000円よりも価値の高い土地です。

　しかし、単に路線価の高い方を正面路線にすると、次の①の算式のとおり、Ｂ土地の価額は133,776円となり、Ａ土地の価額よりも低くなってしまいます。

　②の算式のように奥行価格補正後の価額の高い方の路線を正面路線とすることで、Ｂ土地の価額は149,095円となり、両土地の価格バランスが保てることになります。

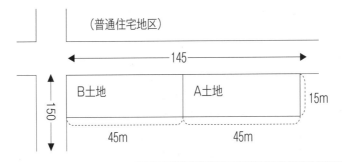

【Ａ土地】

　$145,000円 \times \underset{(奥行価格補正)}{1.00} = \underline{145,000円}$

【Ｂ土地】

① 高い方の150,000円の路線を正面路線とする場合

　$150,000円 \times \underset{(奥行価格補正)}{0.90} = 135,000円$

　$135,000円 + 145,000円 \times \underset{(奥行価格補正)}{1.00} \times \underset{(側方路線影響加算)}{0.03} = 139,350円$

　$139,350円 \times \underset{(奥行長大補正)}{0.96} = \underline{133,776円}$

② 145,000円の路線を正面路線とする場合

$$145,000円 \times \overset{(奥行価格補正)}{1.00} = 145,000円$$

$$145,000円 + 150,000円 \times \overset{(奥行価格補正)}{0.90} \times \overset{(側方路線影響加算)}{0.03} = \underline{149,050円}$$

（2）状況類似地区が異なる場合の正面路線の判定

次に掲げたものは、国税庁ホームページの「質疑応答事例」からの引用です。

土地の評価額バランスに配慮した適正な回答であると思われます。

質疑応答事例　　　　　　　　　　　　　（国税庁ホームページ）

路線価の高い路線の影響を受ける度合いが著しく少ない場合の評価

【照会要旨】

次の図のように路線価の高い方の路線の影響を受ける度合いが著しく少ない場合であっても、その路線価の高い路線を正面路線として評価しなければならないのでしょうか。

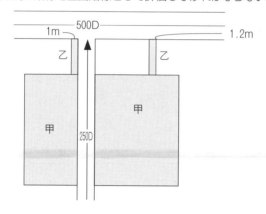

【回答要旨】

正面路線とは、原則として、路線価に奥行価格補正率を乗じて計算した金額の最も高い路線をいうこととされています。しかし、図のように間口が狭小で接道義務を満たさないなど正面路線の影響を受ける度合いが著しく低い立地条件にある宅地については、その宅地が影響を受ける度合いが最も高いと認められる路線を正面路線として差し支えありません。

なお、上記のような帯状部分を有する土地は、帯状部分(乙)とその他の部分(甲)に分けて評価した価額の合計額により評価し、不整形地としての評価は行いません。

【関係法令通達】　財産評価基本通達16

（3）状況類似地区

　上記(2)に関して、土地の評価の手順に関して補足説明をすると、土地の評価には、「状況類似地区」という用語があり、この事例の地区には、500千円の路線価の影響を受ける地区と250千円の路線価の影響を受ける地区があり、この事例の評価土地は、二つの状況類似地区にまたがって所在しており、その立地条件からして、500千円の路線価の影響を受ける地区に所在する土地が僅かの地積でしかないということなのです。

　「状況類似地区」の意義や内容については、次の固定資産評価基準（土地）が端的に示していると思います。

固 定 資 産 評 価 基 準　　　　　　　　（第1章　土地）

> #### 第3節　宅地－抜粋－
> 2　状況類似地区の区分
> 　状況類似地区は、宅地の沿接する道路の状況、公共施設等の接近の状況、家屋の疎密度その他宅地の利用上の便等を総合的に考慮し、おおむねその状況が類似していると認められる宅地の所在する地区ごとに区分するものとする。
> 3　標準宅地の選定
> 　標準宅地は、状況類似地区ごとに、道路に沿接する宅地のうち、奥行、間口、形状等からみて、標準的なものと認められるものを選定するものとする。

　（注）固定資産評価においては、地方税法第388条第1項に基づき総務大臣が「固定資産評価基準」を告示し、基本的に市町村長は、この「固定資産評価基準」によって固定資産の価格を決定しなければならないこととされています（同法第403条第1項）。

（4）相続税評価の定め

　相続税評価においては、僅かに財産評価基本通達21－2《倍率方式による評価》が、「倍率方式により評価する宅地の価額は、その宅地の固定資産税評価額に地価事情の類似する地域ごとに、・・・」と定めており、こうした表現から状況類似地区の区分が行われていることをうかがい知るほかありませんが、固定資産評価基準に定めるような「状況類似地区の区分」をする作業は、土地を評価する上での重要な作業であり、これは、相続税評価はもとより、地価公示価格及び基準地価格の鑑定評価においても、同様の作業が行われています。

地価公示地や基準地の評定作業においても、状況類似地区を区分し、その区分した地域から、その地域における標準的な規模の宅地を標準地に選定します。

なお、地価公示地や基準地の評価は、不動産鑑定士が行っていますから、状況類似地区は、不動産鑑定評価基準の用語にある「用途的地域（近隣地域及び類似地域）」として把握されます。

（5）具体的な事例

以上⑵ないし⑷を踏まえて、次の図のAないしDの土地の価額バランスを考えてみましょう。

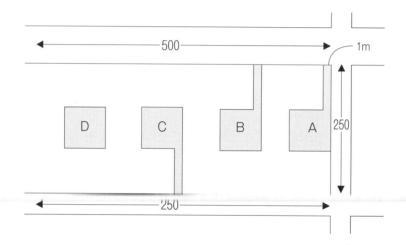

イ．A土地

　A土地は、前記⑵の「質疑応答事例」の甲土地及び乙土地からなる土地とまったく同じ立地条件の土地です。この土地は、帯状部分（乙）とその他の部分（甲）に分けて評価した価額の合計額により評価し、不整形地としての評価は行わないとの回答です。

　そうすると、A土地の大部分は、影響加算をする要因がないので1㎡当たり250千円で、これに500千円の路線価を基に画地調整をした帯状部分の土地の単価が若干加味されます。

ロ．B土地

　B土地は、A土地と同じ形状の土地ですが、その立地条件を比較すれば、明らかにA土地よりも利用価値の劣る土地です。

　500千円の路線価に基づいて、奥行価格補正、（間口が狭小な場合の）不整形地補正、接道義務を満たしていない場合の無道路地補正をして評価したB土地の価額は、A土地の価額よりも相当程度低くならないと、両者の価額バランスは保てません。

　しかし、通常の画地調整によっていては、このような評価額を算定することができないので、その際に行うしんしゃくが次の通達に定められています。この定めに基づいて、A

土地の価額と次のC土地の価額とのバランスを考慮して補正率を適宜修正することになります。

評 価 通 達

（間口が狭小な宅地等の評価）

20－3　次に掲げる宅地（不整形地及び無道路地を除く。）の価額は、15≪奥行価格補正≫の定めにより計算した1平方メートル当たりの価額にそれぞれ次に掲げる補正率表に定める補正率を乗じて求めた価額にこれらの宅地の地積を乗じて計算した価額によって評価する。この場合において、地積が大きいもの等にあっては、近傍の宅地の価額との均衡を考慮し、それぞれの補正率表に定める補正率を適宜修正することができる。（平11課評2－12外追加）

(1)　間口が狭小な宅地　付表6「間口狭小補正率表」

(2)　奥行が長大な宅地　付表7「奥行長大補正率表」

ハ．C土地

C土地は、通常の画地調整を行って評価すれば足りるでしょう。

B土地が500千円の路線価に面しているのに対して、C土地は250千円の路線価に面しているので、仮に両者の地区区分が同じであれば、ともに通常の画地調整を行えば、C土地の価額は、B土地の価額の半分になるはずですが、B土地は、上記ロで述べた修正を行うべき土地ですから、「B土地の価額はA土地の価額の半分」という関係にはなりません。

B土地の価額が、C土地よりも高い価額になるのは明らかですが、その差はさほど大きくはないはずです。

ニ．D土地

D土地は、C土地との価額バランスを評価計算上において容易に比較できる土地です。

C土地が接道義務を満たさない土地であるのに対し、D土地は無道路地ですから、接道義務を満たすのに必要な通路の開設に要する土地の部分の価額だけ、C土地よりも評価額が低くなります。

以上が確保すべき、A～Dの各土地の価額バランスです。

このような地区にある土地の評価は、大変難しいと思いますが、ここで、特に留意すべきことは、次の二点です。

一点目は、路線価方式によって評価する場合は、単にその評価土地が接している正面路線価のみに着目することなく、上記のとおり、「状況類似地区」を踏まえて、その周辺地域の路線価や評価土地の立地条件にも注意を払うことです。

二点目は、不動産鑑定評価基準にいう「最有効使用の原則」を取り違えて、「その不動産の効用が最高度に発揮される可能性に最も富む使用を前提として評価をすべきである。」との

考え方から、例えば、上記二の場合のD土地については、「500千円を正面路線価として、無道路地補正をして評価すべきである。」との判断が下されることが往々にしてあります。

　しかし、上記のような価額バランスを考慮すれば、このような判断は、とんでもないということに気付くはずです。

　「評価はバランスが命」とは、古より言い尽くされてきた言葉です。

（不動産鑑定評価基準第4章のⅣ）

最有効使用の原則

　不動産の価格は、その不動産の効用が最高度に発揮される可能性に最も富む使用（以下、「最有効使用」という。）を前提として把握される価格を標準として形成される。

　この場合の最有効使用は、現実の社会経済情勢の下で客観的にみて、良識と通常の使用能力を持つ人による合理的かつ合法的な最高最善の使用方法に基づくものである。

　なお、ある不動産についての現実の使用方法は、必ずしも最有効使用に基づいているものではなく、不合理な又は個人的な事情による使用方法のために、当該不動産が十分な効用を発揮していない場合があることに留意すべきである。

2　地区区分

　地区区分は、上記1で判定した正面路線の地区によります。

　「第22　路線価方式」の4「地区区分」（122ページ）を参照してください。

第 24　地区の異なる２以上の道路に接する宅地の評価

1 原則

　【事例１】のように、地区の異なる２以上の道路に接する宅地の価額は、原則として、その宅地の正面路線の地区に係る画地調整率によって評価します。

　正面路線は、奥行価格補正率を適用して計算した１㎡当たりの価額の高い方の路線とします。（評基通16の(1)）

　【事例１】の宅地を評価する場合、側方路線影響加算は、正面路線（600千円）の地区（普通商業・併用住宅地区）の奥行価格補正率及び側方路線影響加算率を適用します。また、借地権割合も正面路線に付された割合によります。

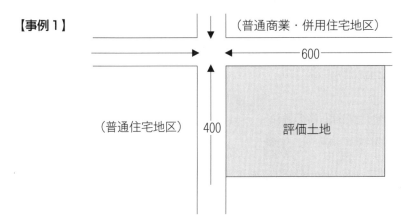

2 不整形地の例（その１）

　次の【事例２】のような不整形地は、原則として、地積の占める割合などから判断して主たる効用が認められる地区に係る画地調整率を適用して評価します。

　この事例の場合は、普通商業・併用住宅地区の画地調整率を用いて、次のように奥行価格補正後の価額を計算します。

　【計算】　　　　　　　　　　　※奥行距離は20m（500㎡÷25m＝20m＜30m）

$$\frac{600千円 \times 15m + 550千円 \times 10m}{25m} \times \overset{（奥行価格補正率）}{1.00} = 580,000円$$

　（注）奥行距離については、「第22　路線価方式」の**2**（121ページ）参照。

【事例２】

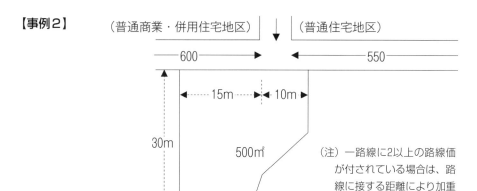

（注）一路線に2以上の路線価
が付されている場合は、路
線に接する距離により加重
平均した価額を路線価とし
て計算します。

3 ｜ 合理的に区分できる例

　地区の異なる２以上の道路に接する宅地であっても、次の【事例３】のように合理的にA部分とB部分に区分して計算をすることができる場合は、各部分の地区ごとに奥行価格補正後の価額を計算して評価することができます。なお、この区分計算をする場合には、間口狭小補正率や奥行長大補正率は適用しません。

【計算】

①　普通住宅地区の奥行価格補正後の価額・・・（A部分）

　　（路線価）　　　　（30mの奥行価格補正率）　　　（地積）
　　400,000円 ×　　　　0.95　　　×600㎡ ＝ 228,000,000円

②　普通商業・併用住宅地区の奥行価格補正後の価額・・・（B部分）

　　（路線価）　　　　（30mの奥行価格補正率）　　　　（地積）
　　600,000円 ×　　　　1.00　　　 ×　300㎡ ＝ 180,000,000円

③　奥行価格補正後の価額（評価額）

　　（①の価額）　　　　　　（②の価額）
　　228,000,000円 ＋ 180,000,000円 ＝ 408,000,000円

【事例３】

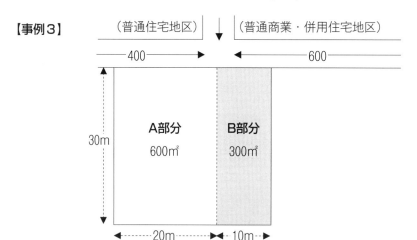

4　不整形地の例（その２）

　地区の異なる２以上の道路に接する次の【事例４】のような不整形地の場合は、前記２の【事例２】の方法に準じて、路線に接する距離により加重平均した価額を路線価として計算をすると、Ｂ部分の土地は全体の僅か６％程度の地積でしかないにもかかわらず、路線に接する距離の割合は25％に上ぼり、この割合で600千円の路線価を土地の価額に反映させることになります。

　むしろ、このような地形の場合、奥行価格補正後の価額は、前記３の【事例３】の方法に準じてＡ部分とＢ部分に区分して評価するのがより合理的といえるでしょう。

　したがって、この場合のＡ部分とＢ部分の奥行距離は、それぞれ次のとおり異なることになります。

　奥行距離は、地積を間口距離で除して求めた計算上の奥行距離と想定整形地の奥行距離とのいずれか短い距離になります。Ａ部分の奥行距離は937.5㎡÷30m＝<u>31.25m</u>＜50m、Ｂ部分の奥行距離は62.5㎡÷10m＝<u>6.25m</u>＜50mとなります。

【計算】

①　普通住宅地区の奥行価格補正後の価額・・・（Ａ部分）

　　　（路線価）　　　（31.25mの奥行価格補正率）　　　（地積）
　　400,000円　×　　　　0.95　　　　×　937.5㎡　＝　356,250,000円

②　普通商業・併用住宅地区の奥行価格補正後の価額・・・（Ｂ部分）

　　　（路線価）　　　（6.25mの奥行価格補正率）　　　（地積）
　　600,000円　×　　　　0.95　　　　×　62.5㎡　＝　35,625,000円

③　奥行価格補正後の価額

　　　（①の価額）　　　（②の価額）
　　356,250,000円　＋　35,625,000円　＝　391,875,000円

【事例４】

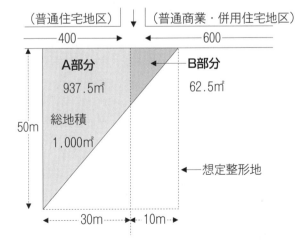

第 25　路線価が付されていない宅地の評価
～「特定路線価」の設定～

1　特定路線価設定申出書

　路線価は、「不特定多数の者の通行の用に供されている道路（評基通14）」に設定されますので、例えば、行止りの道路や供用の開始がされていない新設道路などには、路線価は付されていません。

　このような路線価が付されていない道路にのみ接する宅地を評価するには、納税地の所轄税務署へ「特定路線価設定申出書」を提出して特定路線価の設定を受け、この特定路線価を基に路線価方式で評価をすることになります（評基通14−3）。

2　「特定路線価」の設定の申出に当たっての留意事項

　特定路線価の設定の申出に当たっては、ただ漫然と申し出るのではなく、むしろ、特定路線価の設定をリードすべく、十分な説明資料を添付すべきです。

　特定路線価は、原則として、付近の基準路線の路線価を基に「土地価格比準表（地価調査研究会編著　国土交通省土地・水資源局地価調査課監修）」に定められた要因の格差によって決定されるものと考えられますが、建築物を建築するためには、原則として、建築物の敷地が4メートル以上の幅員の道路に2メートル以上接していなければなりません（接道義務）。また、容積率（指定容積率）は、道路の幅員によって制約を受けます（基準容積率）ので、道路の幅員は、これに接する土地の価額に大きな影響を与え、また、系統性や連続性といった道路の機能が土地の価額に影響を及ぼします。

　なお、国税庁のタックスアンサー「No.4617　利用価値が著しく低下している宅地の評価」の取扱いが適用される土地の場合などには、特定路線価にこうした要因が織り込まれているか否かの確認をすることを怠らないことが肝要です（タックスアンサーのただし書き参照）。
　　　　　⇒「第28　利用価値が著しく低下している宅地の評価」（141ページ）参照。

こんなことにも気を付けよう!!

1．周辺地域の状況も把握しておく

　特定路線価の設定を受ける道路の状況だけを観察するのではなく、予め住宅地図や納税者等からの聞き取りにより、その周辺地域の状況も把握しておきます。

　例えば、山麓や丘陵地域などの傾斜のある地勢にあっては、道路と宅地に高低差が生じますが、路線価が高低差のあることを織り込んで設定されているのか否か（そもそも路線価に高低差のあることを織り込むことができる地勢か否か）を、現地踏査に際して実地に検分しておくべきでしょう。

　一般的には、掘込みの車庫や擁壁を築いて道路面より高い位置に造成された土地は、眺望、日照、通風、防湿などの観点からプラス要因となり、これとは逆に、道路面より低い位置にある住宅地は、同様の観点からマイナス要因となるということを踏まえて、検分を実施してください。

2．固定資産税と路線価との価格バランスの検討

　路線価の価格バランスを検討するに当たっては、固定資産税と路線価との価格バランスの検討を怠らないことが肝要です。特定路線価の設定を受ける道路に固定資産税の路線価が付されている場合は、固定資産税の基準路線の路線価との格差率によって、設定される特定路線価の概算額の予測ができます。

⇒「第2　公的土地評価の均衡化・適正化」（30ページ）参照。

　固定資産税の路線価は、インターネットで配信される「全国地価マップ」や地方自治体のホームページからも確認することができます。

3．「ブルーマップ」の活用

　都市計画の用途地域や容積率・建蔽率などは、各地方自治体の都市計画図によって確認しますが、販売されている地図の縮尺は1／10000～1／50000程度であるため詳細を知るのが難しい場合があります。むしろ住宅地図サイズで作成されている「ブルーマップ」が役立ちます。⇒「第7　各種の地図の収集」（52ページ）参照。

4．周辺の地図や写真を添えて、日程のゆとりをもって申し出る

　評価土地の立地条件等によっては、その付近の路線価を基に評価をするのが合理的であると認められる土地や、「敷地内の通路」に該当するものなどについては、「特定路線価設定申出書」を提出したとしても必ずしも特定路線価が設定されるとは限りませんので、周辺の地図や写真などを準備して申し出るべきです。

　なお、特定路線価の設定には、1か月程度の期間を要しますので、申告期限までの作業日程を考慮して、ゆとりをもって申出をしてください。提出先は、原則として「納税地」を管轄する税務署とされていますが、実際には、広域運営により、広域中心署の評価専門官又は評価を主担する特別国税調査官が担当しますので、場合によっては、予め確認と了解を得た上で、評価専門官又はこの特別国税調査官が設置されている広域中心署へ直接提出する方法もあります。

5．「特定路線価チェックシート」

　国税庁・国税局のホームページに「特定路線価チェックシート」が掲載されていますが、その中に、次の内容が示されています。

> ◇　特定路線価は、原則として「建築基準法上の道路等」に設定します。
>
> 「建築基準法上の道路等」とは、次のとおりです。
>
> ①　「建築基準法第42条第1項各号又は第2項」に規定する道路
>
> ②　「建築基準法第43条第1項ただし書き」に規定する道路

　評価通達14《路線価》の『前項の「路線価」は、宅地の価額がおおむね同一と認められる一連の宅地が面している路線（不特定多数の者の通行の用に供されている道路をいう。以下同じ。）ごとに設定する。』との定めに抵触する内容ですが、窓口では、「建築基準法上の道路等」に該当しない場合には、路線価の設定されている最寄りの路線から、旗竿状の土地として評価をするように指導が行われているようですし、そもそも「建築基準法上の道路等」に該当しない場合には、路線価も付されなくなってきている傾向があります。

　もっとも、旗竿状の土地として評価をすれば、評価額は低くなるのですが、しかし、そのような評価をしたところで、その土地が建築基準法上の道路に接道する土地でないことには変わりはありませんから、さらに接道義務を満たさない土地（無道路地）であることによる斟酌をする必要があります。

■「特定路線価チェックシート」の疑問点

　チェックシート②の「建築基準法第43条第1項ただし書き」に規定する道路とは、特定通路のことを指すと考えられます。特定通路とは、建築基準法第43条第1項ただし書きの許可に関し、特定行政庁が国の運用指針に従い定型化された許可基準を定めた場合に、当該基準に該当する通路等のことを指し、指定道路図に記載することが<u>望ましい</u>とされているに過ぎません。

　特定通路に接する敷地における建築物は、交通上、安全上、防火上及び衛生上支障がないものとして、法第43条第1項ただし書の規定に基づく許可の対象となり得ますが、建築物の敷地、構造、設備及び用途によっては不許可となる場合も想定されます。一方、特定通路以外の通路等に接する敷地における建築物であっても、交通上、安全上、防火上及び衛生上支障がない場合にあっては、法第43条第1項ただし書の規定に基づく許可の対象となり得る場合があります（国土交通省「建築基準法道路関係規定運用指針の解説」）。

　したがって、上記②に該当して建物の建築が可能か否かについては、現実に建築確認申請を行ってみなければ判定できません。このため、金融機関によっては担保不適格として取り扱っているところもあります。

　実務上、上記①あるいは②に該当するか否かの判定は、指定道路図の記載によって判定されていると考えられますが、上に述べた点を踏まえると、そのほとんどが①の「建築基準法第42条第1項各号又は第2項」に規定する道路に特定路線価が設定されているものと思われます。

3 ┃ 側方路線又は二方路線影響加算の計算

　特定路線価は、路線価が付されていない道路にのみ接する宅地を評価するために設定されるものですから、路線価の付されている土地に面する宅地の側方路線に特定路線価が設定されたとしても、この特定路線価に基づく側方路線又は二方（裏）路線影響加算は行いません。

　例えば、下の図のＥ、Ｆ及びＪ土地の評価に当たっては、特定路線価に基づく側方路線又は二方（裏）路線影響加算は行いません。

（路線価は千円単位）

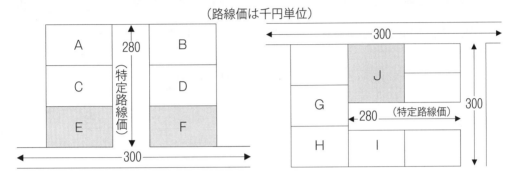

▶▶ 第2節 画地調整率の適用 ◀◀

第 26 間口及び奥行距離

以下に、間口距離の測定の仕方として基本的な5類型の事例を掲げました。

【事例】

① 隅切りのある宅地　　　　② 間口が分離されている宅地

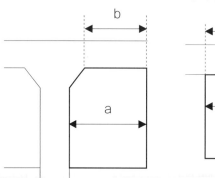
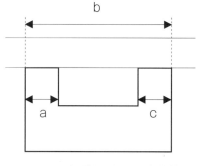

③ 道路に斜めに接している宅地

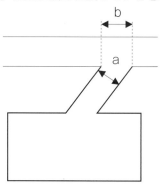

④ 屈折路の内側に接する不整形地 ⑤ 屈折路の外側に接する不整形地

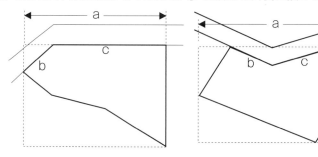

2　事例による間口距離の求め方

　間口距離は、原則として道路と接する部分の距離によります。したがって、図①の場合は「a」、図②の場合は「a＋c」によります。図③の場合は「b」によりますが、「a」によっても差し支えありません。

　また、図①の場合で私道部分を評価する際には、隅切りで広がった部分は間口距離に含めません。

　図④や図⑤のように屈折路に面する不整形地の間口距離は、その不整形地に係る想定整形地の間口に相当する距離と、屈折路に実際に面している距離とのいずれか短い距離となります。したがって、図④の事例の場合は、「a」（＜b＋c）が、また、図⑤の事例の場合は「b＋c」（＜a）がそれぞれ間口距離になります。

　なお、奥行距離は、その宅地の地積を上記の方法で測定した間口距離で除して求めた「計算上の奥行距離」と、その宅地に係る「想定整形地の奥行距離」とのいずれか短い距離とします。

　「想定整形地」とは、「正面路線からの垂線によって、不整形地の全域を囲む矩形（長方形）又は正方形の土地」を指します。

　各種の想定整形地の作図例を示した解説書がありますが、むしろ、この定義を確実に理解することの方が大切です。　⇒「第32　不整形地補正率の算定方法」（157ページ）参照。

隅切り（すみきり）

不動産用語

　「**隅切り**」とは、角敷地の隅角の部分を切除することをいいます。

　例えば、建築基準法及び東京都建築安全条例では、幅員がそれぞれ6m未満の道路が交わる角敷地の隅角が120°以下のときは、隅角部分を2mの隅切りにしなければならないと規定しています。（建基令144条の4①二、都条例2条）

■隅角が120°以下の土地

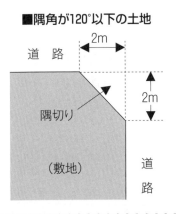

■内角が120°以上ある場合

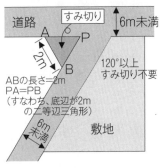

（目黒区ホームページ）

第 27 側方路線又は裏面路線に宅地の一部が接している場合の評価

　側方路線又は裏面路線に宅地が接している場合は、正面路線の地区区分に従い、側方路線影響加算又は二方路線影響加算を行いますが、これらの路線に宅地の一部が接している場合は、次により評価します。

　　　　⇒「第22　路線価方式」の「3　正面路線」及び「4　地区区分」(121〜122ページ) 参照。

1 側方路線に宅地の一部が接している場合

　例えば、次の図のように、評価する宅地の一部分のみが側方路線に接している場合には、その宅地が側方路線の影響を直接受けているのは、その側方路線に直接面している30メートルに対応する部分だけですから、次のとおり、側方路線影響加算額を調整の上、評価します。(評基通16)

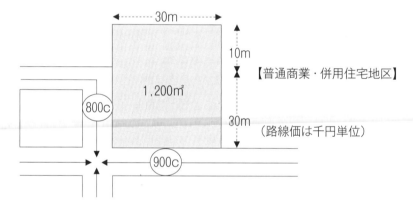

【加算額及び評価額の計算例】

●正面路線価を基とした価額

　　(正面路線価)　　(奥行価格補正率)
　　900,000円 × 0.93 ＝ 837,000円 ……………………………………………①

●側方路線影響加算額

　　(側方路線価)　(奥行価格補正率)　(側方路線影響加算率)
　　800,000円 × 1.00 × 0.08 × $\dfrac{30m}{10m+30m}$ ＝ 48,000円 ………………②

　評価額　　　(837,000円＋48,000円) ×1,200㎡＝1,062,000,000円

評価する宅地が正面路線に部分的に接しない場合には、接する部分の間口距離に応じた間口狭小補正率を適用しますので、上記のような正面路線に接する距離による調整計算は行いません。

2　裏路線に宅地の一部が接している場合

（1）【事例1】裏面路線に接する部分がその宅地に係る想定整形地の間口距離より短い場合

　例えば、次の図のように裏面路線に接する部分がその宅地に係る想定整形地の間口距離より短い場合には、上記1と同様の観点から、裏面路線に接する部分がその宅地に係る想定整形地の間口距離に占める割合により加算額を調整します。(評基通17)

【事例1】

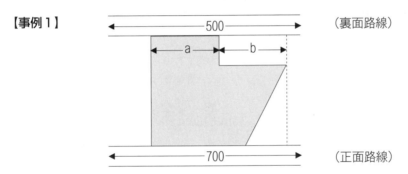

【加算額の計算例】

$$\substack{二方路線\\影響加算額}=\substack{(裏面路線価)\\500,000円}\times\begin{pmatrix}奥行価格\\補正率\end{pmatrix}\times\begin{pmatrix}二方路線\\影響加算率\end{pmatrix}\times\frac{a}{a+b}$$

（2）【事例2】評価する宅地の一部分が側方路線に接していないため、角地としての効用を有しない場合

　例えば、次の図のように、評価する宅地の一部分が側方路線に接していないため、角地としての効用を有しない場合には、側方路線影響加算率に代えて二方路線影響加算率を適用して評価します。

【事例2】

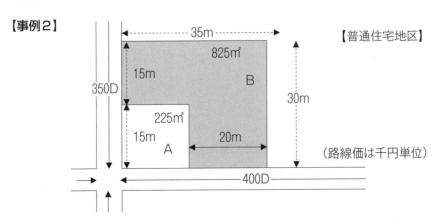

　まず、B土地の奥行価格補正後の1㎡当たりの価額は、正面路線価400,000円に基づき、評価通達20の⑷に定める方法で計算します。

⇒「第30　不整形地に係る奥行価格補正の方法」（149ページ）参照。

【影響加算額の計算例】

　この場合の具体的な影響加算の計算には、次のイ及びロの二通りの方法があります。

イ　B土地の奥行価格補正後の1㎡当たりの価額に影響加算を行う方法

$$\underset{\text{（側方路線価）}}{350{,}000\text{円}} \times \underset{\substack{\text{（奥行距離35mに}\\\text{応ずる奥行価格}\\\text{補正率）}}}{0.93} \times \underset{\substack{\text{（二方路線}\\\text{影響加算率）}}}{0.02} \times \frac{15\text{m}}{15\text{m}+15\text{m}} = 3{,}255\text{円}$$

ロ　AとBを合わせた土地の奥行補正率適用後の価額からA土地の価額を差し引いたB土地1㎡当たりの価額に影響加算を行う方法

　①　側方路線価を基に差引き計算をした宅地Bの1㎡当たりの奥行価格補正後の価額

$$(\underset{\text{A、Bを合わせた土地の奥行価格補正後の価額}}{\underline{350{,}000\text{円}\times0.93\times1{,}050㎡}} - \underset{\text{A土地の奥行価格補正後の価額}}{\underline{350{,}000\text{円}\times1.00\times225㎡}}) \div 825㎡$$

$$= \underline{318{,}818\text{円}}$$

　②　側方路線影響加算額

$$\underset{\substack{\text{（側方路線価を基にした}\\\text{B土地の1㎡当たりの価額）}}}{318{,}818\text{円}} \times \underset{\substack{\text{（二方路線影響}\\\text{加算率）}}}{0.02} \times \frac{15\text{m}}{15\text{m}+15\text{m}} = 3{,}188\text{円}$$

第28　利用価値が著しく低下している宅地の評価

1　相続税財産評価

　国税庁ホームページのタックスアンサーの「No. 4617」に「利用価値が著しく低下している宅地の評価」の取扱いが掲載されています。

　この取扱いのうち、「1　道路より高い位置にある宅地又は低い位置にある宅地で、その付近にある宅地に比べて著しく高低差のあるもの」に関する考え方などについては、次の「第29　道路より高い位置にある宅地又は低い位置にある宅地」で取り上げます。

　ここでは、この取扱いに定められている「ただし、路線価又は倍率が、利用価値の著しく低下している状況を考慮して付されている場合にはしんしゃくしません。」に関しての留意事項を説明します。

タックスアンサー　　　　　　　　　　　　　（国税庁ホームページ）

No. 4617　利用価値が著しく低下している宅地の評価　［令和4年4月1日現在法令等］

　次のようにその利用価値が付近にある他の宅地の利用状況からみて、著しく低下していると認められるものの価額は、その宅地について利用価値が低下していないものとして評価した場合の価額から、利用価値が低下していると認められる部分の面積に対応する価額に10%を乗じて計算した金額を控除した価額によって評価することができます。

　　1　道路より高い位置にある宅地又は低い位置にある宅地で、その付近にある宅地に比べて著しく高低差のあるもの

　　2　地盤に甚だしい凹凸のある宅地

　　3　震動の甚だしい宅地

　　4　1から3までの宅地以外の宅地で、騒音、日照阻害（建築基準法第56条の2に定める日影時間を超える時間の日照阻害のあるものとします。）、臭気、忌み等により、その取引金額に影響を受けると認められるもの

　また、宅地比準方式によって評価する農地又は山林について、その農地又は山林を宅地に転用する場合において、造成費用を投下してもなお宅地としての利用価値が著しく低下していると認められる部分を有するものについても同様です。

　<u>ただし、路線価又は倍率が、利用価値の著しく低下している状況を考慮して付されている場合にはしんしゃくしません。</u>

---

2 ┃ 固定資産税評価

　次の固定資産税評価の通達は、上記1の取扱いに当たって参考となる定めであると考えられます。

固定資産税課長通達

（自治省税務局）

○　**都市計画施設の予定地に定められた宅地等の評価上の取扱いについて**

（昭和50.10.15自治固第98号　東京都総務・主税局長、各道府県総務部長あて　自治省税務局固定資産税課長通達）

　都市計画施設の予定地に対する建築規制又はマンション等中高層の建築物による日照阻害、新幹線・高速道路等による騒音若しくはその他の要因による生活環境の悪化に伴い、これらの影響を受ける宅地の価格が影響を受けない宅地の価格に比べ低下している事例が認められる。

　ところで、新幹線・高速道路等による騒音・振動等に起因してその価格が低下している宅地については、これらの宅地が一定のひろがりをもった地域に所在するものであるので、現行固定資産評価基準に基づき、当該一定の地域を他の地域と区分して路線価を付設し又は当該地域を他の地域と区分して一の状況類似地区とすることによって、価格事情に応じた当該宅地の評価を行うことができるものである。

　しかしながら、道路、公園等の都市計画施設の予定地に対する建築規制又はマンション等中高層の建築物に日照阻害に起因してその価格が低下している宅地については、その価格事情を路線価の付設等によって価額に反映させることが困難な場合がある。このような場合には、その価格事情に特に著しい影響が認められるときに限り、当該宅地の評価は、下記により行うこととしても差し支えないので、この旨管下市町村に示達のうえよろしく御指導願いたい。

記

1　都市計画施設（都市計画法第4条第5項（現行第4条第6項）に規定する都市計画施設をいう。）の予定地に定められた宅地については、当該宅地の総地積に対する都市計画施設の予定地に定められた部分の地積の割合を考慮して定めた3割を限度とする補正率を適用して、その価額を求めるものとする。

2　日照阻害を受ける住宅地区の宅地については、日照阻害の原因となる中高層の建築物の高さ及び当該建築物による日影時間等を考慮して定めた2割を限度とする補正率を適用して、その価額を求めるものとする。

3　なお、都市計画施設の予定地に定められた宅地又は日照阻害を受ける住宅地区の宅地が「その他の宅地評価法」を適用する地域内に所在する場合には、上記1、2に準じて定めた比準割合を適用して、その価額を求めるものとする。

3 「自治省固定資産税課長通達」から分かること

　上記2の通達の定めから、次のような幾つかのヒントが得られます。

　第1に、この通達は、「その他の要因による生活環境の悪化」と定めていることから、建築規制、騒音・振動、日照阻害はあくまでも例示であって、これらのみに限定した定めではないという点です。

　第2に、この通達が、例えば、都市計画施設の予定地に対する建築規制や日照阻害の要因を、路線価に織り込んでしんしゃくすることはできないということを明らかにしていることから、次の①及び②のようなヒントが得られます。

①　生活環境の悪化を来す要因が一定の広がりのあるものでないと、これを路線価等に織り込むことができないこと

②　しかし、一定の広がりのある要因であっても、価格に及ぼす影響の程度が個々の土地ごとに異なる場合は、これを路線価等に織り込むことができないこと

　この通達の定めから得られるヒントと財産評価基本通達14《路線価》に定める路線価の意義ないし仕組みを念頭に、その土地の立地条件等を踏まえて、果たして生活環境の悪化を来す要因を路線価に織り込んでしんしゃくすることができるか否かを自ら検討してください。

豆知識

1．都市計画施設の予定地に対する建築規制に関しては、路線価に反映させることは不可能なので、財産評価基本通達も24－7《都市計画道路予定地の区域内にある宅地の評価》を定めています。

2．財産評価基本通達14《路線価》には、路線価は宅地の価額がおおむね同一と認められる一連の宅地が面している路線ごとに設定することと定めています。また、その路線価は、その路線に接している宅地で、「(1) その路線のほぼ中央部にあること、(2) その一連の宅地に共通している地勢にあること、(3) その路線だけに接していること、(4) その路線に面している宅地の標準的な間口距離及び奥行距離を有するく形又は正方形のものであること」のすべての事項に該当するものの1㎡当たりの価額であることを定めています。

3．例えば、右の図のような立地条件にある道路に路線価を付設するに当たっては、二重に路線価を付設しない限り、道路よりも低い位置にあることによる価格低下の要因を路線価に織り込むことはできません。

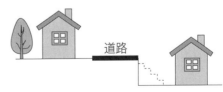

　第3に、この通達では、これらのしんしゃくは「市街地宅地評価法」においては「補正率」によって、また、「その他宅地評価法」においては「比準割合」によって、それぞれ市町村の全域にわたって適用することを明らかにしていますので、評価土地について、このような補正率又は比準割合が適用されているか否かを確認することができれば、相続税の評価に当たっての参考とすることができるという点です。

　つまり、公的土地評価の相互の均衡と適正化が要請される以上、固定資産税評価においてどのような要因がどの程度しんしゃくされているかは、評価上の重要なヒントになります。しかも、その市町村の土地のうち、倍率方式で評価する地域の土地については、倍率を適用する範囲を区別して特別の倍率を定めない限りは、固定資産税評価においてしんしゃくされた価格の低下要因は相続税の評価額にそのまま反映するということを意味するのです。

　　　　　　　　　　　　　⇒「第2　公的土地評価の均衡化・適正化」（30ページ）参照。

第 29　道路より高い位置にある宅地又は低い位置にある宅地

　道路より高い位置にある宅地又は低い位置にある宅地の評価上のしんしゃくについては、第28の１に掲げたとおり、国税庁ホームページのタックスアンサー「№4617　利用価値が著しく低下している宅地の評価」にその取扱いが示されていますが、道路より高い位置にある宅地又は低い位置にある宅地について、この取扱いを適用するに当たっては、次のようなことに配意すべきです。

⇒「第28　利用価値が著しく低下している宅地の評価」（141ページ）参照。

1　道路より高い位置にある宅地（住宅地域）

　かつての我が国では、農耕地周辺の平坦な地域に住居を構えるのが一般的で、平坦な地域に所在する宅地は公道との段差が少ないため、車両などの進入にも便利ですから、段差のない宅地の利用価値は高いと言えます。

　人々が丘陵地や山麓などに住居を構えるようになったのは、明治以降に欧米の生活習慣に倣ってのことですが、これらの地域に建築されている建物は、その多くが擁壁工事と盛土工事によって道路面よりも高く築造された宅地に建築されているため、路線価評価に当たって、道路と段差があることによる評価上のしんしゃくが必要であると考える方がいらっしゃいます。

　また、宅地とほぼ等高の正面路線に接するほか、その宅地よりも３ｍほども低い位置にある裏路線にも接している場合に、この裏面路線の影響加算もする必要はあるのか、といった疑問を呈する方もいらっしゃいます。

　しかしながら、山麓地域や丘陵地などは、森林や河川などの自然環境にも恵まれ、その地域にある住宅地は、道路より高い位置に居宅を建築することによって、眺望、日照、通風、耐湿などの面で、優良な住環境を確保することができるため、敢えて擁壁工事と盛土工事を施工して道路面よりも高く築造するのです。

　一般的な住宅地であれば道路面より3.5ｍないし４ｍ程度までの高さは、プラス要因として作用し、それ以上の高さであると「±０要因」となり、更に高くなるとマイナス要因に転じることになります。

　したがって、プラス要因として作用する範囲内の高さであれば、影響加算を行う必要があり、当然のことですが、タックスアンサーの「№4617」の取扱いも適用されません。

　この高さについては、個別的要因としては、その宅地の規模や形状、立地条件、擁壁の強度や品等により、また、地域要因としてはその周辺地域の標準的な土地利用の実態を踏まえて決定されるべきで、一律に数値を定めることはできません。

（注）例えば、建物を建築した後に建築条例が改正されたため、現状の擁壁工事の仕様のままでは、建替えができなくなっている宅地が少なからず存在します。

　今後、我が国の家族社会が、さらに高齢化と核家族化へと進展し、車を利用することができない高齢者家族ばかりになると、こうした住宅地は、日常生活にとって不便となり、山麓地域や丘陵地などの傾斜地にある住宅は、高齢者家族にとっては住みにくいため、徐々に敬遠されるようになるでしょう。

　土地の価値や利用の実態は、社会経済情勢の変遷とともに変化しますので、このような時代背景を踏まえて、土地の価値を検証する必要があります。

2　道路より低い位置にある宅地（住宅地域）

　上記1に対して、道路より低い位置にある宅地の場合は、事情が一変します。

　例えば、道路よりも1mほども低い位置にある住宅地は、道路側から室内が丸見えになってプライバシーが守りにくくなるほか、眺望、日照、通風、耐湿のいずれにおいてもマイナス要因となります。

3　道路より高い位置にある宅地又は低い位置にある宅地（工業地域）

　工業地域にある宅地は、多少でも道路との段差があれば、車両の利用が阻害されます。

　工業用地は、一般的に敷地規模も大きく、その用途からして、眺望や日照、個人のプライバシーに対する配慮がされることはほとんどありませんので、道路面との段差のない宅地が求められます。

　多少の段差であれば、スロープを設置して車両の利用をすることもできますが、段差の程度によりスロープを設置するために大きなスペースが必要となる場合があり、また、原材料や工業製品の搬入出の作業場の設置箇所にも制約を受けることになります。

　工業用地の大きな段差は、いずれの場合もマイナス要因として作用します。

切土と盛土

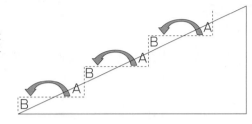

山の斜面を点線のような雛壇状に造成する場合、三角形A部分を切り取り、その土をB部分に盛っていきます。A部分を切土、B部分を盛土といいます。

　丘陵地を宅地造成するとき、斜面を削って平らにすることを「切土」といいます。これは、もともとの地面を切っただけですので、地面は硬く締まった状態を維持しています。

　一方、地面に土を付け足して、平坦化することがありますが、これを「盛土」と呼んでいます。盛土は土を盛っただけなので元の地面より軟弱です。一般に造成地では、切土と盛土の両方が施されることが多く、切土地盤の上に盛土を行う造成が見られます。盛土部分はしっかりと締固めを行わないと雨などによって沈下することもあり、地盤としては軟弱で、建物の配置はできるだけ盛土部分を避けるのが賢明です。

地名考　「坂道と住環境」
起伏に富んだ台地に拓れた江戸の街

　京都市、大阪市、名古屋市は、そのほとんどが平地に拓かれた都会です。

　これに対して、関東平野は、都内の高層ビルなどから一望すると、まったく平らかな広がりに見えますが、京浜東北線の以西の地域は、台地と谷から成る起伏に富んだ地勢で、現在も「駿河台」、「渋谷」、「日比谷」、「四谷」、「溜池山王」などの地名からも往時の地勢が偲ばれます。江戸時代を通じて誠に美しい景観が形成されており、欧米から訪れた外国人は「ベニスより美しい街だ。」と称賛したそうです。この地域は「山の手」と称される高台で、起伏に富むため急傾斜の坂道が多く、江戸時代からの名前や由緒がはっきりした坂道があります。

　江戸幕府が、御府内の地誌や名所旧跡の沿革や由来を古文書などによって編纂した「御府内備考（正続編292巻）」が、公文書として残されていることから、坂の名前の由緒などが明らかになります。

「タモリのTOKYO坂道美学入門」

　タレントのタモリ（森田一義）さんは、「日本坂道学会」の副会長を務めておられるそうで、「タモリのTOKYO坂道美学入門（講談社刊）」という著書を刊行されています。

　福山雅治さんの名曲でお馴染みの「桜坂（大田区）」のほか、「紀尾井坂（千代田区）」、「暗闇坂（港区）」、「鼠坂（文京区）」、「梯子坂（新宿区）」、「行人坂（目黒区）」など37の坂道を取り上げて、名前の由来や周辺の名所旧跡、歴史的事件などとともに、お薦めのグルメやショッピング店、美術館などの「お立ち寄りスポット」を紹介しています。

　坂道の多い土地は、緑に囲まれた景観が守られ、車両の通過道路にもならず、日照や眺望も良く、住宅地として良好な環境であるため、おしゃれな高級住宅街が形成されていく傾向にあります。

大阪には上町台地

　平坦な土地に拓かれた大阪市にも、「上町台地」が南北に細長く続いています。

　この台地は、大阪の歴史の発祥の地でもあり、北は大阪城（中央区）辺りから、四天王寺（天王寺区）周辺を経て、南の住吉大社（住吉区）付近までに至る約12kmに及ぶ丘陵地で、天王寺区の「真田山」、「北山」、「桃山」、「夕陽丘」、「茶臼山」、阿倍野区の「晴明丘」、「丸山」、住吉区の「帝塚山」、「清水丘」などの地名が残されています。

　特に、「夕陽丘」は、夕陽丘風致地区に指定されて、緑の豊かな風景が維持されており、かつては大阪湾に落ちる夕日を眺める絶景の地で、歌人の藤原家隆（1158〜1237）が「夕陽庵（せきようあん）」を設けたことが地名の由来とされます。夕陽丘には、「真言坂」、「源聖寺坂」、「口縄坂」、「愛染坂」、「清水坂」、「天神坂」、「逢坂」の「天王寺七坂」があり、この界隈には勝鬘院（愛染堂）をはじめ神社、仏閣も数多く、それぞれ個性ある風景を楽しみながら、周辺の歴史を訪ね歩くことができる魅力ある散策コースともなっています。

第3節　**不整形地の評価**

　この第30においては、「財産評価基本通達20」の前段に定める不整形地に係る奥行価格補正の方法に関しての説明を行い、順次、「第34　不整形地の具体的な計算例（その２）」（164ページ）までにわたって、不整形地の評価方法の全般について解説をします。

第 30　不整形地に係る奥行価格補正の方法

1　不整形地の評価の概要（「通達20」の前段と後段）

　この通達20《不整形地の評価》に定める評価を万全に行うためには、まず、同通達本文の前段と後段とに定める評価の仕組みをそれぞれ明確に区分して理解をしておく必要があります。

　すなわち、通達20の前段は、不整形地に係る奥行価格補正及び側方路線又は二方路線の影響加算の方法を示しています

　　(注) 前段の定めは、「土地及び土地の上に存する権利の評価明細書（第１表）」（154ページ）の記号の「A」ないし「D」の各欄の価額を計算する方法です。

　そして、通達20の後段は、通達の前段に定める方法によって算定した奥行価格補正及び側方又は二方路線（三方又は四方路線）の影響加算をした後の価額に適用する「不整形地補正率」の算定の方法を定めています。

　この「不整形地補正率」は、地区区分ごとに定められた地積の規模に応じ、不整形の程度（かげ地割合）並びに間口及び奥行距離により不整形地の評価割合が算定される仕組みになっています。この仕組みについては、「第32　不整形地補正率の算定方法」（157ページ）において説明します。

　　(注) 通達20の後段の定めは、「土地及び土地の上に存する権利の評価明細書（第１表）」の記号の「F」欄で行う計算の仕組みです。

評価通達

（不整形地の評価）

20　不整形地（三角地を含む。以下同じ。）の価額は、次の(1)から(4)までのいずれかの方法により15《奥行価格補正》から18《三方又は四方路線影響加算》までの定めによって計算した価額に、（←*前段／後段*→）その不整形の程度、位置及び地積の大小に応じ、付表４「地積区分表」に掲げる地区区分及び地積区分に応じた付表５「不整形地補正率表」に定める補正率（以下「不整形地補正率」という。）を乗じて計算した価額により評価する。

(1)　次図のように不整形地を区分して求めた整形地を基として計算する方法

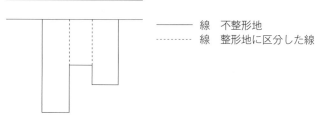

⑵　次図のように不整形地の地積を間口距離で除して算出した計算上の奥行距離を基と
　して求めた整形地により計算する方法

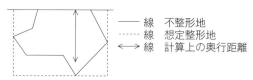

（注）ただし、計算上の奥行距離は、不整形地の全域を囲む、正面路線に面するく形又は
　　　正方形の土地（以下「想定整形地」という。）の奥行距離を限度とする。

⑶　次図のように不整形地に近似する整形地（以下「近似整形地」という。）を求め、そ
　の設定した近似整形地を基として計算する方法

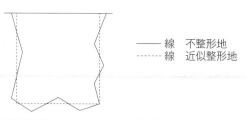

（注）近似整形地は、近似整形地からはみ出す不整形地の部分の地積と近似整形地に含ま
　　　れる不整形地以外の部分の地積がおおむね等しく、かつ、その合計地積ができるだ
　　　け小さくなるように求める（⑷において同じ。）。

⑷　次図のように近似整形地（①）を求め、隣接する整形地（②）と合わせて全体の整形
　地の価額の計算をしてから、隣接する整形地（②）の価額を差し引いた価額を基として
　計算する方法

2　不整形地に係る奥行価格補正の方法（「通達20」の前段の定め）

　通達20の本文前段の(1)ないし(4)で定める方法は、不整形地に係る奥行価格補正の方法です。

　このうち、(2)及び(3)の方法は、奥行距離が均一でない不整形地に係る「奥行距離の求め方」を定め、この奥行距離に応じた奥行価格補正率を適用するものです。

　これに対し、(1)及び(4)の方法は、奥行距離を求めず、したがって、奥行価格補正率を適用せずに、不整形地に係る「奥行価格補正率を適用した後の価額（総額）の求め方」を定めるものです。

　この(1)及び(4)の方法によって奥行価格補正をする場合は、「土地及び土地の上に存する権利の評価明細書（第1表）」の様式をそのまま使用して計算することはできませんので、適宜の用紙を同評価明細書の「別紙」として使用し、これらの方法による計算過程を記載します。

（1）通達20の(1)に定める奥行価格補正の方法
～区分した複数の整形地の価額の合計額による方法～

　財産評価通達20の(1)に定める方法は、同通達が定める次の図のとおり、正面路線からの垂線によって、複数の（近似）整形地に区分することができる不整形地について適用する方法です。

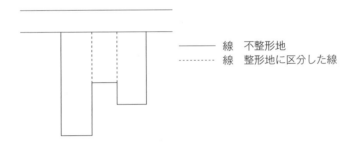

——— 線	不整形地
------- 線	整形地に区分した線

　すなわち、区分した複数の（近似）整形地ごとにその奥行距離に応じた奥行価格補正率を適用してそれぞれの価額を算定し、その合計額を不整形地の奥行価格補正後の価額とするものです。

　したがって、「土地及び土地の上に存する権利の評価明細書（第1表）」の（A）欄の記載に当たっては、不整形地（全体）の奥行距離やこれに対応する奥行価格補正率を算定する必要はありません。

　実務上は、適宜の用紙にこれらの複数の整形地の価額とその合計額及びこの合計額を不整形地の総地積で除して求めた1㎡当たりの価額の計算過程を記載し、これを「別紙」として添付するとともに、この1㎡当たりの価額を「土地の上に存する権利の評価明細書（第1表）」の（A）欄に移記します。

　　（注）「土地及び土地の上に存する権利の評価明細書（第1表）」の奥行距離の欄には、通達20の(2)に定める方法で算定した「計算上の距離」を記載しますが、（A）欄の奥行価額補正率を記載する必要はありません。

> イ　通達20の(1)で定める方法は、正面路線からの垂線によって区分した（近似）整形地の価額の合計額を不整形地の奥行価格補正率適用後の価額とするものですから、たとえ区分した（近似）整形地が、間口が狭小で奥行距離の長大な土地であっても、これらの要因に係る間口狭小補正や奥行長大補正は行わないで、それぞれの価額を算出します。
>
> □　上記イの通達20の(1)で算定した価額と次の通達20の(2)に定める奥行価格補正の方法によって算定した価額とのいずれか有利な価額を選択することができます。

（2）通達20の(2)に定める奥行価格補正の方法
～計算上の奥行距離による方法～

　通達20の(2)に定める方法は、どのような不整形地であっても適用することのできる基本的な奥行距離の算定方法であり、不整形地の地積を間口距離で除して求めた「計算上の奥行距離」をその不整形地の奥行距離とするものです。

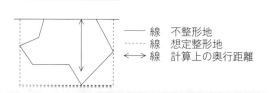

── 線	不整形地
‥‥‥ 線	想定整形地
←→ 線	計算上の奥行距離

　ただし、この計算上の奥行距離は、その不整形地に係る想定整形地の奥行距離を限度とします。つまり、「計算上の奥行距離」と「想定整形地の奥行距離」のいずれか短い方を不整形地の奥行距離とします。

> （注）「想定整形地」の作図方法に関しては、「第32　不整形地補正率の算定方法」の1（157ページ）を参照してください。また、「不整形地の間口距離」の計測方法に関しては、「第26　間口及び奥行距離」（136ページ）を参照してください。

　以上によって算定した奥行距離を「土地及び土地の上に存する権利の評価明細書（第1表）」の「奥行距離」の欄に移記し、「土地及び土地の上に存する権利の評価についての調整率表」の「①奥行価格補正率表」により、この奥行距離に対応する奥行価格補正率を求めます。

> 　通達20の(2)に定める方法は、上記のとおり、どのような不整形地であっても適用することのできる基本的な奥行距離の算定方法です。
>
> 　したがって、この方法によって算定した価額と通達20の(1)、(3)及び(4)に定める奥行価格補正の方法によって算定した価額とのいずれか有利な方法を選択することができます。

（3）通達20の⑶に定める方法

～近似整形地の奥行距離による方法～

通達20の⑶のような図を、同通達の注書きの要領で作図した近似整形地の奥行距離を不整形地の奥行距離とする方法です。

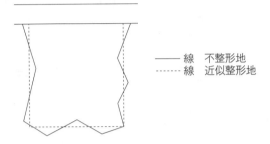

―――　線　不整形地
-------　線　近似整形地

適宜の用紙に近似整形地を作図して「別紙」として添付するとともに、この図から算定した奥行距離を「土地及び土地の上に存する権利の評価明細書（第1表）」の奥行距離の欄に移記し、「土地及び土地の上に存する権利の評価についての調整率表」の「①奥行価格補正率表」により、この奥行距離に対応する奥行価格補正率を求めます。

> **通達20の⑶の（注）の作図要領**
>
> 近似整形地は、近似整形地からはみ出す不整形地の部分の地積と近時整形地に含まれる不整形地以外の部分の地積がおおむね等しく、かつ、その合計地積ができるだけ小さくなるように求めます。なお、近似整形地の屈折角は90度とします。

（4）通達20の⑷に定める方法

～「差引き計算」による方法～

この方法は、一般的に、「差引き計算（又は抜取り計算）」と称されています。

通達20の⑷の「近似整形地（①）」と「隣接する整形地（②）」とから成る「全体の整形地（①＋②）」は、「隣接する整形地（②）」よりも奥行距離が長いため、一般的には、「全体の整形地（①＋②）」から「隣接する整形地（②）」の価額を差し引いた「近似整形地（①）」の価額は、「全体の整形地（①＋②）」よりも評価単価がより低く算出される、という特徴に着目した方法です。

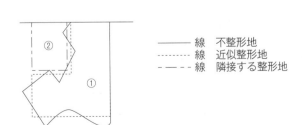

―――　線　不整形地
-------　線　近似整形地
― ― ―　線　隣接する整形地

　適宜の用紙でこの差引き計算を行い、これを「別紙」として添付するとともに、この「近似整形地（①）」の価額を不整形地の地積で除して求めた１㎡当たりの価額を「土地及び土地の上に存する権利の評価明細書（第１表）」の（A）欄に移記します。

（注）「土地及び土地の上に存する権利の評価明細書（第１表）」の奥行距離の欄には、通達20の⑵に定める方法で算定した「計算上の距離」を記載しますが、（A）欄の奥行価額補正率を記載する必要はありません。なお、間口距離の欄には、「近似整形地（①）」の間口距離ではなく、その不整形地の間口距離を記載します。

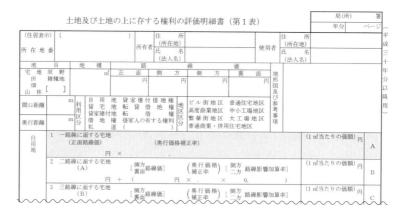

留意点

　イ　「隣接する整形地（②）」の価額の単価が、「全体の整形地（①＋②）」の価額の単価以下となる場合は、この差引き計算は行わずに、全体の整形地の価額の単価をそのまま不整形地の奥行価格補正率適用後の価額とします。

　　つまり、「隣接する整形地（②）」の奥行価格補正率が、「全体の整形地（①＋②）」の奥行価格補正率より小さな数値となる場合に、このような現象が生じますので、これら両方の奥行価格補正率の大小を比較してください。

　　このことに注意を払わずに、漫然と計算をすると、差引き計算をすることによって、却って評価額が高くなってしまうという誤りが生じることになりますので、注意してください。

　□　また、全体の整形地の価額から差し引く隣接する整形地の価額の計算に当たって、奥行距離が短いため奥行価格補正率が1.00未満となる場合においては、当該奥行価格補正率は1.00とします。ただし、全体の整形地の奥行距離が短いため奥行価格補正率が1.00未満の数値となる場合には、隣接する整形地の奥行価格補正率もその数値とします。

（注）ここで示す方法は、通達には、明確に定めがされていませんので、国税庁のホームページ【質疑応答事例】「不整形地の評価—差引き計算により評価する場合—」の（注意事項）の３、又は「財産評価基本通達逐条解説（大蔵財務協会刊）」の通達20の解説の【設例４】の＜注意事項＞の３を参照してください。

第 31　不整形地に係る側方路線又は二方路線影響加算の方法

1　不整形地に係る側方路線又は二方路線影響加算

　不整形地に係る側方路線又は二方路線影響加算を行う場合は、その側方路線又は二方（裏）路線をそれぞれ正面路線と見立てて、前記「第30　不整形地の奥行価格補正の方法」（149ページ）で示した計算方法によって奥行価格補正を行い、次いで、その奥行価格補正後の価額にそれぞれ影響加算率を適用して加算額を計算します。

2　側方路線又は二方路線の影響加算に当たって注意すべき事項

（1）側方路線又は二方（裏）路線の影響加算に当たっての奥行価格補正の方法

　不整形地の側方路線又は二方（裏）路線を正面路線と見立てた場合には、通達20の(1)ないし(4)に定める奥行価格補正の方法は、不整形地の形状により、正面路線価を基に計算した方法とは異なる場合がありますので、例を挙げて説明をします。

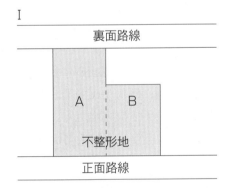

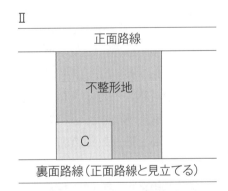

イ　例えば、上記「Ⅰ」の図の不整形地の正面路線からの奥行価格補正は、次の①及び②の二通りの方法があり、いずれか有利な方を選択することができます。

①　不整形地をA及びBの整形な土地に区分して、それぞれに奥行価格補正率を適用して評価した価額の合計額を奥行価格補正後の価額とする方法（評基通20の(1)に定める方法）

②　通達20の(2)に定める方法により、不整形地の地積を間口距離で除して「計算上の奥行距離」を求め、この奥行距離に応じた奥行価格補正率を適用して奥行価格補正後の価額を求める方法

ロ　次に、この不整形地について二方路線影響加算をする場合には、上下を逆転させた上記「Ⅱ」の図のとおり、裏面路線を正面路線と見立てて、奥行価格補正を行いますが、この場合にも、次の①及び②の二通りの方法があり、いずれか有利な方を選択することができます。

① 不整形地と隣接するC土地を一体で評価した価額から、C土地の価額を「差引き計算」する方法《評基通20の⑷に定める方法》によって奥行価格補正後の価額を求め、この価額に二方路線影響加算率を適用して加算額を求める方法。

② 通達20の⑵に定める方法により、不整形地の地積を間口距離で除して「計算上の奥行距離」を求め、この奥行距離に応じた奥行価格補正率を適用して奥行価格補正後の価額を求める方法。

　　上記「Ⅰ」図と「Ⅱ」図とでは間口距離が異なりますので、ロの②の方法による「計算上の奥行距離」は、上記イの②の場合の「計算上の奥行距離」とは異なることになります。

（2）不整形地の間口距離と奥行距離

間口距離と奥行距離は、「土地及び土地の上に存する権利の評価明細書（第1表）」の「間口距離」及び「奥行距離」欄に記入（入力）しますが、これは飽くまでも正面路線から見た場合の距離です。

大部分の整形地は、正面路線から見た間口距離は、裏路線から見た間口距離及び側方路線から見た奥行距離と等しく、また、正面路線から見た奥行距離は、二方路線からの奥行距離に等しくなります。

しかし、不整形地の場合は、これらの各距離は必ずしも等しくなりませんので、それぞれの路線からの奥行距離を入力しなければなりません。

また、整形地の場合であっても、「第27　側方路線又は裏面路線に宅地の一部が接している場合の評価」（138ページ）に掲げるような立地条件の土地については、想定整形地の辺の距離に占める接面距離の割合によって影響加算の算式を修正しなければなりません。

この算定は、上記(1)及び「第27　側方路線又は裏面路線に宅地の一部が接している場合の評価」に掲げる方法に従って行わなくてはなりません。

（3）側方路線又は二方（裏）路線による奥行価格補正

複数の路線に接する不整形地についての奥行価格補正の計算は煩瑣ですが、地積規模が大きい土地や地価が高い地域に所在する土地の場合は評価額に大きな影響を及ぼしますので、こまめに計算を試みて有利な方法を選択するべきでしょう。

奥行価格補正の方法の詳細については、「第30　不整形地に係る奥行価格補正の方法」（149ページ）を、また、具体的な奥行価格補正の計算については、「第33　不整形地の具体的な計算例（その1）」（160ページ）を参照してください。

（4）側方路線又は裏面路線に宅地の一部が接している不整形地

側方路線又は裏面路線に宅地の一部が接している不整形地に係る側方路線又は二方（裏）路線影響加算は、整形地の場合の修正計算に準じて、想定整形地の辺の距離に占める接面距離の割合によって影響加算の計算式を修正します。

具体的な計算の方法については、「第27　側方路線又は裏面路線に宅地の一部が接している場合の評価」（138ページ）を参照してください。

第 **32** 不整形地補正率の算定方法

　ここで説明する内容は、財産評価基本通達20の本文後段（149ページ）に定める「不整形地補正率」の算定の方法です。

　この「不整形地補正率」は、地区区分ごとに定められた地積の規模に応じ、不整形の程度（かげ地割合）並びに間口及び奥行距離により不整形地の斟酌割合が算定される仕組みになっています

　通達20の本文後段で定める方法は、不整形の程度、位置及び地積の規模に応じた「不整形地補正率」の算定方法です。

　この「不整形地補正率」は、次の１ないし３の手順により算定します。

１　想定整形地の作図

（１）想定整形地の意義

　想定整形地とは、正面路線価からの垂線により、評価する不整形地の全域を囲む正方形又は矩形（長方形）の土地をいいます。この定義をしっかりと覚えてください。

　想定整形地は、不整形の程度を次の(2)に掲げる「かげ地割合」によって数値化するための計算上の地形ですから、右下の図のように想定整形地の範囲は道路部分や道路を隔てた第三者の所有土地にわたっても差し支えありません。

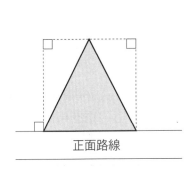
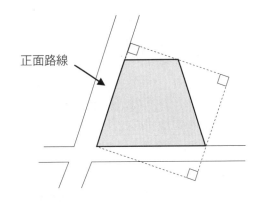

正面路線

（２）屈折路の外側に接する不整形地に係る想定整形地

　次の図のように屈折路の外側に接する不整形地に係る想定整形地は、正面路線からの垂線によって評価する土地の全域を囲むことができません。

　このような不整形地の場合は、図「A」及び「B」のように、いずれかの路線からの垂線によって、又は図「C」のように、路線に接する両端を結ぶ直線によって、評価しようとする宅地の全域を囲む正方形又は長方形のうち、最も面積の小さいものとします。

　したがって、この不整形地の場合には、図「C」の長方形が想定整形地となります。

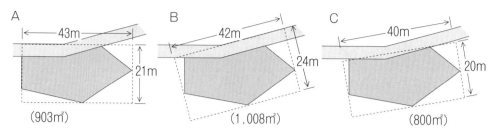

A
|← 43m →|
21m
（903㎡）

B
42m
24m
（1,008㎡）

C
40m
20m
（800㎡）

（3）帯状部分を有する不整形地に係る想定整形地

　また、次の図のような帯状部分Aを有する宅地（その帯状部分を除くと整形地Bとなるような宅地）については、帯状部分Aとその他の部分Bに区分して、それぞれ奥行価格補正等の画地調整を行って求めた価額の合計額によって評価し、不整形地としての評価減は行いません。

　その理由は、このような不整形地の価額は、整形地Bの価額と帯状部分Aの価額の合計額から成るにもかかわらず、帯状土地を有するためにかげ地割合（次の2参照）が大きく算定され、その結果、評価減をした価額がA部分とB部分の価額の合計額を大幅に下回るという不合理な結果となるからです。

2 ｜ かげ地割合の算定

　上記1で作図した「想定整形地」の図面から想定整形地の地積を求め、この想定整形地のうち、不整形地以外の部分（この部分を「かげ（蔭）地」といいます。）の地積及び想定整形地の地積に占めるかげ地の地積の割合（この割合を「かげ地割合」といいます。）を求めます。
　かげ地割合は、次の算式により算定します。

【算式】

　かげ地の地積＝想定整形地の地積－不整形地の地積

　かげ地割合＝$\dfrac{\text{かげ地の地積}}{\text{想定整形地の地積}}$

3　「地積区分表」と「不整形地補正率表」による不整形地補正率の算定（下限60%）

（1）不整形地補正率の算定

　次に、「土地及び土地の上に存する権利の評価についての調整率表（以下「調整率表」といいます）」（377ページ）の「④不整形地補正率を算定する際の地積区分表」に掲げる地区区分及び地積区分に応じ、その不整形地が同表の「A」「B」「C」のいずれの地積区分に該当するかを判定し、この判定により、上記の算式で求めたかげ地割合を「⑤不整形地補正率表」（378ページ）に当てはめて、不整形地補正率を求めます。

　「正面路線の判定」と「想定整形地の作図」さえ正しくできれば、それ以降の作業は、「調整率表」の④表及び「調整率表」の⑤表の数値を機械的に当てはめるだけで、不整形地補正率の算定をすることができます。

　この場合に、次の図のような間口狭小補正率の適用がある不整形地については、「調整率表」の⑤表により算定した不整形地補正率に「調整率表」の「⑥間口狭小補正率表」の間口狭小補正率を連乗して得た数値と、「調整率表」の「⑦奥行長大補正率表」の奥行長大補正率に同じく間口狭小補正率を連乗して得た数値（いずれも、小数点第2位未満切捨て）のいずれか有利になる方を不整形地補正率として選択することができます。

　ただし、この場合の不整形地補正率の下限は60%となることに注意してください。

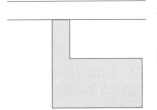

不整形地補正率×間口狭小補正率
（小数点第2位未満切捨て）
間口狭小補正率×奥行長大補正率
（小数点第2位未満切捨て）
いずれかを選択

（2）大工場地区にある不整形地

　大工場地区にある不整形地は、原則として、不整形地補正はしませんが、地積がおおむね9,000平方メートル程度までのものは、中小工場地区の区分による不整形地補正をしても差し支えありません。

第 33 不整形地の具体的な計算例（その1）

1 【設例】による不整形地の具体的な計算手順

次の図の土地は、評価通達20の本文前段（149ページ）に定める複数の評価方法のうちから、有利なものを選択適用できる事例であり、その選択を誤らないことが重要です。

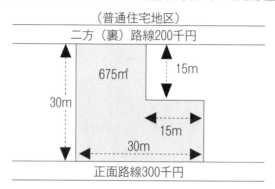

（普通住宅地区）
二方（裏）路線200千円

675㎡　15m

30m　15m

30m

正面路線300千円

その手順を、次に示します。

（1）評価通達20の本文前段に定める方法

上の図のような不整形地の場合、評価通達20の前段に定める方法を適用するに際して、奥行価格補正及び二方（裏）路線影響加算の計算の方法に関し、複数の選択肢があります。

① まず、正面路線価を基にした評価計算です。

この場合には、評価通達20の(1)に定める方法と(2)に定める方法とのいずれか有利となる方を選択して、奥行価格補正を行います。

② 次に、二方（裏）路線の影響加算に当たっては、裏路線価に評価通達20の(2)で定める方法と(4)で定める方法とのうち、いずれか有利となる方を選択して、奥行価格補正を行い、これにより算定した価額のうち、いずれか有利となる価額に二方路線影響加算率を乗じて加算額を求めます。

（2）評価通達20の本文後段に定める方法

上記(1)によって求めた奥行価格補正及び二方（裏）路線影響加算後の価額につき、次の手順により、不整形地補正を行います。

まず、想定整形地を作図し、これによってかげ地割合を算定します。次に、「調整率表」（318ページ）の「④不整形地補正率を算定する際の地積区分表」に掲げる地区区分及び地積区分に応じ、その不整形地が同表の「A」、「B」、「C」のいずれの地積区分に該当するかを判定し、この判定により、かげ地割合を「調整率表」の「⑤不整形地補正率表」に当てはめて、不整形地補正率を求めます。

2　上記1の不整形地の具体的な評価計算の仕方

（1）評価通達20の前段に定める評価計算

イ　正面路線価による評価（評価明細書（第1表）の「A」欄の計算）

正面路線価に基づく奥行価格補正後の価額を求めますが、次のA及びBの二通りの方法があります。

A　評価通達20の⑴に定める方法による場合

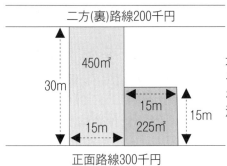

不整形地（675㎡）を正面路線から左の図のように二つに区分した各整形地の価額の合計額を不整形地の奥行価格補正後の価額とする方法です。

① 「間口15m×奥行30m＝450㎡の整形地」の価額

正面路線価300,000円×奥行価格補正率0.95×450㎡＝128,250,000円・・・①

② 「間口15m×奥行15m＝225㎡の整形地」の価額

正面路線価300,000円×奥行価格補正率1.00×225㎡＝ 67,500,000円・・・②

合計額（①＋②）・・・195,750,000円（A）

B　評価通達20の⑵に定める方法による場合

もう一つの方法は、不整形地の地積（675㎡）を間口距離（30m）で除して（計算上の）奥行距離（22.5m）を求める方法です。

正面路線価300,000円×奥行価格補正率1.00(22.5m) ×675㎡＝202,500,000円（B）

【AとBのいずれによるかの判定】

正面路線価による価額は、A＜Bであるため、評価の上で有利となるAを採用し、次のとおり評価します。

195,750,000円÷675㎡＝290,000円（1㎡当たりの価額）

ロ　二方（裏）路線影響加算（評価明細書の「B」欄の計算）

A　通達20の(4)に定める方法（差引き計算）による場合

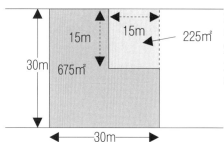

二方（裏）路線200千円

左図のように、まず、（裏）路線から不整形地を囲む土地（900㎡＝225㎡＋675㎡）の価額を求め、次にこの価額から不整形地をはみ出す土地（225㎡）の価額を差し引いて求めた金額を不整形地（675㎡）の価額とする方法です。

二方（裏）路線価200,000円×奥行価格補正率0.95（30m）×900㎡＝171,000,000円・・①

二方（裏）路線価200,000円×奥行価格補正率1.00（15m）×225㎡＝ 45,000,000円・・②

（①）171,000,000円－（②）45,000,000円＝126,000,000円

126,000,000円÷675㎡＝186,666円

B　評価通達20の(2)に定める方法（計算上の奥行距離による方法）による場合

二方（裏）路線価200,000円×奥行価格補正率0.95（計算上の奥行距離は45mとなりますが、想定整形地の奥行距離30mを限度とします。）＝190,000円

【AとBのいずれによるかの判定】

Bの190,000円よりもAの186,666円が有利な価額となるので、このAを採用し、次のとおり評価します。

なお、この不整形地は裏路線には15mしか接していませんので、この距離が想定整形地の間口距離30mに占める割合によって加算計算を修正します。

290,000円＋186,666円×二方路線影響加算率0.02×$\frac{15m}{30m}$＝291,946円

⇒「第27　側方路線又は裏面路線に宅地の一部が接している場合の評価」（138ページ）参照。

（2）評価通達20の後段に定める評価計算（不整形地補正率の算定）

ここから以下が、本来の不整形地補正率を算定する計算です。

次の図のとおり、正面路線からの垂線により、評価する不整形地の全域を囲む四角形（想定整形地）を作図します。

この想定整形地のうち、不整形地以外の「かげ地」部分の地積を求め、想定整形地の地積に占めるかげ地の地積の割合（かげ地割合）を求めます。

具体的には、次の算式により、このかげ地割合を求めます。

【算式】

$$\frac{（想定整形地の地積）900㎡ー（不整形地の地積）675㎡}{（想定整形地の地積）900㎡} ＝（かげ地割合）25\%$$

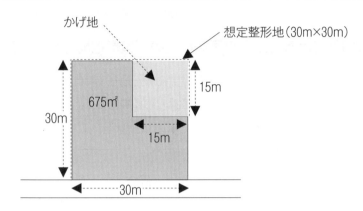

3 「地積区分表」と「不整形地補正率表」による不整形地補正率の算定

「調整率表」（377ページ）の「④不整形地補正率を算定する際の地積区分表」に掲げる地区区分及び地積区分に応じ、その不整形地が「A」、「B」、「C」のいずれの地積区分に該当するかを判定します。

上記１の不整形地は、普通住宅地区に所在し、地積は675㎡ですから、「調整率表」の④表に当てはめると、地積区分はBに該当します。これを「調整率表」の「⑤不整形地補正率表」に当てはめて、普通住宅地区の地積区分Bのかげ地割合25%の場合の不整形地補正率は0.95と求められます。

この計算によると、不整形地の価額は、次のとおり187,158,600円となります。

291,866円×不整形地補正率0.95＝277,272円

277,272円×地積675㎡＝<u>187,158,600円</u>（不整形地の評価額）

第 34 不整形地の具体的な計算例（その２）

次は、間口が狭小な不整形地についての不整形地補正率の算定方法について説明します。

1 【設例】による間口狭小不整形地の不整形地補正率の算定方法

下の図の土地は、間口が狭小な不整形地です。この土地も、評価通達20の本文前段に定める複数の評価方法のうちから、有利な方法を選択できる事例です。

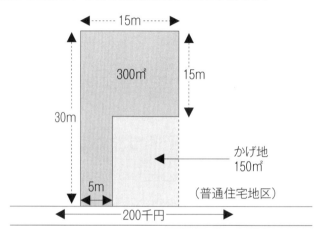

この図の不整形地の場合、「不整形地の地積を間口距離で除して算出した計算上の奥行距離」と「想定整形地の奥行距離」とのいずれか短い距離を奥行距離として奥行価格補正をする方法も選択できますが、この不整形地の奥行距離は30m（奥行価格補正率0.95）で、次の2の(1)の①の計算と同じ単価の190,000円（200,000円×0.95）になりますから、通達20の(4)に定める次の2の(1)の差引き計算（①－②）の方が明らかに有利な価額となります。

2 上記1の不整形地の具体的な評価計算

（1）評価通達20の前段に定める方法（通達20の(4)に定める方法－差引き計算－）

路線価200,000円×奥行価格補正率0.95×450㎡＝85,500,000円・・・①

路線価200,000円×奥行価格補正率1.00×150㎡＝30,000,000円・・・②

（①）85,500,000円－（②）30,000,000円＝55,500,000円

55,500,000円÷300㎡＝185,000円

（2）評価通達20の後段に定める方法（不整形地補正率の算定）

上記の不整形地は、普通住宅地区に所在する宅地です。地積は300㎡（「調整率表」の④表の地積区分はA）で、かげ地割合は33%（かげ地の地積150㎡÷想定整形地の地積450㎡）ですから、これを「調整率表」の⑤表に当てはめると、がけ地割合による不整形地補正率は0.90

と求められます。

　しかし、この不整形地は、間口狭小補正率の適用がある不整形地ですから、「調整率表」の⑤表により算定した不整形地補正率に間口狭小補正率を連乗して得た数値と、奥行長大補正率に間口狭小補正率を連乗して得た数値（いずれも小数点第2位未満切捨て）のいずれか有利になる方を不整形地補正率として選択することができます。

　この不整形地の場合の不整形地補正率は、次の①及び②の計算のとおり、いずれの場合も0.84になります。

【不整形補正率の計算】

間口狭小補正率0.94（5m）×奥行長大補正率0.90（30m÷5m＝6）＝0.84・・・・①

「調整率表」⑤表の不整形地補正率0.90×間口狭小補正率0.94（5m）＝0.84・・・②

185,000円×不整形地補正率0.84＝155,400円

155,400円×地積300㎡＝46,620,000円（不整形地の評価額）

第4節 接道義務と評価

第35 無道路地（接道義務を満たしていない宅地）の評価

1 無道路地の評価の考え方

無道路地（間口が狭小で接道義務を満たしていない宅地を含みます。以下同じ。）の価額は、進入路の確保をしないと建築物の建築をすることができませんので、こうした土地利用上の制約により減価します。

無道路地の価額は、財産評価基本通達20－3《無道路地の評価》の定めにより、100分の40の範囲内で相当と認める金額を控除（無道路地補正）して評価します。この場合において、100分の40の範囲内において相当と認める金額は、無道路地について建築基準法その他の法令において規定されている建築物を建築するために必要な道路に接すべき最小限の間口距離の要件（接道義務）に基づき通路を開設する場合の、その通路に相当する部分の価額（路線価に通路に相当する部分の地積を乗じた価額）とします。

2 無道路地の評価方法

無道路地は、以下の評価方法によって評価します。

（1）奥行価格補正及び不整形地補正

無道路地の価額は、無道路地補正をする前の価額の算定が重要なポイントです。

この価額は、財産評価基本通達20《不整形地の評価》の(4)に定めに準じて算定します。

次の図の例により、無道路地の評価方法を説明します。

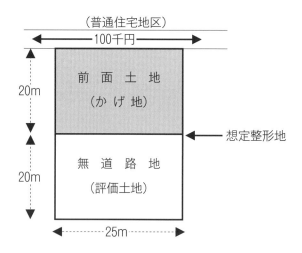

① **奥行価格補正**

　具体的には、前ページの図のように前面土地と評価土地（無道路地）を合わせて評価した全体の土地（想定整形地）の価額から、前面土地の価額を差し引いた価額を評価土地の奥行価格補正後の価額とします。

② **不整形地補正**

　上記①で求めた価額に、全体の土地（想定整形地）の地積に占める前面土地（かげ地部分）の地積の割合によって求めた不整形地補正率を適用して計算した金額によって「不整形地補正後の価格」を求めます。

（2）無道路地補正

　上記(1)の②で求めた「不整形地補正後の価額」から評価土地（無道路地）に通ずる通路を開設するとした場合の通路開設部分の価額を控除（無道路地補正）します。ただし、控除する価額は、上記(1)の②で求めた価額の40％を限度とします。

　また、控除する通路開設部分の価額は、実際に利用している路線の路線価に通路開設部分の地積を乗じた価額とし、奥行価格補正等の画地調整は行いません。

3 上記2の図の無道路地の具体的な評価計算

　上記2の図の無道路地の計算は、次の手順で行います。

【計算例】

① 奥行価格補正後の価額（差引き計算）

$$100,000円 \times \overset{（奥行価格補正率）}{0.91} \times \overset{（全体の土地の地積）}{1,000㎡} = \overset{（全体の土地）}{91,000,000円}$$

$$100,000円 \times \overset{（奥行価格補正率）}{1.00} \times \overset{（前面土地の地積）}{500㎡} = \overset{（前面土地）}{50,000,000円}$$

$$91,000,000円 - 50,000,000円 = \overset{（評価土地）}{41,000,000円}（A）$$

② 想定整形地のかげ地割合の計算　　　※　地積区分B

$$\frac{1,000㎡-500㎡}{1,000㎡} = （かげ地割合）50\% \Rightarrow 0.82 （かげ地割合による不整形地補正率）$$

③ 不整形地補正率の計算（小数点第2位未満切捨て）

$$\overset{（不整形地補正率）}{0.82} \times \overset{（間口狭小補正率）}{0.9} = \boxed{0.73} < \overset{（間口狭小補正率）}{0.90} \times \overset{（奥行長大補正率）}{0.9} = 0.81$$

（注）「第36　建築基準法上の道路と接道義務」（170ページ）で述べる接道義務に基づき、間口距離は2mとします。

④ 不整形地補正後の評価土地の価額

$$（A）41,000,000円 \times \overset{（不整形地補正率）}{0.73} = 29,930,000円（B）$$

⑤ 無道路地補正の計算（通路開設部分の価額の計算）

100,000円 × （幅員2m×長さ20mの通路開設部分の地積）40㎡ ＝ 4,000,000円

⑥　評価土地の価額（無道路地補正）

（B）29,930,000円 － 4,000,000円 ＝ 25,930,000円

「無道路地補正」を理解するための補足説明

　　　　　評価通達20《不整形地》の⑷に掲げる不整形地について、道路と接面する部分の幅を徐々に狭くしていくと、次のように「（A土地）接道義務を満たす（進入路のある）宅地」、「（B土地）接道義務を満たさない（進入路のある）宅地」及び「（C土地）無道路地」となります。

　　これらの土地のうち無道路地（B土地及びC土地）については、□□□□部分が通路開設部分に相当しますので、A土地と同様の通路を開設するのに必要なこの部分の土地の価額（路線価×通路開設部分の地積（㎡））を控除する方法によって、無道路地補正をします。

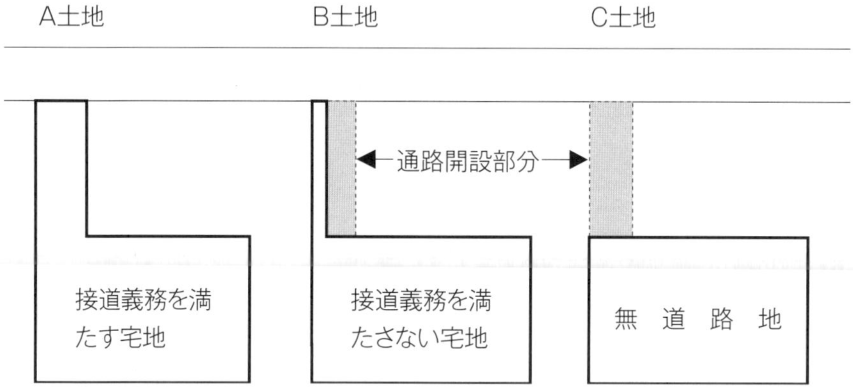

A土地　　　　　B土地　　　　　　C土地

←通路開設部分→

接道義務を満
たす宅地

接道義務を満
たさない宅地

無　道　路　地

開設する通路の幅員と接道義務

　建築基準法第43条《敷地等と道路との関係》は、「建築物の敷地は、道路…に２メートル以上接しなければならない。」と規定しています。

⇒「第36　建築基準法上の道路と接道義務」（170ページ）

　上記３の評価計算の⑤では、この建築基準法の規定に基づいて通路開設部分の幅員を２mとしていますが、同条第２項は、「地方公共団体は、…その敷地又は建築物と道路との関係についてこれらの建築物の用途又は規模の特殊性により、前項の規定によっては避難又は通行の安全の目的を充分に達し難いと認める場合においては、条例で、必要な制限を付加することができる。」と規定していますので、評価に当たっては、地方公共団体の条例に基づいてこの計算（通路開設部分の地積の計算）を行う必要があります。

　例えば、京都府建築基準法施行条例（昭和35年７月５日京都府条例第13号）第４条《敷地の形》は、「都市計画区域内において、建築物の敷地が路地状部分のみで道路に接するときは、その路地状部分の一の幅員は、次の表に掲げる数値以上としなければならない。ただし、増築、改築、大規模の修繕又は大規模の模様替えをする場合は、この限りでない。」と定めています。（京都市建築条例による接道義務《路地上敷地の形態》も同じ数値で規制しています。）

【京都府建築基準法施行条例】

路地状部分の長さ	幅員
20メートル以内のとき	２メートル
20メートルを超え35メートル以内のとき	３メートル
35メートルを超えるとき	４メートル

　また、滋賀県建築基準条例（昭和47年３月30日滋賀県条例第26号）第３条《路地状の敷地の幅員》も、京都府建築基準法施行条例と同様の規制（路地状の部分の奥行が10以下のものは幅員２m、10m超20m以下のものは幅員３m、20mを超えるものは幅員４m）を定めています。）

第 36　建築基準法上の道路と接道義務

　建築基準法第43条《敷地と道路との関係》第1項によると、都市計画区域内及び準都市計画区域内の建物の敷地は、建築基準法上の道路に2m以上接面していなければ、建物を建築することができません。

　　　　　⇒「第35　無道路地（接道義務を満たしていない宅地）の評価」（166ページ）参照。

　ここでは、建築基準法上の道路とは何かについて解説します。

1　建築基準法上の道路

　建築基準法上の道路とは、次の表のいずれかに該当するもので、幅員が4m以上のものをいいます（第42条）。

42条1項道路	建築基準法上の原則的な道路であり、次の種類の幅員4m以上（特定行政庁（注1）が必要と認めて前面道路を6m以上と指定した区域においては、6m以上）の道路をいいます。 　なお、道路の幅員は、一般に路面と側溝の幅の合計をいい、法敷は算入しません。 ① 道路法の道路（42条1項1号） 　ⅰ 一般の国道（自動車専用道路を除く。） 　ⅱ 都道府県道 　ⅲ 市町村道 ② 都市計画法等による道路（同項2号） 　都市計画法、土地区画整理法、都市再開発法等によって築造された道路で、工事完了後は道路法の道路となるのが一般的です。 ③ 既存道路（同項3号） 　建築基準法の道路規定が施行される際（昭和25年11月23日）すでに存在していた幅員4m以上の道路で、私道を含みます。幅員4m未満の場合は42条2項道路か否かが問題となります。 ④ 事業執行予定の道路（同項4号） 　都市計画法、土地区画整理法、都市再開発法等に基づく事業計画のある道路で、2年以内に事業が執行される予定のものとして特定行政庁が指定した道路です。まだ道路形態がない場合でも、建築基準法上の道路として取り扱われます。 ⑤ 位置指定道路（同項5号） 　位置指定道路とは、広い土地を区切って小さな敷地として利用するときに、併行して新たにつくられた私道で、特定行政庁から位置の指定を受けたものをいいます。

	私道が道路位置指定等により建築基準法上の道路に認定された場合、その私道の変更又は廃止を禁止又は制限することができ（建築基準法45条１項）、また、建築物を建てることができないとされています（同法44条１項）。 ⇒「《不動産用語》位置指定道路」（177ページ）参照。
42条2項道路	幅員４メートル未満の道路で特定行政庁が指定した道路をいいます。（注２） 　ただし、道路の中心線より２ｍ後退（通称「セットバック」といいます。）した線が道路との境界線とされ、その線を越えて建築をすることはできません。また、道路の片側が川や崖、線路などの場合は、その川等がある側の道路境界線からから４ｍ後退した線を越えて建築をすることはできません。
42条3項道路	土地の状態により道路幅員４ｍが確保できず、やむを得ない場合に特定行政庁が指定した道路をいいます。道の中心線から２ｍ未満1.35ｍ以上の範囲又は片側が川や崖などの場合は、その川等がある側の境界線から４ｍ未満2.7ｍ以上の範囲で指定されます。この場合、その範囲の条件を満たすためにセットバックが必要となります。
附則5項	市街地建築物法第７条但書きによって指定された建築線で、その間の距離が４ｍ以上のものです。　⇒「第48　船場建築線に係る後退部分の土地の評価」（227ページ）参照。 　現況幅員が４ｍ未満の狭あい道路（認定里道と呼ぶこともあります。）は、道路中心線から２ｍの線をその道路の境界線とみなしますが、その道路中心線を行政が示すことができる道路です。 　船場建築線をはじめ、大阪市に多く見られるものです。

（注）1．**「特定行政庁」とは**
　　「特定行政庁」とは、建築基準法上の行政事務を実際に執行する地方公共団体の長をいい、建築主事を置く市町村の区域においては当該市町村の長、その他の市町村の区域においては都道府県知事が特定行政庁となります。

　2．**42条2項道路について**
　　昭和25年に建築基準法が制定され、道路の幅員は最低４ｍ（平成４年以降、特定行政庁が指定する区域については、６ｍ）とされましたが、既に建物が建築されているものについては救済規定が設けられ、建築基準法施行の際（昭和25年11月23日）又はその区域が都市計画区域に指定された際に、現に建物が立ち並んでいる幅員４ｍ未満の道路で、特定行政庁が指定したものは、建築基準法上の道路（呼称「２項道路」）とみなすこと（みなし道路）とされました。
　　ここでの注意点は、２項道路のなかには、建築基準法の施行当時からこのような状態になっている道だけではなく、その後、都市計画区域又は準都市計画区域に指定された際に同様の状態にある道も含まれていることです。
　　幅員４ｍ未満の道を、このように例外的に建築基準法上の道路として取り扱うことから、道路の中心から両側に水平距離で２ｍ後退した線を道路の境界線とみなすこととされ、建替が進むと将来的には幅員が４ｍになるように措置されています。道の片側が、がけ地、川、線路敷等に沿う場合は、がけ地等の側からの境界線から道の側に幅員４ｍの線まで後退することになります。
　　特定行政庁が指定した区域においては、「幅員４ｍ」を「幅員６ｍ」、「水平距離で２ｍ」のところを「水平距離で３ｍ」に読み替えます。
　　このような措置を「セットバック」と呼んでいます。

⇒「第47　セットバックが必要な宅地の評価」（224ページ）参照

　そのため、建物の敷地が2項道路に指定されている場合には、有効宅地の面積は、現状の道路境界線から2m後退した線との間の距離に間口距離を乗じた面積だけ少なくなることになります。

　なお、同法42条1項5号の位置指定道路は、所有者等の申請による私道であるのに対し、2項道路は既に道路として機能を有しているものを特定行政庁が指定するものであり、公道の場合もあれば私道の場合もあります。

2　建築基準法43条2項による接道義務の例外

　建築基準法43条1項は、建物の敷地は「道路」に2メートル以上接しなければならないとしています。

　ところが、敷地が建築基準法上の「道路」に接面していない場合であっても、例外的に建築許可が下りることがあります。従来のいわゆる「43条ただし書許可」がなされるケースです。

　この規定は平成30年9月に施行された改正建築基準法によって削除され、同法43条2項2号に規定されました。この規定によれば、建築基準法上の道路に接面しない土地であっても、一定の基準に適合する建築物で（同法施行規則第10条の3④）、特定行政庁が交通上、安全上、防犯上及び安全上支障がないと認めて、建築審査会の同意を得て許可した場合においては建物を建築することが可能となります。この項においては、その敷地の周囲に広い「空地」を有する建築物と表現されています。

　また、同法43条2項1号が新設され、一定の基準に適合するもので（同法施行規則第10条の3①～③）、特定行政庁が認定したものは、建築審査会の同意なしに建物を建築することが可能となりました。この項においては、幅員4メートル以上の「道」と表現しています。

参考

建築基準法43条・建築基準法施行細則10条の3

建築基準法

（敷地等と道路との関係）

第四十三条　建築物の敷地は、道路（次に掲げるものを除く。第四十四条第一項を除き、以下同じ。）に二メートル以上接しなければならない。

　一　自動車のみの交通の用に供する道路

　二　地区計画の区域（地区整備計画が定められている区域のうち都市計画法第十二条の十一の規定により建築物その他の工作物の敷地として併せて利用すべき区域として定められている区域に限る。）内の道路

2　前項の規定は、次の各号のいずれかに該当する建築物については、適用しない。

　一　その敷地が幅員四メートル以上の道（道路に該当するものを除き、避難及び通行の安全上必要な国土交通省令で定める基準に適合するものに限る。）に二メートル以上接する建築物のうち、利用者が少数であるものとしてその用途及び規模に関し国土交通省令で定める基準に適合するもので、特定行政庁が交通上、安全上、防火上及び衛生上支障がないと認めるもの

　　二　その敷地の周囲に広い空地を有する建築物その他の国土交通省令で定める基準に適合する建築物で、特定行政庁が交通上、安全上、防火上及び衛生上支障がないと認めて建築審査会の同意を得て許可したもの

建築基準法施行細則

（敷地と道路との関係の特例の基準）

第十条の三　法第四十三条第二項第一号の国土交通省令で定める道の基準は、次の各号のいずれかに掲げるものとする。

　　一　農道その他これに類する公共の用に供する道であること。

　　二　令第百四十四条の四第一項各号に掲げる基準に適合する道であること。

　2　令第百四十四条の四第二項及び第三項の規定は、前項第二号に掲げる基準について準用する。

　3　法第四十三条第二項第一号の国土交通省令で定める建築物の用途及び規模に関する基準は、延べ面積（同一敷地内に二以上の建築物がある場合にあっては、その延べ面積の合計）が二百平方メートル以内の一戸建ての住宅であることとする。

（参考）建築基準法第43条第2項第2号適用対象のイメージ

建築基準法施行規則 第10条の3第4項（省令基準）	適用対象	
	適用対象の分類	適用対象イメージ例
（1号） その敷地の周囲に公園、緑地、広場等広い空地を有すること。	敷地の周囲に公園等広い空地を有する場合	 道路／公園
（2号） その敷地が農道その他これに類する公共の用に供する道（幅員4メートル以上のものに限る。）に2メートル以上接すること。	敷地が農道等（河川敷）の公共の用に供する道に接する場合	 河川／河川敷／4m以上

（3号） その敷地が、その建築物の用途、規模、位置及び構造に応じ、避難及び通行の安全等の目的を達するために十分な幅員を有する通路であって、道路に通ずるものに有効に接すること。	その敷地と道路の間に河川等が存在する場合	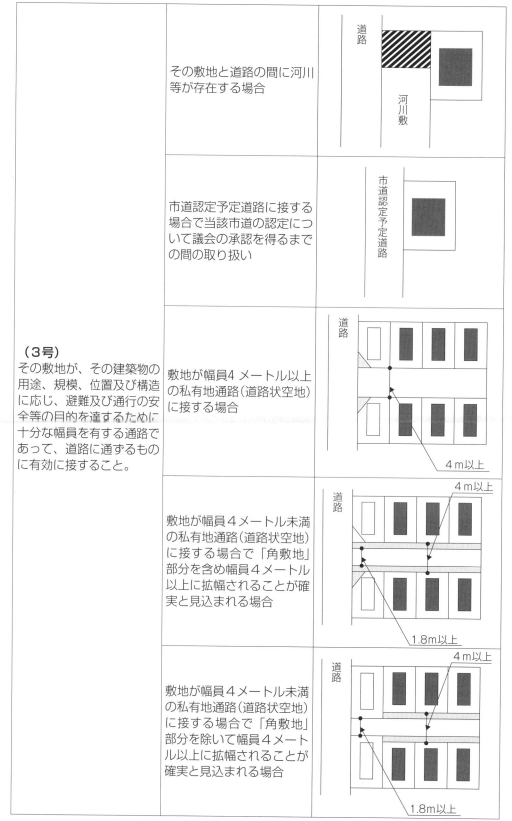
	市道認定予定道路に接する場合で当該市道の認定について議会の承認を得るまでの間の取り扱い	
	敷地が幅員4メートル以上の私有地通路（道路状空地）に接する場合	
	敷地が幅員4メートル未満の私有地通路（道路状空地）に接する場合で「角敷地」部分を含め幅員4メートル以上に拡幅されることが確実と見込まれる場合	
	敷地が幅員4メートル未満の私有地通路（道路状空地）に接する場合で「角敷地」部分を除いて幅員4メートル以上に拡幅されることが確実と見込まれる場合	

（堺市「建築基準法第43条第2項第2号許可 取り扱い基準一覧」から抜粋）

建築基準法上の道路情報

　「指定道路」とは、建築基準法第42条第1項第4号若しくは第5号、第2項若しくは第4項又は同法第68条の7第1項の規定による道路をいいます。

　指定した道路に係る情報の管理は、「指定道路図」と「指定道路調書」によって行われます。

　「指定道路図」とは、建築基準法施行規則第10条の2の規定に基づく図面で、指定道路の種類及び位置等を、付近の地形及び方位を表示した1/2500以上の平面図に記載したもので、指定道路以外の同法第42条第1項第1号、第2号及び第3号の規定による道路も表示しています。

　また、「指定道路調書」とは、指定道路の種類、指定の年月日、位置、延長及び幅員等を記載したものであり、指定道路ごとに作成するものです。

　令和3年4月1日現在、約98%の特定行政庁において指定道路図を作成済又は調査・作成中で、約82%の特定行政庁が一部又はすべてを窓口で公開しています。

　特定行政庁の一部は、これらをインターネット上で公開しています。

《参考》近畿2府4県の指定道路図及び指定道路調書のインターネット公開状況

（R3.4.1現在）

府　県　名	市　町　村　名	公　開　内　容	
		指定道路図	指定道路調書
京　都　府	京都市を除く府下	公　開　済　み	未　公　開
	京都市		一　部　公　開
大　阪　府	和泉市		未　公　開
	大阪市		
	門真市		
	吹田市		
	東大阪市		
	守口市		
兵　庫　県	明石市		
	尼崎市		
	伊丹市		
	神戸市		
	西宮市		

（国土交通省ホームページ）

3 ｜ 接道義務を満たす場合と満たさない場合の例示

（1）接道義務を満たす場合～建物の建築が可能な土地～

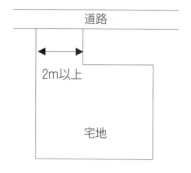

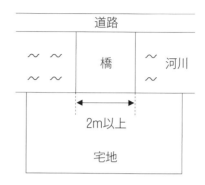

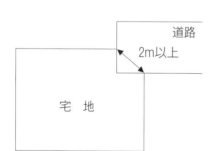

＊上の図の宅地は、建築基準法上の道路に直接面してはいませんが、橋の部分が同法43条2項二号に規定する「一定の空地」に該当する部分です。

このように河川敷等に橋を架ける場合には、その河川等を管理する特定行政庁の許可を受ける必要があります。　⇒「第36　建築基準法上の道路と接道義務」（170ページ）参照。

（2）接道義務を満たさない場合～建物の建築ができない土地～

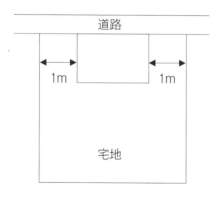

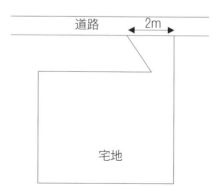

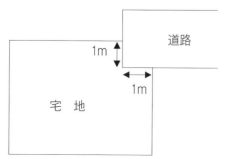

不動産用語

位置指定道路

　建築基準法第42条及び第43条は、建築物の敷地は幅員４m以上の道路に原則として２m以上接していなければならない（地方公共団体が条例をもってさらに厳しい制限を加えている場合があります。）として、一定の接道義務を課すとともにその接する道路の幅員に制限を加えています。例えば、開発業者等が、建築基準法上の道路がない未開発地、あるいは大きな敷地を細分化して利用しようとするような場合には新たに道路を築造する必要がありますが、この道路は幅員４m以上で、かつ特定行政庁の道路位置指定を受けなければならないとされています。

　このように「道路法、都市計画法、土地区画整理法、都市再開発法、新都市基盤整備法・・・によらないで築造する政令で定める基準に適合する道」について、一定の者からの申請により特定行政庁が建築基準法上の道路として認める処分を道路位置指定といい（建基法42①五）、道路位置指定された道路を位置指定道路といいます。

　道路位置指定に基づく主な効果は、次に掲げるとおりです。

① 道路としての用法による効果

　　道路として位置指定されると、道路敷の所有者や道路に沿接する土地の所有者等は、第三者が当該道路を通行するのを受忍しなければなりません。

② 道路内建築の制限

　　道路位置指定を受けることにより、道路内に建築物や擁壁を改造したり、杭を打ったりして通行を妨害するような行為をすることは禁じられることになります。

③ 私道の変更又は廃止の制限

　　道路位置指定を受けた私道の敷地の所有者等は、むやみにその私道の変更や廃止をすることができなくなります。

位置指定道路の調査方法

　対象となる私道が所在する市町村役場の建築を担当する部署（建築指導課・建築調査係・他）へ行き、位置指定図を閲覧、コピー（有料の場合アリ/数百円）することができます。位置指定図、あるいは位置指定申請図（申請当時のもの）には、その位置指定された私道の長さや幅員、その他が詳しく記載されています。ただし、現況と異なっている場合も多くあります。

【調査内容（参考例）】

・位置指定図、又は位置指定申請図面の閲覧、コピー

・位置指定道路の認定日、認定番号

・道路幅員、全長の確認

　　　　⇒「第12　道路幅員の調査方法（２．市町村役場での調査の要領）」（79ページ）参照。

　　　　　　⇒【豆知識】「建築基準法上の道路情報」（175ページ）参照。

【位置指定道路のイメージ】

第37　間口が狭小な宅地や奥行が長大な宅地の評価

「間口（距離）が狭小な宅地」や「間口距離に対する奥行距離の比が大きな宅地」は、その周辺地域の標準的な形状の宅地と比較して、利用価値が劣ります。

具体的には、評価する宅地に係る地区区分ごとに「土地及び土地の上に存する権利の評価についての調整率表」の「⑥　間口狭小補正率表」又は「⑦　奥行長大補正率表」に定められている補正率が1.00未満の率となる距離又は比の宅地を「間口が狭小な宅地」又は「奥行が長大な宅地」と称します。

「間口が狭小な宅地」には「間口狭小補正率」を、また、「奥行が長大な宅地」には「奥行長大補正率」を適用します。

これらのいずれにも該当する次の図のような宅地の場合は、それぞれの補正率を適用（連乗）して評価します。

【計算】（間口距離5m⇒0.94　　奥行距離÷間口距離＝4⇒0.94）

$$\overset{\text{（路線価）}}{100{,}000円} \times \overset{\text{（奥行価格補正率）}}{1.00} = 100{,}000円$$

$$100{,}000円 \times \overset{\text{（間口狭小補正率）}}{0.94} \times \overset{\text{（奥行長大補正率）}}{0.94} = 88{,}360円$$

（普通住宅地区）

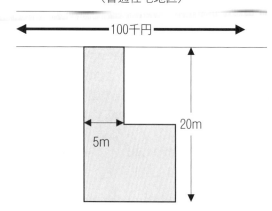

（注）1　これらの補正は、正面路線からの間口距離と奥行距離に基づいて補正を行うもので、側方又は裏面路線に接する土地であっても、側方又は裏面路線からの間口距離と奥行距離に基づく補正は行いません。

2　不整形地補正率を適用する場合は、間口狭小補正率と奥行長大補正率は適用することができません。

もっとも、間口が狭小な不整形地については、「かげ地割合に基づいて求めた不整形地補正率」と「間口狭小補正率」との連乗値を「不整形地補正率」とすることができます。

⇒「第32　不整形地補正率の算定方法」（157ページ）参照。

3　以上のとおり、間口狭小補正率と奥行長大補正率の適用については、評価の計算上、特に難しい点はありませんが、むしろ、注意をすべきは、間口距離と奥行距離の測定の方法です。

⇒「第26　間口及び奥行距離」（136ページ）参照。

第 38　河川を隔てて道路がある宅地の評価

1　橋が架設されている場合

　次の図のように、河川に架設した橋によってのみ道路と通じる宅地は、橋の部分を含めて不整形地としての評価を行います（173ページ**（参考）**の表の**（3号）**参照）。

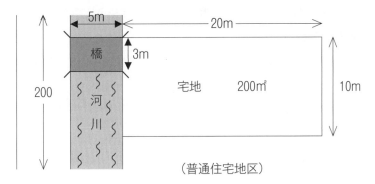

（普通住宅地区）

【評価額の計算】

$$\underset{\text{(正面路線価)}}{200千円} \times \underset{\text{(奥行価格補正率)}}{0.97（25m）} \times 250㎡ - \underset{\text{(正面路線価)}}{200千円} \times \underset{\text{(奥行価格補正率)}}{1.00（5m）} \times 50㎡ = 38,500,000円$$

$$38,500,000円 \times \underset{\text{(不整形補正率)}}{0.81} = 31,185,000円$$

　（注）　1．奥行距離5mに対応する奥行価格補正率は0.92ですが、1.00にとどめます。（全体の整形地の価額から差し引く隣接する整形地の価額の計算に当たって、奥行距離が短いため奥行価格補正率が1.00未満の数値となる場合には、当該奥行価格補正率は1.00とします。）

　　　　　⇒「第30　不整形地の奥行価格補正の方法」の2の(4)の留意点のロ（154ページ）参照。

　　　　2．「不整形補正率0.81」は、次の①と②のいずれか小さい割合によります。

　　　　　①　$\underset{\text{(かげ地割合に応ずる補正率)}}{0.94（A区分：50㎡/250㎡=20\%）} \times \underset{\text{(間口狭小補正率)}}{0.9（3m）} = 0.84$（小数点2位未満切捨て）

　　　　　②　$\underset{\text{(間口狭小補正率)}}{0.9（3m）} \times \underset{\text{(奥行長大補正率)}}{0.9（25m/3m）} = 0.81$

2　橋が架設されていない場合

　橋が架設されていない場合は、上記1の計算による評価を行った後に、無道路地としてのしんしゃくを行います。この無道路地のしんしゃくは、架橋に要する費用（見積額）を控除する方法で行いますが、土地の評価割合との整合性から、架橋に要する費用の80%相当額を控除するべきでしょう。

　なお、架設する橋の幅員等は、この河川の管理者から得られる許可条件によって定まります。

河川管理者（かせんかんりしゃ）

　河川は公共に利用されるものであって、その管理は、洪水や高潮などによる災害の発生を防止し、公共の安全を保持するよう適正に行われなければなりません。この管理について権限をもち、その義務を負う者が河川管理者です。具体的には、一級河川については、国土交通大臣（河川法第9条第1項）、二級河川については都道府県知事（同法第10条）、準用河川については市町村長（同法第100条第1項による河川法の規定の準用）と河川法に定められています。

■河川別及び管理者一覧表

水系	模式図	河川別	管理者
一級水系		一 級 河 川	
		大臣管理区間	国土交通大臣
		指 定 区 間	都道府県知事
		準 用 河 川 ―――	市町村長
		普 通 河 川 ………	地方公共団体
二級水系		二 級 河 川	都道府県知事
		準 用 河 川 ―――	市町村長
		普 通 河 川 ………	地方公共団体
単独水系		準 用 河 川 ―――	市町村長
		普 通 河 川 ………	地方公共団体

（国土交通省 東北地方整備局 山形河川国道事務所ホームページ）

■本川・支川・派川

◎たくさんの川（＝支川）が集まって大きな流れ（＝本川）になります。また、途中から本川と分れて直接、海に注ぐ流れ（＝派川）もあります。

■一級水系

◎木の幹や枝のように見える、こうした川の成立ちの全体を「水系」と呼んでいます。

◎水系の中で、国土の保安上や国民の経済上、特に重要な全国109の水系を国土交通大臣が「一級水系」に指定しており、その中で本川など主な川の一定の区間を特に「一級河川」として国が直接管理しています。その数は、全国に13935河川にのぼります。

■二級水系と準用水系

◎一級水系以外で、都道府県知事が管理する全国2713水系を「二級水系」と呼びます。その中には、「二級河川」として指定されている区間があります。それ以外は、「準用水系」と呼ばれ、区別されています。

■指定区間、準用河川・普通河川

◎一級河川の区間で、都道府県知事などに委託される区間を「指定区間」と呼びます。また、一級水系内のそれ以外の川は、⑴市町村が管理する「準用河川」と⑵その他の「普通河川」に分類されています。同じように、二級水系や単独水系でも「準用河川」・「普通河川」が区別されています。

（国土交通省大分河川国道事務所ホームページ）

ひと休み

「水 路 価・・？」

　河川によって道路と隔てられている土地は、利用価値が劣るというのが現在の常識ですが、内陸水運が盛んであった時代には、少々事情が異なっていたようです。

　水運又は水上交通とは、水面を利用した旅客輸送・貨物輸送のことで、河川、湖沼、運河の水面を利用した内陸水運と、海上を利用した海運とがありますが、内陸水運が盛んであった時代には、河川に「水路価」が設定されていました。

　次の通達は、平成 3 年12月18日付で相続税財産評価に関する基本通達の一部改正が行われる前の同通達13の定めですが、この通達には、なお「水路価」の語が認められます。

　このように、土地の利用価値は、社会経済情勢の進展に伴って刻々と変化を遂げるのです。

評 価 通 達

（H3.12.18改正前）

（路線価方式による評価）

13　路線価方式により評価する宅地の価額は、その宅地の面する路線に付された路線価（水路価を含む。以下同じ。）を基とし、15《奥行価格逓減》から20《不整形地、無道路地、袋地、がけ地等の評価》までの定めにより計算した金額によって評価する。

第 39　がけ地等を有する宅地（土砂災害特別警戒区域内にある宅地）の評価

　がけ地等で通常の用途に供することができないと認められる部分を有する宅地の価額は、その宅地のうちに存するがけ地等の部分ががけ地等でないとした場合の価額に、がけ地補正率を乗じて計算した価額によって評価します。

　がけ地補正率は、がけ地の方位ごとに総地積に占めるがけ地部分の地積の割合により定められています。（「調整率表」の「⑧がけ地補正率表」（378ページ）参照）

1　がけ地等を有する宅地の評価

（1）がけ地の方位

　「がけ地補正率表」に定められている「がけ地の方位」は、斜面の向きによります。

　また、「がけ地補正率表」に定められた方位の中間を向いているがけ地は、それぞれの方位のがけ地補正率を加重平均して求めます。

　例えば、下図のように南東を向いているがけ地の場合の補正率は、次により求めます。

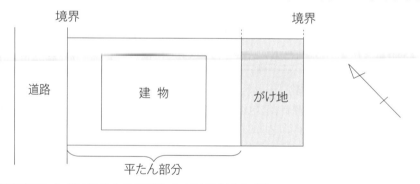

（総地積400㎡、がけ地の全地積100㎡、がけ地割合0.25）

【計算例】

$$\frac{\overset{\text{（がけ地割合0.25の場合の}}{\text{南方位のがけ地補正率）}}}{0.92} \; + \; \overset{\text{（がけ地割合0.25の場合の}}{\text{東方位のがけ地補正率）}}{0.91}}{2} \; = \; \underset{\text{（小数点第二位未満切り捨て）}}{\overset{\text{（がけ地}}{\text{補正率）}}{0.91}}$$

　なお、がけ地の方位が「北北西」のような場合には、「北」のみの方位によることとしても差し支えありません。

（2）2方向以上にがけ地部分がある宅地のがけ地補正率

　また、2方向以上にがけ地部分がある宅地のがけ地補正率は、評価対象地の総地積に対するがけ地部分の全地積の割合に応ずる各方位別のがけ地補正率を求め、それぞれのがけ地補正率を方位別のがけ地の地積で加重平均して求めます。

【西斜面と南斜面を有する宅地の計算例】

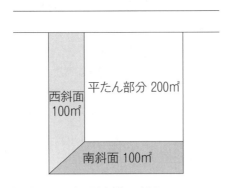

総地積　　　　　　400㎡
がけ地の全地積　200㎡
がけ地割合　　　0.50

① 総地積に対するがけ地部分の割合

$$\frac{\underset{\text{（西方位のがけ地の地積）}}{100㎡} + \underset{\text{（南方位のがけ地の地積）}}{100㎡}}{\underset{\text{（評価対象地の総地積）}}{400㎡}} = \underset{\text{（がけ地割合）}}{0.50}$$

② 方位別のがけ地補正率

　　がけ地割合0.50の場合の西方位のがけ地補正率　0.78

　　がけ地割合0.50の場合の南方位のがけ地補正率　0.82

③ 加重平均によるがけ地補正率

$$\frac{\underset{\substack{\text{（西方位・がけ割合}\\\text{0.50のがけ地補正率）}}}{0.78} \times \underset{\substack{\text{（西方位のが}\\\text{け地の地積）}}}{100㎡} + \underset{\substack{\text{（南方位・がけ地割合）}\\\text{0.50のがけ地補正率}}}{0.82} \times \underset{\substack{\text{（南方位のが}\\\text{け地の地積）}}}{100㎡}}{\underset{\text{（がけ地部分の全地積）}}{200㎡}} = \underset{\substack{\text{（がけ地）}\\\text{補正率）}}}{0.80}$$

「がけ地割合」の算定方法

　　　　がけ地割合は、土地の形状が複雑なため、その算定が困難な場合がよくあります。「プラニメーター」（74ページ）などの機器によってこれを求めることもできますが、デジタル機器は、不慣れだと操作が容易ではありません。これに対し、「点格子板」は、アナログ計算機ですから、初めて使用する場合でも確実な計測ができます。

　⇒「第10　地積を基に縮尺が不明な地形図や航空写真から距離を算定する方法」（72ページ）参照

　点格子板がない場合は、方眼紙を代用し、次の方法でこの算定をすることができます。

　複写機の印刷用紙に方眼紙を使用し、方眼紙に地図を複写すると、下図のような仕上がりになります。（インターネット上で方眼紙ソフトがフリーで提供されていますので、これを利用して方眼紙を作成することもできます。）

　土地の総地積に占めるがけ地の地積の割合が「がけ地割合」ですから、下図の例ですと、全土地とがけ地の内にある方眼紙の縦（経）線と横（緯）線が交差する点（＋）の数をそれぞれカウントします。この場合に、境界線上に位置する交差点は、「0.5点」としてカウントし、次の算式によって「がけ地割合」を求めます。

$$\frac{がけ地の内にある交差点の数}{全土地の内にある交差点の数}＝がけ地割合（\%）$$

　がけ地割合が、ボーダーライン上で微妙な場合は、地図の角度を変えて複写し、同じ作業を数回繰り返してその平均値を求めると、統計学的に正確ながけ地割合を求めることができます。

　この方法は、点格子板の応用ですが、方眼紙を使用する場合は、土地の内にある方眼紙の升目（□）の数をカウントして上記の算式に当てはめても同じことです。この場合は、少しでも欠けている升目は、「0.5升」としてカウントします。

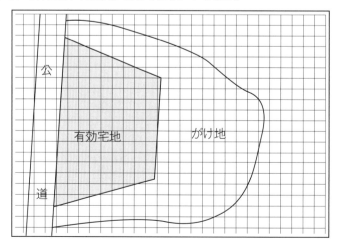

2　土砂災害特別警戒区域内にある宅地の評価

（1）土砂災害特別警戒区域≪レッドゾーン≫の指定範囲

　平成11年6月29日、広島市・呉市を中心とした集中豪雨により大規模な土砂災害が発生したことを契機に、土砂災害のおそれのある箇所を明確にし、住宅等の新規立地の抑制や警戒避難体制の整備などソフト対策を推進することを目的として『土砂災害防止法』が平成13年4月1日に施行されました。

　土砂災害防止法により、都道府県知事は、急傾斜地の崩壊等が発生した場合に、住民等の生命又は身体に危害が生ずるおそれがあると認められる区域で一定のものを土砂災害警戒区域（通称「イエローゾーン」と称します。）として指定することができ、この警戒区域のうち、急傾斜地の崩壊等が発生した場合に、建築物に損壊が生じ住民等の生命又は身体に著しい危害が生ずるおそれがあると認められる区域で一定のものを土砂災害特別警戒区域（通称「レッドゾーン」と称します。）として指定することができます（土砂災害防止法7、9）。このうち、レッドゾーンにある宅地については、建築物の構造規制（土砂災害防止法24、25）が課せられ、宅地としての通常の用途に供するとした場合に利用の制限があると認められることから、レッドゾーン内に存しない宅地の価額に比して、一定の減価が生ずるものと考えられます。

　　（注）　上記の「警戒区域（イエローゾーン）」及び「特別警戒区域（レッドゾーン）」に関する指定範囲（イメージ）については、次ページの図をご参照ください。

（2）土砂災害特別警戒区域内にある宅地の評価

イ　適用対象となる宅地

　「土砂災害特別警戒区域内にある宅地の評価」の適用対象となる宅地は、課税時期において、土砂災害防止法の規定により指定されたレッドゾーン内にある宅地です。イエローゾーンは対象になりません。

ロ　評価方法

　特別警戒区域内（レッドゾーン）となる部分を有する宅地の価額については、その宅地のうちの特別警戒区域内となる部分が特別警戒区域内となる部分でないものとした場合の価額に、その宅地の総地積に対する特別警戒区域内となる部分の地積の割合に応じて、次ページの「特別警戒区域補正率表」に定める補正率を乗じて計算した価額によって評価します。

■警戒区域・特別警戒区域の指定範囲（イメージ図）（東京都建設局河川部作成図）

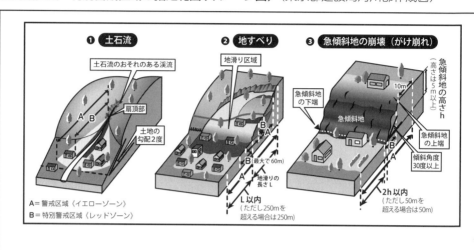

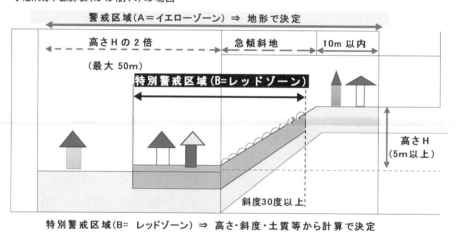

（東京都建設局河川部作成図を流用）

■特別警戒区域補正率表

特別警戒区域の地積 総　地　積	補正率
0.10以上	0.90
0.40　〃	0.80
0.70　〃	0.70

　なお、特別警戒区域は、基本的には地勢が傾斜する地域に指定されることから、特別警戒区域内にある宅地にはがけ地を含む場合もあると考えられるところ、評価通達20－5《がけ

地等を有する宅地の評価》における付表８に定めるがけ地補正率の適用がある場合において
は、上記「特別警戒区域補正率表」により求めた補正率に、がけ地補正率を乗じて得た数値
を特別警戒区域補正率とすることとし、その最小値は0.50とされています。

八　倍率地域に所在する特別警戒区域内にある宅地

　特別警戒区域内の宅地の固定資産税評価額の算定については、特別警戒区域の指定による
土地の利用制限等が土地の価格に影響を与える場合には、当該影響を適正に反映させること
とされているため、特別警戒区域に指定されたことに伴う宅地としての利用制限等により生
ずる減価は、既に固定資産税評価額において考慮されていると考えられます。したがって、
倍率地域に所在する特別警戒区域内にある宅地については、「土砂災害特別警戒区域内にあ
る宅地の評価」は適用されません。

二　市街地農地等への適用関係

　市街地農地等（市街地農地、市街地周辺農地、市街地山林及び市街地原野）が特別警戒区
域内にある場合、その農地等を宅地に転用するときには、宅地としての利用が制限され、こ
れによる減価が生じます。したがって、この場合には、「土砂災害特別警戒区域内にある宅地
の評価」の適用対象となります。

　また、雑種地の価額は、近傍地比準方式より評価するため（評価通達82）、評価対象となる
雑種地の状況が宅地に類似する場合には、宅地に比準して評価することとなり、農地等に類
似する場合には農地等に比準して評価することとなります。そのため、市街化区域内の雑種
地は宅地比準方式により評価します。このような宅地に状況が類似する雑種地又は市街地農
地等に類似する雑種地が特別警戒区域内にある場合、その雑種地を宅地として使用するとき
には、その利用が制限され、これによる減価が生じます。したがって、宅地に状況が類似す
る雑種地又は市街地農地等に類似する雑種地が特別警戒区域内にある場合には、「土砂災害
特別警戒区域内にある宅地の評価」の適用対象となります。

（3）具体的な計算例

　以下、平成30年12月13日資産企画官情報第第４号に掲げられた計算例を引用します。

【設例１】特別警戒区域内にある宅地の場合

　　①　総地積：400㎡

　　②　特別警戒区域内となる部分の地積：100㎡

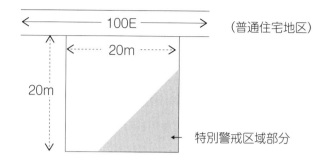

（普通住宅地区）

特別警戒区域部分

【計算】

1　総地積に対する特別警戒区域となる部分の地積の割合

$$\frac{100㎡}{400㎡}=0.25$$

2　評価額

（路線価）　　　（奥行価格補正率）　　（特別警戒区域補正率）　　　（地積）
100,000円 ×　　　1.00　　×　　　0.90　　× 400㎡ ＝ 36,000,000円

【設例2】　特別警戒区域内にある宅地でがけ地等を有する場合

①　総地積：400㎡

②　特別警戒区域内となる部分の地積：300㎡

③　がけ地（南方位）の地積：200㎡

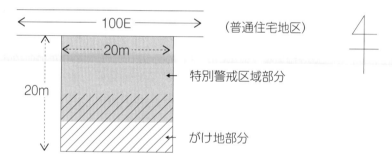

（普通住宅地区）

特別警戒区域部分

がけ地部分

【計算】

1　総地積に対する特別警戒区域となる部分の地積の割合

$$\frac{300㎡}{400㎡}=0.75$$

2　総地積に対するがけ地部分の地積の割合

$$\frac{200㎡}{400㎡}=0.5$$

3　特別警戒区域補正率

（特別警戒区域補正率表の補正率）　　（南方位のがけ地補正率）　　　（特別警戒区域補正率）
　　　0.7　　　　　　×　　　　　0.82　　　　＝　　　　0.57　　　（※）（小数点以下2位未満を切捨て）

※0.50未満の場合は0.50となる。

4　評価額

（路線価）　　　（奥行価格補正率）　　（特別警戒区域補正率）　　　（地積）
100,000円 ×　　　1.00　　×　　　0.57　　× 400㎡ ＝ 22,800,000円

レッドゾーンの調べ方

1　市町村役場

　市町村役場にはハザードマップが用意されているので、それを入手して調べます。例えば、大阪府箕面市の防災マップ（ハザードマップ）は次のようなものです。

　この中で、赤色で表示されている部分（下記マップの▨▨部分）がレッドゾーン、すなわち、土砂災害特別警戒区域です。

（大阪府箕面市防災マップより）

2　ハザードマップポータルサイト

　対象となる地域にレッドゾーンが存在するか否かについては、国土交通省が運営する、「ハザードマップポータルサイト」が便利です。

　全国のハザードマップ公表状況をまとめられ、地図上で確認することができるので、市町村調査が必要性について当たりをつけることができます。

一口メモ

相続又は遺贈により取得した財産が、災害によって被害を受けた場合

（特定地域内にある土地等の評価）

　　　　特定非常災害（注１）発生日前に相続又は遺贈により取得した特定土地等（注２）で、その特定非常災害発生日において所有していたものについては、その取得の時の時価によらず、「特定非常災害の発生直後の価額」によることができます。

　なお、特定土地等の特定非常災害の発生直後の価額については、国税局長（沖縄国税事務所長を含む。）が「調整率」を別途定めている場合には、特定非常災害発生日の属する年分の路線価または評価倍率に調整率を乗じて計算することができます。

　また、特定土地等について、被害の内容に応じて、下記「災害減免法による減免」の災害減免法の減免措置も適用できる場合があります。

（注１）「特定非常災害」とは、特定非常災害の被害者の権利利益の保全等を図るための特別措置に関する法律第２条第１項の規定により特定非常災害として指定された非常災害をいいます。

　　　　これまで、1995年の阪神・淡路大震災、2004年（平成16）の新潟県中越地震、2011年の東日本大震災、2016年の熊本地震、2018年の西日本豪雨、2019年の台風19号、2020年７月豪雨などが指定されています。

（注２）「特定土地等」とは、特定非常災害により被災者生活再建支援法第３条第１項の規定の適用を受ける地域（同項の規定の適用がない場合には、その特定非常災害により相当な損害を受けた地域として財務大臣が指定する地域。以下「特定地域」といいます。）内にある土地又は土地の上に存する権利をいいます。

　　　　　　　　（タックスアンサーNo.8006「災害を受けたときの相続税の取扱い」参照）

　その他、具体的には、平成29年10月30日付「特定非常災害発生日以後に相続等により取得した財産の評価について（法令解釈通達）」をご参照ください。

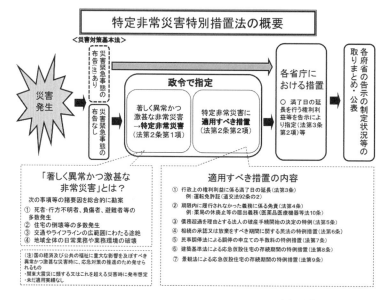

（内閣府ホームページ資料）

第5節　**容積率と評価**

第 **40**　容積率の異なる2以上の地域にわたる宅地の評価

　次に掲げる財産評価基本通達20-6は、容積率の異なる2以上の地域にわたる宅地の評価方法についての定めです。すなわち、その正面路線に接する部分の容積率と異なる容積率の部分がある宅地については、その正面路線の路線価につき異なる容積率の部分との違いによる減額調整を行うものです。

　なお、この取扱いをする場合の容積率は、指定容積率と基準容積率とのいずれか小さい方の容積率によります。　　　　　　　　　　　　⇒「≪豆知識≫容積率」（194ページ）参照。

　この点、財産評価基本通達20-2≪地積規模の大きな宅地の評価≫の判定基準は、指定容積率で足りますから、注意が必要です。

評 価 通 達

（容積率の異なる2以上の地域にわたる宅地の評価）

20-6　容積率（建築基準法第52条（（容積率））に規定する建築物の延べ面積の敷地面積に対する割合をいう。以下同じ。）の異なる2以上の地域にわたる宅地の価額は、15（（奥行価格補正））から前項までの定めにより評価した価額から、その価額に次の算式により計算した割合を乗じて計算した金額を控除した価額によって評価する。この場合において適用する「容積率が価額に及ぼす影響度」は、14-2（（地区））に定める地区に応じて下表のとおりとする。

$$\left\{ 1 - \frac{容積率の異なる部分の各部分に適用される容積率にその各部分の地積を乗じて計算した数値の合計}{正面路線に接する部分の容積率 \times 宅地の総地積} \right\} \times \begin{matrix} 容積率が価額に \\ 及ぼす影響度 \end{matrix}$$

○　容積率が価額に及ぼす影響度

地区区分	影響度
高度商業地区、繁華街地区	0.8
普通商業・併用住宅地区	0.5
普通住宅地区	0.1

（注）　1　上記算式により計算した割合は、小数点以下第3位未満を四捨五入して求める。

　　　　2　正面路線に接する部分の容積率が他の部分の容積率よりも低い宅地のように、この算式により計算した割合が負数となるときは適用しない。

　　　　3　2以上の路線に接する宅地について正面路線の路線価に奥行価格補正率を乗じて計算した価額からその価額に上記算式により計算した割合を乗じて計算した金額を控除した価額が、正面路線以外の路線の路線価に奥行価格補正率を乗じて計算した価額を下回る場合におけるその宅地の価額は、それらのうち最も高い価額となる路線を正面路線とみなして15《奥行価格補正》から前項までの定めにより計算した価額によって評価する。

> なお、15《奥行価格補正》から前項までの定めの適用については、正面路線とみなした路線の14－2《地区》に定める地区区部によることに留意する。

以下、具体的な事例に基づき、この通達に定める評価方法を説明します。

1　正面路線に接する部分の容積率と異なる容積率の部分がないため減額しない事例

次の図のＡ画地は、容積率の異なる２以上の地域にわたって所在しますが、いずれの部分も正面路線に接する部分の容積率と異なる容積率の部分がありません。

正面路線には、400％と500％の容積率の違いを踏まえて、一体の路線価250千円が付されていますので、財産評価基本通達20－5による容積率の格差による減額調整を行いません。

（注）　路線価が、どのような条件下の価格であるかについては、「第3　路線価と標準化補正」の「1　路線価」（32ページ）を参照してください。

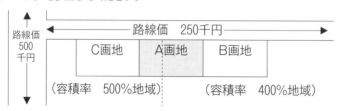

2　具体的な減額調整計算の方法

次の図のＡ画地は、容積率が300％、400％及び500％の各地域にわたって所在します。

Ａ画地の容積率500％地域は、上記1の事例と同様、正面路線に接する部分の容積率と異なる容積率の部分がないため、この部分については減額調整を行いません。

これに対し、正面路線に接する部分の容積率（400％）と異なる容積率（300％）の部分100㎡についてみると、100㎡部分については容積率が300％しかないのですから、容積率が400％であることを前提に付された正面路線価250千円によって評価すると不合理なことになるため、この部分について格差の調整計算を行います。

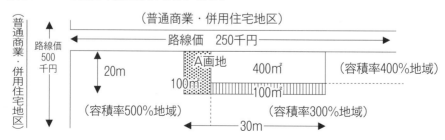

【容積率の格差に基づく減額率】

$$\left[1 - \frac{400\% \times 500㎡ + 300\% \times 100㎡}{400\% \times 600㎡}\right] \times 0.5 = 0.021$$

（小数点3位未満は四捨五入）

【減額調整後の価額】

$$\underset{\scriptsize\begin{pmatrix}正面\\路線価\end{pmatrix}}{250,000円}\times \underset{\scriptsize\begin{pmatrix}奥行価格\\補\ 正\ 率\end{pmatrix}}{1.00} - (\underset{\scriptsize\begin{pmatrix}正面\\路線価\end{pmatrix}}{250,000円}\times \underset{\scriptsize\begin{pmatrix}奥行価格\\補\ 正\ 率\end{pmatrix}}{1.00}\times \underset{\scriptsize(減額率)}{0.021}) = 244,750円$$

3 １画地の宅地が２以上の路線に面する場合

　１画地の宅地が２以上の路線に面する場合に、正面路線価に奥行価格補正率を乗じて求めた価額につき容積率の格差による減額調整を行った価額が、側方又は裏面路線の各路線価に奥行価格補正率を乗じて求めた価額のいずれかを下回る場合には、正面路線価につき容積率の格差による減額調整を適用せず、側方又は裏面路線の各路線価に、それぞれ奥行価格補正率を乗じて計算した価額のうち最も高い価額となる路線を当該画地の正面路線とみなして、財産評価基本通達15《奥行価格補正》から20－５《がけ地等を有する宅地の評価》までの定めにより計算した価額によって評価します。

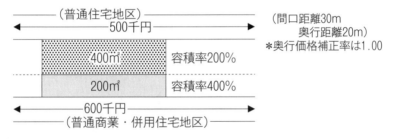

■容積率の格差に基づく減額率

$$\left[1 - \frac{400\% \times 200㎡ + 200\% \times 400㎡}{400\% \times 600㎡}\right] \times 0.5 = 0.167$$

⑴　正面路線の路線価に奥行価格補正率を乗じて求めた価額に容積率の格差による減額調整を行った価額

　　600,000円×1.00-(600,000円×1.00×0.167)=499,800円

⑵　裏面路線の路線価に奥行価格補正率を乗じて求めた価額

　　500,000円×1.00=500,000円

⑶　⑴<⑵となるので、容積率の格差による減額調整の適用はなく、裏面路線を正面路線とみなして、当該画地の評価額を求めます。

　なお、このような方法によって評価する趣旨は、評価通達16が複数の路線に面する宅地の正面路線を決定するに際し、各路線価にその路線の地区区分に応じた奥行価格補正率を乗じて計算した１㎡当たりの価額の高い方の路線とする趣旨と同じです。

⇒「第23　状況類似地区と価額バランス」の１（123ページ）参照。

　したがって、この事例の土地の地区区分は、正面路線とみなされた最も高い効用を有する路線（裏面路線）の地区とし、この地区に応じた補正率を適用することに留意してください。

容積率

　「容積率」とは、建物の延べ面積（各階の床面積（注1）の合計）の敷地面積に対する割合のことです。限られた市街地の中では、土地の合理的な高度利用が望まれます。都市への人口の集中による様々な問題に対して、道路、公園、下水道などの都市施設と建物の均衡をとる必要から、容積率により建物の規模がコントロールされています。容積率は、原則として、都市計画に定められた用途地域ごとの限度以下でなければならず、建物は、原則として、容積率を超えて建てることはできません。（この限度を「**指定容積率**」といいます。（注2））例えば、容積率が200％ならば、敷地面積の2倍を超える床面積の建物は建てることができないということです。

　容積率の基本値は、都市計画で定められますが、前面道路の幅員により更に制限を受ける場合があります。

　具体的には、次の算式の関係になります。

$$容積率＝\frac{建物の延べ面積（a＋b）}{敷地面積（c）}×100（\%）≦ 容積率の限度$$

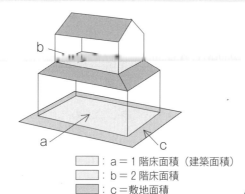

　　　　　　　　　 : a＝1階床面積（建築面積）
　　　　　　　　　 : b＝2階床面積
　　　　　　　　　 : c＝敷地面積

（大阪市ホームページ）

（注）1　建物の床部分のうち、車庫や地下室などで、容積率を計算するうえで床面積に算入しない
　　　　部分もあります。
　　　2　前面道路（建物の敷地が接している道路）の幅員が12m未満の場合は、「指定容積率」と、
　　　　前面道路の幅員をもとにして算出された値（これを「**基準容積率**」といいます。）とのいずれ
　　　　か小さい方の値が容積率の限度となります。

1．指定容積率

　指定容積率は、建築基準法第52条１項に定められた50％～1300％の範囲の数値のうちから、用途地域ごとに、都市計画によって指定されます。

（注）　用途地域とは、都市計画法に定める地域地区のひとつで、都市の環境保全や利便の増進のために、地域における建物の用途に一定の制限を行う地域をいいます。

　　　　用途地域は、住居系（第一種低層住居専用地域、第二種低層住居専用地域、第一種中高層住居専用地域、第二種中高層住居専用地域、第一種住居地域、第二種住居地域、準住居地域）、商業系（近隣商業地域、商業地域）、工業系（準工業地域、工業地域、工業専用地域）に類別されます。

2．基準容積率

　基準容積率は、建築基準法第52条２項の規定により計算される容積率（前面道路制限による容積率）で、次の区分に応じて計算されます。

(1)　**前面道路による制限**（建築基準法第52条２項）

　①　前面道路の幅員が12メートル未満の場合は、その道路幅員のメートルの数値に、下表の区分に従い、それぞれに定める割合を乗じたもの以下とします。

　②　前面道路が２以上あるときは、最大幅員のメートル数値によります。

用途地域等	前面道路の幅員のメートル数値に乗ずべき割合
第一種・第二種低層住居専用地域	4／10
第一種・第二種中高層住居専用地域 第一種・第二種住居地域、準住居地域 （高層住居誘導地区内の建築物であってその住宅の用途に供する部分の床面積の合計がその延べ面積の３分の２以上であるものを除く） 　⇒いわゆる住居系の用途地域です。	4／10（特定行政庁が都道府県都市計画審議会の議を経て指定する区域内の建築物にあっては6／10）
その他の地域	6／10（特定行政庁が都道府県都市計画審議会の議を経て指定する区域内の建築物にあっては4／10又は8／10のうち特定行政庁が都道府県都市計画審議会の議を経て定めるもの）

(2)　**敷地に２以上の容積率の指定がある場合**（建築基準法第52条７項）

　①　建築物の敷地が、容積率の異なる２以上の地域にわたる場合には、各地域に属する敷地の各部分の面積の比により加重平均して容積率を算定します。

　②　建築物の敷地が、容積率の異なる２以上の地域にわたる場合で、かつ、前面道路幅員が12メートル未満の場合には、各地域に属する敷地の各部分について道路幅員（最大の場合）による容積率の限度を算出し、加重平均します。

1．指定容積率で留意すべき点（高度利用地区）

都市計画で定める地域地区のひとつに、「高度利用地区」があります。

高度利用地区は、土地の合理的かつ健全な高度利用と都市機能の更新とを図るため、容積率の最高限度と最低限度、建ぺい率の最高限度、建築物の建築面積の最低限度及び壁面の位置の制限を定める地区です（都市計画法第９条15項）。高度利用地区においては、一定の条件を満たした場合に容積率を緩和し、指定容積率を超えた建築物を建築することができます。

（注）　202ページの≪豆知識≫に掲げた「特定街区」は、街区の総容積率の範囲内で敷地の容積率を定めるものです。

大阪市の高度利用地区を挙げると下表のとおりですが、これは、ペンシルビルの建設を防止するとともに、オープンスペースを確保した街区を形成していこうとするものです。

■高度利用地区一覧（大阪都市計画 高度利用地区）

高度利用地区の種類	面積	容積率の最高限度（注１）	容積率の最低限度	建ぺい率の最高限度(注２)	建築面積の最低限度
上六地区	約1.2ha	80/10	30/10	8/10	250㎡
長吉出戸地区	約3.4ha	40/10	20/10	7/10	250㎡
長吉川辺地区	約0.6ha	30/10	15/10	7/10	250㎡
天神橋七丁目地区	約0.3ha	60/10	30/10	8/10	250㎡
上本町駅前地区	約0.5ha	75/10、95/10	30/10、40/10	5/10	500㎡
菅原町地区	約0.8ha	60/10	30/10	8/10	250㎡
阿倍野東１地区	約3.2ha	80/10	30/10	8/10	250㎡
阿倍野東２地区	約6.1ha	80/10	40/10	7/10	500㎡
阿倍野東３地区	約0.8ha	90/10	30/10	6/10	250㎡
阿倍野東４地区	約3.0ha	80/10	30/10	8/10	250㎡
阿倍野西１地区	約3.4ha	80/10、55/10	30/10	5/10	500㎡
阿倍野西２地区	約15.0ha	40/10	20/10	6/10	250㎡
池田町地区	約0.7ha	40/10	20/10	8/10	250㎡
茶屋町東地区	約0.7ha	55/10、75/10	30/10	5/10	500㎡
茶屋町西地区	約0.7ha	55/10、75/10	30/10	5/10	500㎡
放出駅前地区	約0.2ha	45/10、35/10	20/10	7/10	250㎡
合計	約41.6ha				

（注１）　ただし、建築基準法第59条の２の規定により許可された建築物はこの限りでない。

（注２）　ただし、建築基準法第53条第３項第１号又は第２号のいずれかに該当する建築物にあっては１/10、同項第１号及び第２号に該当する建築物又は第５項第１号に該当する建築物にあっては２/10を加えた数値とする。

（大阪市ホームページ）

2．基準容積率で留意すべき点

基準容積率についても、自治体によっては、都道府県都市計画審議会の議を経て、建築基準法の定めとは異なった規制になっていることがあります。

ここでも、大阪市の例を挙げると下表のとおりです。

用途地域	容積率の限度（％）
第一種中高層住居専用地域 第二種中高層住居専用地域 第一種住居地域 ⎫ 第二種住居地域 ⎬ のうち風致地区 準住居地域 ⎭	前面道路幅員 $[m] \times \dfrac{4}{10} \times 100$
上記以外の地域	前面道路幅員 $[m] \times \dfrac{6}{10} \times 100$

（大阪市ホームページ）

いずれにしても、市町村役場等における調査は欠かせないことになります。

第 41　余剰容積率の移転がある場合の宅地の評価

1　「余剰容積率を移転している宅地」とは

　「余剰容積率を移転している宅地」とは、容積率の制限に満たない延べ面積の建築物が存する宅地（以下「余剰容積率を有する宅地」といいます。）で、その宅地以外の宅地に容積率の制限を超える延べ面積の建築物を建築することを目的とし、区分地上権、地役権、賃借権等の建築物の建築に関する制限が存する宅地をいい、また、「余剰容積率の移転を受けている宅地」とは、「余剰容積率を有する宅地に区分地上権、地役権、賃借権の設定を行う等の方法により建築物の建築に関する制限をすることによって容積率の制限を超える延べ面積の建築物を建築している宅地をいう」と定められています（評基通23－2）。

　余剰容積率を移転している宅地又は余剰容積率の移転を受けている宅地の価額は、次の算式により計算した金額によって評価することができるものとされています（評基通23）。

【算式】
【余剰容積率を移転している宅地】

$$A \times \left[1 - \frac{B}{C} \right]$$

【余剰容積率の移転を受けている宅地】

$$D \times \left[1 + \frac{E}{F} \right]$$

「A」・「D」＝評基通11《評価の方式》から21－2《倍率方式による評価》までの定めにより評価した余剰容積率を移転している宅地の価額を「A」、余剰容積率の移転を受けている宅地の価額を「D」とします。

「B」・「E」＝区分地上権の設定等に当たり、収受した対価の額を「B」、支払った対価の額を「E」とします。

「C」・「F」＝区分地上権の設定等の直前における、余剰容積率を移転している宅地の通常の取引価額に相当する金額を「C」、余剰容積率の移転を受けている宅地の通常の取引価額に相当する金額を「F」とします。

2　「特定街区制度」等と「特例容積率適用地区制度」の余剰容積率の移転の違い

　余剰容積率の移転とは、一般的に「空中権の売買」ともいわれる開発事業の手法であり、アメリカでは「移転開発権（TDR=Transferable Development Rights）」と称されています。

　容積率の移転は、「特定街区制度」、「地区計画制度」、「高度利用地区制度」、「一団地認定制

度」、「総合的設計制度」などの制度を利用することによっても行うことができますが、これらの制度は、原則として一団の土地又は隣接する建築物の敷地間でしか容積率の移転を行うことができません。

　これらに対し、「特例容積率適用地区制度」は、都市計画区域内のある一定の区域を定めて、その区域内の建築敷地の指定容積率の一部を、その区域内の隣接していない複数の建築物の敷地間で移転することができます。

　この制度は、2002年に東京都千代田区の「大手町・丸の内・有楽町地区特例容積率適用区域（平成16年の法改正前の名称）」として我が国で初めて指定されました。

　東京都は、東京駅周辺地区の都市開発の整備、保全を誘導するために、都市計画として大手町、丸の内及び有楽町地区に「特例容積率適用区域」及び「地区計画地区」を定め、この区域内では一定の制限（容積率や高さ上限等）の下に東京都の許認可により、各建築物の敷地間で容積率を移転できるようにしました。

　JR東日本は、この制度を活用して東京駅丸の内側の赤レンガ駅舎（1914年建築）の復原を行うこととし、余剰容積率を移転（売却）することによって、この復原資金の調達を図りました。

改装された東京駅舎

　駅舎は、2003年に国指定の重要文化財に指定されており、歴史的建造物である駅舎を戦前の３階建てに復原しても、その建物の規模は指定容積率の上限の床面積に到底及ばないので、その敷地は、余剰容積率に相当する床面積を分割して他の建物の敷地に移転することができる「余剰容積率を有する宅地（評基通23－２）」に該当します。

　容積率移転の手続きは、区域内で容積移転をする各建築物の敷地の権利者らが同意書を作成して特定行政庁に申請し、特定行政庁はこれを審査して都市計画的に問題がなければ、その移転容積率をその敷地の特例容積率として指定します。

　この容積率の移転先は、丸の内側の新丸ビルや丸の内パークビルディング、八重洲側のグラントウキョウなどの各ビルで、ＪＲ東日本がその移転先のビルに床を所有して経営をし、あるいはそのビルの所有者へ床を売却しています。

容積率の移転制度

（1）　**都市計画法を根拠とする容積率の移転制度**

　　都市計画法を根拠とする容積率の移転制度には、地区計画（容積適正配分型地区計画制度、再開発促進区制度等）によるものと、地域地区（特例容積率適用地区、特定街区等）によるものとがあります。

　　都市計画を根拠とする制度は、地区計画や地域地区などの都市計画において容積率そのものの配分・指定が行われますので、その容積率の配分によって各敷地等の利用容積率に差異が生じる際に、地権者間で容積率の移転を行います。

　　なお、上記のとおり、特例容積率適用地区の場合は、各敷地に適用される容積率が都市計画において指定されるのではなく、都市計画で指定された特例容積率適用地区内の敷地権者が、建築基準法の規定に従って特定行政庁に特別の容積率の指定を申請し、指定を受けることになります。

（2）　**建築基準法を根拠とする容積率の移転制度**

　　建築基準法を根拠とする容積率の移転制度には、一団地の総合的設計制度、連担建築物設計制度等があります。

　　建築基準法による建築物の形態等についての規制は、原則として敷地を単位として行われます。

　　この敷地とは、建築基準法施行令第1条1号において、「一の建築物又は用途上不可分の関係にある二以上の建築物のある一団の土地をいう」と定義されているため、原則として、ある敷地の容積率は、その地上に建築される一の建築物について実現し、これを他に移転することはできません（一敷地一建築物の原則）。

　　建築基準法は、この一敷地一建築物の原則に対して、複数の敷地を一体のものとして容積率を適用する「一団地の総合的設計制度」、「連担建築物設計制度」等の特例を認めています。

　　これらの制度の下では、複数の地権者の敷地が一団地として認定されることにより、一団地としての総容積率が規制値以内であれば、その敷地内に建築される建物の容積率の配分を自由に設定することができるので、その際に、地権者間で容積率の移転が行われることになります。

　　また、一団地として認定されると、一団地のすべての敷地が前面道路に接することにより基準容積率が増加する効果や、制度の利用により斜線制限の緩和や容積率の割増しを受けられるなどの利点があります。

　　　　　　　　参考文献：池田誠【空中権を巡る税務上の取扱い（税大論叢62号）】

「一敷地一建築物の原則」による余剰容積率の移転事例

写真／「社団法人クラブ関西」と「ANAクラウン
プラザホテル大阪」

現ANAクラウンプラザホテル
（全日空ホテル・シェラトン）
所在地：大阪市北区堂島浜1丁目
事業主体：大阪建物、クラブ関西
時期：昭和59年10月
事業方式：一建築物一敷地、総合設計
　　　　　（斜線制度は緩和されてい
　　　　　るが、容積率割増しはない）

　大阪建物は、所有地にホテルの建築を計画したものの、建築可能な延床面積では建物賃借人の全日空エンタープライズ（全日空の子会社）の希望する建物を建築することができないので、隣地のクラブ関西の建築計画に合わせて、一建築物の敷地として共同建築を申請し、クラブ関西側の余剰容積率を12億6千万円（建物面積1㎡当たり95,000円）で譲り受けました。

　両建物の外見は、明らかに2棟の建築物であり、別々の敷地上に建築されたもので、それぞれの用途も異なるため「用途上不可分」でもありません。

　しかし、両建物は、①地下茎方式の通路で連結され、また、双方の地下駐車場は連続しており、大阪建物側で一体的に使用していること、②空調設備は大阪建物側に設置されており、クラブ関西側にも供給していることなどから、構造上一つの建築物であり、「一建築物一敷地の原則」に適合すると認められたので、クラブ関西側の容積率を移転することでホテルの増床が可能となりました。

　権利関係は、それぞれが建物の所有権を登記し、土地には区分地上権「大阪湾最低海面の上20mから50mの間に存続期間65年（昭和58年仮登記）」が設定され、移転を受けた余剰容積率は、「無形固定資産の借地権」として会計上の処理がされています。

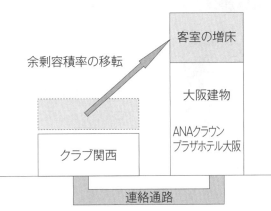

余剰容積率の移転

客室の増床

大阪建物
ANAクラウン
プラザホテル大阪

クラブ関西

連絡通路

参考文献：高田寿史【容積移転の制度と事例　─日米のケース・スタディ─（1986.12～1987.2.不動産鑑定）】

特定街区

　　余剰容積率の移転が可能になるケースとして、都市計画法第8条1項4号に特定街区の制度があります。大阪市のホームページによりますと、具体的な特定街区の事例としては、次のようなものが紹介されています。

「特定街区」

　　都市計画法の一つであり、街区内の容積率、高さ制限、壁面の位置を定め、健全な形態の建物を建設し、あわせて有効な空地や文化財の保護などを図ろうとするもので、街区内の総容積率の限度内で、個々の敷地間の容積率の移転を行うことが可能となります。

　　（注）「街区」とは、通常は道路で囲まれた一区画をいいます。

【事　例】

特定街区

住友銀行ビル
この敷地は住友銅吹所の跡地で、遺跡の保存と小公園の設置を図り、高層の建築を認めることを都市計画で決定しました。

特定街区

NTT西日本ビル
難波宮内裏の遺跡を保存し、空地をとって高層ビルが建設されました。

特定街区

安土町二丁目・大阪国際ビル
高層ビルの周りや2階屋上部分に緑化がなされています。

第6節　私道の評価

第 42　私道の用に供されている宅地の評価

1　「私道」とは

　「私道」とは、私人が所有し、一般の交通の用に供する道路をいいます。また、財産評価基本通達上、私道は、「不特定多数の者が通行する（公共性の高い）私道」と「専ら特定の者のみが通行の用に供する私道」とに区分されています。

　ただし、私道と宅地との区分が困難となるのは、敷地内の通路の場合です。

（1）私道に該当しない事例（敷地内通路とみる場合）

　例えば、次の図のB宅地の所有者のみが通行の用に供しているA土地は、敷地の一部であって、私道には該当しません。

【敷地の一部とみる場合】

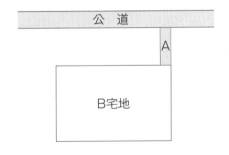

　※　B宅地の所有者のみが通行の用に供する左の図のような進入路部分の土地は、たとえ道路の形態を備えていても、単に敷地の一部を通路の用に供しているに過ぎず、第三者が通行の用に供する道路ではありませんから、私道には該当しません。したがって、A土地は、隣接するB宅地の敷地の一部（敷地内通路）として評価します。

　しかしながら、現実の土地利用にあっては、上の図のように、敷地の一部（敷地内通路）であることが明らかな場合ばかりではなく、私道と敷地内通路との区分が不明確な事例も多々あります。

（2）私道の判断基準

　「私道」は、一般交通の用に供されている場所を指しますから、この判断に当たっては、①形態性（道路の形態を備えていること）、②客観性（一般交通に利用されている状態が客観的に認められること）及び③公開性（不特定多数の者の通行が許されている場所であること）の観点から、これを総合的に判断することになります。

⇒「第8　法律の規定における道路の意義」の1の⑮（65ページ）及び「第9　財産評価基本通達14に定める「道路」の意義」の1の②（67ページ）参照。

【私道の形態を備えている例】　　　【私道の形態を備えていない例】

2　私道の評価方法

　私道の用に供されている宅地の価額は、通常の宅地として評価した価額の100分の30に相当する価額によって評価します。この場合において、その私道が不特定多数の者の通行の用に供されているときは、その私道の価額は評価しません（評基通24）。

（1）特定の者の通行の用に供される私道の例示

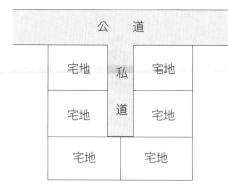

　左の図のような行き止まりの私道は、特定の者の通行の用に供されている私道に該当します。

　このような私道の評価方法には、次のとおり二つの方法があり、いずれの方法によって評価しても差し支えありません。

①　画地調整を行わないで評価する場合

　一つは、この行止りの私道に付された特定路線価に私道の地積を乗じて評価する方法で、画地調整を行わずに「特定路線価×私道の地積（㎡）×0.3」の算式により評価します。

②　画地調整を行って評価する場合

　もう一つは、公道に付された路線価を基にその私道の形状に応じた画地調整（一般的には、奥行価格補正、間口狭小補正及び奥行長大補正など）を行った後の価額の30％相当額で評価する方法です。

　　（注）この私道が、貸地又は貸家建付地に係る私道である場合は、私道を貸地又は貸家建付地として評価した価額の30％相当額で評価します。

（2）不特定多数の者の通行の用に供される私道の例示

《例1》

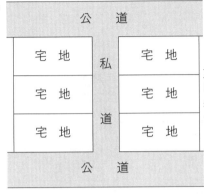

左の図のように公道から公道へ通り抜けることのできる私道は、「不特定多数の者の通行の用に供する私道」に該当します。

イ　公道から公道へ通り抜けることができる私道の例示

次のような私道も「公道から公道へ通り抜けることのできる私道」に該当します。

《例2》L字型私道

《例3》

《例4》コの字型私道

《例5》

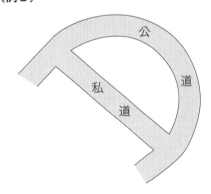

ロ　「不特定多数の者の通行の用に供される私道」とされる「行き止まりの私道」の例示

《例6》車両の転回場や停留所が設けられている私道の例示

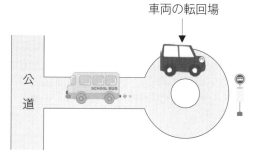

車両の転回場

私道の一部に公共バスの転回場や停留所が設けられており、不特定多数の者が利用している場合

《例7》

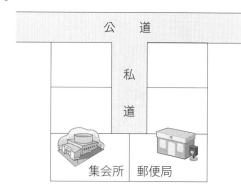

行止りの私道であっても、その私道を通行して不特定多数の者が地域等の集会所、地域センター及び公園などの公共施設や商店街等に出入りしている場合

（3）財産としての価値が希薄なため、評価の対象としない「行き止まりの私道」の例示

《例8》

例えば、宅地とともに分譲しなかったため分譲業者の所有のまま残された次に掲げる要件を満たす私道は、財産としての価値が希薄ですから、評価の対象としなくても差し支えません。
① その私道の利用者等に有償で譲渡できる見込みがないこと。
② 私道を利用させることによる対価（賃料）を収受せず、また、収受できる見込みもないこと。

⇒「≪豆知識≫建築基準法上の道路情報」（175ページ）参照。

⇒「《不動産用語》位置指定道路」（177ページ）参照。

私 道 負 担

　不動産取引において、取引の対象となる土地の一部に私道敷地の所有権が含まれている場合に、この私道敷地部分を「私道負担」といいます。203ページの１で解説したとおり、私道とは、私人が所有し、一般の交通の用に供する道路をいい、この私道敷地の所有権は、第三者の通行地役権等の目的とされています。

　したがって、第三者がこれを一般の交通の用に供することを受忍しなければならないほか、私道の上には、原則として建物を建てることはできません。私道部分の面積は建物の敷地とならないので、建ぺい率や容積率の計算から除外されるなど、土地の利用に際して制約を受けることがあります。

　通常の取引では、私道負担部分は取引価額に含まれないことが多いようです。

　最高裁判所平成29年２月28日判決を踏まえ、「歩道状空地」の用に供されている宅地の評価について、平成29年７月に国税庁から次に掲げる取扱いが示されました。

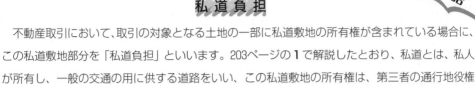

最高裁判決を踏まえた取扱い　　　　（平成29年７月　国税庁）

　財産評価基本通達24（（私道の用に供されている宅地の評価））における「歩道状空地」の用に供されている宅地の取扱いについて

1　従来の取扱い

　財産評価基本通達（以下「評価通達」といいます。）24（（私道の用に供されている宅地の評価））に定める「私道」については、道路としての利用状況や、所有者が自己の意思によって自由に使用、収益をすることに制約が存すること等の事実関係に照らして判断しているところです。

　また、上記事実関係に照らして判断した結果、「歩道状空地」の用に供されている宅地については、建物の敷地の一部として、評価通達24を適用せずに評価していた事例がありました。

2　最高裁判決を踏まえた「歩道状空地」の用に供されている宅地の取扱い
（1）　最高裁判決の判示事項

　最高裁判所平成29年２月28日判決（以下「最高裁判決」といいます。）において、「私道の用に供されている宅地につき客観的交換価値が低下するものとして減額されるべき場合を、建築基準法等の法令によって建築制限や私道の変更等の制限などの制約が課されている場合に限定する理由はなく、そのような宅地の相続税に係る財産の評価における減額の要否及び程度は、私道としての利用に関する建築基準法等の法令上の制約の有無のみならず、当該宅地の位置関係、形状等や道路としての利用状況、これらを踏まえた道路以外の用途への転用の難易等に照らし、当該宅地の客観的交換価値に低下が認めら

れるか否か、また、その低下がどの程度かを考慮して決定する必要があるというべきである。

　これを本件についてみると、本件各歩道状空地は、車道に沿って幅員２mの歩道としてインターロッキング舗装が施されたもので、いずれも相応の面積がある上に、本件各共同住宅の居住者等以外の第三者による自由な通行の用に供されていることがうかがわれる。また、本件各歩道状空地は、いずれも本件各共同住宅を建築する際、都市計画法所定の開発行為の許可を受けるために、市の指導要綱等を踏まえた行政指導によって私道の用に供されるに至ったものであり、本件各共同住宅が存在する限りにおいて、上告人らが道路以外の用途へ転用することが容易であるとは認め難い。そして、これらの事情に照らせば、本件各共同住宅の建築のための開発行為が被相続人による選択の結果であるとしても、このことから直ちに本件各歩道状空地について減額して評価をする必要がないということはできない。」と判示されました。

（2）「歩道状空地」の用に供されている宅地の取扱い

　上記（1）の最高裁判決の判示事項を踏まえ、①都市計画法所定の開発行為の許可を受けるために、地方公共団体の指導要綱等を踏まえた行政指導によって整備され、②道路に沿って、歩道としてインターロッキングなどの舗装が施されたものであり、③居住者等以外の第三者による自由な通行の用に供されている「歩道状空地」については、評価通達24に基づき評価することとします。

3　相続税等の更正の請求

　上記2の取扱いは、過去に遡って適用されますので、これにより、過去の相続税又は贈与税（以下「相続税等」といいます。）の申告の内容に異動が生じ、相続税等が納めすぎになる場合には、国税通則法の規定に基づき所轄の税務署に更正の請求をすることにより、当該納めすぎとなっている相続税等の還付を受けることができます。

　なお、法定申告期限等から既に5年（贈与税の場合は6年）を経過している相続税等については、法令上、減額できないこととされていますのでご注意ください。

第7節　土地区画整理事業と評価

第43　土地区画整理事業施行中の宅地の評価

　土地区画整理事業とは、都市計画区域内の土地について、公共施設の整備改善及び宅地の利用の増進を図るため、土地区画整理法によって定めるところに従って行われる土地の区画形質の変更及び公共施設の新設又は変更に関する事業をいいます。

　土地区画整理事業施行中の宅地の評価については、財産評価基本通達24－2に定められています。

1　原則的な評価方法

　土地区画整理事業の施行地区内にある宅地について、土地区画整理法第98条《仮換地の指定》の規定に基づき仮換地が指定されている場合には、その宅地の価額は、仮換地の価額に相当する価額によって評価します。

　ただし、その仮換地の造成工事が施行中で、その工事が完了するまでの期間が1年を超えると見込まれる場合の仮換地の価額に相当する価額は、その仮換地について造成工事が完了したものとして、路線価方式又は倍率方式によって評価した価額の100分の95に相当する価額によって評価することになります。

仮換地（かりかんち）

　「仮換地」とは、土地区画整理事業で定める土地の種類の一つで、土地区画整理事業の施行者によって、換地処分の前に地権者用に割り当てられる仮の換地を「仮換地」といいます。土地区画整理事業は、広範囲の土地の区域にわたって行なわれる事業であり、また、こうした事業は非常に長期間を要することが多く、施工全区域について同時に移転工事等を完了することや地番整理を行なうことが不可能であるため、「仮換地」という制度があります。この制度は、建物の移転や公共施設の工事を行なうために必要な場合に、事業開始以前の宅地（従前地）に換えて仮に使用又は収益することのできる土地（仮換地）を指定するものです。

2　例外的な評価方法

　仮換地が指定されている場合であっても、次の事項のいずれにも該当するときには、従前の宅地の価額により評価します。

① 土地区画整理法第99条《仮換地の指定の効果》第2項の規定により、仮換地について使用又は収益を開始する日を別に定めるとされているため、当該仮換地について使用又は収益を開始することができないこと。

② 仮換地の造成工事が行われていないこと。

なお、仮換地の指定後においても、造成工事が未着手で従前の宅地を利用している場合には、利用上の制約について考慮する必要はないものと考えられることから、財産評価基本通達24—2ただし書きの95%評価の取扱いはできないことになります。

3 財産評価基本通達に明示されていない取扱い

土地区画整理事業施行地区内の宅地について交付を受け又は徴収されることとなる清算金がある場合、その清算金が宅地の評価とどのように関係してくるのかが問題となります。

換地処分により徴収又は交付されることとなる清算金のうちに、課税時期において徴収又は交付されることが確実と見込まれるものがある場合には、その徴収されることとなる清算金の額は、仮換地の評価額から控除し、交付されることとなる清算金は、仮換地の評価額に加算することとされます（国税庁ホームページ【質疑応答事例】）。

これは、清算金は従前の宅地と換地との価額関係の過不足を清算するものですから、従前の宅地の価額を仮換地の価額を基として評価しようとする場合、清算金と仮換地の価額とは、一体のものとしてみるべきであるという理由に基づくものです。

この取扱いをまとめると、下表のとおりとなり、清算金の調査も欠かせないことになります。

区　　分	土地区画整理事業中の宅地の評価
清算金の交付を受ける場合	仮換地の価額＋交付を受ける清算金の額
清算金の徴収が必要な場合	仮換地の価額－徴収される清算金の額

換地処分に伴う清算金の仕組みについて

都道府県知事又は指定都市の市長は、換地処分があった場合には、その旨の公告をする必要がありますが、換地処分の公告の原則的効果は、次のとおりです。

① 換地計画で定められた換地は、換地処分の公告があった日の翌日（午前零時）において従前の宅地とみなされます（土地区画整理法104条1項）。

② 従前の宅地に存した権利（所有権及び地役権を除きます。）又は処分の制限の目的となるべきものと定められた換地又はその部分は、当該権利等の目的であった従前の宅地又はその部分とみなされます（土地区画整理法104条2項）。

（注）「従前の宅地又はその部分とみなされる」というのは、位置や地積等が従前の宅地と

異なっていても、従前の宅地又はその部分に存した権利関係がすべて同一性を保持して換地又はその部分に移行するという意味です。

③　換地計画で、換地又は借地権等の目的たる換地又はその部分を定められなかった場合には、これらの従前の宅地又はその部分について存した権利は、換地処分の公告があった日が終了した時（午後12時）に消滅します（土地区画整理法104条１項・２項）。

　　土地区画整理事業により換地処分を行う場合、従前の宅地と換地とがなるべく同じような条件であることが望ましいので、土地区画整理法第89条では、換地計画で換地を定める場合、換地と従前の宅地の位置、地積、土質、水利、利用状況、環境等が照応するように定めなければならないと規定されていますが（換地照応の原則）、実際には、それが完全に照応するとは限りませんから、その過不足が清算金によって清算されることになります。したがって、換地処分の公告に伴い、清算金を徴収される者と、清算金の交付を受ける者とが生じてくることになります。

　　この清算金は、換地処分の公告によって確定しますが、確定後の清算金は、債権（交付を受ける場合）又は債務（徴収される場合）となりますから、土地の評価に影響を及ぼすものではありません。

豆知識

土地区画整理事業

　　土地区画整理事業は、道路や公園、河川等の公共施設の整備が必要な一定の区域において、地権者からその権利分に応じた土地を提供（減歩）してもらい、この土地を集約して道路や公園などの公共用地に充てる他、その一部を保留地として売却して事業資金の一部に充てる事業制度です。地権者においては、土地区画整理事業後の宅地の面積は従前のものに比べ小さくなるものの、道路や公園等の公共施設の整備や宅地の整地により、利用価値の高い宅地が得られることになります。

　　【参考図】土地区画整理事業のイメージ

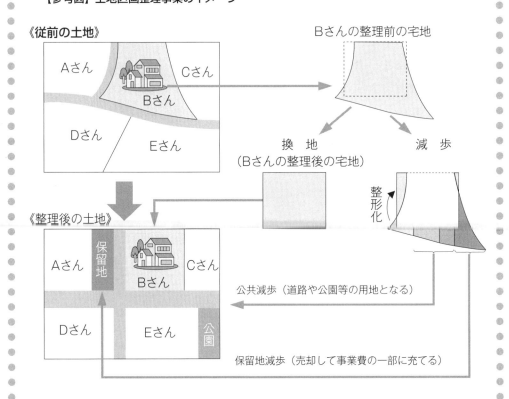

（国土交通省　ホームページ）

用語の意義

【宅地】・・・土地区画整理法でいう「宅地」とは、「公共施設の用に供されている国又は地方公共団体の所有する土地以外の土地をいう（第2条6号）」とされていますので、農地や山林も、同法上は、宅地に該当することになります。

【減歩】・・・道路、公園、広場等の公共施設の整備改善のためには、新しい用地が必要となります。この用地を生み出す手法が「減歩」で、施行区域内の各筆の土地から同じ割合で土地を供出させ、この土地を公共施設用地に充てる手法です。この減歩の割合

を「減歩率」といいます。

　　なお、公共用地に充てる分を「公共減歩」、事業費の一部に充てるため保留地として売却する分を「保留地減歩」といい、これら２つの合計を「合算減歩」といいます。

【換地】・・・減歩によって生み出された土地は、個々の宅地に分散しているので、これを一定の道路用地、公共用地等に集約しなければなりません。また、新しく道路や公園を築造する場合、その用地にある宅地は、他の場所へ移さなければなりません。この移動のことを「換地」といいます。

　土地区画整理事業は、上記のように①道路・公園・広場などの公共施設の整備改善と、②宅地の利用増進（袋地の解消や不整形な宅地を整形の宅地にする等）とを目的に行う事業であり、市街地の建設が無計画に行われた我が国においては、都市計画を実施するための有力な手法として採用され、関東大震災の復興の手段として用いられて以来、多くの土地区画整理事業が実施されてきています。

　下の表は、現在大阪府下（大阪市、堺市を除きます）で行われている土地区画整理事業です。

■大阪府下（大阪市・堺市を除く）で行われている土地区画整理事業

（令和２年９月30日現在）

施行者	市町村	地区名	関連リンク
個　人	茨木市	彩都東部中央東	茨木市北部整備推進課（外部サイト）
	交野市	星田北２丁目	交野市都市計画課（外部サイト）
	合計	２地区	53.51ha
組　合	門真市	石原東・大倉西	門真市地域整備課（外部サイト）
	岸和田市	岸和田丘陵	岸和田市丘陵地区整備課（外部サイト）
	箕面市	箕面船場駅前	箕面市まちづくり政策室（外部サイト）
	松原市	新堂４丁目	松原市まちづくり推進課（外部サイト）
	高槻市	成合南	高槻市都市づくり推進課（外部サイト）
	交野市 枚方市	星田北	交野市第二京阪沿道まちづくり推進室（外部サイト）
	交野市	星田駅北	交野市第二京阪沿道まちづくり推進室（外部サイト）
	茨木市	南目垣・東野々宮	茨木市都市政策課（外部サイト）
	八尾市	郡川	八尾市都市政策課（外部サイト）
	門真市	幸福東	門真市地域整備課（外部サイト）
	島本町	JR島本駅西	島本町都市計画課（外部サイト）
	合計	11地区	167.53ha
	総計	13地区	221.04ha

第8節　地積規模の大きな宅地の評価

第 44　地積規模の大きな宅地の評価

平成29年9月20日付の財産評価基本通達（以下「評価通達」という。）の一部改正により、評価通達20－2《地積規模の大きな宅地の評価》が創設され、平成30年1月1日以降の相続又は贈与により取得した財産の評価に適用されることになりました。

1　路線価地域に所在する「地積規模の大きな宅地」の評価

路線価地域に所在する地積規模の大きな宅地（三大都市圏においては500㎡以上の地積の宅地、それ以外の地域においては1,000㎡以上の地積の宅地をいい、次のイからハまでのいずれかに該当するものを除きます。以下、「地積規模の大きな宅地」といいます。）で、「普通商業・併用住宅地区」及び「普通住宅地区」として定められた地域に所在するものの価額は、評価通達15《奥行価格補正》から20《不整形地の評価》及び20－4《間口が狭小な宅地等の評価》本文の定めによって求めた価額に、その宅地の地積規模に応じ、次の算式により求めた規模格差補正率を乗じて評価します。

（注）評価対象となる宅地の正面路線が2以上の地区にわたる場合には、当該宅地の過半の属する地区をもって、当該宅地の全部が属する地区とします。
　　　　　⇒「第24　地区の異なる2以上の道路に接する宅地の評価」（129ページ）参照。

イ　市街化調整区域（都市計画法第34条第10号又は第11号の規定に基づき宅地分譲に係る同法第4条《定義》第12項に規定する開発行為を行うことができる区域を除きます。）に所在する宅地

ロ　都市計画法第8条《地域地区》第1項第1号に規定する工業専用地域に所在する宅地

（注）評価対象となる宅地が2以上の用途地域にわたる場合には、当該宅地の全部が当該宅地の過半の属する用途地域に所在するものとします。

ハ　指定容積率（建築基準法第52条《容積率》第1項に規定する建築物の延べ面積の敷地面積に対する割合をいいます。）が10分の40（東京都の特別区においては10分の30）以上の地域に所在する宅地

（注）評価対象となる宅地が指定容積率の異なる2以上の用途地域にわたる場合には、各地域の指定容積率に、その宅地の当該地域内にある各部分の面積の敷地面積に対する割合を乗じて得たものの合計により容積率を判定します。

【算式】

$$規模格差補正率 = \frac{Ⓐ \times Ⓑ + Ⓒ}{地積規模の大きな宅地の地積（Ⓐ）} \times 0.8$$

　上の算式中のⒷ及びⒸは、その宅地が次のイ又はロのいずれの地域に所在するかにより、それぞれに掲げる地積に応じた割合とします。

イ　三大都市圏に所在する土地

地区区分 地積（㎡）　　記号	「普通商業・併用住宅地区」・「普通住宅地区」	
	Ⓑ	Ⓒ
500以上　1,000未満	0.95	25
1,000以上　3,000未満	0.90	75
3,000以上　5,000未満	0.85	225
5,000以上	0.80	475

ロ　三大都市圏以外の地域に所在する土地

地区区分 地積（㎡）　　記号	「普通商業・併用住宅地区」・「普通住宅地区」	
	Ⓑ	Ⓒ
1,000以上　3,000未満	0.90	100
3,000以上　5,000未満	0.85	250
5,000以上	0.80	500

　　（注）1　上記算式により計算した規模格差補正率は、小数点以下第2位未満を切り捨てます。
　　　　　2　「三大都市圏」とは、次の地域をいいます。
　　　　　　イ　首都圏整備法（昭和31年法律第83号）第2条（（定義））第3項に規定する既成市街地又は同条第4項に規定する近郊整備地帯
　　　　　　ロ　近畿圏整備法（昭和38年法律第129号）第2条（（定義））第3項に規定する既成都市区域又は同条第4項に規定する近郊整備区域
　　　　　　ハ　中部圏開発整備法（昭和41年法律第102号）第2条（（定義））第3項に規定する都市整備区域

２ 倍率地域に所在する「地積規模の大きな宅地」の評価

　倍率地域に所在する地積規模の大きな宅地（評価通達22-2に定める大規模工場用地に該当する宅地を除きます。）の価額は、次の①又は②の価額のいずれか低い価額によって評価します（評価通達21-2ただし書）。

①　その宅地の固定資産税評価額に国税局長が定めた倍率を乗じて計算した価額

②　「その宅地が標準的な間口距離及び奥行距離を有する宅地であるとした場合の1㎡当たりの価額（注）」を評価通達14《路線価》に定める路線価とし、かつ、その宅地が普通住宅地区に所在するものとして評価通達20-2に準じて計算した価額

　　（注）この価額は、その宅地の1㎡当たりの固定資産税評価額ではなく、改正前の評価通達24-4の⑵の定めと同じく、固定資産税の標準宅地の1㎡当たりの評点数（標準地評点価格）を指します。

第45　地積規模の大きな宅地の要件

　地積規模の大きな宅地の評価についての通達改正の趣旨や概要は、【参考資料】2（379ページ）に平成29年10月3日付の資産企画官情報第5号を掲載していますので参照してください。以下本章においては、通達適用に当たって、特に留意すべき項目の補足を試みることにします。

　なお、市街地農地について「地積規模の大きな宅地の評価」の適用要件を満たす場合には、この通達の適用対象となります。市街地周辺農地、市街地山林及び市街地原野についても同様です。ただし、路線価地域にあっては、宅地の場合と同様に、普通商業・併用住宅地区及び普通住宅地区に所在するものに限られます。

　以下、具体的に要件を確認してみます。

1　地積規模の判定

　「地積規模の大きな宅地の評価」が適用される地積の基準は、三大都市圏においては、500㎡以上（三大都市圏以外は1,000㎡以上）の宅地で、通達の本文に定められました。

　旧広大地通達においても資産評価企画官情報によって面積要件は定められていたのですが、平成16年6月29日付資産企画官情報第2号の2の3の⑵の（広大地に該当する条件の例示）の注書において、「ミニ開発分譲が多い地域に存する土地については、開発許可を要する面積基準（例えば、三大都市圏500㎡）に満たない場合であっても、広大地に該当する場合があることに留意する。」との記載があったため、これを根拠として面積基準を曖昧にする申告も見受けられたようです。今回の改正においては、旧広大地通達を改正するのではなく、これを廃止して新たな項が創設されたため、これまでのような面積基準を曖昧にする解釈も排除されるものと考えられます。

　なお、地積が500㎡（又は1,000㎡）前後の場合などは、実務においては実測を行った方が良いケースも考えられます。

３棟の貸家の敷地の評価単位

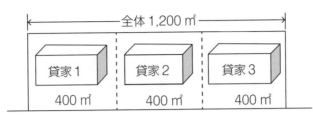

全体 1,200 ㎡

| 貸家１ | 貸家２ | 貸家３ |
| 400 ㎡ | 400 ㎡ | 400 ㎡ |

　上の図のように、地積が1,200㎡ある１筆の土地が３棟の貸家の敷地（各棟の敷地はそれぞれ400㎡）となっている場合、「地積規模の大きな宅地」の面積要件を満たすか否かが問題となりますが、宅地の価額は１筆単位で評価するのではなく利用の単位となっている一画地の宅地ごとに評価します。

　したがって、貸家建付地を評価する場合において貸家が数棟あるときは、各棟の敷地ごとに評価することになり、事例の場合に面積基準の判定の対象となる地積は、各棟の敷地は各々400㎡ですから、「地積規模の大きな宅地」の評価を適用することはできません。（評基通７-２、20-２）

三大都市圏

三大都市圏とは、次の地域をいいます。

１　首都圏整備法第２条第３項に規定する既成市街地又は同条第４項に規定する近郊整備地帯

２　近畿圏整備法第２条第３項に規定する既成都市区域又は同条第４項に規定する近郊整備区域

３　中部圏開発整備法第２条第３項に規定する都市整備区域

　近畿圏を例にとると、規制都市区域は大阪市の全域、守口市・東大阪市・堺市の特定の区域、京都市の特定の区域、神戸市・尼崎市・西宮市・芦屋市の特定の区域であり、近郊整備区域は宇治市、岸和田市、伊丹市、奈良市等101市町村が指定されています。

　市の一部が該当している場合もあるため、市当局などで確認する必要があります。

（注）上記の「三大都市圏に該当する都市」については、巻末の【参考資料】２の３の(1)のロ（384ページ）」を参照。

近畿圏政策区域図

（出典：国土交通省）

凡　例

既成都市区域
近郊整備区域
都市開発区域
近郊緑地保全区域
保全区域
近畿圏区域
府県界
市区町村界

豆知識

都市計画図

　地方公共団体がその行政区域内の都市計画の内容を示した地図。

通常、地形図（白図）に空中写真判読により家形などを追加し、都市計画道路の位置、用途地域の色分けなどを書き加えているものです。縮尺は5万分の1、2万5千分の1、1万分の1など地方公共団体の面積によって異なることもあります。

　都市計画図には、市街化区域、市街化調整区域、地域地区（用途地域、特別用途地区、高度利用地区、特定街区、美観地区など）、建ぺい率・容積率などが表示されます。このほか、都市計画道路などの都市施設も表示されるので、地方公共団体によっては、地域地区図と都市施設図を別々に作成している例もあります。

2　所在地の判定

　前述したように、評価対象地の所在地の要件が下表のように明確化されました。このため、旧広大地通達に定められていた「その地域」の判定についての判断に迷うことはなくなり、原則として、その地域の標準的使用や最有効使用の判定も必要がなくなりました。旧広大地通達適用の際に中心論点となっていたものを考慮する必要がなくなったのです。

　下表のうち、所在地要件①と⑤については、路線価図等で確認することができる項目であり、所在地要件②～④については、都市計画図を閲覧するなど、自治体での調査が必要な項目です。

所在地要件① （原則）		普通商業・併用住宅地区及び普通住宅地区として定められた地区に所在すること
適用除外地	所在地要件②	市街化調整区域に所在する宅地でないこと
	所在地要件③	工業専用地域に所在する宅地でないこと
	所在地要件④	容積率が400％以上の地域に所在する宅地でないこと ただし、東京都の特別区は300％以上が除かれる
	所在地要件⑤	倍率地域に所在する評価通達22-2《大規模工場用地》に定める大規模工場用地

（1）所在地要件①（原則）について

　「普通商業・併用住宅地区及び普通住宅地区として定められた地区」は、財産評価基本通達14-2（（地区））に定める区分です。

　ここで注意すべき点は「中小工場地区」が適用対象からはずれていることです。「中小工場地区」に区分された地域であっても、その地域の現実の利用状況は、中小工場ばかりではなく、住宅や店舗が混在していることも多くあります。このような地域については、広大地通達が適用されることもあったのですが、新通達においては「地積規模の大きな宅地」に全く該当しないことになってしまいました。

（2）所在地要件②（適用除外地）について

　市街化調整区域は「市街化を抑制すべき区域（都市計画法第7条第3項）」であり、原則として宅地開発を行なうことができない地域であるため、市街化調整区域内に所在する宅地については、戸建住宅用地としての分割分譲に伴う減価が発生する余地がないため、原則として、「地積規模の大きな宅地」には該当しないこととされました。

　なお、市街化調整区域であっても、都市計画法第34条第10号又は第11号の規定に基づき宅地分譲に係る同法第4条《定義》第12項に規定する開発行為を行うことができる区域は除きます。　　　　　　　　　　⇒市街化区域及び市街化調整区域については、本書49ページをご覧ください。

（3）所在地要件③（適用除外地）について

　工業専用地域とは、都市計画法に規定された用途地域のひとつであり、都市計画図で確認することができます。旧広大地通達においては、都市計画法上の用途地域ではなく、財産評価基本通達22-2の《大規模工場用地》が適用除外とされていましたが、新通達においては、

地区区分ではなく、都市計画法上の用途地域に変更となりました。

　工業専用地域は、工業の利便を増進する地域であり、原則として、工業系の用途と馴染まない用途の建築物の建築が禁止され、住宅の建築はできません。このため、工業専用地域に所在する宅地については、地積規模が大きいものであっても、基本的に戸建住宅用地としての分割分譲に伴う減価が発生しないため、「地積規模の大きな宅地」には該当しません。

　また、例えば評価対象となる宅地が工業専用地域とそれ以外の地域にわたる場合において、その宅地の過半が工業専用地域に属しているときには、その宅地全体に工業専用地域に係る用途地域の制限が適用されるため、その宅地は工業専用地域に所在する宅地と判定します。したがって、この場合には、評価対象となる宅地は、「地積規模の大きな宅地」の適用対象にはなりません。

（4）所在地要件④（適用除外地）について

　旧広大地通達においては、「マンション適地か、又は、既にマンション等の敷地用地として開発を了しているか」を判定する際に、容積率300％がメルクマールとされていましたが、平成30年改正後の新通達においては、容積率の基準は400％とされました。

　ただし、通達本文は「建築基準法第52条第1項」の容積率と規定されており、第2項が除かれています。すなわち、指定容積率を適用基準とすることは求められていますが、基準容積率を考慮することまでは求められていません。したがって、指定容積率が400％以上（東京都の特別区は300％以上）である場合には、前面道路の幅員に基づく基準容積率（建築基準法第52条第2項）が400％未満（東京都の特別区は300％未満）であったとしても、容積率の要件を充たすことにはなりません。

　この点、新通達20-7《容積率の異なる2以上の地域にわたる宅地の評価》において、「建築基準法第52条」と規定されていることに比べると、両者は異なります。同様に、財産評価基本通達24-7の「都市計画道路予定地内にある宅地の評価」とも取扱いが異なりますので、注意が必要です。

　また、評価対象となる宅地が指定容積率の異なる2以上の地域にわたる場合には、各地域の指定容積率に、その宅地の当該地域内にある各部分の面積の敷地面積に対する割合を乗じたものの合計により容積率を判定することとされています。

　なお、東京都の特別区とは、地方自治法（昭和22年法律第67号）第281条《特別区》第1項に規定する特別区をいいます。　⇒容積率の判定については、本書194ページをご確認ください。

（5）所在地要件⑤（適用除外地）について

　大規模工場用地は、別途財産評価基本通達22-2～22-3によって、大規模な土地であることを前提に評価されます。

用途地域

用途地域は、住居、商業、工業など市街地の大枠としての土地利用を定めるもので、13種類あります。用途地域が指定されると、それぞれの目的に応じて、建てられる建物の種類が決められます。

第一種低層住居専用地域

低層住宅のための地域です。小規模なお店や事務所をかねた住宅や、小中学校などが建てられます。

第二種低層住居専用地域

主に低層住宅のための地域です。小中学校などのほか、150㎡までの一定のお店などが建てられます。

第一種中高層住居専用地域

中高層住宅のための地域です。病院、大学、500㎡までの一定のお店などが建てられます。

第二種中高層住居専用地域

主に中高層住宅のための地域です。病院、大学などのほか、1,500㎡までの一定のお店や事務所など必要な利便施設が建てられます。

第一種住居地域

住居の環境を守るための地域です。3,000㎡までの店舗、事務所、ホテルなどは建てられます。

第二種住居地域

主に住居の環境を守るための地域です。店舗、事務所、ホテル、カラオケボックスなどは建てられます。

準住居地域

道路の沿道において、自動車関連施設などの立地と、これと調和した住居の環境を保護するための地域です。

田園住居地域

農業と調和した低層住宅の環境を守るための地域です。住宅に加え、農産物の直売所などが建てられます。

近隣商業地域

まわりの住民が日用品の買物などをするための地域です。住宅や店舗のほかに小規模の工場も建てられます。

商業地域

銀行、映画館、飲食店、百貨店などが集まる地域です。住宅や小規模の工場も建てられます。

準工業地域

主に軽工業の工場やサービス施設等が立地する地域です。危険性、環境悪化が大きい工場のほかは、ほとんど建てられます。

工業地域

どんな工場でも建てられる地域です。住宅やお店は建てられますが、学校、病院、ホテルなどは建てられません。

工業専用地域

工場のための地域です。どんな工場でも建てられますが、住宅、お店、学校、病院、ホテルなどは建てられません。

●特別用途地区

　特別用途地区は、用途地域を補完する地域地区で、地区の特性にふさわしい土地利用の増進、環境の保護など、特別の目的の実現を図るために指定します。特別用途地区内では、条例を定めることで、用途地域による全国一律的な用途の制限を修正するものです。

　市町村が、地域の特性に応じて、用途地域による用途制限の強化又は緩和を定めることができます。

（国土交通省都市局都市計画課・資料）

第9節　**農業用施設用地の評価**

第 **46** 農業用施設用地の評価

「農業用施設用地」とは、農業用施設の用に供されている宅地をいいます。

 「**農業用施設用地**」とは、畜舎、蚕室、温室、農産物集出荷施設、農機具収納施設など、農業振興地域の整備に関する法律第3条第3号及び第4号に規定する農業用施設の用に供されている宅地をいいます。

　農業用施設用地の評価方法は、農業振興地域の整備に関する法律第8条第2項第1号に規定する農用地区域内又は都市計画法第7条第1項に規定する市街化調整区域内（以下「農用地区域内等」といいます。）に存するか否かによって評価方法が異なります。

1　農用地区域内又は市街化調整区域内に存する農業用施設用地

　農用地区域内等に存する農業用施設用地は、現況地目は宅地ですが、農地と同様に住宅、店舗、工場等の通常の建物の敷地の用に供することについて都市計画法による制限を受けているため、原則として、その用途は農業用に限定されており、また、その多くが農地の中に介在しています。そのため、このような農業用施設用地の価額は、その宅地が農地であるとした場合の1㎡当たりの価額に、その農地を課税時期において当該農業用施設の用に供されている宅地とする場合に通常必要と認められる1㎡当たりの造成費に相当する金額として、整地、土盛り又は土止めに要する費用の額がおおむね同一と認められる地域ごとに国税局長の定める金額を加算した金額に、その宅地の地積を乗じて計算した金額によって評価します。

農業用施設用地の価額 ＝ 〔農地であるとした場合の1㎡当たりの価額 ＋ 1㎡当たりの造成費相当額〕 × 地積

　　　　　⇒国税庁ホームページ「質疑応答事例（農業用施設用地の評価）」参照。

（注）1．「その宅地が農地であるとした場合の1㎡当たりの価額」は、その付近にある農地について「純農地の評価（評基通37）」又は「中間農地の評価（評基通38）」に定める方式によって評価した1㎡当たりの価額を基に評価します。
　　　2．農業用施設用地という地目はないため、固定資産税評価証明書等においては、農業用施設用地の現況地目は原則として宅地となっていますが、固定資産税評価額が「付近の農地価額＋造成費」で評価されているものについて、宅地の倍率を乗じて評価することのないよう注意する必要があります。

　ただし、いわゆる条例指定区域内に存する土地（都市計画法34条11号）であることから用途変更の制限がない農業用施設用地のように、その地域における農業用施設用地以外の通常の宅地の価格水準で取引されると見込まれる農業用施設用地についてまでも、農地の価額を

基として評価することは適当でないので、このような場合には通常の宅地として評価します。

2　「農用地区域及び市街化調整区域」以外の地域に存する農業用施設用地

　上記1のとおり、農用地区域内等に存する農業用施設の用に供されている土地については、開発行為や建築物の建築等の土地の利用が制限されており、その用途が農業用に限定されていることから、その土地が農地であるとした場合の価額に、その農地を当該農業用施設の用に供されている土地とする場合に通常必要と認められる造成費相当額を加算した金額によって評価することとしています。

　一方、農用地区域内等以外の地域に存する土地、すなわち、都市計画区域内の市街化調整区域外の土地（農用地区域内を除きます。）及び都市計画区域外の土地（農用地区域内を除きます。）は、開発行為、建築物の建築等の土地利用に関して農用地区域内等のような制限がないので、これらの地域に存する農業用施設の用に供されている土地の価額の水準は、その付近に存する通常の宅地や雑種地と同程度の価格水準になっていると考えられます。したがって、これらの地域に存する農業用施設の用に供されている土地については、その地目に従い、通常の宅地又は雑種地の評価方法により評価することになります。

【参考図】都市計画法の区域区分等と農用地区域のイメージ

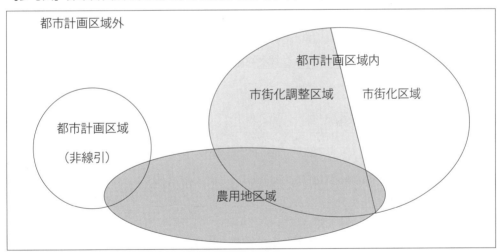

第10節 建築基準法・都市計画法と評価

第 47 セットバックが必要な宅地の評価

セットバックを必要とする宅地については、セットバックを必要とする部分につき70%の減価（評価割合30%）をすることになります（評基通24-6）。

1 セットバックとは、何か

建築基準法第43条《敷地等と道路との関係》の規定では、新たに建物を建築するためには、原則として、道路幅員4m以上の道路に接面することが義務付けられていますが、この取扱いが適用される際に既に建築物が建ち並んでいる幅員4m未満の道路についても、一定の要件の下に道路とみなすこととされています（建築基準法42条2項）。このような道路を「**2項道路**」又は「**みなし道路**」などと呼ぶのですが、2項道路に接面している場合、その中心線から2mずつ後退した線が道路と宅地の境界線とみなされ、将来、建築物の建替えを行う場合には、その境界線まで後退して道路敷を提供しなければなりません。道路の片側が、がけ地、川、線路敷等に沿う場合は、がけ地等の側の境界線から道の側に4mの線まで後退することになります。これを「セットバック」と呼んでいます。

①通常のセットバック

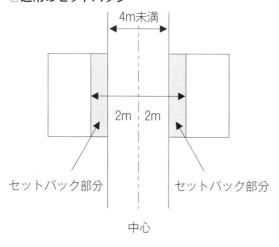

②片側ががけ地等である場合

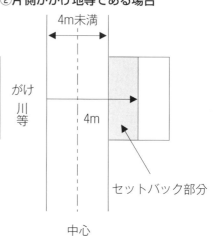

建築基準法の規定では、このセットバック部分の面積は、宅地上に建築する建物に係る建ぺい率・容積率の算定の基礎とされる敷地面積には含まれません。

なお、4mという幅員は、消防自動車が通れる幅3mに、人の通行する幅1mを加えたものだといわれています。ところが、現実の公道の認定幅員に頻繁に登場する数字がいくつか

あり、その代表例としては、2.73mや3.64mなどが挙げられます。この半端な数字の理由には「尺貫法」が大きく関わっています。

　尺貫法とは、日本古来の度量衡法ですが、計量法の制定によって昭和33年12月末日限り（土地と建物の計量については、昭和41年３月末日限り）で取引や証明に尺貫法を用いることは禁止されました。

　尺貫法では「尺」と「間」を長さの単位とし、１尺がおよそ0.3mとなり、６尺で１間となります。幅員1.82mの道路は「１間道（いっけんみち）」、幅員3.64mの道路は「２間道（にけんみち）」などと呼ばれ、認定幅員の道路は、尺貫法が用いられた時代に造られた道路のなごりです。

⇒「第19　公簿面積と実測面積」の３（114ページ）参照。

2　セットバック調査の留意事項

　セットバックが必要と認められる場合は、「何メートルを道路として提供しなければならないのか」を、確認する必要があります。このとき、セットバックが「中心振分け」か「一方後退」か、又は既にセットバックを了しているかを市町村役場で調査する必要があります。

　例えば、幅員３mの２項道路があった場合のセットバック距離は、次のように求めます。

⑴　「中心振分け」の場合：対象地と向かいの土地

　　　→　それぞれ（４m－３m）÷２＝0.5mずつセットバック必要

⑵　「一方後退」の場合：対象地と向かいの土地

　　　→　いずれかが４m－3.0m＝１mセットバック必要

⑶　対象地がすでにセットバックを了している場合

　　　→　対象地はセットバック必要なし

⑷　向かいの土地がセットバックを了している場合：

　　　→　対象地は４m－３m＝１mセットバック必要

　対象地又はその向かいの土地がセットバック済みの場合は、狭隘道路事前協議の図面が建築指導課に保管されている場合があります。この調査によって、より正確にセットバックの要否、及びその寸法が把握できますので、「建築計画概要書等」の調査は重要です。

【狭隘道路事前協議の図面の例】

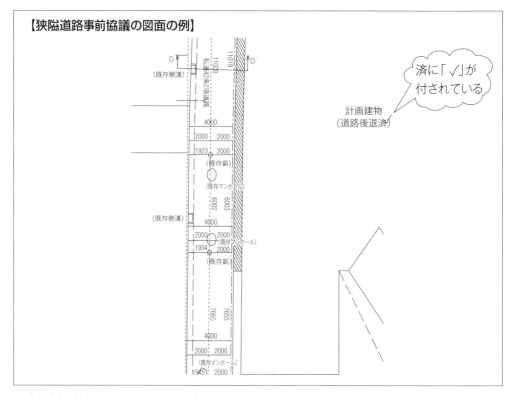

済に「✓」が
付されている

計画建物
(道路後退済)

　市町村の施工によるセットバック工事が完了していれば、L字溝に金属プレートが設置されていることが多いので、現地調査の際に注意して確認する必要があります。

　また、市町村の施工でない自主工事の場合や、市町村への寄附・移管が完了していない場合でも、セットバック部分が現実に道路として不特定多数の者に使用されているのであれば、セットバック済みと考えてよいと思われます。

　これに対し、自主的にセットバック工事を行っていても鉢植えや自転車などを置いて私的に使用しているのであれば、不特定多数の者の用に供されているとはいえませんので、私道と同じく30％に相当する価額で評価します。

　　　　　　　　⇒「第48　船場建築線に係る後退部分の土地の評価」の「4　後退部分の
　　　　　　　　　土地の相続税評価の方法」（228ページ）参照。

3　地方自治体の条例等

　セットバックによる道路後退距離は、地方自治体により制限が付加されていることがあります。例えば、箕面市などではセットバックを要する距離を2m30cmと定めていますので、画一的に評価することなく、市町村役場等において個別に調査する必要があります。

第 **48**　船場建築線に係る後退部分の土地の評価
〜 大阪市中央区船場地区 〜

　大阪市中央区の船場地区には「船場建築線」といわれる道路境界線の指定があります。この境界線による後退部分は、建築基準法上の道路であり、建物の敷地とすることはできず、容積率の算定の基礎に含めることはできません。

1　建築線の指定

　　昭和14年４月４日　大阪府告示第404号

2　根拠法令

⑴　市街地建築物法（大正８年４月４日法律第37号）第７条但書　「道路幅ノ境界線ヲ以テ建築線トス但シ特別ノ事由アルトキハ行政庁ハ別二建築線ヲ指定スルコトヲ得」
　　（注）建築基準法の施行に伴い、市街地建築物法は廃止されました。
⑵　建築基準法（昭和25年５月24日法律第201号）附則第５項「市街地建築物法第７条但書の規定によって指定された建築線で、その間の距離が４メートル以上のものは、その建築線の位置にこの法律第42条第１項第５号の規定による道路の位置指定があったものとみなす。」、及び同法第42条第１項第５号「土地を建築物の敷地として利用するため、道路法、都市計画法、土地区画整理法、・・・によらないで築造する政令で定める基準に適合する道で、これを築造しようとする者が特定行政庁からその位置の指定を受けたもの」

3　建築線指定の内容

⑴　区域は、後掲の『「船場」建築線指定図』のとおり、東は東横堀川、西は西横堀川、南は長堀川、北は土佐堀川によって囲まれる区域です。
⑵　建築線指定の内容は、上記の区域内の東西道路及び南北道路（ただし、御堂筋、三休橋筋、堺筋、土佐堀通り、本町通、中央大通、南久宝寺通り、長堀通、平野町通、小路を除く。）ともに建築線を指定するというもので、中心線から次のとおり後退して建築をしなければなりません。
　　・東西道路（通り）・・現行幅員7.82m（指定後12.00m（中心線より６ｍ後退））
　　・南北道路（筋）・・・現行幅員6.00m（指定後10.00m（中心線より５ｍ後退））

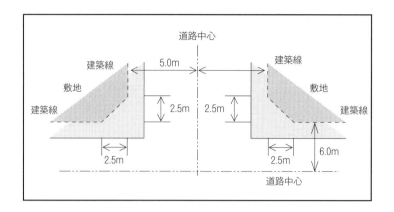

4　後退部分の土地の相続税評価の方法

　後退部分の土地については、その利用状況に応じて、それぞれ、次表に掲げる評価方法によって、評価します。

後　退　部　分　の　利　用　状　況	評　価　方　法
⑴　既に後退し、道路として公共の用に供しているもの	評価しない
⑵　⑴の場合で、地下を利用しているもの	自用地価額の20%
⑶　既に後退しているが、公共の用に供していないもの	自用地価額の30%
⑷　未だ後退していないもの	自用地価額の30%

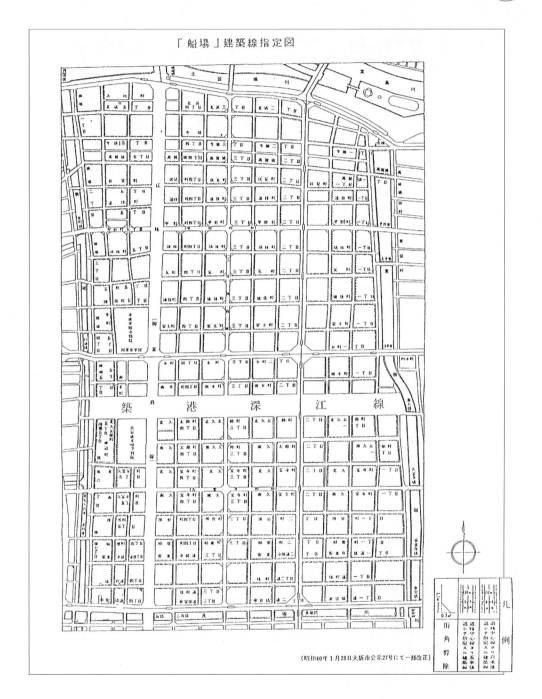

「船場」建築線指定図

（昭和40年1月28日大阪市公示27号にて一部改正）

第 49 都市計画道路予定地の区域内にある宅地の評価

　都市計画道路は、都市計画施設のひとつで、市町村役場の都市計画課等に備え付けられている「都市計画図」に明示されています。都市計画道路には、既存の道路を拡幅するものと新しく道路を新設するものがありますが、現地を見ただけでは都市計画道路に指定されているかどうか判明しないことも多く、都市計画課等で詳細を調査する必要があります。既存道路が拡幅される計画のある都市計画道路もあれば、現状は道路ではない宅地や畑、山林などにも都市計画道路が指定されていることもあります。

　都市計画道路が指定されると、通常は次に掲げる建築物しか建築できないことになりますので、財産評価上、これをしんしゃくする必要が生じます。

①	都市計画に適合した建築物
②	㈤　階数が２階以下で地階を有せず、主要構造部が木造・鉄骨造・コンクリートブロック造等で、かつ、㈣　容易に移転除却できる建築物

1 都市計画道路予定地の区域内にある宅地の評価方法

　都市計画道路予定地の区域内となる部分を有する宅地の価額は、その宅地のうちの都市計画道路予定地の区域内となる部分が都市計画道路予定地の区域内となる部分でないものとした場合の価額に、次表の地区区分、容積率、地積割合の別に応じて定める補正率を乗じて計算した価額によって評価します（評基通24-7）。

　　（注）この場合の容積率は、評価通達20-6《容積率の異なる２以上の地域にわたる宅地の評価》（191ページ）と同様に、指定容積率と基準容積率とのいずれか小さい方の容積率となります。

■都市計画道路予定地補正率（地区区分別の容積率及び地積割合）

地区区分 ＼ 地積割合＼容積率	ビル街地区、高度商業地区		繁華街地区、普通商業・併用住宅地区				普通住宅地区、中小工場地区、大工場地区		
	700%未満	700%以上	700%未満	300%以上400%未満	400%以上500%未満	500%以上	200%未満	200%以上	300%以上
30%未満	0.88	0.85	0.97	0.94	0.91	0.88	0.99	0.97	0.94
30%以上60%未満	0.76	0.70	0.94	0.88	0.82	0.76	0.98	0.94	0.88
60%以上	0.60	0.50	0.90	0.80	0.70	0.60	0.97	0.90	0.80

　　（注）地積割合とは、その宅地の総地積に対する都市計画道路予定地の部分の地積の割合をいいます。

（1）都市計画道路予定地の区域内にある宅地の評価額の減額

　都市計画道路予定地は、いずれは道路用地として時価で買収されるとしても、道路用地として買収されるまでの期間は、相当長期間であることから、その土地の利用用途（商業地、住宅用地等の地区区分の別）、高度利用度（容積率の別）や地積の関係によって土地の価額に大きな影響を及ぼします。

　例えば、地域の土地利用が高層化されるなど立体利用が進んでいるほど、都市計画事業による土地の効用を阻害する割合が大きくなります。また、評価対象地に占める道路予定地の面積割合が大きくなればなるほど、土地の価額に及ぼす影響も大きくなります。

　そこで、このような都市計画道路予定地の区域内にある宅地については、その地区区分、容積率、地積割合別に定められた一定の補正率を乗じて、評価額を減額することとされているのです。

都市計画道路予定地の区域内にある宅地の価額	＝	自用地の価額	×	その地区区分、容積率、地積割合の別に応じて定める補正率（都市計画道路予定地補正率）

　（注）　1　「自用地の価額」は、都市計画道路予定地の区域内にある宅地がその区域内にないものとした場合（利用制限がない場合）の通常の評価額をいいます。
　　　　　2　「地区区分」は、財産評価基本通達14-2《地区》に定める地区区分によります。
　　　　　3　「容積率」には、①都市計画法の規定による指定容積率と、②建築基準法の規定による基準容積率がありますが、この算式で適用されるのは、①と②のいずれか低い方（厳しい方）とされています。

（2）都市計画事業の事業認可等があった場合の評価方法

　都市計画道路予定地について、段階が進んで、都市計画事業の事業認可等がなされた場合には、早晩時価での用地買収が見込まれ、買取請求が可能となりますが、買収時期までは、土地の利用の制約が厳しくなるのも事実ですから、課税時期において買収時期や予定対価の額が明らかである等の特段の事情がある場合を除き、予定地の取扱いを適用して差し支えないと考えられます。

（3）評価対象地が倍率地域にあるとき

　評価対象地が倍率地域にあるときは、「普通住宅地区」内にあるものとした場合の容積率及び地積割合の別に定めた補正率を適用して評価することになると考えられます。

　ただし、都市計画道路予定地であることを考慮して固定資産税評価額が定められ、また、評価倍率が評定されている場合には、この通達のような補正を行うことはできませんので、事前に市町村役場の固定資産税課等で確認しておく必要があります。

　　　　　⇒「第28　利用価値が著しく低下している宅地の評価」の2に掲げた「都市計画施設の予定地に定められた宅地等の評価上の取扱いについて（昭和50.10.15自治固第98号自治省税務局固定資産税課長通達）」（142ページ）参照。

2 ┃ 他の都市計画施設への準用

　道路以外の都市計画施設の予定地の場合も、都市計画道路予定地と同様の制限はあるものの都市計画決定から事業認可までの期間が短期間である場合は、早晩時価によって用地買収されるものと見込まれるので、特に大きな減価は生じないものと考えられます。しかし、都市計画施設のなかの交通施設（都市高速鉄道）、公共用地（都市計画公園又は緑地等）の予定地のうち、計画決定の公告後長期にわたって事業決定の認可等がされない場合には、都市計画道路予定地の取扱いを準用することができます。

　　　　　⇒「平成14年6月17日付資産評価企画官情報第1号」又は「財産評価基本通達逐
　　　　　　条解説（大蔵財務協会刊）の評基通24-7の解説」参照

3 ┃ 具体的な評価計算例

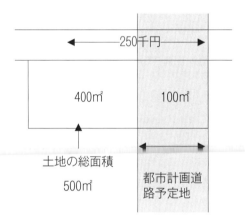

```
・地区区分：普通商業・併用住宅地区 ┐
・地積割合：100㎡/500㎡＝20%　　 ├ として
・容 積 率：300%　　　　　　　　 ┘
　　　　都市計画道路予定地補正率→0.94
●評価額の計算
　　　　　　　　　 （奥行価格補正率）
　250,000円　×　　　1.00　　×　500㎡　＝　125,000,000円
　　　　　　　　　　　　 （都市計画道路予定地補正率）
　125,000,000円　×　　　0.94　　　＝　117,500,000円
```

都市施設と都市計画道路

　市町村役場の都市計画課等では、用途地域、建ぺい率、容積率、高度地区、日影規制、防火地域、都市計画道路、地区計画、建築協定など、評価対象地において建物を建築（建替え）する場合に適用される都市計画法の事項を調査することができます。

　都市計画法は、計画的な都市づくりを進めるための基本法であり、都市計画法により定められた都市計画に基づいて、土地利用の規制・建築その他の規制・各種の都市整備関係の事業等が実施されます。したがって、都市計画法は、他の関係諸法令と一体となって、その機能を発揮することになるため、これらの関係諸法令との関係を理解することが重要です。

　都市計画のひとつに都市施設がありますが、都市計画に定められた都市施設のことを、「都市計画施設」といいます。都市施設には、下の図の種類のものがあり、これらは、特に必要があるときは、都市計画区域外でも定めることができます（都市計画法11条1項）。この都市計画施設の中で、財産評価上よく出てくるものに、都市計画道路があります。

　都市計画が定められた場合には、それぞれの都市計画の種類に応じて各種の規制がなされることになります。

　都市計画道路のような都市施設については、都市計画決定後更に都市計画施設事業として施設を作り、又は事業を実施しなければならないので、都市計画段階での制限（都市計画制限）と都市計画事業になってからの制限（都市計画事業制限）の2段階の制限があります。どちらの段階にあるのかも市町村役場で確認することができますが、これらの制限の存在が、土地評価の減額根拠となっています。

(1) **都市計画制限**

　都市計画の決定の告示があった後、都市計画施設の区域内の土地では、建築物の建築（新築・改築・増築・移転）をしようとする者は、原則として都道府県知事（指定都市では市長）の許可を必要とします（都市計画法第53条）。この許可申請があった場合に、次の基準のいずれかに適合しているときは、原則として許可されることになっています。

① 都市計画に適合した建築物であるとき

② ㈠ 階数が2階以下で地階を有せず、主要構造部が木造・鉄骨造・コンクリートブロック造等で、かつ、㈡ 容易に移転除却できる建築物であるとき

(2) **都市計画事業制限**

　次の段階に移行して、都市計画事業の認可又は承認の告示があった後は、事業地内で次の行為を行おうとする場合には、都道府県知事（指定都市では市長）の許可を必要とします（都市計画法第65条）。

① 土地の形質の変更 ⎫
　　　　　　　　　　　⎬ 事業の障害となる恐れのある場合
② 建築物の建築その他特定工作物の建設 ⎭

③ 政令で定める移転の容易でない物件の設置若しくは堆積

第 50　公開空地のある宅地の評価

　建築基準法第59条の２の規定に基づく総合設計制度により容積率の割増しを受けて建物を建築する場合には、敷地内に一定の空地を設け、日常一般に公開することが許可の基準となっており、この空地を「公開空地」といいます。

　公開空地は、このように日常一般に公開することになっていますが、建物を建築するために必要な敷地を構成するものであり、建築基準法上建ぺい率や容積率の計算に当たっても、これを含めて算定されることなどを踏まえると、一般の建物の敷地と何ら異なるところはありません。したがって、特に評価上のしんしゃくは行いません。

⇒国税庁ホームページ「【質疑応答事例】公開空地のある宅地の評価」参照。

豆知識

総合設計制度

　「総合設計制度」は、建築基準法第59条の２を根拠としていますが、建築基準法の中には「総合設計制度」という用語はありません。同条は、一定の条件を備えた建築物は建築審査会の同意を得て、都市計画で定められた高さ制限や各種の斜線制限、容積率を超えて建築を許可できる

こととされており、建築制限の緩和を特例的に認めるこの制度のことを一般に「総合設計制度」と呼んでいます。

　建築物が密集する市街地では、公共的な空間が乏しいことから、建築物の周囲に一定の公開空地を確保する目的で、1970年に建築基準法において、この制度が創設されました。

　この制度は、特定行政庁が交通上、安全上、防火上及び衛生上支障がなく、かつ、その建ぺい率、容積率及び各部分の高さについて、総合的な配慮がなされていることにより、市街地の環境の整備改善に資すると認めて許可した場合には、容積率や高さ制限、斜線制限などを緩和するというものです（割増ボーナス制度）。

　都心部では高層ビルの敷地内に設置されている写真のような「公開空地標示板」をよく見掛けますが、この標識は、公開空地として確保したはずの場所が駐車場などとして転用されることがないように、設置が義務付けられているものです。

　なお、建築基準法第86条《一の敷地とみなすこと等による制限の緩和》の規定に基づく「総合的設計による一団地の認定制度」と似た名称ですが、これとは異なる制度です。

⇒「第41　余剰容積率の移転がある場合の宅地の評価」（198ページ）参照

第11節　**文化財と評価**

第 **51** 文化財建造物等の評価

　文化財建造物等に該当するか否かについては、市町村役場等の教育委員会で調査することができます。文化財建造物の評価について定めている財産評価基本通達は、次のとおりです。

評基通	表　　　　　題
24-8	文化財建造物である家屋の敷地の用に供されている宅地の評価
83-3	文化財建造物である構築物の敷地の用に供されている土地の評価
89-2	文化財建造物である家屋の評価
97-2	文化財建造物である構築物の評価

1　文化財建造物である家屋の敷地の用に供されている宅地の評価

【文化財の種類別控除割合】

文化財建造物の種類	控除割合
重　要　文　化　財	0.7
登録有形文化財	0.3
伝　統　的　建　造　物	0.3

【算式】宅地の価額×（1－控除割合）＝文化財建築物の敷地の価額

（1）　重要文化財建造物である家屋の敷地の用に供されている宅地の評価方法

　重要文化財建造物及びその敷地については、①その所有者に所有権はあるものの、②文化財保護法による強い規制のために現状どおりの利用しかできず、また、③将来的にも限定的な利用しか望めないといった特質を有していることをしんしゃくして、控除割合0.7を適用して評価します。

（2）　登録有形文化財である家屋の敷地の用に供されている宅地の評価方法

　登録有形文化財について現状変更を行う場合には、原則として、文化庁長官にその旨を届け出なければならないこととされていますが、建物内部、道路から見えない範囲及び道路から見える範囲の4分の1以下である場合には、その旨を届け出る必要はないこととされています（文化財保護法64条、登録有形文化財に係る登録手続及び届出書等に関する規則17条）。

　登録有形文化財及びその敷地については、控除割合0.3を適用して評価します。

（3）　伝統的建造物保存地区内の伝統的建造物の敷地の用に供されている宅地の評価方法

　伝統的建造物保存地区内に点在し、歴史的風致を形成するために必要なものが「伝統的

建造物」です。この伝統的建造物を改修する場合には、市町村長の許可を受けなければなりませんが、主として外観上（位置、形態、意匠）の変更がその対象となっており、建物内部のように道路から通常望見できない部分の改修は許可を受ける必要はないこととされています。これは、伝統的建造物群の時代的重層性、様式的多様性といった特性が維持されれば足りるからです。

　伝統的建造物及びその敷地については、上記(2)の登録有形文化財と同様に控除割合0.3を適用して評価します。

（4）　留意事項

　文化財建造物である家屋の敷地の用に供されている宅地（評基通21《倍率方式》に定める倍率方式により評価すべきもの）に固定資産税評価額が付されていない場合には、文化財建造物である家屋の敷地でないものとした場合の価額は、その宅地と状況が類似する付近の宅地の固定資産税評価額を基とし、付近の宅地とその宅地との位置、形状等の条件差を考慮して、その宅地の固定資産税評価額に相当する額を算出し、その額に倍率を乗じて計算した金額とします。

　また、文化財建造物である家屋の敷地とともに、その文化財建造物である家屋と一体をなして価値を形成している土地がある場合には、その土地の価額は、本項の定めを適用して評価することになります。したがって、例えば、その文化財建造物である家屋と一体をなして価値を形成している山林がある場合には、財産評価基本通達の定めにより評価した山林の価額から、その価額に文化財建造物の種類に応じて定める控除割合を乗じて計算した金額を控除した金額によって評価します。

2　文化財建造物である構築物の敷地の用に供されている土地の評価

　財産評価基本通達82の定めに基づく雑種地の価額から、その価額に上記1と同じ控除割合を乗じて計算した金額を控除した金額によって評価します（評基通83-3）。

3　文化財建造物である家屋の評価

　文化財建造物である家屋の価額は、それが文化財建造物でないものとした場合の価額から、その価額に上記1に定める控除割合を乗じて計算した金額を控除した金額によって評価します。

　なお、文化財建造物でないものとした場合の価額は、次に掲げる場合の区分に応じ、それぞれ次に掲げる金額によるものとします（評基通89-2）。

① **文化財建造物である家屋に固定資産税評価額が付されている場合**：その文化財建造物の固定資産税評価額を基として評価した金額

② **文化財建造物である家屋に固定資産税評価額が付されていない場合**：その文化財建造物の再建築価額（課税時期においてその財産を新たに建築又は設備するために要する費用の額の合計額）から、経過年数に応ずる減価の額を控除した価額の100分の70に相当する金額

（注）　「経過年数に応ずる減価の額」は、再建築価額から当該価額に0.1を乗じて計算した金額を控除した価額に、その文化財建造物の残存年数（建築の時から朽廃の時までの期間に相当する年数）のうちに占める経過年数（建築の時から課税時期までの期間に相当する年数（その期間に1年未満の端数があるときは、その端数は1年とする。））の割合を乗じて計算します。

4　文化財建造物である構築物の評価

　文化財建造物である構築物の価額は、財産評価基本通達97《評価の方式》に基づく構築物の価額から、その価額に上記1と同じ控除割合を乗じて計算した金額を控除した金額によって評価します（評基通97-2）。

大阪国税局管内の重要伝統的建造物群保存地区

　令和3年8月2日現在、重要伝統的建造物群保存地区は、104市町村で126地区（合計面積約4,023.9ha）あり、約30,000件の伝統的建造物及び環境物件が特定され保護されています。

　このうち大阪国税局管内の伝統的建造物群保存地区は、次表の22地区です。

■重要伝統的建造物群保存地区　　　　　　　　　　（文化庁ホームページより）

都道府県	地区名称等	種別	選定年月日	選定基準	面積（ha）
滋 賀	大津市坂本	里坊群・門前町	平 9.10.31	（三）	28.7
滋 賀	彦根市河原町芹町地区	商家町	平28. 7.25	（二）	5.0
滋 賀	近江八幡市八幡	商家町	平 3. 4.30	（一）	13.1
滋 賀	東近江市五個荘金堂	農村集落	平10.12.25	（三）	32.2
京 都	京都市上賀茂	社家町	昭63.12.10	（三）	2.7
京 都	京都市産寧坂	門前町	昭51. 9. 4	（三）	8.2
京 都	京都市祇園新橋	茶屋町	昭51. 9. 4	（一）	1.4
京 都	京都市嵯峨鳥居本	門前町	昭54. 5.21	（一）	2.6
京 都	南丹市美山町北	山村集落	平 5.12. 8	（三）	127.5
京 都	伊根町伊根浦	漁村	平17. 7.22	（三）	310.2
京 都	与謝野町加悦	製織町	平17.12.27	（二）	12.0
大 阪	富田林市富田林	寺内町・在郷町	平 9.10.31	（一）	12.9
兵 庫	神戸市北野町山本通	港町	昭55. 4.10	（一）	9.3
兵 庫	豊岡市出石	城下町	平19.12. 4	（二）	23.1
兵 庫	丹波篠山市篠山	城下町	平16.12.10	（二）	40.2
兵 庫	丹波篠山市福住	宿場町・農村集落	平24.12.28	（三）	25.2
兵 庫	養父市大屋町大杉	山村・養蚕集落	平29. 7.31	（三）	5.8
兵 庫	たつの市龍野	商家町・醸造町	令 1.12.23	（一）	15.9
奈 良	橿原市今井町	寺内町・在郷町	平 5.12. 8	（一）	17.4
奈 良	五條市五條新町	商家町	平22.12.24	（一）	7.0
奈 良	宇陀市松山	商家町	平18. 7. 5	（一）	17.0
和歌山	湯浅町湯浅	醸造町	平18.12.19	（二）	6.3

○重要伝統的建造物群保存地区選定基準（昭和50年11月20日文部省告示第157号）

　伝統的建造物群保存地区を形成している区域のうち次の各号の一に該当するもの

（一）伝統的建造物群が全体として意匠的に優秀なもの

（二）伝統的建造物群及び地割がよく旧態を保持しているもの

（三）伝統的建造物群及びその周囲の環境が地域的特色を顕著に示しているもの

南丹市美山町北伝統的建造物群保存地区（京都府）

文化財の保護

　文化財を保存し、その活用を図り、もって国民の文化的向上に資するとともに、世界文化の進歩に貢献することを目的とするために、文化財保護法が制定されています。この法律は、昭和24年に法隆寺金堂が焼失した事件を契機に制定されたものです。

１．文化財保護のしくみ

　文化財保護法では、文化財を次の５種類に分類しており、それぞれに保存措置がとられています。

---

(1)　有形文化財：建築物、絵画、彫刻、工芸品等

(2)　無形文化財：演劇、音楽、工芸等

(3)　民俗文化財：衣食住、生業、信仰、年中行事等

(4)　史跡・名勝・天然記念物：貝塚、古墳、城跡、旧宅、遺跡、庭園、橋梁、海浜、山岳動植物、地質鉱物等

(5)　伝統的建造物群：周囲の環境と一体となして歴史的風致を形成している伝統的な建造物群

↓

　文化財について現状変更等の規制や修理等の保存措置を講ずることの前提として、上記の文化財の各分野ごとに歴史上・芸術上・学術上の価値のある重要な文化的遺産について、次の(1)〜(5)の指定等が行われます。

---

(1)　国宝・重要文化財の指定

(2)　重要無形文化財の指定

(3)　重要有形民俗文化財・重要無形民俗文化財の指定

(4)　特別史跡名勝天然記念物・史跡名勝天然記念物の指定

(5)　重要伝統的建造物群保存地区

　　文部科学大臣は、伝統的建造物群及びこれと一体をなしてその価値を形成している環境を保存するため市町村が定める地区（伝統的建造物保存地区＊）のうち、その価値が特に高いものを、市町村の申出に基づき、重要伝統的建造物群保存地区に選定することができることになっています。

　　＊伝統的建造物保存地区は、都市計画区域においては、その市町村が地域地区に関する都市計画として定め、都市計画区域外においては、市町村が条例によって定めることになっています。

２．現状変更の制限とその拡充

　文化財保護法では、上記により指定等された文化財について、現状変更の制限等その活用及び保存のための措置が種々規定されています。重要文化財建造物は、強い規制を受ける反面、手厚い保護の対象とされており、その建造物が滅失して指定を取り消されることはほと

んどありません。

　また、急激に消滅しつつある近代の建造物の保護に当たっては、国レベルで重要なものを厳選する重要文化財指定制度のみでは不十分であり、より緩やかな規制のもとで、幅広く保護の網をかけることの必要性が求められるようになり、重要文化財指定制度を補うものとして創設されたのが、文化財登録制度であり、文部科学大臣により登録された物件を登録有形文化財と称しています。

ひと休み　　　　　　　　　**法隆寺金堂壁画が焼失**

 昭和のニュース

昭和24年1月26日＜当時の新聞紙面＞

　国宝・法隆寺の金堂で火災が発生、壁画12面が焼失した。漏電だった。法隆寺は用明天皇が発願した建立を、推古天皇と聖徳太子が受け継ぎ607年に完成したとされる。

　1934年に法隆寺国宝保存事業が開始され修理が行われていた。この火災をきっかけに50年、文化財保護法が制定された。54年に金堂の修理が終了、現在の壁面はほとんどが模写である。現存する世界最古の木造建築物で、93年に世界文化遺産として登録された。

焼け残った金堂六号壁の阿弥陀本尊の顔と
蓮座に無残な注水の穴
　（1949年2月26日　奈良・斑鳩町の法隆寺）

一部を残し焼け落ちた金堂
　（1949年1月26日　奈良・斑鳩町の法隆寺）

写真を参考に模写をする画家たち
　（1949年2月19日　奈良・斑鳩町の法隆寺）

（毎日ｊｐ　昭和毎日のホームページより）

第 52 埋蔵文化財包蔵地の評価

　文化財保護法によれば、地下に埋もれている文化財については発掘の届出が義務付けられ、貝づか、住居跡、古墳等の発見者は、現状を変更しないで届出をしなければなりません。このような埋蔵文化財包蔵地である宅地の評価については、平成20年９月25日付で国税不服審判所より示された裁決（裁決事例集№76　307頁）において、その基本的な考え方が示されています。

1　基本的な考え方

　評価対象地が「周知の埋蔵文化財包蔵地」に該当するか否かについても、教育委員会で調査することができます。評価対象不動産が「周知の埋蔵文化財包蔵地」に該当すれば、文化財保護法第93条に規定する土木工事や宅地開発事業を行う際には、埋蔵文化財の発掘調査が必要となり、その費用は当該発掘調査を行う者が負担することになります。発掘調査費用は一定の基準により積算され、相当高額になることが多いようです。

　このため、財産評価に当たっても、所要の配慮が必要になりますが、そのためには、次の条件のいずれにも当てはまることが必要です。

① 　宅地開発における埋蔵文化財の発掘調査費用の負担は、一般的利用が宅地であることを前提として評価されている対象地において、その価額に重大な影響を及ぼす評価対象地固有の客観的な事情に該当すると認められること。

② 　評価対象地に接面する路線に付されている路線価（路線価方式による場合）又は固定資産税評価額（倍率方式による場合）が、「周知の埋蔵物包蔵地」であることを考慮して評定されたものでないこと。

2　埋蔵文化財包蔵地の評価方法

　上記１で述べた宅地開発に係る発掘調査費用の負担は、土壌汚染地について、有害物質の除去、拡散の防止その他の汚染の除去等の措置に要する費用負担が、法令によって義務付けられる状況に類似するものと認められます。

　したがって、埋蔵文化財包蔵地の評価は、「土壌汚染地の評価等の考え方について（情報）」（平成16年７月５日付資産評価企画官情報第３号）に準じて、次のとおり計算することになりますが、この取扱いを適用するためには、評価時点において、既にその土地の周辺土地で発掘調査が行われ、あるいは、その土地の試掘調査が行われており、これによってその土地が周知の埋蔵文化財包蔵地に該当すると認められる埋蔵文化財の区域内に所在することが確認できることが条件とされるでしょう。

⇒「≪豆知識≫土壌汚染」（244ページ）参照。

埋蔵文化財包蔵地の評価額	=	埋蔵文化財包蔵地でないものとした場合の評価額	−	発掘調査費用に相当する金額

（注）「発掘調査費用」とは、独自に制定された「埋蔵文化財発掘調査基準」等に基づいて遺跡の面積・規模等から合理的に積算した当該遺跡の発掘調査を実施するための費用をいいます。

　　　この発掘調査費用については、埋蔵文化財包蔵地でないものとした場合の路線価等による土地評価額が地価公示価格水準のおおむね80％の割合で評価する（土地の評価割合）こととの均衡から、見積価額の80％相当額とするのが相当と認められます。

周知の埋蔵文化財包蔵地

　「周知の埋蔵文化財包蔵地」とは、埋蔵文化財を包蔵する土地として周知されている土地のことをいいます（文化財保護法第93条第1項）。すなわち、石器・土器などの遺物が出土したり、貝塚・古墳・住居跡などの遺跡が土中に埋もれている土地として地域社会で認識されている土地です。通常は市町村の教育委員会が作成する遺跡地図や遺跡台帳において、その区域が明確に表示されています。このため、実務では教育委員会を調査して把握することになりますが、必ずしも遺跡地図や遺跡台帳に登載されているものが全てではありません。登載されていなくても、地域社会において遺物や遺跡が埋もれていることが広く認識されている土地もまた「周知の埋蔵文化財包蔵地」に該当することとなりますので、注意が必要です。

　なお、このような周知の埋蔵文化財包蔵地を土木工事等の目的で発掘しようとする者は、文化庁長官に届出をしなければなりません（同法第93条第1項で第92条第1項を準用）。また、届出をした発掘に対し、文化庁長官は、埋蔵文化財の保護上特に必要があると認めるときは、発掘前における埋蔵文化財の記録の作成のための発掘調査など必要な事項を指示することができるとされています（同法第93条第2項）。

土　壌　汚　染

　　土壌汚染とは、不動産市場や不動産鑑定評価において、土壌汚染対策法・条例で定められた有害物質、ダイオキシン類、油（油臭・油膜）による基準値の超過をいい、自然的原因によるものを含みます。

　　近年における環境重視指向型社会への移行に伴って土壌汚染地に係る社会問題が注目を浴びるようになり、平成15年2月15日に土壌汚染対策法が施行されました。土壌汚染対策法は、国民の健康を保護するため、有害物質使用特定施設の廃止や一定規模以上の土地の形質の変更等を契機として土壌汚染状況調査や健康被害の防止措置を講ずることを義務付ける法律です。

　　土壌汚染地の評価に当たっては、「浄化・改善費用に相当する金額」、「使用収益制限による減価」、「スティグマ」などをしんしゃくする必要があります。ここで、「スティグマ」とは、土壌汚染が存在する（又は過去に存在した）ことに起因する心理的な嫌悪感等から生ずる減価要因をいいます。

　　ただし、相続税等の財産評価において、土壌汚染地として評価する土地は、「課税時期において、評価対象地の土壌汚染の状況が判明している土地」であり、土壌汚染の可能性があるなどの潜在的な段階では土壌汚染地として評価することはできません（平成16年7月5日付資産評価企画官情報第3号）。

　　なお、物納財産に土壌汚染が確認され、汚染物を除去できなければ、当該物納許可が取り消されることになります。このような場合においては、上記の減額要因を加味した評価額によって更正の請求を行うことができます（相続税法第48条、同法施行令8条第1項）。

第12節 **土地の上に存する権利と評価**

第 **53** 区分地上権の目的となっている宅地の評価

　「区分地上権」とは、他人の所有する土地の地下又は（地上）空間について上下の範囲を定めて、地下鉄道や送電線などの工作物を所有するために設定される地上権をいいます（民法269条の２）。

　区分地上権の目的となっている宅地の価額は、その宅地の自用地としての価額から、財産評価基本通達27－４《区分地上権の評価》の定めにより評価したその区分地上権の価額を控除した金額によって評価します（評基通25(４)）。

　この場合の区分地上権の価額は、その区分地上権の目的となっている宅地の自用地としての価額に、その区分地上権の設定契約の内容に応じた土地利用制限率を基とした割合（区分地上権の割合）を乗じて計算した金額によって評価します。

1 区分地上権が宅地の全部に設定されている場合

　仮に、この土地の階層別利用率が次の図のようであるとした場合には、次のように評価します。

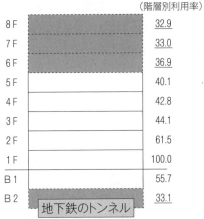

（階層別利用率）

階層	利用率
8 F	32.9
7 F	33.0
6 F	36.9
5 F	40.1
4 F	42.8
3 F	44.1
2 F	61.5
1 F	100.0
B 1	55.7
B 2	33.1

地下鉄のトンネル

（自用地価額）　（区分地上権の価額）
50億円　－　50億円　×　0.283※　＝　35億8,500万円

※区分地上権の割合（土地利用制限率）の計算

$$\frac{32.9+33.0+36.9+33.1}{32.9+33.0+36.9+40.1+42.8+44.1+61.5+100.0+55.7+33.1} \fallingdotseq 0.283$$

　（注）実際の土地利用制限率の計算においては、最有効階層の上空又は地下の利用価値も考慮に入れますが、ここでは、省略しています。

　なお、地下鉄等のずい道（トンネル）の所有を目的として設定した区分地上権を評価するときにおける区分地上権の割合は、100分の30とすることができます（評基通27-4）。

　例えば、土地の自用地の価額を50億円とした場合には、次の算式により評価します。

（自用地価額）　（区分地上権の価額）

$$50億円 - 50億円 \times \frac{30}{100} = 35億円$$

（注）　「土地利用制限率」は、土地の利用が妨げられる程度に応じて適正に定めた割合であり、「公共用地の取得に伴う損失補償基準細則別記2《土地利用制限率算定要領》」で定められています。

2 ｜ 区分地上権が宅地の一部に設定されている場合

　利用の単位となっている1区画の宅地の一部に地下鉄のトンネルの所有を目的とする区分地上権が設定されている宅地を評価する場合のその宅地の価額は、区分地上権の目的となっている部分も含めた全体を1区画の宅地として評価した価額から、区分地上権の目的となっている部分を1画地の宅地として求めた自用地価額を基に計算した区分地上権の価額を控除して計算します。

3 ｜ 区分地上権の登記

　区分地上権は物権ですから、登記することができます。

　例えば、東西、南北（縦横）に整然と区画整理された住宅地の地下に、東北方（斜め）に地下鉄が走っていて、区分地上権の目的となる部分が分筆されて登記されているときには、公図を見ると東北方（斜め）に道路が走っているように見えます。このような場合は、外観や住宅地図には現れていませんが、公図によって付近一帯の区分地上権の設定状況が推定できることがあります。

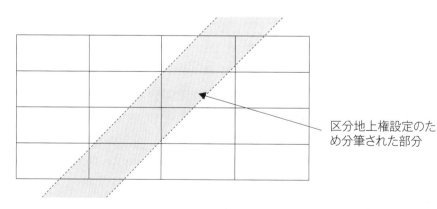

区分地上権設定のため分筆された部分

串刺しビル

ひと休み

　阪神高速道路11号池田線の梅田出入口の近く（大阪市福島区福島5丁目）にあるゲイトタワービルの写真です。

　高速道路がビルの5階から7階部分を串刺し状に貫通しており、奇観を呈しています。

　平成元年の道路法の改正により創設された「立体道路制度」を利用して建築されたビルで、この制度の適用第1号です。

　道路区域は、通常、平面的な区域で指定されるため、地表面のみならず、その上空や地下空間も道路区域となります。このため、道路の上下の空間に建物等を建築することは、原則として、認められていません。

　これに対し、立体道路制度では、道路区域は立体的な区域で指定されるので（道路法47条の6〜48条）、道路の上下の空間は道路区域ではないため、建物等を建築することができます。

　立体道路制度が適用されると、道路管理者は立体的な道路区域の部分の利用権（区分地上権）のみを取得すれば足り、必ずしも土地を取得しなくてもよいので、この制度の活用により、道路用地の買収費用を節減することができ、土地所有者も、土地を手放さなくて済むという利点があります。

第 54 貸家建付地の評価

　「貸家建付地」とは、貸家の敷地の用に供されている宅地をいいます。ここで、「貸家」とは、借家権の目的となっている家屋のことであり（評基通93）、「借家権」とは、借地借家法の適用のある家屋の賃借人の有する賃借権をいい、家屋の無償による利用は含まれません。

　借家人は、家屋の賃借権を有するほか、その家屋の敷地を利用せずに居住等することはできませんから、一般的に、家屋の賃借権に基づいて家屋を利用するために必要な範囲内で、その敷地に対して通常の方法による使用権（借家人がその借家の敷地である宅地に対して有する権利。評基通31）が随伴すると考えられます。そのため、敷地の所有者は、借家人の使用について受忍義務を負うことになります。

　このように、借家人の敷地に対する使用権を内包する借家権を消滅させるためには、①いわゆる、立退料の支払いを要する場合があること、②その敷地は、利用上の制約を受けている状態にあること等から、その土地等を譲渡するとした場合には、これが付着していない場合の価額よりも相対的に低い価額で取引が成立すると考えられます。

1 貸家建付地の評価方法

　貸家建付地の価額は、次の算式により計算した金額によって評価します（評基通26）。

【算式】

　貸家建付地の価額

　　＝自用地としての価額－自用地としての価額×借地権割合×借家権割合×賃貸割合

　　＝自用地としての価額×（1－借地権割合×借家権割合×賃貸割合）

　この算式における「借地権割合」、「借家権割合」及び「賃貸割合」は、次によります。

（1）借地権割合（評基通27）

　「借地権割合」は、その借地権の目的となっている宅地の自用地価額に対する借地権の売買実例価額、精通者意見価格、地代の額等を基として評定した借地権の価額の割合がおおむね同一と認められる地域ごとに国税局長が定める割合をいいます。

　「借地権割合」は、路線価地域については路線価図にA〜Gの記号で表示されています。また、倍率地域については、評価倍率表にその割合をパーセントで表示しています。

記　号	A	B	C	D	E	F	G
借地権割合	90%	80%	70%	60%	50%	40%	30%

　ただし、借地権の設定に際し、その設定の対価として通常権利金その他の一時金を支払う

など、借地権の取引慣行があると認められる地域以外の地域にある宅地に係る上記【算式】の「借地権割合」については、「20%」とします。

（2）借家権割合（評基通94）

「借家権割合」は、国税局長の定める割合によりますが、これは、財産評価基準書に示されており、その割合は、全国すべての地域において「30%」とされています。

（3）賃貸割合

「賃貸割合」は、その貸家に係る各独立部分がある場合に、その各独立部分の賃貸の状況に基づいて、次の算式により計算した割合によります。ここで、独立部分とは、構造上区分された数個の部分の各部分のことをいいます。

この場合において、「賃貸割合」は、原則として、課税時期において実際に賃貸されている部分の床面積に基づいて算定しますが、一時的に空室となっている部分の床面積を、実際に賃貸されている部分の床面積に加えて算定して差し支えありません（評基通26（注）2）。

⇒国税庁ホームページ「《質疑応答事例》貸家建付地等の評価における一時的な空室の範囲」参照。

【算式】

$$賃貸割合 = \frac{Aのうち課税時期において賃貸されている各独立部分の床面積}{当該家屋の各独立部分の床面積の合計A}$$

（注）　上記算式の「各独立部分」とは、建物の構成部分である隔壁、扉、階層（天井及び床）等によって他の部分と完全に遮断されている部分で、独立した出入口を有するなど独立して賃貸その他の用に供することができるものをいいます。したがって、例えば、ふすま、障子又はベニヤ板等の堅固でないものによって仕切られている部分及び階層で区分されていても、独立した出入口を有しない部分は「各独立部分」には該当しません。

　なお、外部に接する出入口を有しない部分であっても、共同で使用すべき廊下、階段、エレベーター等の共用部分のみを通って外部と出入りすることができる構造となっているものは、上記の「独立した出入口を有するもの」に該当します。

2　独立家屋に係る貸家の判定

家屋の全部又は一部が貸し付けられているかどうかの判定は、課税時期における現況に基づいて行います。借家権の目的となっている家屋（貸家）とは、現実に貸し付けられている家屋をいうので、たとえ、以前は貸家であっても空き家となっている家屋の敷地の用に供されている宅地は、自用地価額で評価します。また、その家屋がもっぱら賃貸用として新築されたものであっても、課税時期において現実に貸し付けられていない家屋の敷地については、自用地としての価額で評価します（独立家屋）。

構造上区分された数個の独立部分からなるアパート等に係る貸家の判定については、「第55　貸家建付地の評価（アパート等の一部が空室となっている場合）」（250ページ）を参照してください。

第 55　貸家建付地の評価（アパート等の一部が空室となっている場合）

《第55の文責：小寺》

　平成11年 7 月19日付で改正された財産評価基本通達26《貸家建付地》及び同93《貸家の評価》は、構造上区分された数個の独立部分からなる不動産所得を生ずべき業務の用に供されているアパート等（以下、「アパート等」といいます。）の一部が空室となっている場合であっても、「課税時期において、一時的に賃貸されていなかったと認められるもの」は賃貸部分に含めることとし、相続税法第22条の「時価」との整合を図りました。

　しかし、この「一時的な空室の範囲」の判断に関し、疑義のある裁決事例や判決などが出現し、再び「時価」に反する評価額が算定される事態を招いています。このような事案の処理に際しては、十分注意する必要があります。

1　平成11年 7 月19日に評価通達26及び同93が改正されるに至るまでの経緯

（1）改正前の評価通達26及び同93が抱えていた理論的な欠陥

　平成11年 7 月19日付で改正されるまでの評価通達26及び同93は、課税時期において借家権が存在する家屋及びその敷地に適用されるものでした。

　これらの通達が定める評価方法は、建物及びその敷地の価額から借家人が有する借家権及び敷地利用権の価額を控除する方法で評価するものであって、この評価方法は課税時期にその賃貸借契約を終了させて、これを他に売却又は他の用途に転用する場合の資産価値を求める方式としては、妥当な評価方法であると思料されます。

　しかし、この評価方法は、課税時期後においても継続して不動産所得を生ずべき業務の用に供する場合の収益物件としての価値を求める方法としては、理論的には、不適当・不相当な評価方式であるといえるでしょう。

（2）上記(1)の理論的な欠陥が顕現化し、通達が改正されるに至った経緯

　改正前の評価通達26及び同93の評価方法は、昭和27年にこの通達が制定されて以降、長年にわたって採用されてきましたが、制定された頃は、戸建ての建物が大勢を占めていたため、この理論的な欠陥が顕現化することは殆どなく、この欠陥に気付く者もなかったのですが、貸家の主流は、徐々に複数の者に対して住宅や店舗等として貸し付けられている一棟のアパートやビルなどへと移行しました。

　そうした折に、平成 4 年から地価税法が導入され、地価税の申告手続きに関わった税理士や不動産賃貸業者によって結成された業種団体などから、改正前の評価方式によると、課税時期において、アパート等の一部に、たまたま賃貸の用に供されていない部分が生じると、そのことによって賃貸料収入は減少し、収益物件としての価値は減少するにもかかわらず、

かえって自用の建物及び土地として高い価額で評価することになって、時価との逆転現象が生じることから、この評価方法は、相続税法22条の「時価」の意義に反し、「租税公平主義」に反するものであるとの批判が陸続と提起されました。

　これらの批判に十分な理由があることは、不動産評価についての専門的な知識や経験が無い者であっても、容易に理解することができるはずです。

　国税庁としても、「租税公平主義」に反する価額が算定されるという重大な欠陥を等閑視することはできず、殊に不動産賃貸業を営む企業等からの地価税の調査や申告時における批判に対し、国税庁職員を講師として地価税に関する説明会（例えば、平成8年9月19日開催の「日本租税研究協会の地価税に関する懇談会」）などに派遣し、評価通達を改正するまでの当面の対応として、次の①ないし⑤に掲げる要件を満たすアパート等は、その一部に空室部分があっても、その全部を貸家及び貸家建付地として評価し、この取扱いに従って地価税の申告を行うように指導を行いました。

①　他の用途に供されていない（転用の予定もない）こと
②　空室部分が他の部屋と同じ構造であること
③　テナント募集をしていること
④　子会社入居用等に空室を確保しているものではないこと
⑤　社会情勢からして空室であることが不自然ではないこと

（3）財産評価通達26の改正の趣旨とその内容

　国税庁は、巷間において高まりつつある上記の批判に対し、平成11年7月19日付で評価通達26及び同93を改正し、評価通達26の（注）2に、算式中の「賃貸されている各独立部分」には、「継続的に賃貸されていた各独立部分で、課税時期において、一時的に賃貸されていなかったと認められるものを含むこととして差し支えない。」との定めをしました。

　国税庁は、平成11年7月29日付国税庁資産評価企画官情報第2号（以下、「情報第2号」といいます。）により、この通達改正の趣旨等を次のとおり解説しています。

資 産 企 画 官 情 報　（平成11年7月29日付　国税庁資産評価企画官情報第2号）

　・・・その建物の全部又は一部が、貸し付けられているかどうかについては、課税時期における現況に基づいて行うのが原則であるが、アパート等においては、課税時期にたまたま一時的に空室が生じていることもある。しかし、アパート等に現に借家人が存在している場合には、その借家人の有する権利は敷地全体に及ぶと考えられることから、このような一部に空室のあるアパート等については、入居者のいないアパートや一戸建ての貸家と異なり、借家人の存在がその敷地全体の価格形成において相当の減価要素となり得る場合もある。このように継続的に賃貸の用に供されているような場合について、原則どおり賃貸割合を算出することは、不動産の取引実態等に照らし、必ずしも実情に即したものとはいえないと考えられる。そこで、継続的に賃貸されていたアパート等の各独立部分で、例えば、次のような事実関係から、アパート等の各独立部分の一部が課税時期において一時

的に空室となっていたに過ぎないと認められるものについては、課税時期においても賃貸されていたものとして取り扱って差し支えないこととした。

イ　各独立部分が課税時期前に継続的に賃貸されてきたものであること。

ロ　賃借人の退去後速やかに新たな賃借人の募集が行われ、空室の期間中、他の用途に供されていないこと。

ハ　賃貸されていない期間が、課税時期の前後の例えば1か月程度であるなど一時的な期間であること。

ニ　課税時期後の賃貸が一時的なものではないこと。

（4）情報第2号の解説のうち特に着目すべき点

上記(3)に掲げた情報第2号の解説のうち、特に着目すべきは、次の二点です。

一点目は、アパート等の一部が空室となり、その空室部分に存在していた借家人の有する権利が現に消滅したとしても、他の部分に現に存在している借家人の有する権利がアパート等の価格形成の減額要因となっているために、その空室となった部分の価値は増加しない、という不動産の取引実態等が認められることから、評価通達26（注）2を定めた旨の説明をしている点です。

二点目は、この情報第2号の解説には、誤解を招きやすい表現によったという問題はあるものの、解説そのものは正しい内容を示しているという点です。

しかしながら、この情報第2号の解説のうちの「ハ　賃貸されていない期間が、課税時期の前後の例えば1か月程度であるなど一時的な期間であること」との基準が、その他に、国税庁ホームページに掲載されているタックスアンサー【No.4614　貸家建付地の評価】や質疑応答事例【貸家建付地等の評価における一時的な空室の範囲】においても引用され、やがてこの基準が、誤解を招き、そして独り歩きをすることになるのです。

2　通達の改正後において誤解が生じ、その取扱いが歪められるに至った原因

平成11年に改正された評価通達26の（注）2の定めの「一時的に賃貸されていなかったと認められるもの」とは、具体的にどのような基準によって判断をするべきであるかにつき、情報第2号は、「ハ　賃貸されていない期間が、課税時期の前後の例えば1か月程度であるなど一時的な期間であること」との基準を示したのですが、この基準が、税務署の取扱いや裁決、判決によって誤解され、通達の趣旨が歪められることになります。

大部分の税務職員は、アパート等の「空室期間」の長短のみをこの判断の基準とするようなことはしないのですが、時の経過とともに、上記の改正の経緯や趣旨が忘れ去られ、また、これらを承知していない税務職員が新規に採用されるに従い、「空室期間が1か月程度を超えると、貸家には該当しない」との誤解が生じ、この誤解に基づいて修正申告を慫慂し、修正申告に応じなければ更正処分等を行うという事例が生じるようになりました。

　この見解に関する国税不服審判所の判断の変遷を見ると、裁決の一部には、次に掲げる高松国税不服審判所の裁決のように、通達が改正された経緯や趣旨を知る審判官によって、一時的な空室の判断に当たっては、空室の課税時期における空室期間のみを捉えて判断するのは相当ではなく、いかなる状況下において斯かる空室期間が生じていたか等の諸事情をも総合勘案すべきであると判断し、更正処分等を取り消した事例があります。

平成20年6月12日付裁決（高裁（諸）平19-25）の判断

「・・本件空室が一時的に空室であったか否かについては、本件空室の課税時期（相続開始時）における空室期間を捉えて、一時的な空室か否かを判断することは相当でなく、いかなる状況下においてかかる空室期間が生じていたか等の諸事情をも総合勘案して判断すべきところ、本件空室の課税時期（相続開始時）における空室期間は、・・・短いもので2か月、長いもので1年11か月ではあるが、・・（中略）・・請求人は、当該空室について速やかに所要の手当を施したうえで不動産業者に入居者募集の依頼を行っているほか、築25年の当該共同住宅について定期的に補修を施すなど、経常的に賃貸に供する意図が認められる。

　なお、・・（中略）・・本件建物の近隣周辺にはマンション等の共同住宅が林立していることからすると、空室が発生したからといって速やかに新入居者が決定するような状況ではなかったことが認められる。

　また、当該共同住宅の各部屋の間取りも20室すべてが統一されたものであり、・・（中略）・・その形状は共同住宅としてのものにほかならない。加えて、本件被相続人は、相続開始日まで継続して・・（中略）・・マンションを賃貸の用に供し、不動産収入を得ていたことは明らかである。

　以上のことを総合して判断すると、当該空室は一時的に空室となっていたにすぎないものであることが認められ、当該共同住宅については、その全部について貸家及び貸家建付地として評価するのが相当である。」

　しかし、この裁決は、非公表とされたため、これが顧みられることのないまま、やがて空室期間の長短のみを捉えて判断をする見解が国税不服審判所を席巻し、斯かる見解が、平成26年4月18日裁決（以下、「公表裁決」といいます。）によって公表されました。

（平成26年4月18日公表裁決）-抜粋-

国税庁タックスアンサーが示しているように、例えば「空室の期間が、課税時期前後の例えば1か月程度であるなど、一時的な期間であること」などの事実関係から、各独立部分の一部が課税時期において一時的に空室となっていたにすぎないと認められるものをいうと解するのが相当である。

　また、平成29年5月11日大阪高裁判決（平成28年（行コ）第329号。以下、単に「大阪高裁判決」といいます。）は、この点につき、次の判断をしました。

　この判決については、最高裁に受理申立てがされましたが、受け入れられず、確定していますので、実務に当って注意が必要です。

> 　一時的空室といえるためには、当該独立部分の賃貸借契約が課税時期前に終了したものの引き続き賃貸される具体的な見込みが客観的に存在し、現に賃貸借契約終了から近接した時期に新たな賃貸借契約が締結されたなど、課税時期前後の賃貸状況に照らし実質的にみて課税時期に賃貸されていたと同視し得ることを要するというべきである。・・(中略)・・一時的空室部分該当性の判断に当たっては、現実の賃貸状況，取り分け、空室期間の長短を重要な要素として考慮しなければならないのであって、これを考慮せずに、本件各空室部分が「継続的に賃貸の用に供されている」状態にあるという理由のみで上記例外的な取扱いを認めることはできない。」
> （注）　一審は、平成28年10月26日大阪地裁判決（平成27年（行ウ）第238号）

　このような裁決や判決が下されるに至った原因の一つとして、平成4年に導入された地価税が平成10年以後は課税が停止された（租税特別措置法71条）ことを挙げることができます。すなわち、地価税の調査審理事務に携わった税務職員は僅かの人員で、また、かつて評価通達には欠陥がある旨の批判を行った地価税の納税義務者（基礎控除額は15億円で、その大部分は不動産賃貸業を営む大規模法人）が、停止後はアパート等の評価に関わることがなくなったため、相続税の申告手続きに関わる納税者等や税務職員のうちには、評価通達が改正された経緯などを知っている者が徐々に減少したのです。

　上記1の(4)で触れたとおり、情報第2号の解説には、誤解を招きやすい表現が採られているものの、その解説の内容に一点の誤りもないので、その解説を正確に読み解き、改正された通達の趣旨を少しでも学問的なまじめさで解釈しようとする心構えさえあるならば、上記の平成20年6月12日付高松国税不服審判所の裁決のように正しい結論を導くことができたはずです。

3　通達を改正した理由と改正通達の正しい解釈について

（1）改正前の評価通達の取扱いが孕んでいた問題点

　平成11年の評価通達の改正前に貸家又は貸家建付地を評価するに当たっては、課税時期における現況（借家人の有無）に基づくことを原則としていました。

　しかし、アパート等においては、課税時期にたまたま一時的に空室が生じていることもあるところ、前掲の情報第2号の解説のとおり、「継続的に賃貸の用に供されているような場合について、原則どおり賃貸割合を算出することは、不動産の取引実態等に照らし、必ずしも実情に即したものとはいえない」のです。

　すなわち、先に触れたとおり、不動産の取引実態に照らすと、継続的に不動産所得を生ずべき業務の用に供されているアパート等について、課税時期における現況に基づいて評価をするならば、空室の多い収益性の低いアパート等は逆に高い価額で評価することになり、これとは反対に、満室で収益性の高いアパート等は逆に低い価額で評価することになって、時価との逆転現象を来すことになるのです。

このため平成11年の通達改正は、不動産所得を生ずべき業務の用に供されているアパート等につき、従来の評価方法を是正したもので、改正に当たっては、次の⑵の賃貸業務用アパート等の取引実態を踏まえ、後記⑶のとおり、収益物件に係る時価の捉え方が見直されたのです。

（2）賃貸用建物の取引実態

イ　賃貸業務の用に供されているアパート等の取引価額

　　不動産所得を生ずべき業務の用に供されているアパート等を売却する際には、空室率が高い収益物件は賃料収入が相対的に少ないために、売買価額は低下し、これに対し、空室率が低い収益物件は、賃料収入が相対的に多いことから、売買価額は上昇します。

　　これが不動産所得を生ずべき業務の用に供されているアパート等に係る不動産の取引実態といえます。

　　例えば、その一部に空室部分のある賃貸業務用アパート等を売却するに当たり、買受人が、これを賃貸業務用アパート等として、そのまま賃貸を継続する目的で取得する場合、すなわち対象土地の最有効使用が現状の賃貸業務用アパート等であるときには、建物自体にも経済的価値が存在し、また、買受人としては新たな賃借人を募集し、あるいは現存する賃借人に対しては利用の継続を求めるのであるから、特に立退料の負担は表面化することはなく、斯かる収益物件であるアパート等の一部に空室部分が生じて借家権の制約が無くなったとしても、そのことが売買価額を上昇させる要因とはならないのです。

　　このように、不動産所得を生ずべき業務の用に供されているアパート等の一部の賃貸借契約が終了したとしても、そのことによってアパート等の価値に変動を来たすことはないので、従前どおり貸家として評価すれば足り、その後に次のロに掲げる用途の変更がされた場合にはじめて、自用建物として評価することになるのです。

ロ　上記イ以外の用途に供されているアパート等の取引価額

　　上記イに対し、不動産所得を生ずべき業務の用に供することを取り止め、用途が変更されたアパート等は、当該変更とともに借家人に対する立退料の負担が価格形成要因として表面化し、空室率が高い物件ほど売買価額は上昇し、これとは反対に、空室率が低い物件ほど売買価額は低下することになります。

　　例えば、買受人が、その用途を変更し、当該アパート等の取壊しや建替え等を検討する場合には、現存する賃借人に対して明渡しを請求することになるため、立退料の負担が表面化し、建物自体の経済的価値はゼロであるばかりか、取壊し費用を考慮しなければならない場合には、その敷地の価額は、建付減価により、建物が存在することがマイナス要因となりますので、このような用途に供されているアパート等は、平成11年の通達改正前の取扱いのとおり、課税時期の現況によって借家権の制約を考慮すれば足り、この場合には時価との逆転現象が生ずることもないのです。

八　戸建ての賃貸用建物の取引価額

　　戸建の賃貸建物に係る賃貸借契約が終了した場合には、そのことによって　賃貸収入は得られなくなるものの、当該建物は、借家権の制約から完全に解き放たれて、何らの権利の制約もない自用の建物として売買することができることから、通達の改正前の取扱いのとおり、課税時期の現況によって借家権の制約を考慮すれば足ります。

（3）「見直された時価の捉え方」と「改正通達の正しい解釈」

　　平成11年の通達改正は、上記(2)の賃貸用建物の取引実態を踏まえ、アパート等に係る不動産取引の実態やアパート等の一部につき賃貸借が終了した場合の価値（時価）の捉え方を見直し、貸家を建物の構造とその用途によって区分し、次表に掲げるとおり、それぞれの区分ごとに評価方法を定めたものであり、これによって、どのような構造及び用途の貸家であっても、それぞれに均衡のとれた適正な価額が算定されるように措置したのです。

建物の構造	建物の用途（使用目的）	評価方法
アパート等	継続的に不動産所得を生ずべき業務の用に供されているもの（賃貸目的の収益物件）	空室部分を「一時的な空室と取り扱う」
	上記以外の用途に転用する目的のもの（取壊し目的や事業又は居住用などの自家使用目的の資産）	課税時期の現況（借家人の有無）によって評価する
戸建て建物		

　　すなわち、この通達改正の要諦は、前記1の(3)に掲げた情報第2号の解説にアンダーラインを付した部分にあるのであって、アパート等の他の部分に現に借家人が存在している限りは、その借家人の有する権利に起因する一定の制約が、当該賃貸借契約の目的物のみならずアパート等の敷地全体に及ぶことから、一時的に空室が生じたとしても、それによって、そのアパート等の敷地の価値（時価）が上昇するものではない、したがって、一時的に空室となった部分は、空室となった後においてもなお借家権価額を控除して従前のとおりの価額によって評価する、という趣旨なのです。

　　しかし、その空室となった部分が不動産所得を生ずべき業務以外の用に転用された場合には、空室となったことにより立退料等の負担が無くなるため、その部分の価値は増加するので、課税時期の現況に基づき、自用の建物として評価するということです。

　　したがって、各独立部分が課税時期前から継続的に賃貸されてきたアパート等については、その一部の賃貸貸借契約が終了した後も、「継続的に不動産所得を生ずべき業務の用に供されているかどうか」が、「一時的に賃貸されていなかったと認められる」かどうかの判断の指標（メルクマール）となります。

4　公表裁決や大阪高裁判決が陥った誤りについて

（1）アパート等の価額の多寡が争点であることを見誤った判断

イ　公表裁決及び大阪高裁判決の立論の誤りとその思考過程

　　公表裁決は、「アパート等の一部の賃貸借契約が終了した場合に、その賃借人の有する権利（借家権及び敷地利用権）による制約が、空室となった部分の価格形成にどれだけの期間まで影響を及ぼすと解するのが相当であるか」との思考過程を辿ったものです。

　　そして、たまたま情報第2号に、「ハ　賃貸されていない期間が、課税時期の前後の例えば1か月程度であるなど一時的な期間であること」との解説があることから、この解説を根拠として、「空室になって以降、1か月程度の期間まで」は、なお借家権価額を控除して評価するのが相当であると立論をするに至ったのです。

　　大阪高裁判決の判断についてみても、「一時的空室といえるためには、当該独立部分の賃貸借契約が課税時期前に終了したものの引き続き賃貸される具体的な見込みが客観的に存在し、現に賃貸借契約終了から近接した時期に新たな賃貸借契約が締結されたなど、課税時期前後の賃貸状況に照らし実質的にみて課税時期に賃貸されていたと同視し得ることを要するというべきである。」と立論しています。

　　これも公表裁決と同様の思考過程により、「賃貸借契約終了から近接した時期」までは、なお従来の賃借人の有する権利による制約がその空室部分の減額要素となるので、貸家として評価すると立論するに至ったものといえます。

ロ　立論を誤った違法な判断

　　公表裁決及び大阪高裁判決は、上記イのとおり、空室となった部分に係る従来の賃借人の有する権利による制約が、「空室になって以降、1か月程度の期間」又は「賃貸借契約終了から近接した時期」までは、その空室部分の価格形成に影響を及ぼし、減額要素となるので、その時期までは貸家として評価すると立論したのですが、これらは、明らかに評価通達が改正された趣旨や理由を誤解したものといえるものです。

　　すなわち、情報第2号は、貸家建付地の評価に関し、「アパート等に現に借家人が存在している場合には、その借家人の有する権利は敷地全体に及ぶと考えられ・・・借家人の存在が敷地全体の価格形成において相当の減額要素となり得る場合もある。」との解説をしているのであって、これは、アパート等の他の部分に存在する借家人の有する権利が敷地全体に及び、その借家人の存在が敷地全体の価格形成において相当の減額要素となり得るから、アパート等の一部に空室が生じたとしても、なおその部分を貸家として評価すると解説しているのです。つまり、情報第2号の解説を言い換えると、空室が生じた後において、アパート等の他の部分に存在する借家人の有する権利に変化が生じない限り、敷地全体の価格形成において生じている減額要素にも影響が及ぶことはない、ということです。

ハ　公表裁決と大阪高裁判決の判断にどのような差があるのか

　「一時的」の意義につき、公表裁決は「空室になって以降、1か月程度の期間」とし、大阪高裁判決は「賃貸借契約終了から近接した時期」としました。

　このうち、大阪高裁判決は、一時的空室部分に該当するというためには、「課税時期前後の賃貸状況等に照らし実質的にみて課税時期に賃貸されていたと同視しうることを要する」とし、その指標として、「当該独立部分の賃貸借契約が課税時期前に終了したものの引き続き賃貸される具体的な見込みが客観的に存在し、現に賃貸借契約終了から近接した時期に新たな賃貸借契約が締結されたなど」の事実があるアパート等がこれに該当するとの判断をしています。

　大阪高裁判決のこの判断についてみると、次の(イ)及び(ロ)のとおり、誠に意味不明な内容というほかありません。

(イ)　「実質的にみて課税時期に賃貸されていたと同視しうる」の意味

　我が国の法制下においては、賃貸借契約が終了すると同時に、法律的形式及び法律的実質のいずれに照らしても債権者と債務者間における賃貸借関係はすべて終了し、借家権の制約も一切無くなるのですから、「課税時期に賃貸されていたと同視しうる」賃貸状況等とは、具体的にどのような賃貸状況を指すのか、その意味は全く不明です。

　大阪高裁判決は、もっともらしく抽象的・観念的な語句を並べ立てただけで、その意味するころについては、具体的な理由を附記することができないのです。

(ロ)　「引き続き賃貸される具体的な見込みが客観的に存在し」の意味

　さらに大阪高裁判決の判断の意味不明な部分は、「引き続き賃貸される具体的な見込みが客観的に存在し」の意味です。

　そもそも、賃貸借契約が終了した後に新たな入居者を募集した際に、その空室がいつ埋まるのかは、いわば「神のみぞ知る」ところなのですが、巷間の不動産賃貸の実態に即し、どのような事象を捉えると、「引き続き賃貸される具体的な見込みが客観的に存在」すると認定することができるのか、それを明らかにしてこそ、地に足の着いた判断として、はじめて国民の腑に落ちる判決となるのです。

　もっとも、大阪高裁判決は、この判断に続き、「現に賃貸借契約終了から近接した時期に新たな賃貸借契約が締結されたなど」と判示していることからして、近接した時期に新たな賃貸借契約が現に締結されたならば、この結果として生じた事実を拠り所として、「引き続き賃貸される具体的な見込みが客観的に存在」していたと判断をする、ということとなのでしょう。

　つまり、大阪高裁判決のこの判断は、もっともらしい抽象的・観念的な語句によって綴られてはいるものの、結局のところ、上記の「ハ　公表裁決と大阪高裁判決の判断にどのような差があるのか」において触れたとおり、公表裁決は「空室になって以降、1か月程度の期間」とし、大阪高裁判決は「賃貸借契約終了から近接した時期」とするだけの差があるのみで、同判決は、単にこの基準に「引き続き賃貸される具体的な見込み

が客観的に存在」という空疎な語句を付け足しただけのことで、いずれの判断も、「一時的な空室」の意義を、空室の期間の長短を基準にして判断するということに変わりはないのです。

　　なお、大阪高裁判決は、「本件各空室部分につき、賃貸借契約が終了した後も引き続き賃借人の募集を行い、何時にても新しい賃借人が入居できるように保守・管理が行われていたとしても、それだけで直ちに一時的空室部分に該当するといえないことは明らかである。」と判示し、控訴人の主張を排斥しています。

　　しかし、同判決は、この控訴人の主張すること以外にどのような事象が認められたならば、一時的空室部分に該当するといえるのかについては、まったく附記していないのですが、「附記することができない」というのが実情であったかと思われます。

二　「争点の把握すらできていない」判断（判示すべき事項を欠落した違法）

　　公表裁決及び大阪高裁判決ともに、この事件の争点が、「課税時期において不動産所得を生ずべき業務の用に供されているアパート等の評価額（時価）の多寡にある」という認識すら欠いているといえます。

　　つまり、「空室になって以降、1か月程度の期間」を経過し、あるいは「アパート等の一部の賃貸借契約終了から近接した時期」を経過すると、その空室部分を「自用の建物及びその敷地として評価するべきである」との結論を導いた判断の意味するところは、すなわち、その時期を経過するまでの間のアパート等の空室部分の価値は低いため、貸家及びその敷地として評価額を減額するが、その時期を経過すると当該アパート等の空室部分の価値は増加するから、自用の建物及びその敷地として評価する、という判断を下したということなのであって、「不動産の価格は、多数の要因の相互作用の結果として形成される（不動産鑑定評価基準「第3章　不動産の価格を形成する要因」）」もので、時の経過のみによって増減するのではく、アパート等の価格形成要因にどのような変化を来したのかが、この事件の重要な争点になるのです。

　　要するに、審判官及び裁判官ともに、この事件は、「アパート等の評価額（時価）の多寡が争点となっている」との認識すら欠いているために、空室となって以降、「1か月程度の期間」又は「近接した時期」が到来すると、アパート等の価値を形成するどのような要因に変動を来たすのかを明らかにし、それを裁決書又は判決に理由附記することが、この事件の最も重要な判示事項である、ということにさえ気付いていないのです。

（2）「一時的」の語につき文理解釈を誤った違法

　　評価通達26の（注）2の「一時的」という概念の本来的な文意は、「たまたま」又は「その場限り」の意であり、かねてより継続的に賃貸の目的に供してきたアパート等が、借家人の都合等により空室になり、課税時期においてたまたま賃貸されていなかったという意味です。この点に関しては、情報第2号が、「課税時期にたまたま一時的に空室が生じていることもある。」と説明しているとおりであり、したがって、「一時的」の意義は、空室の期間の長短だ

けで判断することができないことは当然のことといえます。

　なお、借家法に関する事案ではあるものの、最高裁昭和36年10月10日判決（最高裁判所民事判例集15巻9号2294頁）は、借家法8条の「一時」の解釈について、「借家法8条にいわゆる一時使用のための賃貸借といえるためには必ずしもその期間の長短だけを標準として決せられるべきものではなく、賃貸借の目的、動機、その他諸般の事情から、該賃貸借契約を短期間内に限り存続させる趣旨のものであることが、客観的に判断される場合であればよいのであつて、その期間が一年未満の場合でなければならないものではない。所論は、これに反する独自の見解を前提とするもので、採るを得ない。」と判示しており、このことからも、一時的か否かについては、期間の長短のみならず、諸要素を総合的に判断しなければならないことが窺えます。

　このように通達の「一時的」の文理解釈についてみても、公表裁決及び大阪高裁判決には、空室期間の長短のみを捉えて、「空室になって以降、1か月程度の時期」又は「賃貸借契約終了から近接した時期」の意であると誤った解釈をした違法があります。

（3）再び相続税法22条の時価と均衡を失した価額が算定される違法

　公表裁決に係る立論は、「空室になって以降、1か月程度」の期間までは借家権価額を控除して評価するというものです。また、大阪高裁判決の立論も、「賃貸借契約終了から近接した時期」までは、借家権価額を控除して評価するというものです。

　しかしながら、この公表裁決及び大阪高裁判決の判断にしたがって賃貸用アパート等の評価をすると、「引き続き賃貸される具体的な見込みが客観的に存在し、現に『賃貸借契約終』から近接した時期に新たな賃貸借契約が締結され」て、高い賃料収入が経常的に得られるアパート等は価値の高い収益物件であるにもかかわらず、これとは逆に、借家権価額を控除して低い価額で評価することになります。

　これに対し、賃借人を募集しても、新たに賃貸借契約ができるかどうかの客観的な見込が立たないアパート等や、空室になって以降、1か月程度の期間を経過しても、なお賃貸借契約が締結されないアパート等は、経常的に賃料収入が得られない価値の低い収益物件であるにもかかわらず、この価値とは逆に、自用の建物及びその敷地として、かえって高い価額で評価することになるのです。

　このような均衡を失した価額は、明らかに相続税法22条の「時価」に違反するものです。

　改正前の評価通達26及び同93が定めていた評価方法は、不動産所得を生ずべき業務の用に供されているアパート等については、空室が増加して賃料収入が少なくなるとかえって評価額が高くなり、これとは逆に、満室となって賃料収入が多くなるとかえって評価額は低くなる仕組みによっており、相続税法22条の「時価」と逆転現象が生じる違法な評価方式であったため、平成11年の通達改正によって、不動産取引の実態と整合する価額が算定される評価方法に改められたことは、前記1の(2)の「上記(1)の理論的な欠陥が顕現化し、通達が改正されるに至った経緯」において触れたとおりです。

　このような理由によって平成11年に通達改正が行われたにもかかわらず、公表裁決及び大阪高裁判決にしたがって、「一時的に賃貸されていなかったと認められる」の意義を解釈すると、評価通達 26及び同93は、再び、相続税法22条の「時価」との逆転現象が生じる違法な通達へと成り果ててしまいます。

（4）曖昧かつ合理性のない空室期間の長短を基準として定立した違法

　情報第２号は、「賃貸されていない期間が、課税時期の前後の例えば１か月程度であるなど一時的な期間であること。」との例示を掲げていますが、公表裁決及び大阪高裁判決は、これを誤解し、空室の期間が、空室となって以降、「１か月程度の時期」又は「近接した時期」を超えた場合には「一時的な空室」には該当しないという誤った解釈をしました。

　しかしながら、租税法の取扱いにおいて、このような曖昧かつ合理性のない基準を定立すると、次のような違法が生じることになります。

イ　租税法律主義に反する曖昧な基準を定立した違法

　この事件の争点は、賃貸用の建物及びその敷地の評価額の多寡であり、具体的には、「一時的に賃貸されていなかったと認められるもの」（評価通達26（注）２）の解釈及びこれをあてはめて算定した評価額が、相続税法22条「時価」に適合するか否かですから、租税法律主義の原則に則ってその解釈が行われることが要請されます。

　租税法律主義の原則は、日本国憲法30条及び同84条によって宣言されているところ、この原則は、国の租税債権と国民の納税の義務を法律によって規定することを大前提とするとともに、これらの法令の解釈適用においても、法的安定性が強く要請されることになり、この法的安定性の要請に従い、納税者の権利を制限し又は剥奪することになる法令又は通達においては、それぞれの課税要件事実が明確かつ厳格に定められることが要請されるのです。

　我が国には、厖大な数の租税法規が制定されており、また、これらの租税法規の解釈の指針として、実に多くの租税関係通達が定められていますが、「空室になって以降、１か月程度の間」あるいは「賃貸借契約終了から近接した時期」といった曖昧な基準によって、納税者の権利を制限し又は剥奪することとなる法令の規定や通達の定めは、我が国には一つとして存在しませんから、公表裁決及び大阪高裁判決は、租税法の解釈に当たって基本的かつ重要な理念となる「租税法律主義の原則」さえ軽視又は看過した違法があるのです。

ロ　合理性のない事象によって基準を定立した違法

　我が国は、学校や会社などの大部分が４月始まりの社会であり、この時期は、入学や入社、卒業や転勤等のため、賃貸アパート等の入居の需要が大幅に増加します。

　したがって、３月頃までに空室になった場合には、比較的速やかに新しい賃借人の募集をすることが可能です。しかし、この時期に空室が埋まらなかった場合やこれ以外の時期に空室が生じた場合の入居者の募集は一段と難しくなり、例えば、大学の周辺の学生専用のアパート等において、斯かる状況が顕著に現れます。

　つまり、アパート等の空室の期間は、空室となった時期により、また、その賃貸アパート等の立地条件や入居の条件、貸家の建築後の経年減価や設備の陳腐化の程度などによって、区々になるのです。

　しかも、アパート等に関しては、一棟のアパート等の各独立部分の方位や階層ごとに、日照、墓地や斎場などの忌み、通風、湿潤、眺望、騒音、震動などの条件差があり、斯かる条件の良し悪しが、入居需要に影響し、この需要によって空室の期間も各独立部分ごとに区々になるのは当然のことです。

　したがって、空室期間の長短を「一時的な空室」か否かを判断する基準とすることは、このように合理性を欠くため、そもそもこれを基準とすることはできないのです。

　それにもかかわらず、これを「一時的な空室」の判断の基準として定立すると、当然のことながらアパート等の価値と均衡を失した価額が算定されることになり、その結果、上記(3)で触れたとおり、「租税公平主義」に反する価額が算定されることになるのです。

ハ　「課税時期の前後の例えば1か月程度であるなど」の基準の真の意味

　上記イ及びロのとおり、納税者の財産権を侵害する定めをする場合に、安易に曖昧で不合理な基準を定めることがあってはならないことです。

　もっとも、租税法律主義を指導原理とする租税法の解釈であっても、納税者に有利に作用する場合には、例えば、次の法人税基本通達7-3-6及び所得税基本通達64-5の例のように、不確定の期間等を「形式基準」として定める例はあり得ます。

法人税基本通達7-3-6

> **（土地とともに取得した建物等の取壊費等）**
> 　法人が建物等の存する土地（借地権を含む。以下7-3-6において同じ。）を建物等とともに取得した場合又は自己の有する土地の上に存する借地人の建物等を取得した場合において、その取得後おおむね1年以内に当該建物等の取壊しに着手する等、当初からその建物等を取り壊して土地を利用する目的であることが明らかであると認められるときは、当該建物等の取壊しの時における帳簿価額及び取壊費用の合計額（廃材等の処分によって得た金額がある場合は、当該金額を控除した金額）は、当該土地の取得価額に算入する。

　上記の法人税基本通達7-3-6のアンダーラインを付した部分の趣旨につき、法人税基本通達逐条解説（税務研究会出版局刊）は、「この場合、この建物を直ちに取り壊した場合のほか、取得後おおむね1年以内に取壊しに着手する等の事実があれば、その土地を利用するために建物等を取得したものとみるのである。」とし、納税者の意思又は目的を推認するための形式基準である旨の解説をしています。

所得税基本通達64−5

（借入金で保証債務を履行した後に資産の譲渡があった場合）

　保証債務の履行を借入金で行い、その借入金（その借入金に係る利子を除く。）を返済するために資産の譲渡があった場合においても、当該資産の譲渡が実質的に保証債務を履行するためのものであると認められるときは、法第64条第２項に規定する「保証債務を履行するため資産の譲渡があった場合」に該当するものとする。

　被相続人が借入金で保証債務を履行した後にその借入金を承継した相続人がその借入金（その借入金の利子を除く。）を返済するために資産を譲渡した場合も、同様とする。

（注）　借入金を返済するための資産の譲渡が保証債務を履行した日からおおむね１年以内に行われているときは、実質的に保証債務を履行するために資産の譲渡があったものとして差し支えない。

　これらの法人税基本通達７−３−６及び所得税基本通達64−５の定めと同様、情報第２号などが、「賃貸されていない期間が、課税時期の前後の例えば１か月程度であるなど一時的な期間であること。」と解説をしている趣旨は、賃貸借契約が終了するのは借家人側の都合による場合だけではなく、家主の側から借家人に対して解約を申し入れて退去を求める場合があり、この家主の行為の外観だけを捉えると、その空室部分は賃貸業務の目的に供されなくなったということができます。

　しかし、家主の側が借家人に退去を求める事情には、その家屋を家主が賃貸業務以外の用途に供する目的だけではなく、更に有利な条件で他に貸し付ける目的であるなど、退去を求めた家主の動機ないし目的は、家主の側から解約を申し入れたという事実のみをもって確定することができない場合があります。

　斯かる場合の家主の動機ないし目的は、内心の意思であるため、これを客観的に見極めることは実務上困難であるため、借家人を退去させた後、例えば１か月程度の間に新たな賃借人に貸付け、あるは新たな賃借人の募集に着手するなどの事実がある場合には、家主の意思は「他の者に貸し付ける目的で借家人を退去させる」ことにあったとみるのであり、情報第２号は、いわばこのような推認をするための形式基準を定め、これによって納税者の有利に作用するように措置をしたものといえます。

　すなわち、これらの曖昧な基準を定めた通達は、納税者がその資産を取得又は譲渡した目的が明らかである場合は、建物の取壊し又は資産の譲渡がされたときに、その目的に従った税務上の取扱いをすることになりますが、目的が明らかでない場合であっても、おおむね１年以内に建物の取壊し又は資産の譲渡がされたときは、これに反する直接又は間接事実等の有無にかかわらず、当該規定の適用があるものとして、納税者に有利な取扱いを行うための形式基準を定めたものなのです。

　これと同様、情報第２号などが定めた「賃貸されていない期間が、課税時期の前後の例えば１か月程度であるなど一時的な期間であること。」との基準は、アパート等の空室期間

が1か月程度であれば、すべて一時的空室部分に該当すると解釈し、これとは逆に、空室期間がこれを超えたとしても、その他の要素も含めて考慮した結果、一時的空室部分に該当する物件が存在することが当然に予定されているのです。

　この場合に考慮すべき指標は、前記3の(3)で述べたとおり、そのアパート等が継続的に不動産所得を生ずべき業務の用に供されているか否かということなのです。

（まとめ）

　平成11年に評価通達が改正されたという事実は、改正前の評価通達を適用すると、時価の解釈において不適正な価額が算定されるために、これを是正したということです。

　そうであるならば、この争点を審理するに当たっては、改正前の評価通達を適用すると、時価の解釈においてどのような不適正な価額が算定され、これをどのように改正することによって解決されたのか、その改正に至る経緯やその背景となった社会的な情勢の変化にも注目するのでなければ、本当の意味を掴むことができるはずもありません。

　公表裁決や大阪高裁判決は、「一時的」の字句のうわつらを撫でただけで、これを「空室になって以降、1か月程度の期間」、又は「賃貸借契約終了から近接した時期」との基準を定立したものの、この事件の争点が「課税時期において不動産所得を生ずべき業務の用に供されているアパート等の評価額（時価）の多寡」にあるという認識すら欠いているために、その時期にアパート等の価格形成要因にどのような変化が生じたので自用価額で評価することになるのか、という点に関しては、まったく考えが及んでいません。

　このために、曖昧で、根拠のない不合理な基準を定立してしまったので、この基準に従ってこれらの評価通達を適用すると、再び、相続税法22条の「時価」の意義に反し、「租税公平主義」に反する価額が算定される違法な評価方法へと成り果てるのです。

　しかしながら、その後、この大阪高裁判決に対してされた上告受理申立ては、平成29年12月8日付最高裁判所第二小法廷の決定により、上告審として受理しないこととされました。

　この決定により、大阪高裁判決は確定したのですが、この判決の論理は、「空室となったアパート等の部分は、賃貸借契約終了から近接した時期に借家権による制約が無くなることによってその価値が上昇するので、自用の建物及び土地として評価する」ということを意味するものであり、一層あいまいで根拠のない基準が定立されたということができます。

　この判決が、今後の税務行政に悪影響を及ぼすことがないことを切に祈るばかりですが、読者の皆様方が相続税又は贈与税の申告手続きに関与なさる際には、「アパート等における一時的な空室の範囲」の取扱いに関しては、以上のことなどを踏まえ、慎重に対処していただきたいと願います。

第 **56** 従業員寄宿舎（社宅）の敷地の評価

　「貸家建付地」とは、借家権の目的となっている家屋の敷地の用に供されている宅地をいいます。

　ところで、従業員寄宿舎（社宅）は、通常、従業員（社員）の福利厚生施設として設けられているものであり、一般の家屋の賃貸借と異なり、賃料が極めて低廉であるなど、その使用関係は従業員（社員）の身分を保有する期間に限られる特殊な契約関係にあるとされています。このことから、従業員寄宿舎（社宅）については、一般的に、借地借家法の適用はないとされています。

　したがって、その敷地の用に供されている宅地については、貸家建付地の評価は行いません。

　　　上記のとおり、この場合の従業員寄宿舎（社宅）やその敷地は、事業主（会社）が営む「事業」の用に供している「施設」とみるべきで、この考え方は、他の取扱いとも平仄（ひょうそく）が合っています。

　例えば、事業主が従業員にその建物を利用させることによる所得は、不動産所得ではなく、事業所得に該当し（所基通26－8）、また、その敷地は、措置法第69条の4《小規模宅地等についての相続税の課税価格の計算の特例》の適用上、被相続人等の営む事業に係る「事業用宅地等」に該当することになり（措法通達69の4－6）、更に、法人の社宅等の敷地の用に供されていた宅地等は、当該法人の事業の用に供されていた宅地等に当たるものとされます（措法通達69の4－24）。

所 法 通 達

（寄宿舎等の貸付けによる所得）
26－8　事業所得を生ずべき事業を営む者が、当該事業に従事している使用人に寄宿舎等を利用させることにより受ける使用料に係る所得は、当該事業から生ずる所得に該当する。

措 法 通 達

（使用人の寄宿舎等の敷地）
69の4-6　被相続人等の営む事業に従事する使用人の寄宿舎等（被相続人等の親族のみが使用していたものを除く。）の敷地の用に供されていた宅地等は、被相続人等の当該事業に係る事業用宅地等に当たるものとする。

（法人の社宅等の敷地）
69の4-24　措置法第69条の4第3項第3号の要件の判定において、同号に規定する法人の社宅等（被相続人等の親族のみが使用していたものを除く。）の敷地の用に供されていた宅地等は、当該法人の事業の用に供されていた宅地等に当たるものとする。

第 57　借地権の意義

　借地権は、個人間において設定されるだけでなく、法人間、あるいは個人と法人との間においても設定されます。

　借地契約の当事者が個人である場合はもとより、借地契約の当事者が法人である場合であっても、その法人が発行した取引相場のない株式の価額を財産評価基本通達185《純資産価額》が定める純資産価額によって評価するに際し、その法人に係る借地権又は貸地の価額を評価する必要が生じます。

　個人と法人にわたる借地権の価額の評価方法を学習するに当たっては、法人税法と相続税法及び財産評価基本通達とでは、借地権に対する課税関係がそれぞれ異なるということを認識することが重要ですが、まずは、法人税法と相続税法及び財産評価基本通達においては、そもそも借地権そのものの定義が異なっているということから、学習することにします。

1　借地借家法における借地権の意義

　借地借家法２条《定義》は、次のとおり、借地権とは、「建物の所有を目的とする地上権又は土地の賃借権をいう。」と定義しています。

借 地 借 家 法

（定義）

第２条　この法律において、次の各号に掲げる用語の意義は、当該各号に定めるところによる。

一　借地権　建物の所有を目的とする地上権又は土地の賃借権をいう。

二　借地権者　借地権を有する者をいう。

三　借地権設定者　借地権者に対して借地権を設定している者をいう。

四　転借地権　建物の所有を目的とする土地の賃借権で借地権者が設定しているものをいう。

五　転借地権者　転借地権を有する者をいう。

2　相続税法における借地権の意義

　相続税法23条《地上権及び永小作権の評価》は、借地権の意義は借地借家法からの借用概念であることを前提に規定されています。

相続税法

> **（地上権及び永小作権の評価）**
> **第23条**　地上権（借地借家法（平成３年法律第90号）に規定する借地権又は民法第269条の２第１項（地下又は空間を目的とする地上権）の地上権に該当するものを除く。以下同じ。）及び永小作権の価額は、その残存期間に応じ、その目的となつている土地のこれらの権利を取得した時におけるこれらの権利が設定されていない場合の時価に、次に定める割合を乗じて算出した金額による。

　また、財産評価基本通達９《土地の上に存する権利の評価上の区分》の(5)は、借地権の意義につき、「借地権（借地借家法第22条《定期借地権》、第23条《事業用定期借地権等》、第24条《建物譲渡特約付借地権》及び第25条《一時使用目的の借地権》に規定する借地権（以下「定期借地権等」という。）に該当するものを除く。・・・」と定め、また、同通達９の(9)は、賃借権の意義につき、「賃借権（(5)の借地権、(6)の定期借地権等、(7)の耕作権及び(8)の温泉権に該当するものを除く。・・・）」と定めています。

3　法人税法における借地権の意義

⑴　上記１及び２に対し、次表に掲げる法人税法施行令137条《土地の使用に伴う対価についての所得の計算》は、「借地権（地上権又は土地の賃借権をいう。・・・）」と規定し、同法の固有概念によって借地権を定義しています。

　なお、同条の「地役権の設定」とは、財産評価基本通達９の(4)が定める区分地上権に準ずる地役権（地価税法施行令２条第１項）の設定を指しますので、ここでは触れません。

　したがって、以下において、単に「借地権」と表記する場合は借地借家法の借地権を指し、そうでない場合は「法人税法上の借地権」と表記します。

法人税法施行令

> **（土地の使用に伴う対価についての所得の計算）**
> **第137条**　借地権（地上権又は土地の賃借権をいう。以下この条において同じ。）若しくは地役権の設定により土地を使用させ、又は借地権の転貸その他他人に借地権に係る土地を使用させる行為をした内国法人については、その使用の対価として通常権利金その他の一時金（以下この条において「権利金」という。）を収受する取引上の慣行がある場合においても、当該権利金の収受に代え、当該土地（借地権者にあつては、借地権。以下この条において同じ。）の価額（通常収受すべき権利金に満たない金額を権利金として収受している場合には、当該土地の価額からその収受した金額を控除した金額）に照らし当該使用の対価として相当の地代を収受しているときは、当該土地の使用に係る取引は正常な取引条件でされたものとして、その内国法人の各事業年度の所得の金額を計算するものとする。

⑵　この法人税法施行令137条の規定する借地権の意義に関し、「法人税基本通達逐条解説（税務研究会出版局刊）」は、法基通13－1－1の【解説】において、次に掲げる説明をしています。

> 法人税法施行令第137条の借地権には、建物又は構築物（地下鉄、地下駐車場等地下の構築物を含む。）の所有を目的とする地上権又は賃借権だけでなく、何らの施設を設けないで物品置場、駐車場としての土地を更地のまま使用するものも含まれる。

　なお、法人税法上の借地権は、これを設定する土地の地目についての規定はしていませんが、財産評価基本通達は、次の4で触れるとおり、「借地借家法が規定する借地権」に係る地目を宅地とし、「法人税法上の借地権のうち、建物の所有を目的としない地上権又は土地の賃借権」に係る地目を雑種地として、これらを明確に区分しています。

⑶　もっとも、法人税法施行令137条が、このような意義により借地権の定義をしているとしても、次に掲げる法人税基本通達13－1－5《通常権利金を授受しない土地の使用》の定めのとおり、その土地の使用が通常権利金の授受を伴わないものであると認められるときは、権利金の認定は行われないものと解されます。

法 人 税 基 本 通 達

> **（通常権利金を授受しない土地の使用）**
> **13－1－5**　法人が権利金を収受することなしに他人に土地を使用させた場合において、これにより収受する地代の額が13－1－2に定める相当の地代の額に満たないときにおいても、その土地の使用の目的が単に物品置場、駐車場等として土地を更地のまま使用し、又は仮営業所、仮店舗等の簡易な建物の敷地として使用するものであるなどその土地の使用が通常権利金の授受を伴わないものであると認められるときは、13－1－3にかかわらず、権利金の認定は行わないことに留意する。
> （注）　この場合、法人が実際に収受している地代の額がその土地の使用の目的に照らして通常収受すべき地代の額に満たないときは、その満たないことにつき相当の理由があると認められるときを除き、その満たない部分の金額を借地人等に対して贈与したものとする。

　また、財産評価基本通達27《借地権の価額》も、「借地権の取引慣行があると認められる地域」にあることを前提にしていることを踏まえると（284ページ参照）、むしろこの法人税基本通達の解釈は当然の帰結であると考えられます。

　つまり、相続税法と法人税法とでは、借地権の意義は異なるものの、相続税又は贈与税の課税価格に算入される借地権の価額と法人税の所得金額の計算上贈与とされる権利金の額は、斯かる取引上の慣行があることを前提にしている点において一致します。

4 ┃ 評価通達における地目の区分

⑴　上記2のとおり、財産評価基本通達は、「建物の所有を目的とする地上権又は土地の賃借権」を借地権と定義しています。

　また、「宅地」とは、「建物の敷地及びその維持若しくは効用を果たすために必要な土地（不動産登記事務取扱手続準則68条）」を指しますので、借地権は、宅地の上に存する権利に該当します。そのため、借地権の評価については、財産評価基本通達の第2章「第2節　宅地及び宅地の上に存する権利」において定められています。

⑵　これに対し、構築物の敷地や資材置き場の用に供する目的の賃貸権は、単に「賃借権」と定義されています（評基通9⑼）。

　また、構築物の敷地や資材置き場の用に供されている土地などは「雑種地」に該当します（評基通7の⑩及び注書）。そのため、雑種地に係る地上権及び土地の賃借権の評価については、財産評価基本通達の第2章「第10節　雑種地及び雑種地の上に存する権利」において定められています。

5　まとめ

　上記1ないし4により、「法人税法上の借地権」と「相続税法（財産評価基本通達）上の借地権」の範囲を、これが設定される地目の別に区分すると、次表のようになります。

| 法人税法上の借地権 | ○ 地上権又は土地の賃借権
　建物又は構築物（地下鉄、地下駐車場等地下の構築物を含む。）の所有を目的とする地上権又は賃借権だけでなく、何らの施設を設けないで物品置き場、駐車場としての土地を更地のまま使用するものも含まれる。
　・法人税法施行令137条 | 相続税法上の借地権 | ○ 宅地の上に存する権利の評価
・評基通27《土地の上に存する権利の評価上の区分》
・評基通27《借地権の評価》
・評基通25《貸宅地の評価》 | ○ 建物の所有を目的とする地上権又は土地の賃借権

・借地借家法2条《定義》 |
| | | 土地の賃借権・地上権 | ○ 雑種地の上に存する権利の評価
・評基通86《貸し付けられている雑種地の評価》〜87《賃借権の評価》、87-4《土地の上に存する権利が競合する場合の賃借権又は地上権の評価》 | ○ 建物を所有する目的以外の地上権又は土地の賃借権

・相法23条《地上権及び永小作権の評価》 |

第 58　借地権の成立要件

　第57において触れたとおり、借地権とは、借地借家法２条に「建物の所有を目的とする地上権又は土地の賃借権をいう。」と定義されており、この規定が借地権の成立の要件です。

　この第58においては、借地権の成立の要件のほか、法人税法22条第２項の規定の「無償による役務の提供」と借地権との関り、「使用の対価として相当の地代を収受しているときは、当該土地の使用に係る取引は正常な取引条件でされたもの」とする法人税法施行令137条の規定の仕組み、さらには借地権の及ぶ範囲などの留意事項について解説をします。

1 ┃ 借地権の成立要件

（1）「建物の所有を目的とする」の意義

　借地借家法は、借地権とは、「建物の所有を目的とする地上権又は土地の賃借権をいう。」と定義しています。

　したがって、建物以外の工作物（注）を所有することを目的とし、あるいは青空駐車場、資材置き場などの用に供する目的で土地の賃貸借契約を締結する場合には、借地借家法の適用はありません（借地権は成立しません）。

> （注）「工作物」とは、建物、道路、橋梁、取水施設、モノレール、高架橋、プレビ塔、広告塔、配水池、トンネル、地下鉄、地下街及び駐車場など人工的作業によって地上、空中又は地下に設置されたすべての施設をいいます。

　また、この「建物の所有を目的とする」とは、「借地の主たる目的が建物の所有であること」を意味します。

　これらの借地権の成立要件となる「建物」及び「建物の所有を目的とする」の意義については、以下に掲げる点にご留意ください。

イ　「建物」の意義

　建物と判断するための講学上の基準は、次のとおりです。

> ① 定着性（土地に定着した建造物であること）
> ② 永続性（長期間にわたって存続する建造物であること）
> ③ 外気遮断性（屋根及び周壁又はこれに類するものを有すること）
> ④ 用途性（その目的とする用途に供することのできる状態にあること）
> ⑤ 取引性（不動産として取引の対象となること）

　もっとも、我が国の不動産登記及び固定資産税の実務では、以下の３要件を満たすものを不動産登記や固定資産税の対象となる建物としています。

- ・土地定着性：土地に永続的に定着していること
- ・外気遮断性：屋根及び三方以上の周壁があり、風雨をしのぐことができること
- ・用途性：目的とする用途に供し得る状態にあること

　不動産登記事務取扱手続準則77条《建物認定の基準》は、建物の認定の基準に関して、次に掲げる例示をしています。

不動産登記事務取扱手続準則

（建物認定の基準）

第77条　建物の認定に当たっては、次の例示から類推し、その利用状況等を勘案して判定するものとする。

（1）建物として取り扱うもの

- ア　停車場の乗降場又は荷物積卸場。ただし、上屋を有する部分に限る。
- イ　野球場又は競馬場の観覧席。ただし、屋根を有する部分に限る。
- ウ　ガード下を利用して築造した店舗、倉庫等の建造物
- エ　地下停車場、地下駐車場又は地下街の建造物
- オ　園芸又は農耕用の温床施設。ただし、半永久的な建造物と認められるものに限る。

（2）建物として取り扱わないもの

- ア　ガスタンク、石油タンク又は給水タンク
- イ　機械上に建設した建造物。ただし、地上に基脚を有し、又は支柱を施したものを除く。
- ウ　浮船を利用したもの。ただし、固定しているものを除く。
- エ　アーケード付街路（公衆用道路上に屋根覆いを施した部分）
- オ　容易に運搬することができる切符売場又は入場券売場等

　「課税のための家屋課税台帳に記入されているかどうかは課税に関する行政上の問題であって、借地上の建物の意義を定めるについて別段関係のないことがらである」とする判例（最判昭28.12.24民集7巻13号1633頁）もありますが、相続税の申告実務においては、これを覆すに足りる明確な証拠がない限りは、固定資産税の賦課がされていることを判断の基準にすれば足りるかと考えられます。

ロ　「建物の所有を目的とする」の意義　－借地の主たる目的－

　借地上に借主が建物を所有していても、それが借地の主たる目的でないときは、借地借家法の適用はありません。たとえ借地上に建物を所有する場合であっても、それが借地を利用する従たる目的に過ぎないときは「建物の所有を目的とする」には当たらないとされます。

　例えば、「ガソリンスタンドの経営を目的として賃貸借する」と約定された場合でも、倉庫や店舗兼事務所などの建物を所有することが多々ありますが、これらの建物は「従たる目的で所有する」ものと解釈されることになります。

　「建物の所有を目的とする借地か否か」で争われた裁判例としては、次のような事例があります。これらの事例の中には否定された事例と、反対に肯定された事例の双方があり、具体的な事例に当っては、この判断が難しい場合も多々あるかと思われます。

　　イ　ゴルフ練習場を目的とする場合（否定：最三判昭42.12.5）

　　ロ　バッティング練習場を目的とする場合（否定：最一判昭50.10.2）

　　ハ　自動車展示販売・修理を目的とする場合（否定：東京地判昭43.10.28・大阪高判昭
　　　54.7.19。⇒肯定：自動車修理工場等につき東京地判昭44.3.29）

　　二　作業場、物品・資材置場を目的とする場合（否定：東京高判昭53.4.28）

　　ホ　露天造船用を目的とする場合（否定：大判昭15.11.27）

　　ヘ　養鱒場、釣堀を目的とする場合（否定：宇都宮地判昭54.6.20・東京高判昭57.9.8）

　　ト　自動車教習所を目的とする場合（否定：最一判昭35.6.9・東京高判昭60.8.28。
　　　⇒肯定：最二判昭58.9.9・東京地判平2.6.27）

（2）地上権又は土地の賃借権

イ　地上権

　地上権は、民法が規定する物権の一種です。

　地上権を設定して土地を貸し付ける場合には、原則として、地主の許諾を得ずに、土地を転貸し、あるいは建物の建替えや地上権の譲渡をすることができます。

　また、地代の授受の約定があることは、地上権の設定の要件とはされていません。貸主は、一般的に、所有土地にこのような強い権利が設定されるのを嫌いますので、地上権を設定して借地しているケースは極めて稀です。

ロ　土地の賃借権

（イ）不動産賃借権の物権化（対抗力の付与）

　地上権による借地権の設定は、上記のような性質であるため、巷間における借地権は、ほとんどが賃貸借契約によるものです。

　債権である賃借権には対抗力がないため、いわゆる「地震売買」の横行を契機に建物保護法が制定され、借地人のみでもできる「建物の登記による対抗要件」が設けられるようになりました（不動産賃借権の物権化）。

　（注）　対抗力とは、物権や債権などの財産権に変動が生じた場合に、自己が権利者となっていることを第
　　　三者に対して主張することができる法律上の効力をいいます。
　　　　すなわち、不動産物権の変動は登記（民177条）、動産物権の変動は引渡し（民178条）がそれぞれ原
　　　則的な対抗要件ですが、賃貸借契約を締結した地主には、登記義務が課せられていません。

地震売買

　借地人に不当な地代の値上げを承諾させたり、追出しをはかる目的で地主が借地人のいる土地を仮装行為によって第三者に売却することを指します。

　特に日露戦争後の地価が高騰した時期に、患徳地主によって地震売買が頻繁に行われました。

　債権である不動産賃借権は第三者（新地主）に対抗することができないという民法の原則を利用するもので、借地上に建物を有する借地人はこれにより建物を撤去して借地を返還しなければならないため、地震が起ったのと同様の危険にさらされるのでこの名が生まれました。

　当時、このことが大きな社会問題となり、建物保護法（建物保護ニ関スル法律）が制定される契機となりました。この建物保護法は平成３年の借地借家法の制定によって廃止され、その規定は借地借家法10条《借地権の対抗力》に引継がれています。

借地借家法

（借地権の対抗力）
第10条　借地権は、その登記がなくても、土地の上に借地権者が登記されている建物を所有するときは、これをもって第三者に対抗することができる。
2　前項の場合において、建物の滅失があっても、借地権者が、その建物を特定するために必要な事項、その滅失があった日及び建物を新たに築造する旨を土地の上の見やすい場所に掲示するときは、借地権は、なお同項の効力を有する。ただし、建物の滅失があった日から二年を経過した後にあっては、その前に建物を新たに築造し、かつ、その建物につき登記した場合に限る。

（ロ）使用貸借と賃貸借

　使用貸借と賃貸借に関する民法の規定は、次表のとおりです。

民法

（使用貸借）
第593条　使用貸借は、当事者の一方がある物を引き渡すことを約し、相手方がその受け取った物について無償で使用及び収益をして契約が終了したときに返還をすることを約することによって、その効力を生ずる。
（賃貸借）
第601条　賃貸借は、当事者の一方がある物の使用及び収益を相手方にさせることを約し、相手方がこれに対してその賃料を支払うこと及び引渡しを受けた物を契約が終了したときに返還することを約することによって、その効力を生ずる。

　この使用貸借と賃貸借の区分に関しては、例えば、借主が「地代」の支払いはしていないものの、固定資産税や不動産の所有者と同居してその生活費の一部を負担していた事案につき、それらの支払いが、「不動産の使用収益に対する対価の意味をもつと認めるに足りる特段の事情が窺われないから」、その契約は賃貸借契約ではなく、使用貸借契約であるという判断がされた裁判例（最高裁判所昭41年10月27日）があります。

（ハ）当事者の双方が個人である場合の土地の貸借

　A　賃貸借契約による土地の貸借

　土地の賃借権であることが借地借家法上の借地権の成立要件ですから、賃貸借契約による土地の貸借は、「借地権の設定」に該当します。

　したがって、借地権の設定に際し通常権利金を支払う取引上の慣行のある地域において、通常の地代（その地域において通常の賃貸借契約に基づいて通常支払われる地代をいいます。以下同じ。）を支払うことにより、個人間で借地権の設定があった場合又は通常の地代が授受されている借地権若しくは貸宅地の相続、遺贈又は贈与があった場合には、相続税法基本通達及び相続税財産評価に関する基本通達等の取扱いが適用されます。

　この場合の借地権の価額については、「第59　借地権の価額」（284ページ）を参照してください。

　B　相当の地代を支払うなどの特殊な土地の貸借

　借地権の設定された土地について権利金の支払に代えて相当の地代を支払うなどの特殊な借地契約により貸す場合には、昭和60年6月5日付課資2-58外（例規）「相当の地代を支払っている場合等の借地権等についての相続税及び贈与税の取扱いについて」通達（300ページの【参考資料】参照。）が適用されます。

　この場合の借地権の価額については、「第60　相当の地代を支払っている場合等の借地権等の価額」（287ページ）を参照してください。

　C　使用貸借契約による土地の貸借

　土地の使用貸借は、「借地権の設定」には該当しませんので、当事者の双方が個人である場合の土地の使用貸借による権利関係については、後掲の【参考資料】（281ページ）の「昭和48年11月1日付 直資2-189外（例規）「使用貸借に係る土地についての相続税及び贈与税の取扱いについて」が適用されます。

　なお、この通達は、「借地権の使用貸借に関する確認書」や「借地権者の地位に変更がない旨の申出書」を提出することによる特別な取扱いを定めていますので、その詳細についてご確認ください。

（二）当事者の一方又は双方が法人である場合の土地の貸借

　A　使用貸借又は通常収受すべき地代の額による土地の貸借

（A）法人税法22条第2項は、「無償による役務の提供」に係る収益の額を益金の額に算入することとし、使用貸借契約によって土地を貸し付ける場合は、通常収受すべき地代の額を

　いったん収受した上で、その収受した地代相当額を相手方（借地人）に対して贈与したものとして課税関係が形成されます。

　したがって、当事者の一方又は双方が法人である場合の土地の貸借においては、原則として、使用貸借は認められません（例外として、次のＢの「土地の無償返還に関する届出書」による使用貸借の制度が認められています。）。

法人税法

> **第22条**
> ２　内国法人の各事業年度の所得の金額の計算上当該事業年度の益金の額に算入すべき金額は、別段の定めがあるものを除き、資産の販売、有償又は無償による資産の譲渡又は役務の提供、無償による資産の譲受けその他の取引で資本等取引以外のものに係る当該事業年度の収益の額とする。

　この法人の土地の使用貸借に係る課税関係については、「第57　借地権の意義」の３の⑶（268ページ）に掲げた法人税基本通達13－1－5《通常権利金を授受しない土地の使用》の（注）が、「法人が実際に収受している地代の額がその土地の使用の目的に照らして通常収受すべき地代の額に満たないときは、その満たないことにつき相当の理由があると認められるときを除き、その満たない部分の金額を借地人等に対して贈与したものとする。」と示しています。

（「立法趣旨法人税法の解釈」29ページ武田昌輔著 財経詳報社刊）

　この点に関し、武田昌輔著 財経詳報社刊「立法趣旨法人税法の解釈」29ページ以下に、純経済的合理人である法人の益金の額に算入される「無償による資産の譲渡」に関してではありますが、斯かる法人税法の考え方につき次の解説がされています。

　「・・・まず資産を贈与した側においては対価が存しないのであるから収益の生ずるはずがないとする見解がある。これに対して、いわば経済的にみれば、贈与したことは、譲渡価額に相当する価値の流出があったことになるから、そこに収益の発生ないし実現があったものとするものである。通常比喩的には、その資産をいったん時価で売却することによって収益が実現し、ついで時価相当額の現金による贈与があったものとするのである。この点についての説明の方法は別として、要するに、「その資産が所有者の支配を離れて他に移転するのを機会にこれを清算して課税する趣旨のものと解する」とする考え方が判決（最高裁昭43.10.31判決）に示されている。そしてこの無償による資産の譲渡からも収益が生ずるとみることは判決において支持されている。しかし、企業会計においてこのような考え方は、必ずしも支持されているわけではない。・・・例えば、昭和41年5月、日本会計研究学会、税務会計特別委員会意見では、「企業会計では、・・・無償譲渡をした場合に資産の適正時価をもって収益を計上する経理は通常採用されていない。・・・法人税法の考え方

を企業会計上採用するかどうかについては、収益の本質をいかに理解するかの根本問題に関連するものであるから、今後慎重に検討されるべきものと思われる」としているところである。」

したがって、借地権の設定に際し通常権利金を支払う取引上の慣行のある地域において、当事者の一方又は双方が法人である場合の土地の使用貸借については、「通常収受すべき地代の額」による「借地権の設定」があったものとされますので、通常収受すべき地代の額による土地の賃貸借の場合と同じように、それらの借地権又は貸宅地の評価については、上記（ハ）のAに掲げた取扱いに準じて、相続税法基本通達及び財産評価基本通達等の取扱いが適用されます。

　（注）斯かる法人税法における借地権に関する解釈は、借地借家法における借地権の解釈とは一致しませんので、ご注意ください。

（B）上記（ハ）で述べた当事者の双方が個人である場合の土地の使用貸借と当事者の一方又は双方が法人である場合の土地の使用貸借との間においては、このように大きな差が生じます。

　これは、自然人である個人の場合は、①経済的合理性をもって取引（売買、賃貸借、交換、雇用等の有償による役務の提供などの取引）をする生活関係のみならず、②人情や友情、愛情など非経済的・非合理性をもって取引（贈与、使用貸借、家事労働等の無償による役務の提供などの取引）をする生活関係をも営むことから、相税法上は、そのいずれの生活関係においても取引が行われることを前提として課税関係が形成されます。

　つまり、個人の「①経済的合理性をもって取引がなされる生活関係から生じた純資産の増加」を課税の対象とするのが所得税法であり、これに対し、「②人情や友情、愛情など非経済的・非合理性をもって取引がされる生活関係から生じた純資産の増加」を課税の対象とするのが相続税法です。

　そのため、相続税法が適用される領域において、当事者の双方が個人である場合の土地の賃貸借には、借地借家法の規定が適用され、土地の借受者はその土地に借地権を取得しますので、借地権の取得の対価として権利金等の授受がされない場合には、相続税法9条の規定により、当該土地の所有者から当該土地に係る借地権の価額に相当する利益を受けたものとして、土地の借受者に対して贈与税が課されます。

　他方、土地の使用貸借の場合（非経済的・非合理性をもってする生活関係）においては、土地の借受者に純資産の増加（借地権の取得）がなく、この取引に対しては、昭和48年11月1日付 直資2−189外「使用貸借に係る土地についての相続税及び贈与税の取扱いについて」通達が適用されます。

　これに対し、純経済的合理性をもって取引行為をなすべき法人には、原則として、非経済的・非合理性をもってされる生活関係は認められません。

すなわち、第三者間で土地の賃貸借が行われる場合には、通常の地代を授受し、また、借地権の取引慣行のある地域であれば借地権利金が授受されることからしても、純経済的合理性をもって取引行為をなすべき法人については、原則として、無償で土地の貸借をすることは認められず、もし無償で土地が貸し付けられたとしても、その取引は賃貸借契約であることを前提に、「土地の借受者に係る地代の支払義務を債務免除（贈与）した」ものとして、借地権利金に対する認定課税をするのが、法人税法の基本的な考え方です。

B　「土地の無償返還に関する届出書」の提出又は相当の地代を収受するなどの特殊な土地の貸借

次の（A）又は（B）に掲げる特殊な土地の貸借が行われる場合の借地権又は貸宅地の評価については、昭和60年６月５日付課資2-58外（例規）「相当の地代を支払っている場合等の借地権等についての相続税及び贈与税の取扱いについて」通達（300ページ）が適用されます。

（A）　法人税法施行令137条が規定する「相当の地代」が授受される土地の貸借

借地権の設定に際し通常権利金を支払う取引上の慣行のある地域においては、一般的には「通常の地代」が収受されます。

これに対し、法人税法施行令137条《土地の使用に伴う対価についての所得の計算》は、「・・・その使用の対価として通常権利金・・・を収受する取引上の慣行がある場合においても、当該権利金の収受に代え、当該土地・・・の価額・・・に照らし当該使用の対価として相当の地代を収受しているときは、当該土地の使用に係る取引は正常な取引条件でされたものとして、その内国法人の各事業年度の所得の金額を計算するものとする。」と規定しており（「第57」の３（267ページ）参照。）、相当の地代を収受してされる土地の貸借は、特殊な取引であるということができます。

この法人税法施行令137条の規定は、地代の額を収入の源泉として、これを資本還元することによって求めた底地価額から、借地権の価額（権利金の額）を算定する仕組みによっているといえます。

この仕組みを計算式によって示すと、「第60」の１に掲げる【算式】であり、地代の額が徐々に高くなって「相当の地代の年額」にまで達すると、権利金の額（借地権の価額）は零円になる、という計算の仕組みです。

したがって、これとは逆に地代の額が「相当の地代の年額」を下回り、これが「通常の地代の年額」に到るにしたがって、権利金の額（借地権の価額）は徐々に高くなります。

（注）　地代の額が、「通常の地代の年額」を下回り、「使用貸借に相当する地代の年額」に達するまでの額でなされる土地の貸借に係る取扱いは、上記Aに掲げています。

（B）　「土地の無償返還に関する届出書」について

法人税基本通達13−１−７《権利金の認定見合せ》の定めによる「土地の無償返還に関する届出書」が提出されている場合の借地権又は貸宅地の評価については、昭和60年６月５日付課資2-58外（例規）「相当の地代を支払っている場合等の借地権等についての相続税及び贈与税の取扱いについて」通達（300ページ）が適用されます。

　会社が借地権の設定により他人に土地を使用させた場合に、たとえ土地の貸借の当事者が関係会社や会社の代表者といった間柄であっても、法律上はそれぞれ独立した人格を有するのであるから、すべては第三者間における取引と同様の純経済的合理性によってその間の取引が行われて然るべきであるとの観点から、第三者間であれば借地権利金を授受することが通常の取引慣行として成立しているのであれば、関係会社や会社の代表者との取引であっても、これと同様の取引をするべきであるといった考え方に基づいて、通常収受すべき借地権利金を収受せず、しかもその収受する地代の額が相当の地代に満たないときは、原則として借地権利金の認定課税をするのが、原則とされます。

　こうした原則的な考え方は、必ずしも純経済的合理性を持って行動するとは限らない個人間において土地の貸借が行われる場合の考え方と大いに異なる点であって、この点に関しては、上記A（274ページ）において、当事者の一方又は双方が法人である場合の土地の貸借においては、原則として、使用貸借は認められないという、法人税法の基本的な考え方について触れました。

　しかしながら、このような法人税法の基本的な考え方に対し、たとえ法人が純経済的合理性をもって取引をするとはいえ、例えば、会社がその工場等の敷地内に労働組合のために事務局用の建物を建築するのを認め、或いは子会社のために工場用建物等の建築を認めるといった取引事例が見受けられ、このような事例の場合には、その地域における通常の地代の額で貸し付けられ、借地権利金の授受もなく、また、将来、借地を返還する場合に借地人も取り立てて借地権に係る権利主張もしないのが通常で、いわばこれらのことについて当事者間での黙示の合意が存在しているというべき土地貸借の取引実態が認められます。

　こうした土地貸借の取引実態に照らせば、特殊関係者間における取引について、常に「借地権利金の認定」という方法だけで課税関係を処理するのは、経済実態にそぐわない面があると認められ、また、土地を無償で貸し付ける場合に、「借地権の認定課税をする方法」に代えて、「授受すべき地代の認定をする方法」もあり得るという考え方に基づき、昭和55年12月25日付直法2－15「法人税基本通達等の一部改正について」により、「土地の無償返還に関する届出書」を提出することを条件に、無償で土地の借地が行われても借地権の認定課税は行なわず、これに代えて地代の認定をする方法により税務上の処理をすることとし、土地を無償で返還することを前提に使用貸借を認める取扱いが創設されました。

　この「土地の無償返還に関する届出書」の制度は、借地権課税に係る法人税法の取扱いの大きな転換点といえるでしょう。

2 ┃ 借地権の及ぶ範囲

　借地権の及ぶ範囲に関する次の質疑応答事例は、実務上の重要な事項です。

　この借地権の及ぶ範囲の判断においては、まずは賃貸借契約の約定がどのようになっているかを確認することです。地代の積算根拠などの約定が重要な基準となる場合もあります。

　しかし、賃貸借契約書を作成していないケースや、かつて作成したもののその行方が不明なケース、作成はしてあるもののその範囲が明記されていないものなど、様々なケースが想定されます。

　そのような場合は、門や塀、生垣、フェンスなどによって区切られている現況から、その範囲を合理的に確定しなければなりません（法律行為の解釈）。

　しかし、そうした区切りすらない場合、例えば、複数の所有者の建物が存在する場合には、その建物の配置により、共用となっている敷地部分をそれぞれの建物の建築面積の比によって按分し、あるいは、建物の建築面積（建坪）を建蔽率で除して借地面積を求めるといった方法に拠らざるを得ない場合もあります。

　なお、こうした確定作業をする上で、次の質疑応答事例は、借地権の範囲を定めるに当って、指針となるべき考え方を示すものです。

質 疑 応 答 事 例　　　　　　　　　　　　　　　　（国税庁ホームページ）

借地権の及ぶ範囲

【照会要旨】　郊外にあるレストランやパチンコ店のように、賃借した広い土地を建物の敷地と駐車場用地とに一体として利用している場合には、その土地全体に借地権が及ぶものとして評価してよいのでしょうか。

【回答要旨】　借地権の及ぶ範囲については、必ずしも建物敷地に限られるものではなく、一律に借地権の及ぶ範囲を定めることは実情に沿いません。借地権の及ぶ範囲は、借地契約の内容、例えば、権利金や地代の算定根拠、土地利用の制限等に基づいて判定することが合理的であると考えられます。

　なお、建物の敷地と駐車場用地とが、不特定多数の者の通行の用に供されている道路等により物理的に分離されている場合には、それぞれの土地に存する権利を別個に判定することとなります。

【関係法令通達】　財産評価基本通達27

3 ┃ 相互に借地権の設定がないものとされる場合

　共同で建物を建築する場合の借地権の設定に関しては、財産評価関係の質疑応答事例として取り上げられるのですが、この取扱いは、次の所得税基本通達33−15の2及び法人税基本通達13−1−6にそれぞれ定めがされています。

　○　**所得税基本通達**

（共同建築の場合の借地権の設定）

33−15の2　一団の土地の区域内に土地（土地の上に存する権利を含む。以下この項において同じ。）を有する2以上の者が、その一団の土地の上に共同で建築した建物を区分所有し、又は共有する場合における令第79条の規定の適用については、次に掲げる場合の区分に応じ、それぞれ次により取り扱う。

（1）各人の所有する土地の面積又は価額の比（以下この項において「土地の所有割合」という。）と各人の区分所有する部分の建物の床面積（当該建物の階その他の部分ごとに利用の効用が異なるときは、当該部分ごとに、その異なる効用に係る適正な割合を勘案して算定した床面積）の比又は共有持分の割合（以下この項において「建物の所有割合」という。）とがおおむね等しい場合　　相互に借地権の設定はなかったものとする。

（2）上記（1）以外の場合　　建物の所有割合が土地の所有割合に満たない者の当該満たない割合に対応する部分の土地についてのみ貸付けが行われたものとする。

　○　**法人税基本通達**

（共同ビルの建築の場合）

13−1−6　一団の土地の区域内に土地を有する2以上の者が、当該一団の土地の上に共同で建物を建築し、当該建物を区分所有する場合において、各人の所有する部分の床面積の比（当該建物の階その他の部分ごとに利用の効用が異なるときは、当該部分ごとに、その異なる効用に係る適正な割合を勘案して算定した床面積の比とする。以下13−1−6において同じ。）が当該各人の所有地の面積の比又は価額の比とおおむね等しいときは、相互に借地権の設定等はなかったものとして取り扱う。

　当該2以上の者が当該建物を共有する場合についても、同様とする。

（注）　各人の所有する部分の床面積の比が当該各人の所有地の面積の比又は価額の比と相当程度以上異なる場合には、その差に対応する部分の土地につき借地権の設定等があったものとして取り扱うのであるから留意する。

【参考資料】「使用貸借に係る土地についての相続税及び贈与税の取扱いについて」

（昭和48年11月１日付 直資2-189外（例規））

直資2-189（例規）

直所2-76

直法2-92

昭和48年11月１日

国税局長　殿

沖縄国税事務所長　殿

国税庁長官

　　　　使用貸借に係る土地についての相続税及び贈与税の取扱いについて

　標題のことについては、次のとおり定め、今後処理するものからこれによることとしたので、通達する。

　なお、この取扱いは、個人間の貸借関係の実情を踏まえて定めたものであるから、当事者のいずれか一方が法人である場合のその一方の個人については、原則として、従来どおり法人税の取扱いに準拠して取り扱うこととなることに留意されたい。

（趣旨）

　建物又は構築物の所有を目的とする使用貸借に係る土地に関する相続税及び贈与税の取扱いについて所要の整備を図ることとしたものである。

記

（使用貸借による土地の借受けがあった場合）

１　建物又は構築物（以下「建物等」という。）の所有を目的として使用貸借による土地の借受けがあった場合においては、借地権（建物等の所有を目的とする地上権又は賃借権をいう。以下同じ。）の設定に際し、その設定の対価として通常権利金その他の一時金（以下「権利金」という。）を支払う取引上の慣行がある地域（以下「借地権の慣行のある地域」という。）においても、当該土地の使用貸借に係る使用権の価額は、零として取り扱う。

　　この場合において、使用貸借とは、民法（明治29年法律第89号）第593条に規定する契約をいう。したがって、例えば、土地の借受者と所有者との間に当該借受けに係る土地の公租公課に相当する金額以下の金額の授受があるにすぎないものはこれに該当し、当該土地の借受けについて地代の授受がないものであっても権利金その他地代に代わるべき経済的利益の授受のあるものはこれに該当しない。

（使用貸借による借地権の転借があった場合）

２　借地権を有する者（以下「借地権者」という。）からその借地権の目的となっている土地の全部又は一部を使用貸借により借り受けてその土地の上に建物等を建築した場合又は借地権の目的となっている土地の上に存する建物等を取得し、その借地権者からその建物等の敷地を使用貸借により借り受けることとなった場合においては、借地権の慣行のある地域においても、当該借地権の使用貸借に係る使用権の価額は、零として取り扱う。

　　この場合において、その貸借が使用貸借に該当するものであることについては、当該

使用貸借に係る借受者、当該借地権者及び当該土地の所有者についてその事実を確認するものとする。

（注）1　上記の確認に当たっては、別紙様式1「借地権の使用貸借に関する確認書」を用いる。

　　　2　上記確認の結果、その貸借が上記の使用貸借に該当しないものであるときは、その実態に応じ、借地権又は転借権の贈与として贈与税の課税関係を生ずる場合があることに留意する。

（使用貸借に係る土地等を相続又は贈与により取得した場合）

3　使用貸借に係る土地又は借地権を相続（遺贈及び死因贈与を含む。以下同じ。）又は贈与（死因贈与を除く。以下同じ。）により取得した場合における相続税又は贈与税の課税価格に算入すべき価額は、当該土地の上に存する建物等又は当該借地権の目的となっている土地の上に存する建物等の自用又は貸付けの区分にかかわらず、すべて当該土地又は借地権が自用のものであるとした場合の価額とする。

（使用貸借に係る土地等の上に存する建物等を相続又は贈与により取得した場合）

4　使用貸借に係る土地の上に存する建物等又は使用貸借に係る借地権の目的となっている土地の上に存する建物等を相続又は贈与により取得した場合における相続税又は贈与税の課税価格に算入すべき価額は、当該建物等の自用又は貸付けの区分に応じ、それぞれ当該建物等が自用又は貸付けのものであるとした場合の価額とする。

（借地権の目的となっている土地を当該借地権者以外の者が取得し地代の授受が行われないこととなった場合）

5　借地権の目的となっている土地を当該借地権者以外の者が取得し、その土地の取得者と当該借地権者との間に当該土地の使用の対価としての地代の授受が行われないこととなった場合においては、その土地の取得者は、当該借地権者から当該土地に係る借地権の贈与を受けたものとして取り扱う。ただし、当該土地の使用の対価としての地代の授受が行われないこととなった理由が使用貸借に基づくものでないとしてその土地の取得者からその者の住所地の所轄税務署長に対し、当該借地権者との連署による「当該借地権者は従前の土地の所有者との間の土地の賃貸借契約に基づく借地権者としての地位を放棄していない」旨の申出書が提出されたときは、この限りではない。

（注）1　上記の「土地の使用の対価としての地代の授受が行われないこととなった場合」には、例えば、土地の公租公課に相当する金額以下の金額の授受がある場合を含み、権利金その他地代に代わるべき経済的利益の授受のある場合は含まれないことに留意する（以下7において同じ。）。

　　　2　上記の申出書は、別紙様式2「借地権者の地位に変更がない旨の申出書」を用いる。

（経過的取扱い―土地の無償借受け時に借地権相当額の課税が行われている場合）

6　従前の取扱いにより、建物等の所有を目的として無償で土地の借受けがあった時に当該土地の借受者が当該土地の所有者から当該土地に係る借地権の価額に相当する利益を受けたものとして当該借受者に贈与税が課税されているもの、又は無償で借り受けている土地の上に存する建物等を相続若しくは贈与により取得した時に当該建物等を相続若しくは贈与により取得した者が当該土地に係る借地権に相当する使用権を取得したもの

として当該建物等の取得者に相続税若しくは贈与税が課税されているものについて、今後次に掲げる場合に該当することとなったときにおける当該建物等又は当該土地の相続税又は贈与税の課税価格に算入すべき価額は、次に掲げる場合に応じ、それぞれ次に掲げるところによる。

（1）　当該建物等を相続又は贈与により取得した場合　当該建物等の自用又は貸付けの区分に応じ、それぞれ当該建物等が自用又は貸付けのものであるとした場合の価額とし、当該建物等の存する土地に係る借地権の価額に相当する金額を含まないものとする。

（2）　当該土地を相続又は贈与により取得した場合　当該土地を相続又は贈与により取得する前に、当該土地の上に存する当該建物等の所有者が異動している場合でその時に当該建物等の存する土地に係る借地権の価額に相当する金額について相続税又は贈与税の課税が行われていないときは、当該土地が自用のものであるとした場合の価額とし、当該建物等の所有者が異動していない場合及び当該建物等の所有者が異動している場合でその時に当該建物等の存する土地に係る借地権の価額に相当する金額について、相続税又は贈与税の課税が行われているときは、当該土地が借地権の目的となっているものとした場合の価額とする。

（経過的取扱い―借地権の目的となっている土地をこの通達の施行前に当該借地権者以外の者が取得している場合）

7　この通達の施行前に、借地権の目的となっている土地を当該借地権者以外の者が取得し、その者と当該借地権者との間に当該土地の使用の対価としての地代の授受が行われないこととなったもの（この通達の施行後に処理するものを除く。）について、今後次に掲げる場合に該当することとなったときにおける当該土地の上に存する建物等又は当該土地の相続税又は贈与税の課税価格に算入すべき価額は、次に掲げる場合に応じ、それぞれ次に掲げるところによる。

（1）　当該建物等を相続又は贈与により取得した場合　当該建物等の自用又は貸付けの区分に応じ、それぞれ当該建物等が自用又は貸付けのものであるとした場合の価額とし、当該建物等の存する土地に係る借地権の価額に相当する金額を含まないものとする。

（2）　当該土地を相続又は贈与により取得した場合　当該土地を相続又は贈与により取得する前に、当該土地の上に存する当該建物等の所有者が異動している場合でその時に当該建物等の存する土地に係る借地権の価額に相当する金額について相続税又は贈与税の課税が行われていないときは、当該土地が自用のものであるとした場合の価額とし、当該建物等の所有者が異動していない場合及び当該建物等の所有者が異動している場合でその時に当該建物等の存する土地に係る借地権の価額に相当する金額について相続税又は贈与税の課税が行われているときは、当該土地が借地権の目的となっているものとした場合の価額とする。

第 **59** 借地権の価額

　借地借家法２条《定義》は、次のとおり、借地権とは、「建物の所有を目的とする地上権又は土地の賃借権をいう。」と定義しています。

1 評価通達が定める借地権の価額

　財産評価基本通達が定める借地権は、建物の所有を目的とする地上権又は土地の賃借権をいい、同通達27《借地権の評価》が、借地権の設定に際し通常権利金を支払う取引上の慣行のある地域において、通常の地代を支払うことにより借地権の設定があった場合又は通常の地代が授受されている借地権若しくは貸宅地の相続、遺贈又は贈与があった場合における評価方法を定めています。

　通常の地代を上回る額の地代が授受されている借地権等の評価方法については、「第60　相当の地代を支払っている場合等の借地権等の価額」（287ページ）を参照してください。

財 産 評 価 基 本 通 達

> **（借地権の価額）**
> 　**27**　借地権の価額は、その借地権の目的となっている宅地の自用地としての価額に、当該価額に対する借地権の売買実例価額、精通者意見価格、地代の額等を基として評定した借地権の価額の割合（以下「借地権割合」という。）がおおむね同一と認められる地域ごとに国税局長の定める割合を乗じて計算した金額によって評価する。ただし、借地権の設定に際しその設定の対価として通常権利金その他の一時金を支払うなど借地権の取引慣行があると認められる地域以外の地域にある借地権の価額は評価しない。（昭41直資３－19・平３課評２－４外改正）

2 借地権の設定に際し通常権利金を支払う取引上の慣行のある地域における借地権

（1）借地権の評価

　財産評価基本通達27が定める「借地権の設定に際し通常権利金その他の一時金を支払う取引上の慣行のある地域」とは、実務上、借地権割合が30％以上の地域を指します。この借地権割合が30％以上の地域とは、倍率地域にあっては、評価倍率表に借地権割合の表示がある地域が該当し、また、路線価地域にあっては、路線価図の路線価の右横に「Ａ」～「Ｇ」のアルファベット表示のある路線に面する地域がこれに該当します。

この借地権の価額は、次の算式により評価します。

> 【算式】　宅地の自用地価額×借地権割合＝借地権の価額

（注）算式中の「借地権割合」は、次図のとおり、「倍率地域」と「路線価地域」では、その表示方法が異なります。

■「借地権割合」が30％以上の地域の確認方法

●「倍率地域」における「借地権割合」の確認 ⇒《倍率表》で確認する。

倍率地域における「借地権割合」は、『評価倍率表』に借地権割合の表示欄が設けられていて、借地権割合がある地域ごとに表示されています。

●「路線価地域」における「借地権割合」の確認⇒《路線価図》で確認する。

路線価地域における「借地権割合」は、その地域の路線価とともに、「A（90％）」ないし～「G（30％）」の記号により表示されています。

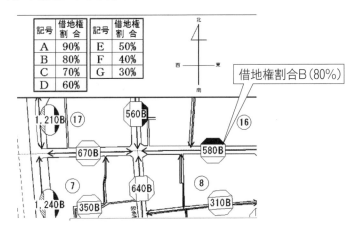

（2）借地権の目的となっている宅地の価額

借地権の目的となっている宅地の価額は、次の算式により評価します（評基通25⑴）。

> 【算式】
> 宅地の自用地価額×（１－借地権割合）＝借地権の目的となっている宅地の価額

3 借地権の設定に際し通常権利金を支払う取引上の慣行のある地域以外の地域における借地権

（1）借地権の評価

借地権の設定に際し通常権利金その他の一時金を支払う取引上の慣行のある地域以外の地域、つまり借地権割合が30％未満の地域における借地権は、上記の財産評価基本通達27ただし書きの定めにより、相続税等の課税価格に算入されません。

（注）借地権割合が30％未満の地域における借地権は、次の「第60」の**4**の⑵（292ページ）に掲げる「（昭和39年4月25日）相続税財産評価に関する基本通達」32《課税価格に算入しない借地権等》（1）の定めのとおり、相続税及び贈与税の課税価格に算入されません。

この基本通達32は、「平3課評2－4外一部改正」により削除されましたが、この取扱いは、上記**1**に掲げる財産評価基本通達27《借地権の価額》にただし書きを定めることにより継承されました。

このただし書きの定めによって、むしろ分かり難くなったのですが、借地権割合が30％未満の地域は、評価倍率表においては「借地権割合」欄に「－」によって表記され、また、路線価図においてはアルファベット表記がされていない地域がこれに該当します。

（2）借地権の目的となっている宅地の価額

上記**1**のとおり、借地権の設定に際し通常権利金その他の一時金を支払う取引上の慣行のある地域以外の地域における借地権は、相続税等の課税価格に算入されません。

しかし、この地域における借地権の目的となっている宅地の評価に当たっては、自用地の価額から借地権割合を20％として計算した借地権価額を控除して評価します（評基通25⑴括弧書）。

第60　相当の地代を支払っている場合等の借地権等の価額

　昭和60年6月5日付課資2-58外「相当の地代を支払っている場合等の借地権等についての相続税及び贈与税の取扱いについて（この第60において、「60年通達」といいます。」（300ページの【参考資料】参照。）は、借地権の設定された土地について権利金の支払いに代えて相当の地代を支払うなどの特殊な場合の相続税及び贈与税の取扱いを定めたものです。

　この通達は、詳細に評価方法を定めていますので、その内容を確認しながら評価をするようにしてください。

　この第60においては、この通達を正しく読み解くための注意事項などについて触れることにします。

1　「法基通13－1－3」の算式と「60年通達」の算式の仕組み

　法人税基本通達13－1－3に定める算式と、60年通達に定める算式は異なっており、これが法人税と相続税の取扱いの理解を難しくする要因の一つになっていると考えられます。

> （注）これらの算式は、相続税及び贈与税にあっては相続税評価額（地代の年額の計算に当っては当該価額の過去3年の平均額）を基に計算しますが、法人税の場合は、通常の取引価額、地価公示価格の比準額、相続税評価額（当年の価額又は当該価額の過去3年の平均額）の4種の価額のいずれかを基に計算することができる点においても異なります（「平成元年3月30日付 直法2－2外」）。

　結論から述べると、これらの通達に定める算式の見掛けは異なるのですが、次の図で示すとおり、借地権の価額又は権利金の認定額を計算する上においては、計算の基となる価額に同じ数値を代入すると同じ価額が算定される仕組みになっています。

○　法人税基本通達13－1－3《相当の地代に満たない地代を収受している場合の権利金の認定》に定める算式

> 【算　式】
>
> $$土地の更地価額 \times \left(1 - \frac{実際に収受している地代の年額}{13-1-2に定める相当の地代の年額} \right)$$

○　昭和60年6月5日付直資2－58外「相当の地代を支払っている場合等の借地権等についての相続税及び贈与税の取扱いについて」に定める算式

> 【算　式】
>
> $$自用地としての価額 \times \left[借地権割合 \times \left(1 - \frac{実際に支払っている地代の年額 - 通常の地代の年額}{相当の地代の年額 - 通常の地代の年額} \right) \right]$$

【算　式】

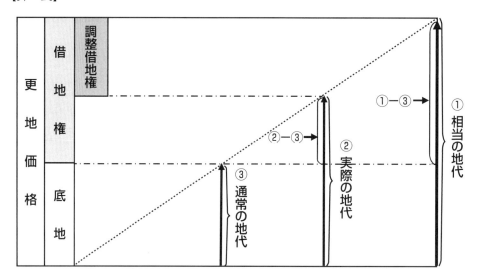

　すなわち、このような算式の違いは、「第57　借地権の意義」で触れたとおり、法人税法と相続税法上の借地権の意義が異なるためであって、法人税基本通達13－1－3は、法人税法上の借地権（地上権又は土地の賃借権）の価額を算定するために、更地価額を基に権利金の認定額を求める算式になっています。

　したがって、更地価額に「相当の地代（①）」対する「実際の地代（②）」が占める割合（底地割合）を乗じて求めた底地価額から、「調整借地権の価額」を計算する算式です。

　これに対し、60年通達は、借地借家法が定義する借地権（建物の所有を目的とする地上権又は土地の賃借権）の価額を求めるために、借地権の価額に「相当の地代から通常の地代を控除した額（①－③）」に対する「実際の地代から通常の地代を控除した額（②－③）」の占める割合を乗じて求めた底地価額から、「調整借地権の価額」を計算する算式です。

　このように60年通達の算式は、借地借家法が定義する借地権に限ってその価額を算定するものですから、「実際に支払っている地代の年額」が「通常の地代の年額」以下となる場合には、その計算が成り立たないように措置されています。

　つまり、法人税法上の借地権と相続税法上の借地権とが折り重なる部分（つまり、「借地借家法にいう借地権」の価額）の評価において、この算式は一致し、相互の調整が図られています。

【60年通達の算式】

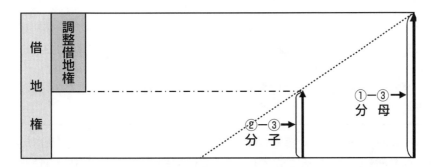

2　雑種地の上に存する権利の価額（雑種地の賃借権の価額）

　法人税法上の借地権には「雑種地の上に存する権利」が含まれますので、理論的には、法人税基本通達13－1－3の算式は、雑種地の上に存する権利の価額についても適用され、「実際に支払っている地代の年額」が「通常の地代の年額」以下となる場合であっても、その計算は成り立つように措置されています。

　しかしながら、その土地の使用が通常権利金の授受を伴わない雑種地の上に存する賃借権の設定に際しての権利金の認定額とすることは、借地取引の実態に即したものとはいえません。　　　　　　　　　　　　　　⇒法人税基本通達13－1－5参照（268ページ）

　また、60年通達が発遣された当時の「相続税財産評価に関する基本通達（昭和39年4月25日直資56ほか）」87《雑種地の賃借権の評価》には、下記の【参考】に掲げるとおり、賃借権の価額の具体的な評価方式は定められていませんでした。

　そのため、法人税基本通達13－1－3は、（注2）を定めて、この算式により計算した金額の上限を「通常収受すべき権利の額」とすることによって、雑種地の上に存する賃借権の設定に際しての権利金の認定額について、60年通達との整合性を図りました。

法 基 通

（相当の地代に満たない地代を収受している場合の権利金の認定）

13－1－3　法人が借地権の設定等により他人に土地を使用させた場合において、これにより収受する地代の額が13－1－2に定める相当の地代の額に満たないときは、13－1－7の取扱いによる場合を除き、次の算式により計算した金額から実際に収受している権利金の額及び特別の経済的な利益の額を控除した金額を借地人等に対して贈与（当該借地人等が当該法人の役員又は使用人である場合には、給与の支給とする。以下13－1－14までにおいて同じ。）したものとする。

（算式）

$$土地の更地価額 \times \left[1 - \frac{実際に収受している地代の年額}{13\text{-}1\text{-}2に定める相当の地代の年額} \right]$$

（注）１．算式の「13－１－2に定める相当の地代の年額」は、実際に収受している権利金
　　　　　の額又は特別の経済的な利益の額がある場合であっても、これらの金額がないも
　　　　　のとして計算した金額による。
　　　　２．算式により計算した金額が通常収受すべき権利金の額を超えることとなる場合
　　　　　には、当該権利金の額にとどめる。

　これに対し、財産評価基本通達87《賃借権の評価》は、平成３年12月８日付「相続税財産
評価に関する基本通達の一部改正について」によって整備されたもので、現在は「賃借権の
評価（評基通87）」を適用して、例え僅かな価額の賃借権であっても相続税又は贈与税の課税
価格に算入することとされました。

参考

〇「相続税財産評価に関する基本通達（昭和39.4.25 直資56外）」
（貸付けられている雑種地の評価）

　　86　貸付けられている雑種地の価額は、82《雑種地》から84《鉄軌道用地の評
価》までの定めにより評価した雑種地の価額からその雑種地に係る地上権又は賃借権の価
額を控除した金額によって評価する。
（雑種地の賃借権の評価）
　87　雑種地に係る賃借権の価額は、その賃貸借契約の内容、利用の状況等を勘案して評定し
た価額によって評価する。

---

3 ｜ 相続税等の課税価格に算入しない借地権の価額

　借地権に関しては、60年通達が発遣された当時に適用されていた昭39年４月25日直資56外
「相続税財産評価に関する基本通達」32は、その割合が30％未満の地域における借地権は、相
続税等の課税価格には算入しないこととされていました（「第59」３(1)参照。）。

　これに対し、現行の財産評価基本通達27《借地権の評価》は、「ただし、借地権の評定に際
しその設定の対価として通常権利金その他の一時金を支払いなど借地権の取引慣行があると
認められる地域以外にある借地権の価額は評価しない。」と定められ（「第59　借地権の価額」
の１参照。）、分かり難い表現になったのですが、要するに、借地権割合が30％未満の地域は、
「借地権の取引慣行がないと認められる地域」にある借地権という位置付けであり、「相続税
等の課税価格には算入しない」という点については、従来の取扱いに変化は来していません。

　そうすると、借地借家法によって強い保護が与えられる借地権であっても、その割合が30％
未満の借地権は相続税等の課税価格に算入されないのですが、財産評価基本通達87《賃借権
の評価》が改正されて、上記２のとおり、借地権に比較して法的保護の観点の点で劣る僅か

数％の権利割合に過ぎない賃借権の価額が相続税等の課税価格には算入されることになったため、現行の財産評価基本通達においては、借地権と賃借権に係る課税上のアンバランスが生じることになったといえます。

4　昭和43年10月28日付「相当の地代を収受している貸宅地の評価について」通達

（1）「43年直資3-22通達」について

　昭和43年10月28日付直資3−22外「相当の地代を収受している貸宅地の評価について（個別通達）」（以下「43年直資3-22通達」といいます。）を次に掲げます。

直資3−22

直審（資）8

官審（資）30

昭和43年10月28日

国税局長　殿

国税庁長官

相当の地代を収受している貸宅地の評価について

　標題のことについて昭和42年7月10日別紙2のとおり東京国税局直税部長から上申があり、これに対して同年12月5日別紙1のとおり指示したところであるが、今後、同様の事案については、これにより処理されたい。

別紙1

直資3−13

官審（資）28

直法1−298

直審（資）12

査調4−12

昭和42年12月5日

東京国税局長　殿

国税庁長官

相当の地代を収受している貸宅地の評価について（昭和42年7月10日付東局直資第72号による上申に対する指示）

　標題のことについて、課税時期における被相続人所有の貸宅地は、自用地としての価額から、その価額の20％に相当する金額（借地権の価額）を控除した金額により、評価することとされたい。

　　なお、上記の借地権の価額は、昭和39年4月25日付直資56相続税財産評価に関する基本通達32の（1）の定めにかかわらず、被相続人所有のI株式会社の株式評価上、同社の純資産価額に算入することとされたい。

（理由）

　　地代率との相関関係から借地権の有無につき規定している法人税法施行令第137条の趣旨からすれば、本件の場合土地の評価に当たり借地権を無視する考え方もあるが、借地借家法の制約賃貸借契約にもとづく利用の制約等を勘案すれば、現在借地慣行のない地区についても20%の借地権を認容していることとの権衡上、本件における土地の評価についても借地権割合を20%とすることが適当である。

　　なお、本件における借地権の価額を被相続人が所有するI株式会社の株式評価上、同社の純資産価額に算入するのは、被相続人が同社の同族関係者である本件の場合においては、土地の評価額が個人と法人を通じて100%顕現することが、課税の公平上適当と考えられるからである。

　　別紙2
　　（省略）

（2）相続税財産評価に関する基本通達32の（1）の定め

　　上記(1)の43年直資3-22通達が掲げる「昭和39年4月25日付直資56相続税財産評価に関する基本通達32の(1)の定め」は、平3課評2-4外改正により削除されたため、この通達を確認することは困難なので、この削除された通達32(1)及び(2)の定めを次に掲げました。

　　（注）　この通達32(1)が削除された後も財産評価基本通達の取扱いに変更がないことなどについては、「第
　　　　59　借地権の価額」の3(1)（286ページ）において触れました。

> ○　「相続税財産評価に関する基本通達（昭和39.4.25 直資56外）」
> **（課税価格に算入しない借地権等）**
> **32**　次に掲げる借地権等の価額は、相続税又は贈与税の課税価格に算入しない。
> ⑴　27《借地権の評価》の定めにより評価した借地権の価額が、その借地権の目的となっている宅地の自用地としての価額の100分の30に相当する価額に満たない場合におけるその借地権
> ⑵　(1)に該当する借地権の目的となっている宅地に係る貸家建付借地権、転貸借地権、転借権及び借家人の有する権利

（3）「43年直資3-22通達」と「評価通達185」の位置付け

　　財産評価基本通達185《純資産価額》は、『179《取引相場のない株式の評価の原則》の「1株当たりの純資産価額（相続税評価額によって計算した金額）」は、課税時期における各資産をこの通達に定めるところにより評価した価額』によると定めていますから、この原則的な取扱いを定めた財産評価基本通達185に対し、43年直資3-22通達は、個別通達により取扱いの特例を定めたものということができます。

（4）「60年通達」について

　後掲の【参考資料】（300ページ）の60年通達は、その6ないし8において、43年直資3-22通達の適用があることを留意事項として掲げています。

　ところで、この43年直資3-22通達は、取引相場のない株式を贈与した場合の株式の評価にも適用があるとする見解を示した図書が散見されるのですが、こうした図書に惑わされたのか、国税不服審判所は、「平成27年3月25日付大裁（諸）平26第53号（裁決事例集№98）」により、この見解を支持しました。

　納税者の正当な権利を侵害することになる誤った見解といえるため、この見解の問題点につき、次ページ以下の「この取扱いについて考えてみよう！」で触れることにしました。

コラム

この取扱いについて考えてみよう！（文責：小寺）

～平成27年３月25日付裁決（裁決事例集№98）が抱える問題点について～

１．裁決の判断の要旨

「裁決事例集№98」から、その判断の要旨を次に抜粋して掲げました。

上記説示部分の実質的理由は、土地を所有する者が、家族で経営する会社を設立し、所有する土地にその会社に対する借地権を設定して建物を建て、その建物を利用して家族経営に係る事業をするにつき、会社を介在させることで、土地所有者自身がその土地上に自己所有建物を建てて事業を行う場合に比して、その代替わりの際に課税されるべき相続税が回避されることを防止することにあると解される。ところで、生前贈与に対して課税することで生前贈与によって相続税の負担が回避されることを防止しようという贈与税の意義からすると、上記の代替わりの際に課税されるべき相続税の回避の防止は、生前贈与を通じて同様の結果が生じてしまうことをも防止しなければ、徹底しないことになり、そうなることについては贈与税の存在意義を没却ないし減殺することになりかねない。

確かに、60年通達の６の注書は、その文言のみからすれば、相続税の課税上の取扱いを定めたものとなっているが、同通達の表題や趣旨の記載から贈与税の取扱いをも定めたものであることは明らかであり、同通達の６の注書に関しても、上記の代替わりの際に課税されるべき相続税の回避の防止の趣旨に合致する限りは、生前贈与の場合にも及ぼすべきであると考えられる。・・・（中略）・・・そこで、より一般的にいうなら、同族会社の株式を贈与する同族関係者からみて、相当程度年下の第１順位の推定相続人（将来当該贈与者に相続が開始した場合に相続人となる蓋然性が高い者をいう趣旨であり、実子であれば該当するのが原則）が受贈者である場合には、当該会社に借地権が設定されている土地の所有者との関係次第で、60年通達の６の注書の取扱いにより借地権相当額を当該会社の純資産価額に算入すべき場合があるということになる。　　　・・・（中略）・・・

確かに、請求人が主張するように、本件の場合、株式等を贈与した時点においては、贈与者の所有土地は受贈者の所有するところではなく、また、将来の状況は不確定ではあるが、本件株式の贈与者である（甲）と受贈者である請求

人が親子関係にあることからすれば、（甲）に相続が開始した場合、請求人が相続人となる蓋然性が高いから、贈与財産である本件株式の評価に当たり、借地権の価額を（乙）株式会社の純資産価額に算入して同社の株式の価額を算定することは、上記・・・で述べた贈与税が相続税の補完税である趣旨に鑑みても相当である。

2．この裁決が来す論理破綻について

この公表裁決が来す決定的な論理破綻は、例えば、次の①ないし③の事例の場合に、それぞれの贈与株式の価額に違いが生じる点において具体的に顕現し、財産評価基本通達 第8章 第1節「株式及び出資」の定めを根底から覆す事態を招くことになります。

① 推定相続人（例えば子）が、評価会社に宅地を貸し付けている株主（実父）と貸し付けていない株主（実母）からそれぞれ同社の株式の贈与を受けた場合

② 評価会社に宅地を貸し付けている株主（例えば父）が、推定相続人（実子）とそれ以外の同族関係者（例えば叔父・叔母）に対して同社の株式を贈与した場合

③ 評価会社に宅地を貸し付けている株主（例えば父）自身が、他の株主から株式の贈与を受けた場合（父の保有株式は、相続開始時には借地権（20%）が加算されるのですが、父が他の株主から贈与を受けた場合は、相続税を補完する観点から加算は要しないでしょう。）

3．通達解釈上の問題点

（1）「43年直資3-22通達」と「60年通達」の位置付け

公表裁決は、「確かに、60年通達6の注書は、その文言のみからすれば、相続税の課税上の取扱いを定めたものとなっているが、同通達の表題や趣旨の記載から贈与税の取扱いをも定めたものであることは明らか」であるとの判断をしています。

これは、60年通達の表題が、「相当の地代を支払っている場合等の借地権等についての相続税及び贈与税の取扱いについて」とされていることから（60-11ページ参照。）、「贈与税の取扱いをも定めたものである」との判断をしたものですが、60年通達の6ないし8において、「被相続人が同族関係者となっている同族会社に対し土地を貸し付けている場合には、43年直資3-22通達の適用があることに留意する。」と定められているとおり、この取引相場のない株式の評価に適用されるのは43年直資3-22通達であって、決して60年通達ではありません。

この誤認の事実だけを捉えても、誠に信じ難い判断がなされたというべきです。

（2）文理解釈について

43年直資3-22通達は、被相続人が評価会社に対する貸宅地を所有し、かつ、同社が発行する株式を保有する場合に「・・・被相続人所有のⅠ株式会社の株式評価上、同社の純資産価額に算入することとされたい。」と定めています。また、60年通達の6の注書も、「被相続人が同族関係者となっている同族会社に対し土地を貸し付けている場合においては・・・」と定めています。

然るに、同社の株式を贈与する場合には、被相続人がこの贈与契約に登場することはあり得ませんから、このことに思いを馳せさすれば、自ずと43年直資3-22通達は相続税の場合にのみ適用される通達である、ということに容易に気付くはずです。

（3）目的論的解釈について

43年直資3-22通達が制定された趣旨については、同通達の（理由）が、明文の定めにより「被相続人が同社の同族関係者である本件の場合においては、土地の評価額が個人と法人を通じて100％顕現することが、課税の公平上適当と考えられるからである。」と示しており、この「土地の評価額が個人と法人を通じて100％顕現する」の意義を明確にすることによって、この通達の適用範囲は自ずと明らかになります。

すなわち、被相続人が所有する宅地の評価額（宅地の価額から20％相当の借地権価額を控除して、80％相当額の貸宅地として評価する）と、被相続人が保有する評価会社の株式の評価額（宅地の価額から減算した20％の借地権相当額を純資産価額に加算して評価すること）を通じて、土地の評価額が相続税の課税価格の計算上100％顕現されるという意味です。

これに対し、贈与税の場合には、株式の評価上、純資産価額に20％の借地権相当額を加算して贈与税の課税価格を計算したとしても、土地の評価額がその贈与税の課税価格に算入されることはないので、100％顕現されることはあり得ません。

この見解は、43年直資3-22通達の（理由）、すなわち制定の趣旨に基づく目的論的解釈の結果といえます。

したがって、43年直資3-22通達を贈与税の場合に適用すれば、同通達の制定の趣旨に違背することになります。

（4）受贈者の範囲について

この公表裁決は、受贈者の範囲（受贈者の課税要件事実）に関し、次の判断を示しています。

より一般的にいうなら、同族会社の株式を贈与する同族関係者からみて、相当程度年下の第１順位の推定相続人（将来当該贈与者に相続が開始した場合に相続人となる蓋然性が高い者をいう趣旨であり、実子であれば該当するのが原則）が受贈者である場合には、当該会社に借地権が設定されている土地の所有者との関係次第で、60年通達の６の注書の取扱いにより借地権相当額を当該会社の純資産価額に算入すべき場合があるということになる。

　この判断によって示された受贈者の課税要件事実についてみると、本来は、「推定相続人」に該当するか否かの判断は、贈与の時点において行うべきところ、公表裁決の判断は、無謀にも「将来当該贈与者に相続が開始した場合に相続人となる蓋然性」によって判定するとし、しかも、「第１順位」の相続人で、かつ、「相当程度年下の者」という不確定な要件を付加しているのです。

　「第１順位」とは、民法887条（子及びその代襲者等の相続権）の相続人を指すものと解されますが、この課税要件事実を想像を交えながら解釈すると、43年直資３－22通達が適用される受贈者の続柄ごとの範囲は、概ね次表に掲げるとおりとなり、全く意味不明な内容となり果ててしまいます。

子	①	実子には、43年直資３－22通達の適用がある。
	②	養子は、相当年下である場合は適用があり、そうでない場合は適用がない。 （注）「尊属又は年長者は、これを養子とすることができない。」（民法793条）
孫	①	贈与時点で推定相続人に該当する（代襲相続人である）孫には、43年直資３－22通達の適用がある。
	②	贈与時点で推定相続人に該当しない（代襲相続人でない）孫は、将来贈与者に相続が開始しても代襲相続人となる蓋然性は高くはないので43年直資３－22通達の適用はない。
兄弟姉妹		兄弟姉妹は、相当年下で、かつ、贈与時点で推定相続人に該当する場合でも、第３順位の相続人であるから43年直資３－22通達の適用はない。 　また、相続人となる蓋然性からしても、将来贈与者が子を儲け、あるいは養子を迎える蓋然性が高く、兄弟姉妹が相続人となる蓋然性は高くはないので適用はない。
配偶者	①	配偶者は、贈与時点で贈与者に子がある場合には、将来第１順位の子と同順位で相続人になる蓋然性が高いので、「相当程度年下」である場合には43年直資３－22通達の適用があり、そうでない場合には適用がない。
	②	配偶者は、贈与時点において他に推定相続人がいない場合には、「相当程度年下」である場合には43年直資３－22通達の適用があり、そうでない場合には適用がない。

③	配偶者は、贈与時点で贈与者に子がなく、兄弟姉妹がいる場合には推定相続人に該当し、将来この状態のまま相続が開始すれば、第３順位の兄弟姉妹と同順位で相続人に該当するが、上記の「兄弟姉妹」欄のとおり、将来贈与者が子を儲け、あるいは養子を迎える蓋然性が高いため、兄弟姉妹が相続人となる蓋然性は高くはない。 　したがって、配偶者は、将来第１順位の子又は養子と同順位で相続人となる蓋然性の方が高いので、「相当程度年下」である場合には43年直資３-22通達の適用があり、そうでない場合には適用がない。

（5）（まとめ）

　以上のとおり、この公表裁決の判断は、「受贈者の範囲（要件事実）」について定義することはできないが、本件審査請求事件の受贈者は、贈与者の相当程度年下の第１順位の推定相続人であるから、43年直資３-22通達の取扱いが適用される場合に当たる」と結論した、というべきでしょう。

　これを換言するならば、「明確な定義をすることはできないが、審査請求の案件ごとに国税不服審判所の担当審判官が、その都度判断する。」との結論を示したのと同じことであり、租税法律主義の観点から、到底、適正な判断であるとは認めることはできません。

　43年直資３-22通達が制定されて以降、実に半世紀もの年月が経過しているのですが、この公表裁決のように、受贈者の範囲（課税要件事実）についての基準を示した図書や裁決は、この公表裁決が唯一無二の存在であると断言しても間違いはないでしょう。

　然るに、この半世紀ほどの間に、同通達が適用された株式の贈与税の課税事例は星の数ほどもあるはずですが、果たして課税庁は、受贈者の範囲についての明確な見識もないまま、半世紀もの間、斯かる贈与税の申告をどのような基準で審査し、課税処理をしてきたと説明するのでしょうか。

　また、43年直資３-22通達を贈与税の場合にも適用するとすれば、例えば、株式を子に贈与した直後に贈与者が貸宅地を他に譲渡した場合や受贈者である子が死亡した場合には、果たして子に対して贈与した株式の評価額は影響を受けるのかどうかが疑問として生じます。

　それらが株式の贈与と同一年中の譲渡又は死亡である場合には、贈与税の納税義務が成立するまでに子が貸宅地を相続によって取得する「（裁決の判断にある）蓋然性」はまったくなくなってしまいますが、その場合には株式の価額をどのように評価して申告するのか、さらに、株式を贈与した年の翌年以降に贈与者がその貸宅地を他に譲渡した場合や子が死亡した場合には、贈与税の更正の請求ができるのかといったことが疑問として生じます。

　この43年直資3-22通達の適用範囲について考察する際の着眼点は、次の①及び②

に掲げる点にあります。

　①　財産評価基本通達は、借地権割合が100分の30に満たない場合におけるその借地権は、相続税又は贈与税の課税価格に算入しないものとしています。

　　　これが借地権に係る原則的な課税の方向であり、すべての相続税又は贈与税の課税において整合する取扱いであって、いわば「課税の平等原則」が貫かれていました。

　②　しかし、被相続人が相当の地代を収受して主宰法人に土地を貸し付けている場合にはその土地は80%相当の底地価額で相続税が課税されるのみで、主宰法人の株価計算上の純資産価額に20%相当の借地権価額は反映しないので、この場合には「課税の公平原則」の観点から不適当な結果を招くことから、43年直資3-22通達を定め、被相続人に係る相続税の課税価格において、土地の価額が個人（の土地価額）と法人（の株式価額）を通じて100%顕現させることにしたものです。このことは同通達の（理由）から容易に読み取ることができます。

　これを翻って考察すると、43年直資3-22通達が定める条件の下で、一方において上記①の借地権に対する「課税の平等原則」の一部を犠牲にし、他方において上記②の「課税の公平原則」を実現することとして、租税法原理というべきこれら二つの要請からの調和点を定めたのです。

　これに対して、平成27年3月25日付裁決の判断は、これらの43年直資3-22通達の制定の趣旨とはまったく関わりのない「相続税の株式の時価も贈与税の株式の時価も同額であるべき」、あるいは「贈与税は相続税の補完税である」といった陳腐な既成の概念をこの解釈に持ち込んだために惹き起こされたものというべきです。

　その結果、文理解釈や目的論的解釈をまったく顧みることなく、また、その判断によった場合に具体的にどのような評価上の問題が惹き起こされるかを検証することもなく、租税法一般に要請される「権利確定主義」に反し、「贈与者よりも相当程度年が若く、将来において同人の相続人になる蓋然性の高い第1順位の推定相続人」といった不確実性の極みともいうべき事実を受贈者に係る課税要件事実として、株式の贈与の場合にも43年直資3-22通達の適用があると判断したのです。

　筆者は、これらのこととは別に、この公表裁決が陥った判断と同じ見解を、著名な税理士諸氏が各著書で発表されている事実があることを指摘します。その著者が著名な権威者であればあるほど、そうした権威者の見解を担当審判官が無批判に受け容れたことが斯かる判断に陥った最大の原因ではないかと考えます。

　この点につき、例えば、平成30年のノーベル生理学・医学賞を受賞された本庶佑京都大特別教授は、「科学は多数決ではない。」との信念に基づき、「知りたいという好奇心と簡単に信じないことをモットーにして研究を続けてきた。」と話されました（平成30年10月2日読売新聞）。また、江崎玲於奈博士も、「今までの行きがかりや

しがらみにとらわれてはならない。大先生を尊敬し、教えを受けるのは良いが、過度に心酔してはならない。」とおっしゃいます（平成30年10月14日読売新聞）。

　このように真理を究明するに当たっては、常に多数意見や権威に惑わされることのない信念と姿勢で臨むことが大切であると考えられます。

以上

【参考資料】
昭和60年６月５日付 課資２-58外（例規）「相当の地代を支払っている場合等の借地権等についての相続税及び贈与税の取扱いについて」

課資２-58（例規）

直評９

昭和60年６月５日

〔改正〕平成３年12月18日　課資２-51

平成17年５月31日　課資２-４

国税局長　殿

沖縄国税事務所長　殿

国税庁長官

相当の地代を支払っている場合等の借地権等についての相続税及び贈与税の取扱いについて

標題のことについては、下記のとおり定めたから、これによられたい。

（趣旨）

　借地権の設定された土地について権利金の支払に代え相当の地代を支払うなどの特殊な場合の相続税及び贈与税の取扱いを定めたものである。

　したがって、借地権の設定に際し通常権利金を支払う取引上の慣行のある地域において、通常の地代（その地域において通常の賃貸借契約に基づいて通常支払われる地代をいう。）を支払うことにより借地権の設定があった場合又は通常の地代が授受されている借地権若しくは貸宅地の相続、遺贈又は贈与があった場合には、この通達の取扱いによることなく、相続税法基本通達及び相続税財産評価に関する基本通達等の従来の取扱いによるのであるから留意する。

（相当の地代を支払って土地の借受けがあった場合）

１　借地権（建物の所有を目的とする地上権又は賃借権をいう。以下同じ。）の設定に際しその設定の対価として通常権利金その他の一時金（以下「権利金」という。）を支払う取引上の慣行のある地域において、当該権利金の支払に代え、当該土地の自用地としての価額に対しておおむね年６％程度の地代（以下「相当の地代」という。）を支払っている場合は、借地権を有する者（以下「借地権者」という。）については当該借地権の設定に

よる利益はないものとして取り扱う。

　この場合において、「自用地としての価額」とは、昭和39年４月25日付直資56ほか１課共同「財産評価基本通達」(以下「評価基本通達」という。)25((貸宅地の評価))の(1)に定める自用地としての価額をいう(以下同じ。)。

　ただし、通常支払われる権利金に満たない金額を権利金として支払っている場合又は借地権の設定に伴い通常の場合の金銭の貸付けの条件に比し特に有利な条件による金銭の貸付けその他特別の経済的な利益(以下「特別の経済的利益」という。)を与えている場合は、当該土地の自用地としての価額から実際に支払っている権利金の額及び供与した特別の経済的利益の額を控除した金額を相当の地代の計算の基礎となる当該土地の自用地としての価額とする。

(注)１　相当の地代の額を計算する場合に限り、「自用地としての価額」は、評価基本通達25((貸宅地の評価))の(1)に定める自用地としての価額の過去３年間(借地権を設定し、又は借地権若しくは貸宅地について相続若しくは遺贈又は贈与があった年以前３年間をいう。)における平均額によるものとする。

　　　２　本文のただし書により土地の自用地としての価額から控除すべき金額があるときは、当該金額は、次の算式により計算した金額によるのであるから留意する。

(算式)

$$その権利金又は特別の経済的な利益の額 \times \frac{当該土地の自用地としての価額}{借地権の設定時における当該土地の通常の取引価額}$$

(相当の地代に満たない地代を支払って土地の借受けがあった場合)

2　借地権の設定に際しその設定の対価として通常権利金を支払う取引上の慣行のある地域において、当該借地権の設定により支払う地代の額が相当の地代の額に満たない場合、借地権者は、当該借地権の設定時において、次の算式により計算した金額から実際に支払っている権利金の額及び供与した特別の経済的利益の額を控除した金額に相当する利益を土地の所有者から贈与により取得したものとして取り扱う。

(算式)

$$自用地としての価額 \times \left[借地権割合 \times \left(1 - \frac{実際に支払っている地代の年額 - 通常の地代の年額}{相当の地代の年額 - 通常の地代の年額} \right) \right]$$

上記の算式中の「自用地としての価額」等は、次による。

(1)「自用地としての価額」は、実際に支払っている権利金の額又は供与した特別の経済的利益の額がある場合に限り、1((相当の地代を支払って土地の借受けがあった場合))の本文の定めにかかわらず、借地権の設定時における当該土地の通常の取引価額によるのであるから留意する。

(2)「借地権割合」は、評価基本通達27((借地権の評価))に定める割合をいう。

(3)「相当の地代の年額」は、実際に支払っている権利金の額又は供与した特別の経済的利益の額がある場合であっても、これらの金額がないものとして計算した金額による。

(注)通常権利金を支払う取引上の慣行のある地域において、通常の賃貸借契約に基づいて通常支払われる地代を支払うことにより借地権の設定があった場合の利益の額は、次に掲げる場合に応じ、それぞれ次に掲げる金額によるのであるから留意

する。

(1) 実際に支払っている権利金の額又は供与した特別の経済的利益の額がない場合
評価基本通達27 ((借地権の評価)) により計算した金額

(2) 実際に支払っている権利金の額又は供与した特別の経済的利益の額がある場合
通常支払われる権利金の額から実際に支払っている権利金の額及び供与した特別の経済的利益の額を控除した金額

(相当の地代を支払っている場合の借地権の評価)

3　借地権が設定されている土地について、相当の地代を支払っている場合の当該土地に係る借地権の価額は、次によって評価する。

(1) 権利金を支払っていない場合又は特別の経済的利益を供与していない場合　零

(2) (1) 以外の場合　原則として2 ((相当の地代に満たない地代を支払って土地の借受けがあった場合)) に定める算式に準じて計算した金額

(相当の地代に満たない地代を支払っている場合の借地権の評価)

4　借地権が設定されている土地について、支払っている地代の額が相当の地代の額に満たない場合の当該土地に係る借地権の価額は、原則として2 ((相当の地代に満たない地代を支払って土地の借受けがあった場合)) に定める算式に準じて計算した金額によって評価する。

(「土地の無償返還に関する届出書」が提出されている場合の借地権の価額)

5　借地権が設定されている土地について、平成13年7月5日付課法3-57ほか11課共同「法人課税関係の申請、届出等の様式の制定について」(法令解釈通達) に定める「土地の無償返還に関する届出書」(以下「無償返還届出書」という。) が提出されている場合の当該土地に係る借地権の価額は、零として取り扱う。(平成17課資2-4　改正)

(相当の地代を収受している場合の貸宅地の評価)

6　借地権が設定されている土地について、相当の地代を収受している場合の当該土地に係る貸宅地の価額は、次によって評価する。

(1) 権利金を収受していない場合又は特別の経済的利益を受けていない場合
当該土地の自用地としての価額の100分の80に相当する金額

(2) (1) 以外の場合
当該土地の自用地としての価額から3 ((相当の地代を支払っている場合の借地権の評価)) の (2) による借地権の価額を控除した金額 (以下この項において「相当の地代調整貸宅地価額」という。)
ただし、その金額が当該土地の自用地としての価額の100分の80に相当する金額を超えるときは、当該土地の自用地としての価額の100分の80に相当する金額

(注) 上記 (1) 及び (2) のただし書に該当する場合において、被相続人が同族関係者となっている同族会社に対し土地を貸し付けている場合においては、昭和43年10月28日付直資3-22ほか2課共同「相当の地代を収受している貸宅地の評価について」通達 (以下「43年直資3-22通達」という。) の適用があることに留意する。

この場合において、上記 (2) のただし書に該当するときは、43年直資3-22

通連中「自用地としての価額」とあるのは「相当の地代調整貸宅地価額」と、「その価額の20%に相当する金額」とあるのは「その相当の地代調整貸宅地価額と当該土地の自用地としての価額の100分の80に相当する金額との差額」と、それぞれ読み替えるものとする。

（相当の地代に満たない地代を収受している場合の貸宅地の評価）

7　借地権が設定されている土地について、収受している地代の額が相当の地代の額に満たない場合の当該土地に係る貸宅地の価額は、当該土地の自用地としての価額から4（（相当の地代に満たない地代を支払っている場合の借地権の評価））に定める借地権の価額を控除した金額（以下この項において「地代調整貸宅地価額」という。）によって評価する。

　　ただし、その金額が当該土地の自用地としての価額の100分の80に相当する金額を超える場合は、当該土地の自用地としての価額の100分の80に相当する金額によって評価する。

　　なお、被相続人が同族関係者となっている同族会社に対し土地を貸し付けている場合には、43年直資3-22通達の適用があることに留意する。この場合において、同通達中「相当の地代」とあるのは「相当の地代に満たない地代」と、「自用地としての価額」とあるのは「地代調整貸宅地価額」と、「その価額の20%に相当する金額」とあるのは「その地代調整貸宅地価額と当該土地の自用地としての価額の100分の80に相当する金額との差額」と、それぞれ読み替えるものとする。

（「土地の無償返還に関する届出書」が提出されている場合の貸宅地の評価）

8　借地権が設定されている土地について、無償返還届出書が提出されている場合の当該土地に係る貸宅地の価額は、当該土地の自用地としての価額の100分の80に相当する金額によって評価する。

　　なお、被相続人が同族関係者となっている同族会社に対し土地を貸し付けている場合には、43年直資3-22通達の適用があることに留意する。この場合において、同通達中「相当の地代を収受している」とあるのは「「土地の無償返還に関する届出書」の提出されている」と読み替えるものとする。

　　（注）使用貸借に係る土地について無償返還届出書が提出されている場合の当該土地に係る貸宅地の価額は、当該土地の自用地としての価額によって評価するのであるから留意する。

（相当の地代を引き下げた場合）

9　借地権の設定に際し、相当の地代を支払った場合においても、その後その地代を引き下げたときは、その引き下げたことについて相当の理由があると認められる場合を除き、その引き下げた時における借地権者の利益については2（（相当の地代に満たない地代を支払って土地の借受けがあった場合））の定めに準じて取り扱う。

　　また、2（（相当の地代に満たない地代を支払って土地の借受けがあった場合））又は上記により利益を受けたものとして取り扱われたものについて、その後その地代を引き下げたときは、その引き下げたことについて相当の理由があると認められる場合を除き、

その引き下げた時における利益（2（（相当の地代に満たない地代を支払って土地の借受けがあった場合））又は上記により受けた利益の額を控除したところによる。）については上記と同様に取り扱う。

（相当の地代を支払っている場合の貸家建付借地権等の価額）

10　（1）3（（相当の地代を支払っている場合の借地権の評価））から5（（「土地の無償返還に関する届出書」が提出されている場合の借地権の価額））までに定める借地権（以下「相当の地代を支払っている場合の借地権等」という。）が設定されている土地について、貸家の目的に供された場合又は相当の地代の支払、相当の地代に満たない地代の支払若しくは無償返還届出書の提出により借地権の転貸があった場合の評価基本通達28（（貸家建付借地権の評価））から31（（借家人の有する宅地等に対する権利の評価））までに定める貸家建付借地権、転貸借地権、転借権又は借家人の有する権利の価額は、相当の地代を支払っている場合の借地権等の価額を基として1（（相当の地代を支払って土地の借受けがあった場合）から9（（相当の地代を引き下げた場合））までの定めによるものとする。

　（2）借地権（（1）に該当する借地権を除く。）が設定されている土地について、相当の地代の支払、相当の地代に満たない地代の支払又は無償返還届出書の提出により借地権の転貸があった場合の評価基本通達29（（転貸借地権の評価））から31（（借家人の有する宅地等に対する権利の評価））までに定める転貸借地権、転借権又は借家人の有する権利の価額は、評価基本通達27（（借地権の評価））の定めにより評価したその借地権の価額を基として1（（相当の地代を支払って土地の借受けがあった場合））から9（（相当の地代を引き下げた場合））までの定めによるものとする。

（地価税における借地権等の評価）

11　3（（相当の地代を支払っている場合の借地権の評価））から8（（「土地の無償返還に関する届出書」が提出されている場合の貸宅地の評価））まで及び10（（相当の地代を支払っている場合の貸家建付借地権等の価額））の定めは、地価税の課税価格計算の基礎となる土地等の価額の評価について準用する。

第61　定期借地権等の評価

　定期借地権は、平成4年8月施行の「借地借家法」により創設されました。

　当初定められた契約期間が満了すると借地関係が終了し、その後の更新はありません。

　一般の借地権と定期借地権との大きな違いは、前者（旧借地法での借地契約を含む。）は、契約更新があり、借地人から請求されると契約の更新が事実上義務付けられるので、借地人の権利が強く、いったん土地を貸し付けると、地主がこれを取り戻すことは極めて困難でした。そのため、地主が土地を貸すことは激減してしまいました。

　（注）平成4年8月1日の「借地借家法」の施行前に旧借地法での借地契約を締結している場合は、旧借地法が適用されます。よって、地主は、事実上契約の更新が義務づけられ、これは、何回更新を繰り返しても同様であるため、今後とも、長期間にわたって、旧借地法下での借地契約は継続していくことになると思われます。

　これに対し、定期借地権は、契約更新制度がなく、地主が拒否すれば、再契約をしなくても済むことです。

　この定期借地権の制度により、土地の所有者は従来に比べ安心して土地を貸すことができ、借り主は、従来より少ない負担で良質な住宅を所有することができます。

　定期借地権には、3種類あります。①一般定期借地権、②事業用借地権、③建物譲渡特約付定期借地権です。

　これに対し、財産評価基本通達9《土地の上に存する権利の評価上の区分》(5)は、「借地借家法第22条《定期借地権》、第23条《事業用定期借地権等》、第24条《建物譲渡特約付借地権》及び第25条《一時使用目的の借地権》に規定する借地権（以下「定期借地権等」という。）」と定義しています。

1　定期借地権等の価額

　定期借地権等の価額は、原則として、課税時期において借地権者に帰属する経済的利益及びその存続期間を基として評定した価額によって評価します。

　ただし、定期借地権等の設定時と課税時期とで、借地権者に帰属する経済的利益に変化がないような場合など、課税上弊害がない場合に限り、簡便法として、その定期借地権等の目的となっている宅地の課税時期における自用地としての価額に、次の算式により計算した数値を乗じて計算することができます（評基通27-2、27-3）。

【算式】

$$\text{定期借地権等の設定の時における借地権者に帰属する経済的利益の総額} \over \text{定期借地権等の設定の時におけるその宅地の通常の取引価額} \times \text{課税時期におけるその定期借地権等の残存期間年数に応ずる基準年利率による複利年金現価率} \over \text{定期借地権等の設定期間年数に応ずる基準年利率による複利年金現価率}$$

（注）算式中の「定期借地権等の設定の時における借地権者に帰属する経済的利益の総額」の計算

については、評基通27-3に定めがありますが、定期借地権等の価額は、別添の「定期期借地権等の評価明細書」（次ページ参照）を使用して評価することができます。詳細については、これをご覧ください。

2　定期借地権等の目的となっている宅地の価額

（1）一般定期借地権以外の定期借地権等の目的となっている宅地の価額

　一般定期借地権以外の定期借地権等の目的となっている宅地の価額は、原則として、その宅地の自用地としての価額から、定期借地権等の価額を控除した金額によって評価します。

　ただし、上記により評価した金額が次の算式で求めた金額を上回る場合には、次の算式で求めた金額を定期借地権等の目的となっている宅地の評価額とします（評基通25⑵）。

【算式】

自用地としての価額－自用地としての価額×定期借地権等の残存期間に応じた割合（注）

（注）定期借地権等の残存期間に応じた割合

イ	残存期間が5年以下のもの	5%
ロ	残存期間が5年を超え10年以下のもの	10%
ハ	残存期間が10年を超え15年以下のもの	15%
ニ	残存期間が15年を超えるもの	20%

（2）一般定期借地権の目的となっている宅地の価額

　定期借地権等のうちの一般定期借地権（借地借家法22条が規定する公正証書等の書面により借地期間を50年以上とし、借地期間満了により借地権が確定的に終了するものをいいます。）の目的となっている宅地については、課税上弊害がない限り、上記(1)の方法によらず、次に掲げる方法により評価します（平成10年8月25日課評2-8ほか「一般定期借地権の目的となっている宅地の評価に関する取扱いについて（個別通達）」）。

（注）　次に掲げる場合には、「課税上弊害がある場合に当たる」ものとして、この**（2）** の方法によらず
　　上記**（1）** の財産評価基本通達25⑵の定めにより評価します。
　　　①　一般定期借地権の借地権者と借地権設定者の関係が親族間や同族法人等の特殊関係者間の場合
　　　②　第三者間の設定等であっても税負担回避行為を目的としたものであると認められる場合
　　【算式】
　　　課税時期における自用地としての価額－一般定期借地権に相当する価額（※1）

$$※1\quad\begin{matrix}一般定期借地権に\\相当する価額\end{matrix} = \begin{matrix}課税時期に\\おける自用地\\としての価額\end{matrix} × (1－底地割合（※2）) × \frac{\begin{matrix}課税時期におけるその一般定期借\\地権の残存期間年数に応ずる基準\\年利率による複利年金現価率\end{matrix}}{\begin{matrix}一般期間借地権の設定期間年数に\\応ずる基準年利率による複利年金\\現価率\end{matrix}}$$

　　※2　一般定期借地権が設定された時点の底地割合の表

借地権割合	路　線　価　図	C地域	D地域	E地域	F地域	G地域
	評価倍率表（%）	70	60	50	40	30
底　地　割　合（%）		55	60	65	70	75

（注）「A地域」、「B地域」及び「借地権の取引慣行のない地域」については、財産評価基本通達25（2）の評価方法によります。なお、「A～G」地域は、路線価図により確認します。

【別添】「定期期借地権等の評価明細書」

(表)

定 期 借 地 権 等 の 評 価 明 細 書

（平成二十年分以降用）

（住居表示） 所 在 地 番		（地 積） ㎡	設定年月日	平成 令和　　年　月　日	設定期間年数	⑦	年
			課 税 時 期	平成 令和　　年　月　日	残存期間年数	⑧	年
定期借地権 等 の 種 類	一 般 定 期 借 地 権　・　建物譲渡特約付借地権　・ 事業用定期借地権等			設定期 間年数 に応ず る基準 年利率 による	複 利 現 価 率	④	
定期 借地 権等 の設 定時	自用地としての価額	①	（1 ㎡当たりの価額　　　円） 円		複利年金現価率	⑤	
	通 常 取 引 価 額	②	（通常の取引価額又は①／0.8） 円				
課 税 時 期	自用地としての価額	③	（1 ㎡当たりの価額　　　円） 円	残存期間年数に応ずる 基 準 年 利 率 に よ る 複 利 年 金 現 価 率		⑥	

（注）　④及び⑤に係る設定期間年数又は⑥に係る残存期間年数について、その年数に1年未満の端数があるときは6か月以上を切り上げ、6か月未満を切り捨てます。

○定期借地権等の評価

<table>
<tr><td rowspan="5">経
済
的
利
益
の
額
の
計
算</td><td>権利金
等の授
受があ
る場合</td><td colspan="2">（権利金等の金額）
(A)　　　　　円
＝　　⑨
_____</td><td>権利金・協力金・礼金等の名称のいかんを問わず、借
地契約の終了のときに返還を要しないとされる金銭等
の額の合計を記載します。</td><td>（権利金等の授受によ
る経済的利益の金額）
⑨　　　　　円</td></tr>
<tr><td rowspan="2">保証金
等の授
受があ
る場合</td><td colspan="2">（保証金等の額に相当する金額）
(B)　　　　　円
_____</td><td>保証金・敷金等の名称のいかんを問わず、借地契約の
終了のときに返還するものとされる金銭等（保証金
等）の預託があった場合において、その保証金等につき
基準年利率未満の約定利率の支払いがあるとき又は
無利息のときに、その保証金等の金額を記載します。</td><td>（保証金等の授受によ
る経済的利益の金額）
⑩　　　　　円</td></tr>
<tr><td colspan="4">（保証金等の授受による経済的利益の金額の計算）
　　　　　　　　　（④の複利現価率）　　　　　　（基準年利率未満
　　　　　　　　　　　　　　　　　　　　　　　　の 約 定 利 率）（⑤の複利年金現価率）
(B)　－　[(B)　×　_____]　－　[(B)　×　_____　×　_____]　＝　⑩</td></tr>
<tr><td colspan="5">（権利金等の授受によ）　　（保証金等の授受によ）　　[贈与を受けたと認められ]
る経済的利益の金額　　　　る経済的利益の金額　　　る差額地代の額がある場
　　　　　　　　　　　　　　　　　　　　　　　　合の経済的利益の金額
　⑨　　　　　円　＋　⑩　　　　　円　＋　⑪　　　　　円　＝</td><td>（経済的利益の総額）
⑫　　　　　円</td></tr>
<tr><td colspan="5">（注）　⑪欄は、個々の取引の事情・当事者間の関係等を総合勘案し、実質的に贈与を受けたと
　　認められる差額地代の額がある場合に記載します（計算方法は、裏面2参照。）。</td><td></td></tr>
<tr><td rowspan="1">評価
額の
計算</td><td colspan="5">（課税時期における自）　　　（経済的利益の総額）　（⑥の複利年金現価率）
用地としての価額
③　　　　　円　　　⑫　　　　　円
　　　　　　　　　　　×　_____　×　_____　＝
（設定時の通常取引価額）　（⑤の複利年金現価率）
②　　　　　円</td><td>（定期借地権等の評価額）
⑬　　　　　円</td></tr>
</table>

（注）　保証金等の返還の時期が、借地契約の終了のとき以外の場合の⑩欄の計算方法は、税務署にお尋ねください。

○定期借地権等の目的となっている宅地の評価

<table>
<tr><td>一般定期借地
権の目的とな
っている宅地
[裏面1の
Ⓐに該当
するもの]</td><td>（課税時期における自）（課税時期における自）　底 地 割 合　（⑥の複利年
用地としての価額　　　用地としての価額　　　　　　　　　　金現価率）
③　　　－　③　　　　×　[底地割合]　×　_____
　　　円　　　　　円　　　（裏面3参照）　（⑤の複利年
　　　　　　　　　　　　　[1－]　　　　　金現価率）　＝　⑭</td><td>（一般定期借地権の目的と
なっている宅地の評価額）
　　　　　円</td></tr>
<tr><td>上記以外の定
期借地権等の
目的となって
いる宅地
[裏面1の
Ⓑに該当
するもの]</td><td>（課税時期における自）　　（定期借地権等の評価額）
用地としての価額
③　　　　　円　－　⑬　　　　　円　＝　⑮　　　　　円

（課税時期における自）　　（残存期間年数に応じた）
用地としての価額　　　　　割合（裏面4参照）
③　　　　　円　×　[1－]　＝　⑯　　　　　円</td><td>⑰
（上記以外の定期借地権
等の目的となっている
宅地の評価額）
（⑮と⑯のいずれ）
か低い金額
　　　　　円</td></tr>
</table>

（資4－80－1－A4統一）

（裏）

1 定期借地権等の種類と評価方法の一覧

定期借地権の種類	定期借地権等の評価方法	定期借地権等の目的となっている宅地の評価方法
一般定期借地権 （借地借家法第22条）	財産評価基本通達27-2に定める評価方法による	平成10年8月25日付課評2-8・課資1-13「一般定期借地権の目的となっている宅地の評価に関する取扱いについて」に定める評価方法による Ⓐ ※
事業用定期借地権等 （借地借家法第23条）		財産評価基本通達25⑵に定める評価方法による Ⓑ
建物譲渡特約付借地権 （借地借家法第24条）		

（注）※印部分は、一般定期借地権の目的となっている宅地のうち、普通借地権の借地権割合の地域区分A・B地域及び普通借地権の取引慣行が認められない地域に存するものが該当します。

2 実質的に贈与を受けたと認められる差額地代の額がある場合の経済的利益の金額の計算

差額地代（設定時）	同種同等地代の年額（C）	円	実際地代の年額（D）	円	設定期間年数に応ずる基準年利率による年賦償還率	⑱	
	（前払地代に相当する金額）〔（権利金等⑨）＿＿円 ×（⑱の年賦償還率）＿＿ ＋（保証金等⑩）＿＿円 ×（⑱の年賦償還率）＿＿〕＋（実際地代の年額（D））＿＿円 ＝（実質地代の年額（E））＿＿円						
	（差額地代の額）（同種同等地代の年額（C））（＿＿円 －（実質地代の年額（E））＿＿円）×（⑤の複利年金現価率）＿＿ ＝					⑪	（贈与を受けたと認められる差額地代の額がある場合の経済的利益の金額）円

[illegible]

3 一般定期借地権の目的となっている宅地を評価する場合の底地割合

	借地権割合 路線価図	借地権割合 評価倍率表	底地割合
地域区分	C	70%	55%
	D	60%	60%
	E	50%	65%
	F	40%	70%
	G	30%	75%

4 定期借地権等の目的となっている宅地を評価する場合の残存期間年数に応じた割合

残存期間年数	割合
5年以下の場合	5%
5年を超え10年以下の場合	10%
10年を超え15年以下の場合	15%
15年を超える場合	20%

（注）残存期間年数の端数処理は行いません。

（資4－80－2－A4統一）

第62　区分地上権に準ずる地役権の目的となっている宅地の評価

　財産評価基本通達上の「区分地上権に準ずる地役権」とは、特別高圧架空電線の架設、高圧のガスを通ずる導管の敷設、飛行場の設置、建築物の建築その他の目的のため地下又は空間について上下の範囲を定めて設定された地役権で、建造物の設置を制限するものをいい、登記の有無は問いません（評基通９）。

　地役権が設定されている宅地の価額は、承役地である部分も含め全体を１画地の宅地として評価した価額から、その承役地である部分を１画地として計算した自用地価額を基に、土地利用制限率を基に評価した区分地上権に準ずる地役権の価額を控除して評価します。

　この場合において、区分地上権に準ずる地役権の価額は、次に掲げるその承役地である宅地に係る建築制限の内容の区分により、自用地価額にそれぞれ次の①又は②の割合を乗じた金額によって評価することができます（評基通25⑸、27－５）

①　家屋の建築が全くできない場合・・・・・50％と承役地に適用される借地権割合とのいずれか高い割合

②　家屋の構造、用途等に制限を受ける場合・・・・・30％

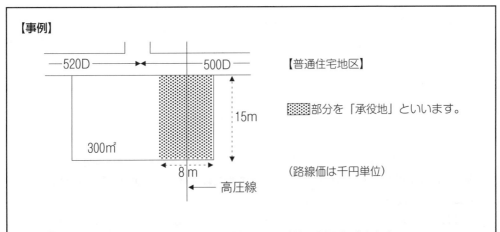

【事例】

【普通住宅地区】

▨部分を「承役地」といいます。

（路線価は千円単位）

① ▨部分は、地役権の設定により家屋の構造、用途等に制限を受けます。

② 宅地は、500千円及び520千円の路線価が付された路線にそれぞれ10mずつ接しています。

③ 総地積は、300平方メートル、▨部分の地積は120平方メートルです。

【計算】

　上図の場合の区分地上権に準ずる地役権の割合を30％とすると、次のように評価します。

【宅地全体を１画地として評価した価額（自用地価額）】

$$\underbrace{\frac{520{,}000円 \times 10m + 500{,}000円 \times 10m}{20m}}_{\text{（加重平均による路線価）}} \times \underbrace{1.00}_{\text{（奥行価格補正率）}} \times \underbrace{300㎡}_{\text{（地積）}} = \underbrace{153{,}000{,}000円}_{\text{（自用地価額）}}$$

(310)

【区分地上権に準ずる地役権の価額】

$$\underset{(路線価)}{500,000円} \times \underset{(奥行価格補正率)}{1.00} \times \underset{(地積)}{120㎡} \times \underset{\substack{(区分地上権に準ず\\る地役権の割合)}}{30\%} = \underset{\substack{(区分地上権に準ず\\る地役権の価額)}}{18,000,000円}$$

【区分地上権に準ずる地役権の目的となっている宅地の価額】

$$\underset{(自用地価額)}{153,000,000円} - \underset{\substack{(区分地上権に準ず\\る地役権の価額)}}{18,000,000円} = 135,000,000円$$

一口メモ

誤り易い計算の例

> **【設例】**　評基通27−5に定める「家屋の構造、用途等に制限を受ける場合の割合（100分の30）」が適用される「区分地上権に準ずる地役権」の目的となっている市街地農地の価額は、どのように評価するのでしょうか。

　財産評価基通41《貸し付けられている農地の評価》の(3)は、「区分地上権に準ずる地役権の目的となっている農地の価額は、その農地の自用地としての価額から、43−3《区分地上権に準ずる地役権の評価》の定めにより評価した区分地上権に準ずる地役権の価額を控除した金額によって評価する。」と定めています。

　宅地比準方式でこの評価をする場合には、この定めにある「区分地上権に準ずる地役権の価額」は、「宅地に係る区分地上権に準ずる地役権の価額」を控除することに留意してください。

　「その農地が宅地であるとした場合の価額（㎡）」を200,000円、また、「造成費の額（㎡）」を30,000円とすれば、通達41の(3)が示す算式は、次のとおりになります。

【算式】

　その農地の自用地としての価額170,000円−宅地に係る区分地上権に準ずる地役権の価額（㎡）60,000円（その農地が宅地であるとした場合の価額（㎡）200,000円 × 区分地上権に準ずる地役権の割合0.3）＝110,000円

　これを別の算式で表すと、「その農地が宅地であるとした場合の価額（㎡）200,000円×（1−区分地上権に準ずる地役権の割合0.3）−造成費の額（㎡）30,000円＝110,000円」となります。

　決して、「（その農地が宅地であるとした場合の価額（㎡）200,000円−造成費の額（㎡）30,000円）×（1−区分地上権に準ずる地役権の割合0.3）＝119,000円」のように、<u>造成費の額を控除した後の価額に貸地割合を乗じて計算すること</u>のないように留意してください。

(注)　これに対し、例えば、宅地比準方式で算定する農地に係る「耕作権の価額」を算定する場合は、「（その農地が宅地であるとした場合の価額（㎡）200,000円−造成費の額（㎡）30,000円）×耕作権割合＝耕作権の価額」の算式のとおり、<u>造成費の額を控除した後の農地の価額に耕作権割合を乗じて計算します。</u>

地役権と要役地、承役地

　「地役権」とは、例えば、公道から自分の土地に出入りするために他人の土地を通行したり、他人の土地に湧く水を自分の土地に引くなどの形で、特定のＡ土地の便益のために他人のＢ土地を利用するために設定される物権をいいます（民法280〜294条）。この場合のＡ土地を要役地、Ｂ土地を承役地といいます。地役権の設定は、要役地にとっては便益の拡大を、承役地にとっては負担を意味するもので、要役地と承役地の両所有者等の間の契約によって生じます。

　通行や引水は、他人の土地の賃貸借や使用貸借のような債権契約によっても可能ですが、地役権は物権ですので、登記することによって、承役地譲受人に対抗し得るなど強い物権的効力が生じることになります。

第5章 農地の評価

第 63 農地の評価

　評価対象地の地目が農地である場合、宅地化の程度により評価方法が異なることになるため、農地については、①純農地、②中間農地、③市街地周辺農地、④市街地農地に分類して評価します（評基通34）。①と②は、倍率方式によってその農地の固定資産税評価額に財産評価基準書に掲げられている倍率を乗じて評価し、③と④は、原則として、以下の２又は３に掲げる宅地比準価額により評価します。

1 ┃ 市街地農地及び市街地周辺農地の範囲

　市街地農地の範囲は、地目や現況は農地であるものの、既に宅地への転用許可を受けたものであるか、あるいは農業委員会に届け出るだけで転用できるもの又は転用許可を要しないものということができ、宅地並みの価格水準となるものです（評基通36－４）。

　なお、農地法による農地の所有権の移転や転用などに対する規制は次のとおりです。

適 用 条 文		許 可 権 者
権利移動	農地のまま・・・・・・農地法３条→	農業委員会（都道府県知事）
	転用目的・・・・・・・農地法５条→	都道府県知事（農林水産大臣）
転　用・・・・・・・・・・・農地法４条→		都道府県知事（農林水産大臣）

　上の表の農地法４条及び５条の転用の許可には市街化区域内の農地についての例外があり、農業委員会への届出が受理されれば、許可は不要とされています。したがって、市街化区域内の農地はすべて市街地農地として判定されることになります。

　また、市街地農地と市街地周辺農地との違いについてみると、後者は、市街化区域以外の区域に所在する農地で、市街地の区域内又は市街地化の傾向が著しい区域内にあるため、転用の許可を得る蓋然性は極めて高いものの、未だ現実には農地法上の転用許可を受けていない農地であり、宅地並みの価格水準になるという点については市街地農地と同じですが、宅地等への転用に際し許可を要するという点において違いがあります。

2 ┃ 市街地農地の評価

　市街地農地は、宅地への転用許可を要さず、農業委員会に届け出るだけで宅地への転用ができますので、その価額は宅地並みの水準となります。したがって、市街地農地の価額は、その付近にある宅地の価額を基とし、その宅地とその農地との位置、形状等の条件の差を考慮して、その農地が宅地であるとした場合の価額を求め、その価額からその農地を宅地に転

用する場合に通常必要と認められる造成費に相当する金額を控除して評価します（評基通40）。

　この方式による価額を宅地比準価額といい、この方式を算式で示すと、次のとおりです。

【算式】$\left[\begin{array}{l}\text{その農地が宅地であるとし} \\ \text{た場合の1㎡当たりの価額}\end{array} - \begin{array}{l}\text{1㎡当たりの} \\ \text{造成費の金額}\end{array}\right] \times$ 地積（㎡）$= \begin{array}{l}\text{市街地農} \\ \text{地の価額}\end{array}$

　（注）1.「その農地が宅地であるとした場合の1㎡当たりの評価額」は、その農地が①路線価地域に所在する場合は、路線価方式によって算定します。②倍率地域に所在する場合は、固定資産税路線価あるいは近傍宅地の固定資産税評価額を基として、付近の土地との位置、形状等の条件の差を考慮して、その土地の固定資産税評価額に相当する額を算出し、その額に評価倍率を乗じて評価します。
　　　　2. 1㎡当たりの造成費に相当する金額は、整地等に要する費用の額がおおむね同一と認められる地域ごとに各国税局長が定め、「財産評価基準書」に記載されています。
　　　　　　例示として、【参考資料】4（395ページ）に大阪国税局の「宅地造成費の金額表＜抄＞（令和4年分大阪府）」を掲げています。

　なお、大阪国税局の場合、市街化区域内に所在する農地の固定資産税評価額に倍率を乗じて評価する方式（評基通40ただし書き）は採用されていません。

3 市街地周辺農地の評価

　市街地周辺農地は、市街地に近接する宅地化傾向の強い農地であるため、付近の宅地価額の影響により、農地としての価額よりむしろ宅地の価額に類似する価額で取引されているのが実情です。そこで、市街地周辺農地の価額は、その農地が上記2に掲げる市街地農地であるとした場合の価額の80％に相当する金額で評価します（評基通39）。

　80％相当額に減価するのは、宅地転用が許可される地域内に存するものの、未だ現実に許可を受けていないことを考慮したためです。

【算式】$\left[\begin{array}{l}\text{その農地が宅地であるとし} \\ \text{た場合の1㎡当たりの価額}\end{array} - \begin{array}{l}\text{1㎡当たりの} \\ \text{造成費の金額}\end{array}\right] \times$ 地積（㎡）$\times 0.8 = \begin{array}{l}\text{市街地周辺} \\ \text{農地の価額}\end{array}$

4 宅地への転用が見込めない農地

　市街地農地又は市街地周辺農地であっても、例えば蓮田等で多額の造成費が見込まれ、宅地比準方式により評価額を算出するとマイナスとなるなど、経済合理性の観点から宅地への転用が見込めない農地は、宅地への転用が見込めない市街地山林の評価方法に準じて、近隣の純農地の価額を比準して評価することになります。

⇒「第66　山林（林地）の評価」の「3　市街地山林の評価」（324ページ）及び「宅地造成費の金額表」の「表2　傾斜地の宅地造成費」の（注）3（396ページ）参照。

【参考図】　都市計画法と農地法等との関係図

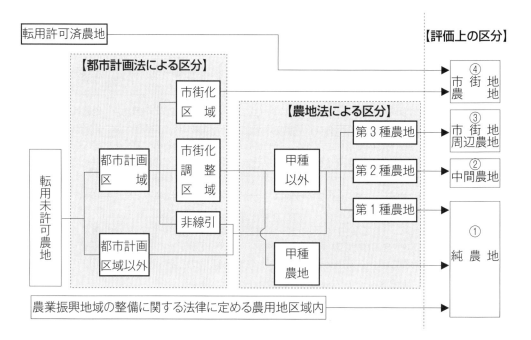

　「第2　公的土地評価の均衡化・適正化」（30ページ）で解説したとおり、路線価等における各地目の土地の評価割合は、原則として80%ですが、農地の評価割合のみ、次のとおり、農地の分類区分ごとに異なります。

【農地の評価割合】

区　　分	平成4年分以降	平成3年分以前
市 街 地 農 地	80%（評価割合）	70%（評価割合）
市街地周辺農地	64%（評価割合0.8×転用規制0.8）	56%（0.7×0.8）
中 間 農 地	64%（0.8×0.8）〜44%（0.8×0.55）	56%〜38.5%
純 農 地	44%（0.8×0.55）	38.5%（0.7×0.55）

（注）　平成4年分から農地の定義が改められ、市街化区域に所在する農地は、市街地農地に該当することとされました。なお、算式中の「0.55」の数値は、農地の限界収益率55%を示します。

農地の限界収益率

　　農地は、広くなるほど生産効率が良くなるため、これを購入する農家は、保有農地に継ぎ足して経営規模を拡大することによって、生産性及び収益性が高まる効果を得ます。

　そのため、耕作目的での売買であっても、その農地から平均的に得られるであろう収益額に比べ、より大きな収益額の増加を見込んで売買されていると考えられます。

　例えば、売買対象の農地から得られる収益ベースの売買価額が100とすると、実際の売買価額はこれを購入する農家の経営効率の向上から100＋αになるため、100＋αでの売買価額を正常な売買価額とするのは不適当です。

　したがって、農地の評価に当たっては、この売買価額を100に戻すように修正しなくてはなりません。

　そこで利用されるのが、限界収益率0.55です。農地を購入する農家が何を作付けするかによっても売買をする前と後の収益差は変わりますから、これを適正に修正することができれば、一律に0.55とする必要もないのですが、個々の売買実例に応じてこれを適正に修正することは煩雑かつ困難で、固定資産税評価をする際の事務負担が大きくなることや、この修正率の査定を各市町村に委ねると不均衡な結果となることが懸念されることなどから、一律に0.55と定められているものです。

第 64 生産緑地の評価

　都市の緑とオープンスペースの確保による公害・災害等の防止と生活環境の悪化防止、公共施設等の予定地を確保するために生産緑地法が制定され、都市計画による生産緑地地区の指定とこれらの地区内の行為制限が主な内容となっています。

　市街化区域内にある農地などが生産緑地地区に指定されると、その生産緑地について建築物の新築、宅地造成などを行う場合には、市町村長の許可を受けなければならず、農産物などの生産集荷施設や市民農園の施設などを設置する場合以外は、原則として許可されないことになっています。

　他方、生産緑地については「買取りの申出」の制度が設けられていて、生産緑地の指定の告示の日から起算して30年を経過する日（以下「申出基準日」といいます。）以後、又はその告示後に農林漁業の主たる従事者が死亡した場合などには、生産緑地の所有者は、市町村長に対してその生産緑地を時価で買い取るべき旨を申し出ることができることになっています。

　また、申出基準日までに特定生産緑地として指定を受けた場合には、買取り申出ができる時期が延期され、申出基準日から起算して10年を経過する日（特定生産緑地の指定の期限の再延長をしたときは、その再延長後の期限が経過する日）以後、又は農林漁業の主たる従事者が死亡した場合などについて、特定生産緑地の所有者は、市町村長に対してその特定生産緑地を時価で買い取るべき旨を申し出ることができることになっています。

　第65の詳細については、令和2年6月30日資産評価企画官情報第2号『「財産評価基本通達等の一部改正について」通達のあらましについて（情報）』を参照してください。

1　生産緑地の評価方法

　生産緑地法第10条《生産緑地の買取りの申出》の規定による買取りの申出を行った生産緑地については、買取りの申出の日から起算して３月以内にその生産緑地の所有権が移転しない場合には、建築物の新築、宅地造成などの生産緑地に係る行為の制限（同法８）が解除されます（同法14）。

　したがって、生産緑地には、（１）行為の制限が付されているものと（２）その付された制限が解除されているものとがあることになり、これらを区別して評価することになります。

　なお、特定生産緑地も生産緑地法第２条第３号の生産緑地に含まれるため、評価通達40－3《生産緑地の評価》の適用対象となります。

評価通達

（生産緑地の評価）

40—4　生産緑地法第２条（定義）第３号に規定する生産緑地のうち、課税時期において同法10条《生産緑地の買取りの申出》の規定（同法第10条の５《特定生産緑地の買取りの申出》の規定により読み替えて適用される場合を含む。以下同じ。）により市町村長に対し生産緑地を時価で買い取るべき旨の申出（以下「買取りの申出」という。）を行った日から起算して３月を経過しているもの以外のものをいう。以下同じ。）の価額は、その生産緑地が生産緑地でないものとして本性の定めにより評価した価額から、その価額に次に掲げる生産緑地の別にそれぞれ次に掲げる割合を乗じて計算した金額を控除した金額によって評価する。

（１）課税時期において市町村長に対し買取りの申出をすることができない生産緑地

課税時期において市町村長に対し買取りの申出をすることができない生産緑地	割　合
５年以下のもの	100分の10
５年を超え10年以下のもの	100分の15
５年を超え10年以下のもの	100分の20
５年を超え10年以下のもの	100分の25
５年を超え10年以下のもの	100分の30
５年を超え10年以下のもの	100分の35

（２）課税時期において市町村長に対し買取りの申出が行われていた生産緑地又は買取りの申出をすることができる生産緑地　　　　　　　100分の５

用語の意義　上記評価通達（１）の「**課税時期**」とは、相続又は遺贈の場合は被相続人の死亡の日、贈与の場合は贈与により財産を取得した日のことをいいます。

（１）行為の制限が付されている生産緑地

　行為の制限が付されている生産緑地については、その存する地域が狭く生産緑地そのものの売買実例もほとんどないのが実情であり、生産緑地の売買実例価額を基として評価することは難しい現状にあります。

　そのため、この場合の生産緑地（特定生産緑地を含みます。以下同じです。）の価額は、その土地が生産緑地でないものとして評価した価額から、その価額に次に掲げる生産緑地の別に、それぞれの割合を乗じて計算した金額を控除した金額により評価することとされています。

　これを算式で示すと、次のとおりです。

（算式）

生産緑地の評価額	＝	その土地が生産緑地でないものとして評価した価額	×	$1-$ 上記通達（１）の表又は（２）に掲げる割合

（注）被相続人がその生産緑地の主たる従事者の場合は、次の（2）の「買取りの申出をすることができる生産緑地」になります。

（2）その付された行為の制限が解除されているもの

　生産緑地に指定されると、農地等としてしか利用することができませんが、一定期間を経過すれば、利用制限がないものとした場合における時価で、市町村に対し買取りの申出ができることになっており、時価で買い取られる場合には価格面での不利益は受けないことになります。

　したがって、この場合における生産緑地は、その評価する生産緑地を生産緑地としての利用制限がないものとして評価しますが、一定の手続きを要することに鑑み、100分の5の利用制限を斟酌して評価します。

　なお、特定生産緑地のうち、時価で買い取るべき旨の申出を行った日から起算して3月を経過しているものについては、生産緑地法第8条《生産緑地地区内における行為の制限》等の制限が解除されることから（生産緑地法10、10の5、14）、一般の農地等と同様の評価方法により評価するため、評価通達40－3《生産緑地の評価》の適用対象とはならず、上記（1）と同様に評価します。

2　特定生産緑地について

　都市緑地法等の一部を改正する法律（平成29年法律第26号）第4条の規定による生産緑地法（昭和49年法律第68号）の改正により、市町村長は、申出基準日が近く到来することとなる一定の生産緑地を特定生産緑地として指定することができることとされました。

　特定生産緑地とは、申出基準日が近く到来することとなる生産緑地のうち、その周辺の地域における公園、緑地その他の公共空地の整備の状況及び土地利用の状況を勘案して、当該申出基準日以後においてもその保全を確実に行うことが良好な都市環境の形成を図る上で特に有効であると認められるものとして、市町村長が生産緑地の所有者等の同意を得る等して指定するものをいいます（生産緑地法10の2①③）。この特定生産緑地の指定がされた生産緑地の所有者は、指定期限日以後において、市町村長に対し、当該生産緑地を時価で買い取るべき旨を申し出ることができます（生産緑地法10、10の5）。また、原則として、一般生産緑地として指定期限を30年延長することはできませんが、申出基準日までに特定生産緑地の指定を受けた場合には、指定期限日までに改めて当該生産緑地の所有者等の同意を得る等して、繰り返し指定期限を10年延長することができます（生産緑地法10の3①②）。なお、特定生産緑地に係る行為の制限と一般生産緑地に係る行為の制限に差異はありません（生産緑地法8）。

3　市民農園として貸し付けられている生産緑地

　生産緑地地区内の農地が、特定農地貸付けに関する農地法等の特例に関する法律の規定するところにより、地方公共団体に市民農園として貸し付けられている場合、当該農園の用に

供されている農地は、耕作権の目的となっている農地に該当しません。そのため、当該市民農園は、生産緑地としての利用制限に係るしんしゃくと賃貸借契約の期間制限に係るしんしゃくを行って評価することになります。

農地以外の地目の生産緑地

　生産緑地地区は、市街化区域（都市計画法（昭和43年法律第100号）第7条第1項の規定による市街化区域をいう。）内にある農地等で、一定の条件に該当する一団のものの区域について都市計画で定められますが（生産緑地法3①）、当該農地等とは、現に農業の用に供されている農地若しくは採草放牧地、現に林業の用に供されている森林又は現に漁業の用に供されている池沼（これらに隣接し、かつ、これらと一体となって農林漁業の用に供されている農業用道路その他の土地を含む。）をいうこととされています（生産緑地法2一）。

　このように、生産緑地には、農地以外の地目の土地も含まれ、これらについても、生産緑地法第8条《生産緑地地区内における行為の制限》の規定による行為の制限を受けることとなります。したがって、山林・池沼などの農地以外の地目の生産緑地についても、評価通達40-3《生産緑地の評価》に定める生産緑地の評価方法に準じて評価することになります。

（令和2年6月30日資産評価企画官情報第2号）

質疑応答事例

（国税庁ホームページ）

生産緑地の評価

　生産緑地に指定されると、原則として、告示の日から30年間は、建築物の建築、宅地の造成等はできないといういわゆる行為制限が付されることになります（生産緑地法8）。このような生産緑地の価額は、行為制限の解除の前提となっている買取りの申出のできる日までの期間に応じて定めた一定の割合を減額して評価することとしています。

　ところで、この買取りの申出は30年間経過した場合等（注）のほか、その生産緑地に係る農林漁業の主たる従事者が死亡したときにもできる（生産緑地法10）こととされていることから、主たる従事者が死亡した時の生産緑地の価額は、生産緑地でないものとして評価した価額の95％相当額で評価します。

（生産緑地法の概要）

対象地区	①市街化区域内の農地等であること ②公害等の防止、農林漁業と調和した都市環境の保全の効用を有し、公共施設等の用地に適したものであること ③用排水等の営農継続可能条件を備えていること
地区面積	500㎡以上（市町村が条例により300㎡まで引下げ可能）
建築等の制限	宅地造成・建物等の建築等には市町村長の許可が必要（農林漁業を営むために必要である一定の施設及び市民農園に係る施設等以外の場合は原則不許可）

買取り申出	生産緑地の指定から30年経過する日（申出基準日）等（注）以後又は生産緑地に係る主たる農林漁業従事者又はそれに準ずる者の死亡等のとき、市町村長へ時価での買取り申出が可能（不成立の場合は、3ヶ月後制限解除）
特定生産緑地の指定	申出基準日までに生産緑地を特定生産緑地として指定が可能
特定生産緑地の指定期限の延長	申出基準日から10年経過する日までに指定期限の延長が可能（以後、繰り返し10年の延長が可能）

第65　貸し付けられている農地の評価

　「耕作権」とは農地の賃借権の俗称で、小作権と同義語です。

　耕作権には、①物権である永小作権と②債権である賃借小作権とがあり、ともに小作料を払って他人の土地（農地及び採草放牧地）において耕作又は牧畜をする権利です。

　物権である永小作権は、地主の承諾なしに譲渡、転貸することができます。

　永小作権の存続期間は20年以上50年以下とされ、民法施行前からの永小作権も民法施行後50年の昭和23年で消滅しましたが、さらにまた農地改革でそれらの土地は原則として買収され永小作人に売り渡されたので、現在では永小作権はほとんど存在していません。

　相続税法第23条は、永小作権に関する評価方法を特別に規定しているため、財産評価基本通達上の耕作権は、永小作権を含みません。

　したがって、財産評価基本通達42《耕作権の評価》が定める「耕作権」には、賃借小作権のみが該当します（評基通9の(3)及び(7)）。

1　耕作権の目的となっている土地の評価

　耕作権の目的となっている農地の価額は、その農地の自用地としての価額から、耕作権の価額を控除した金額によって評価します（評基通41）。

　一般的に農地の賃借権は、農地法第17条本文の法定更新及び同18条第1項本文の解約権の制限規定によって保護を受けており、一定の価額で取引されており、評価方法は下表のとおりです（評基通42）。

農地の区分	耕作権の価額の評価方法
純　農　地 中　間　農　地	その耕作権の目的となっている農地が耕作権の目的となっていないものとした場合の価額に、「耕作権割合」を乗じた金額によって評価します。 　「耕作権割合」とは、耕作権が設定されていないとした場合の農地の価額に対するその農地に係る耕作権の割合をいい、その割合は、財産評価基本通達別表1において50/100と定められています。
市街地周辺農地 市 街 地 農 地	その農地が転用される場合に通常支払われるべき離作料の額、その農地の付近にある宅地に係る借地権の価額等を参酌した金額によって評価することになっていますが、この金額が不明な場合は、その農地に40/100を乗じて計算した価額によっても差し支えありません（大阪国税局の場合）。

　なお、本通達の取扱いのある耕作権は、農地法第18条第1項本文の賃貸借の解約等の制限の規定の適用がある賃借権に限られるため、同法の適用を受けないいわゆる「ヤミ小作」はこれに該当しません。ヤミ小作には、財産評価基本通達42の適用はなく、また、ヤミ小作の目的とされている農地は、自用地として評価することになります。

　（注）農地に賃借権等の権利を設定するためには農地法第3条の定めるところにより、原則として農業委員会の許可を受けなければなりません。

2 ┃ 永小作権の目的となっている土地の評価

　永小作権の目的となっている農地の価額は、その農地の自用地としての価額から、永小作権の価額を控除した金額によって評価します（評基通41⑵）。

　永小作権は、民法第270条《永小作権の内容》に「永小作人は、小作料を支払って他人の土地において耕作又は牧畜をする権利を有する。」と規定された権利であり、民法第2編に定められた物権です。したがって、通常は不動産登記簿に登記されています。

　永小作権の評価は、相続税法第23条に規定されており、存続期間の定めのない永小作権については、存続期間を30年（別段の慣習のあるときはそれによります。）とみなされます（評基通43）。

3 ┃ 市民農園として貸し付けられている農地の評価

　農地がいわゆる特定農地貸付けに関する農地法等の特例に関する法律の定めるところにより地方公共団体に市民農園として貸し付けられている場合、その市民農園は、同法に規定する特定農地貸し付けの用に供するためのものであり、農地所有者と農地の借手である地方公共団体との間で行われる賃貸借及び当該地方公共団体と市民農園の借手である住民との間で行われる賃貸借については、農地法第18条に定める賃貸借の解約制限の規定の適用はないものとされています。したがって、当該市民農園の用に供されている農地は耕作権の目的となっている農地には該当しません。このため、当該市民農園として貸し付けられた農地の評価に当たっては、賃貸借契約の期間制限に係るしんしゃくを行うことになります。

　この場合、賃貸借契約の期間制限に係るしんしゃくは、原則として、財産評価基本通達87《賃借権の評価》⑵の定めに準じて、賃借権の残存期間に応じ、その賃借権が地上権であるとした場合に適用される法定地上権割合（相続税法23条）の2分の1に相当する割合とされます。

　ただし、次に掲げる要件のすべてを満たす市民農園の用に供されている農地については、残存期間が20年以下の法定地上権割合に相当する20％のしんしゃくをすることとして差し支えありません。

⑴　地方自治法第244条の2の規定により条例で設置される市民農園であること

⑵　土地の賃貸借契約に次の事項が定められ、かつ、相続税及び贈与税の課税時期後において引き続き市民農園として貸し付けられること

　　①　貸付期間が20年以上であること

　　②　正当な理由がない限り貸付けを更新すること

　　③　農地所有者は、貸付けの期間の中途において正当な事由がない限り土地の返還を求めることはできないこと

4　農業経営基盤強化促進法により賃借権が設定されている農地

（1）農用地利用集積計画の公告により賃借権が設定されている農地

　農業経営基盤強化促進法に基づく農用地利用集積計画の公告により設定されている賃借権に係る農地の賃貸借については、農地法第17条（農地又は採草放牧地の賃貸借の更新）本文の賃貸借の法定更新などの適用が除外されており、いわゆる耕作権としての価格が生じるような強い権利ではありません。

　そのため、この農用地利用集積計画の公告により賃借権が設定されている農地の価額は、その農地の自用地としての価額から、その価額に100分の5を乗じて計算した金額を控除した価額によって評価します。

（2）農用地利用集積計画の公告により10年以上の期間の定めのある賃貸借が設定されている農地

　農地について10年以上の期間の定めのある賃貸借については、農地法第18条（農地又は採草放牧地の賃貸借の解約等の制限）第1項本文の適用が除外されており、いわゆる耕作権としての価格が生じるような強い権利ではありません。

　そのため、10年以上の期間の定めのある賃貸借により貸し付けられている農地の価額は、その農地の自用地としての価額から、その価額の100分の5を乗じて計算した金額を控除した価額によって評価します。

（3）上記(1)及び(2)の農地に係る賃借権の価額

　上記(1)及び(2)の農地に係る賃借権の価額（100分の5相当額）については、相続税又は贈与税の課税価格に算入する必要はありません。

　（注）　1．昭和56年6月9日付直評10ほか1課共同「農用地利用増進法等の規定により設定された賃貸借により貸し付けられた農用地等の評価について」を参照してください。
　　　　　2．「農用地利用増進法」は、農業経営基盤の強化のための関係法律の整備に関する法律（平成5年法律第70号）により「農業経営基盤強化促進法」と改題されています。

第6章 山林の評価

第 66 山林（林地）の評価

　不動産登記事務取扱手続準則第68条及び第69条に定める地目の区分によると、「山林」とは耕作の方法によらないで竹木の生育する土地をいい、保安林を含みます。

⇒「第67　保安林（林地）等の評価」（329ページ）参照。

　財産評価基準においては、評価対象となる山林の現況に基づき、純山林、中間山林、市街地山林に区分して評価します。

　山林は、原則として一筆の山林ごとに評価しますが、宅地比準方式による市街地山林については、利用の単位となっている一団の山林を評価単位とします。

1　純山林の評価

　純山林は、都市計画法上の規制を受けない「都市計画区域外」に所在することが多く、その価額は倍率方式により、以下の算式で計算します（評基通47）。

> 【算式】　固定資産税評価額 × $\dfrac{実際の地積}{台帳面積}$ × 評価倍率＝純山林の評価額

　（注）　1　倍率を乗ずる固定資産税評価額とは、本来の評価額で、課税標準額ではありません。
　　　　　2　固定資産税評価額は台帳面積によって登録されているので、縄延びのある山林については、その縄延びを織り込んだ実際の地積を求めて補正する必要があります。

2　中間山林の評価

　中間山林とは、市街地付近又は別荘地帯等にある山林で、通常の純山林と状況を異にするため、純山林として評価することが不適当と認められる山林です。

　中間山林の価額についても純山林と同様に倍率方式により評価しますが、この場合の倍率は、純山林とは異なる中間山林としての取引価格の水準を反映して定められています（評基通48）。

3　市街地山林の評価

　市街地山林とは、宅地のうちに介在する山林、市街化区域内にある山林などであり、評価の方法は、市街地農地における評価方法と同様に、原則として宅地比準方式によります。

　ただし、宅地への転用が見込めない急傾斜地等のように宅地比準方式を採用することに合

理性が認められない場合には、近隣の純山林の価額に比準して評価することになります（評基通49．H16．6．29付　資産評価企画官情報第２号）。

　多額の造成工事費を投下さえすれば、物理的に宅地への転用ができない市街地山林はほとんどありません。しかし、この「宅地への転用が見込めない市街地山林」とは、宅地化するために宅地価額を上回るほどの多額の造成費を要する場合のように「経済的合理性の観点から宅地への転用が見込めない」と判断できる市街地山林を指しますので、この判断をするに当たっては、その地域の宅地の価額とこれに投下することになる宅地造成費の額とを比較検討する必要があります。実務上の対応としては、急傾斜地の崩壊による災害の防止に関する法律第２条が定義する傾斜度が30度以上である「急傾斜地」がおよその目安となるでしょう。そして、「宅地への転用が見込めない」と認められる市街地山林については、造成費を考慮する必要はなく、近隣地域の純山林の価額を比準して評価します。

　　（注）その山林が宅地であるとした場合の価額から、財産評価基準書に定める基準によって算定した宅地造成費に相当する金額を控除して評価した価額が、近隣の純山林に比準して評価した価額を下回る場合には、「宅地への転用が見込めない市街地山林」に該当します。
　　　　　　　⇒【参考資料】４の「表２　傾斜地の宅地造成費」の留意事項（４）（396ページ）参照。

4　貸し付けられている山林の評価

　貸し付けられている山林の評価に関し、主要な財産評価基本通達を次に掲げました。

評価通達

　　（貸し付けられている山林の評価）
　51　賃借権、地上権等の目的となっている山林の評価は、次に掲げる区分に従い、それぞれ次に掲げるところによる。（昭41直資３－19・平３課評２－４外改正）
　（１）賃借権の目的となっている山林の価額は、47≪純山林の評価≫から前項までの定めにより評価したその山林の価額（以下この節において「自用地としての価額」という。）から、54≪賃借権の評価≫の定めにより評価したその賃借権の価額を控除した金額によって評価する。
　（２）地上権の目的となっている山林の価額は、その山林の自用地としての価額から相続税法第23条≪地上権及び永小作権の評価≫又は地価税法第24条≪地上権及び永小作権の評価≫の規定により評価したその地上権の価額を控除した金額によって評価する。
　（３）区分地上権の目的となっている山林の価額は、その山林の自用地としての価額から53－２≪区分地上権の評価≫の定めにより評価した区分地上権の価額を控除した金額によって評価する。
　（４）区分地上権に準ずる地役権の目的となっている承役地である山林の価額は、その山林の自用地としての価額から53－３≪区分地上権に準ずる地役権の評価≫の定めにより評価したその区分地上権に準ずる地役権の価額を控除した金額によって評価する。

（残存期間の不確定な地上権の評価）

53　立木一代限りとして設定された地上権などのように残存期間の不確定な地上権の価額は、課税時期の現況により、立木の伐採に至るまでの期間をその残存期間として相続税法第23条≪地上権及び永小作権の評価≫又は地価税法第24条≪地上権及び永小作権の評価≫の規定によって評価する。（平３課評２－４外改正）

（賃借権の評価）

54　賃借権の評価は、次に掲げる区分に従い、それぞれ次に掲げるところによる。（昭45直資３－13・平３課評２－４外改正）

（1）純山林に係る賃借権の価額は、その賃借権の残存期間に応じ、相続税法第23条≪地上権及び永小作権の評価≫又は地価税法第24条≪地上権及び永小作権の評価≫の規定を準用して評価する。この場合において、契約に係る賃借権の残存期間がその権利の目的となっている山林の上に存する立木の現況に照らし更新されることが明らかであると認める場合においては、その契約に係る賃借権の残存期間に更新によって延長されると認められる期間を加算した期間をもってその賃借権の残存期間とする。

（2）中間山林に係る賃借権の価額は、賃貸借契約の内容、利用状況等に応じ、（1）又は（3）の定めにより求めた価額によって評価する。

（3）市街地山林に係る賃借権の価額は、その山林の付近にある宅地に係る借地権の価額等を参酌して求めた価額によって評価する。

　貸し付けられている山林の評価をする上での重要な点は、平成29年法律第44号による改正前の民法604条≪賃貸借の存続期間≫により、賃貸借の存続期間は20年を超えることは許されず、20年を超えて賃貸借をなしたときはその期間は20年に短縮することとされていた点です。

　この民法604条は、平成29年法律第44号により、「20年」とされていた期間は、次のとおり「50年」に改正されました（令和２年４月１日施行）。

民法

（賃貸借の存続期間）

第604条　賃貸借の存続期間は、50年を超えることができない。契約でこれより長い期間を定めたときであっても、その期間は、50年とする。

2　賃貸借の存続期間は、更新することができる。ただし、その期間は、更新の時から50年を超えることができない。

附　則

（贈与等に関する経過措置）

第34条　施行日前に贈与、売買、消費貸借（旧法第589条に規定する消費貸借の予約を含む。）、使用貸借、賃貸借、雇用、請負、委任、寄託又は組合の各契約が締結された場合におけるこれらの契約及びこれらの契約に付随する買戻しその他の特約については、なお従前の例による。

> 2　前項の規定にかかわらず、新法第604条第2項の規定は、施行日前に賃貸借契約が締結された場合において施行日以後にその契約の更新に係る合意がされるときにも適用する。
>
> 3　・・・記載省略・・・

　もっとも、純山林に係る賃借権は、立木（樹木）の樹種、樹齢等に照らせば、賃貸借の存続期間が50年に延長されたとしても、その立木の標準伐期齢を踏まえた伐採時期等からすると、なお初期の賃貸借契約の目的を達成することが困難な場合があります。

　そのため、山林に係る賃借権の価額は、地上権の価額との評価上の均衡を考慮し、その賃借権の残存期間に応じ、地上権の評価の例に準じて評価をすることになります。

豆知識

山林の物的確認

　一般に、山林とは竹木が生育する土地をいいます。通常は、竹木は土地（林地）と一体となって取引の対象となるので、山林という場合は、竹木を含む林地と考えてよいことが多いのですが、立木法に基づく立木の登記がされている場合や、樹木に明認方法が施されている場合では、例外的に竹木が土地とは別個の財産として取引の対象となることもあり、土地（林地）とは別個に立木の評価を要する場合もあります。

（注）明認方法とは、立木を土地とは別個の取引の対象として、他からそれを認識できる程度の何らかの公示方法のことをいい、例えば、しめ縄が張られ土地とは別個の第三者の所有である旨の掲示がなされている場合などがあります。

1．山林の地積

　国土調査が終了した地域については、不動産登記法第14条に規定されている地図が作成され、公簿面積（登記面積）と実測面積は等しいのですが、特に林地の場合、国土調査未了の地域については大小様々な縄延び、あるいは縄縮みがあるのが通常です。縄延びは、2倍から20倍に及ぶこともありますので、面積を含めた物的確認の作業が重要となります。

　林地の地積は、課税時期における実際の面積を測定する必要があり、立木等に関する現地調査、航空写真による地積の測定、その地域における平均的な縄延割合の調査等の方法によって実際の地積を把握します。

　不動産登記規則第100条《地積》は、「地積は、水平投影面積により、平方メートルを単位として定め…る。」と規定しています。

　そもそも立木は地表から垂直に生育するものであり、一般的には傾斜面積の多寡が樹木本数に影響を及ぼすことはありません。

2．森林基本図

　森林基本図は、林地の物的確認に際して最も有効な地図で、国土地理院の地図の5,000分の

　1版と理解していただければ結構です。森林基本図は空中写真を図化したもので、かつ、等高線が入っておりますし、地物、山名、標高、市町村界、河川名、道路名、橋の名、集落名、神社・寺、学校、歩道、鉄塔、送電線等々が記入され、しかも縮尺が大きいので物的確認には有効なものです。

　森林基本図に対象不動産の範囲をプロットすることができましたら、プラニメーター（※）によりその面積を計測し、その数量を実測見込面積として評価対象量とすることが可能です。

　　　　　　　⇒（※）プラニメーター：「第10　地積を基に縮尺が不明な地形図や
　　　　　　　　　　航空写真から距離を算定する方法」の【豆知識】（74ページ）参照。

　森林簿と森林施業（計画）図も求めたい資料でありますが、所有者本人で、しかも林業経営に関する目的のためでなければ閲覧することはできません。委任状があっても本人以外は受け付けてもらえません。

　都道府県によっては、森林施業（計画）図のみが作成され、森林基本図は森林施業（計画）図と併用しているところがあります。このような場合には森林基本図が入手できないことになりますので、市町村の2,500分の1の地図や国土地理院の25,000分の1の地図及び50,000分の1の地図を利用することになります。

＜森林基本図のサンプル＞
（対象不動産の範囲をプロットしたもの）

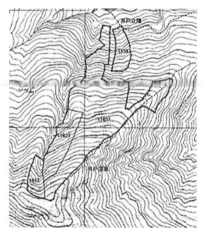

　（注）1. 土地の境界（筆界）を明らかにすることができない山林については、上記のような
　　　　調査をしても意味がありませんので、ご留意ください。
　　　　2. 森林組合に加入している場合は、山林（森林）現況証明書によって、樹種・樹齢
　　　　ごとの標準的な植栽面積を基に実測面積を算定することができる場合があります。

第 67　保安林（林地）等の評価

　森林法に基づき農林水産大臣が保安林として指定した山林の登記地目は「保安林」となります。

　保安林とは、水源のかん養、土砂の崩壊その他の災害の防備、生活環境の保全・形成等、特定の公共目的を達成するため、農林水産大臣又は都道府県知事によって指定される森林で、それぞれの目的に沿った森林の機能を確保するため、立木の伐採や土地の形質の変更等が規制されます。

　林野庁の発表する国有林・民有林別延面積（令和３年３月31日現在）によりますと、全国の保安林の実面積は1,300万haに上り、全国の森林面積に対する比率は48.9％、国土面積に対する比率は32.4％を占めるほどです。

1　保安林等の評価方法

　森林法その他の法令の規定に基づき、土地の利用又は立木の伐採について制限を受けている保安林等の価額は、制限がない場合の山林の価額から、その価額に山林の上に存する立木について加えられる制限の程度に応じて定められた控除割合を乗じて得た金額を控除して、次の算式によって評価します（評基通50）。

　なお、法令による地区の指定が重複することにより、伐採制限が重複する場合がありますが、この場合には、最も厳しい伐採制限に基づく控除割合によって評価します。

【算式】

$$
その山林の自用地価額 \times \left[1 - \begin{matrix} 保安林等の立木の \\ 評価上の控除割合 \end{matrix} \right] = \begin{matrix} 保安林等 \\ の価額 \end{matrix}
$$

【保安林等の評価上の控除割合】（財産評価基本通達123）

法令の規定による伐採制限	控除割合
一　部　皆　伐	0.3
択　　　　　伐	0.5
単　木　選　伐	0.7
禁　　　　　伐	0.8

（注）　1．皆伐とは、対象となる区画にある森林の樹木をすべて伐採することで、上表の一部皆伐には、伐採方法が「伐採種を定めない」と定められている水源かん養保安林、防風保安林等が該当します。

　　　　2．択伐とは、対象となる区画から伐期に達した立木など一定の基準で樹木を選び、適量ずつ（例えば植えた列ごと）数年から数十年おきに抜き切りして、林内での更新を図ることで、上表の択伐

には、伐採方法が「択伐」と定められている保安林等が該当します。

3．選伐とは、立木や枝を選んで切ることで、上表の単木選伐には、国立公園の第1種特別地域で風致維持に支障のない場合の森林等が該当します。

4．禁伐とは、立木の伐採が禁止されることで、上表の禁伐には、伐採方法が「禁伐」と定められている保安林、国立公園等の特別保護地区及び第1種特別地域で風致維持に支障のない場合以外の森林、林業種苗法における特別母樹又は特別母樹林等が該当します。

　地方税法の規定により、保安林は固定資産税が非課税とされていますので、固定資産税評価額が付されていません。倍率方式により相続税の評価額を算出する場合には、その保安林が非課税でないとした場合に付される固定資産税評価額に倍率を適用して、保安林の制限がない場合の価額を評価します。

2　公益的機能別施業森林区域内の山林の評価

　森林法の改正（平成24年4月1日施行）に伴い、公益的機能別施業森林区域内の山林の評価について、控除割合が次のとおり整理されています（平成24年7月19日付資産企画官情報第4号）。

森林の区分	控除割合
・水源涵養機能維持増進森林 ・水源涵養機能維持増進森林以外の森林のうち、 　①択抜以外による複層林施業を推進すべき森林及び② 　長伐期施業を推進すべき森林	0.2 （一部皆抜なみ）
・水源涵養機能維持増進森林以外の森林のうち、 　③特定の広葉樹を育成すべき森林及び 　④択抜以外による複層林施業を推進すべき森林	0.4 （択伐なみ）

＊　「その他水源涵養機能維持増進森林以外の公益的機能別施業森林」については、市町村独自の施業方法を設定することが可能ですから、その場合の控除割合は、上記の森林の区分ごとの控除割合を踏まえつつ、当該施業方法による伐採制限の程度に応じて個別に算定することとされています。

第68　保安林の種類と制限の内容
～森林法による伐採制限と控除割合～

　保安林の種類及び制限の内容（伐採の方法）は、次表のように定められています（財産評価基準書の「（各都道府県）伐採制限を受けている山林の評価」）が、これらの地区等については、同一の地区ではあっても、都道府県の定める条例により、その伐採制限が異なることも考えられるので、保安林台帳を閲覧するなどして、控除割合を個別に検討しなければなりません。

（財産評価基準書の「（各都道府県）伐採制限を受けている山林の評価」）

保安林の種類	伐　採　の　方　法		控除割合
水源かん養保安林	①　原則（下記以外の森林）	伐採種を定めない	一部皆伐 0.3
	②　林況が粗悪な森林	択伐	0.5
	③　伐採の方法を制限しなければ、急傾斜地、保安施設事業の施行地等の森林で土砂が崩壊し、又は流出する恐れがあると認められるもの		
	④　その伐採跡地における成林が困難になる恐れがあると認められる山林		
	⑤　③及び④のうち、その影響が特に著しいと認められるもの	禁伐	0.8
土砂流出防備保安林	①　原則（下記以外の森林）	択伐	0.5
	②　保安施設事業の施行地の森林で地盤が安定していないものその他伐採すれば著しく土砂が流出するおそれがあると認められる森林	禁伐	0.8
	③　地盤が比較的安定している森林	伐採種を定めない	一部皆伐 0.3
土砂崩壊防備保安林	①　原則（下記以外の森林）	択伐	0.5
	②　保安施設事業の施行地の森林で地盤が安定していないものその他伐採すれば著しく土砂が崩壊するおそれがあると認められる森林	禁伐	0.8
飛砂防備保安林	①　原則（下記以外の森林）	択伐	0.5
	②　林況が粗悪な森林	禁伐	0.8
	③　伐採すればその伐採跡地における成林が困難になる恐れがあると認められる森林		
	④　その地表が比較的安定している森林	伐採種を定めない	一部皆伐 0.3
防風保安林 防霧保安林	①　原則（下記以外の森林）	伐採種を定めない	一部皆伐 0.3
	②　林帯の幅が狭小な森林（その幅がおおむね20メートル未満のものをいう。）その他林況が粗悪な森林	択伐	0.5
	③　伐採すればその伐採跡地における成林が困難になるおそれがあると認められる森林		
	④　②及び③のうちその程度が特に著しいと認めるもの（林帯については、その幅がおおむね10メートル未満のものをいう。）	禁伐	0.8

水害防備保安林潮害防備保安林防雪保安林	①　原則（下記以外の森林）	択伐	0.5
	②　林況が粗悪な森林	禁伐	0.8
	③　伐採すればその伐採跡地における成林が著しく困難になるおそれがあると認められる森林		
干害防備保安林	①　原則（下記以外の森林）	伐採種を定めない	一部皆伐0.3
	②　林況が粗悪な森林	択伐	0.5
	③　伐採の方法を制限しなければ、急傾斜地等の森林で土砂が流出するおそれがあると認められるもの		
	④　用水源の保全又はその伐採跡地における成林が困難になるおそれがあると認められる森林		
	⑤　③及び④のうちその程度が特に著しいと認められるもの	禁伐	0.8
なだれ防止保安林落石防止保安林	①　原則（下記以外の森林）	禁伐	0.8
	②　緩傾斜地の森林その他なだれ又は落石による被害を生ずるおそれが比較的少ないと認められる森林	択伐	0.5
防火保安林	－	禁伐	0.8
魚つき保安林	①　原則（下記以外の森林）	択伐	0.5
	②　伐採すればその伐採跡地における成林が著しく困難になるおそれがあると認められる森林	禁伐	0.8
	③　魚つきの目的に係る海洋、湖沼等に面しない森林	伐採種を定めない	一部皆伐0.3
航行目標保安林	①　原則（下記以外の森林）	択伐	0.5
	②　伐採すればその伐採跡地における成林が著しく困難になるおそれがあると認められる森林	禁伐	0.8
保健保安林	①　原則（下記以外の森林）	択伐	0.5
	②　伐採すればその伐採跡地における成林が著しく困難になるおそれがあると認められる森林	禁伐	0.8
	③　地域の景観の維持を主たる目的とする森林のうち、主要な利用施設又は眺望点からの視界外にあるもの	伐採種を定めない	一部皆伐0.3
風致保安林	①　原則（下記以外の森林）	択伐	0.5
	②　風致の保存のため特に必要があると認められる森林	禁伐	0.8
保安施設地区内の森林	－	禁伐	0.8

【参考】保安林のイメージ

水源かん養保安林

落石防止保安林

魚つき保安林

（林野庁ホームページ）

山林調査の窓口

　山林、立木の調査は、都道府県庁林務担当課や森林組合で行い、市町村役場の調査で補完します。都道府県庁又は森林組合では、保安林の種類、その制限内容、保安林台帳及び附属の地図を調査することができますので、管理の行き届いている地域では、これらの調査によって財産評価に必要なデータをほぼ揃えることができます。

１．保安林台帳及び付属図の閲覧

　保安林台帳及び付属図の調査によって、保安林の種類、制限内容、地図の閲覧により対象不動産の地図上（特に森林基本図）における位置が判明します。

⇒【豆知識】「山林の物的確認」（327ページ）参照。

　森林簿と森林施業（計画）図でも保安林の種類、位置は判明しますが、これらの簿冊は森林施業用に作成されたものですので、森林施業の目的以外は非公開であり、本人以外の一般の人は入手できないものです。

　保安林台帳等の閲覧先は、次のとおりです。

　　　①　都道府県庁の林業関係課のうちの保安林担当係(注)

　　　②　県庁の出先機関の林務課

　　　③　市町村の林務担当課

　　　④　市町村の森林組合

２．市町村役場での調査

⑴　市町村発行の地図

　縮尺の異なる何種類かの地図が販売されています。

　多くの市町村では、縮尺の最も大きい地図として、2,500分の1の白地図がありますので、これを購入して補完資料とすることができます。

⇒「第7　各種の地図の収集」の4の⑶（55ページ）参照。

⑵　「地籍図」あるいは「地番（参考）図」

　地籍図等の内容は市町村によって異なりますが、登記所の公図が山林の場合、ほとんどが古くて不正確なものであるため、それを補完する意味からも作成されています。

　地籍図のうちでも航空写真を図化したものに公図を記入して作成されているものが、最も現況をよく表しています。

　ただし、宅地については作成されていても、山林については作成されていないことも多いようです。

⇒「第7　各種の地図の収集」の4の⑵（54ページ）参照。

⑶　固定資産評価（公課）証明書又は名寄せ台帳の写し

　固定資産税課などで調査することができます。

　固定資産評価（公課）証明書の記載内容は次のとおりですが、本人の委任状が無ければ発行されません。

① 所在、地番、面積

② 所有者の住所、氏名

③ 固定資産税評価額

　＊地方税法の規定により、保安林は固定資産税が非課税とされていますので、固定資産税評価額が付されていません。

④ 固定資産税額

　（注）　固定資産税額については、固定資産評価証明書には記載がありませんので、同じ請求をするなら固定資産公課証明書の交付を受けておく方が便利です。

⑷　市町村森林整備計画

　市町村森林整備計画は、地域森林計画の対象となる民有林が所在する市町村が5年ごとに作成する10年を一期とする計画であり、地域の森林・林業の特徴を踏まえた森林整備の基本的な考え方や、これを踏まえたゾーニング、地域の実情に即した森林整備を促進するための森林施業の標準的な方法及び森林の保護等の規範、路網整備等の考え方を定める長期的視点に立った地域づくりの構想（マスタープラン）です。

　伐採、造林、保育、その他森林の整備に関する基本的事項や立木の標準伐期齢、立木の伐採の標準的な方法その他森林の立竹木の伐採に関する事項などが定められています。

第7章 雑種地の評価
基礎知識

第 69 雑種地の評価

　雑種地とは、宅地、田、畑、山林、原野、牧場、池沼及び鉱泉地以外の土地をいい、具体的には、ゴルフ場、遊園地、運動場、競馬場、野球場、変電所敷地、テニスコート、ドック、引込線敷地、鉄塔敷地、稲干場、塚地、柴草地、不毛地、砂地、土取場跡、鉄軌道用地等がこれに該当します。

　上に述べたように、雑種地には、駐車場、テニスコート等のように宅地に類似するものもあれば、原野に類似するものもあり、その現況は千差万別です。そこで、雑種地の価額は評価しようとする雑種地の付近にあって、状況が類似する土地の価額から比準して評価します。

　ただし、倍率が定められている地域にある場合には倍率方式で評価します。

1　市街化区域内にある雑種地の評価

　市街化区域は市街地を形成している地域又は優先的かつ計画的に市街化を図るべき地域ですから、言い換えれば宅地化している地域又は宅地化を図るべき地域です。

　評価対象地である雑種地の現況が、駐車場、テニスコート等のように宅地に類似する場合は、隣接又は付近の宅地の価額を基に評価対象地との位置、形状等の条件の格差を考慮して評価します（評基通82）。

　雑種地を宅地比準方式で評価する場合には、当該雑種地が宅地であるとした場合の1㎡当たりの価額から当該雑種地を宅地に転用するとした場合において通常必要と認められる1㎡あたりの造成費に相当する金額として、国税局長の定める金額を控除した金額に、当該雑種地の地積を乗じて計算します。

　この場合において、評価対象である雑種地と付近の宅地（比準宅地）との形状による条件の較差については、次の区分により、それぞれに掲げる方法により算定することが相当であると考えられます。

雑種地の所在	較差の調整方法
路線価地域	評価する雑種地の地区区分について定められている画地調整率を参考にして評価する方法
倍 率 地 域	路線価地域の普通住宅地区の画地調整率を参考にして計算する方法

　なお、青空駐車場として利用されている土地は、登記簿上の地目がたとえ宅地であっても、

その土地は、財産評価基本通達上は雑種地に該当します。しかし、雑種地の価額はその地域の現況に応じて評価しますから、その現況が宅地と何ら変わるところがないような通常の青空駐車場の価額は、宅地と全く同じように評価することになります。

(注) 登記簿上の地目と実際の現況（税務上の取扱いにおける地目）とが異なっているケースもありますので、注意が必要です。

2 市街化調整区域内の雑種地の評価

雑種地（ゴルフ場用地、遊園地等用地、鉄軌道用地を除きます。）の価額は、原則として、その雑種地の現況に応じ、評価対象地と状況が類似する付近の土地について評価した1㎡当たりの価額を基とし、その土地と評価対象地である雑種地との位置、形状等の条件の差を考慮して評価した価額に、その雑種地の地積を乗じて評価することになります。

市街化調整区域に存する雑種地を評価する場合において、状況が類似する土地（地目）の判定をするときには、評価対象地の周囲の状況に応じて、下表により判定することになります。

また、付近の宅地の価額を基として評価する場合（宅地比準）における法的規制等（開発行為の可否、建築制限、位置等）に係るしんしゃく割合（減価率）は、市街化の影響度と雑種地の利用状況によって個別に判定することになりますが、下表のしんしゃく割合によっても差し支えありません（国税庁ホームページ【(質疑応答事例) 市街化調整区域にある雑種地の評価】）。

周囲（地域）の状況	比準地目	しんしゃく割合
弱↑ ① 純農地、純山林、純原野	農地比準、山林比準、原野比準（注1）	
市街化の影響度 ② ①と③の地域の中間（周囲の状況により判定）	宅地比準	しんしゃく割合 50%
		しんしゃく割合 30%
③ 店舗等の建築が可能な幹線道路沿いや市街化区域との境界付近（注2） 強↓	宅地価格と同等の取引実態が認められる地域（郊外型店舗が建ち並ぶ地域等）	しんしゃく割合 0%

(注) 1. 農地等の価額を基として評価する場合で、評価対象地が資材置場、駐車場等として利用されているときは、その土地の価額は、原則として、財産評価基本通達24-5（農業用施設用地の評価）に準じて農地等の価額に造成費相当額を加算した価額により評価します。

⇒「第46　農業用施設用地の評価」（222ページ）参照。

ただし、その価額は宅地の価額を基として評価した価額を上回らないことに留意してください。

2. ③の地域は、線引き後に沿道サービス施設が建設される可能性のある土地（都市計画法34条9号、43条2項）や、線引き後に日常生活に必要な物品の小売業等の店舗として開発又は建築される可能性のある土地（都市計画法34条1号、43条2項）の存する地域をいいます。

3．都市計画法第34条第11号に規定する区域内については、個別に判定しますが、基本的には宅地並みの価格水準の土地であると考えられるため、しんしゃく割合は0％と考えられます。
　⇒「第6　公法上の規制と財産評価基準」の3の(1)「市街化区域と市街化調整区域」(49ページ)参照。

3　貸し付けられている雑種地及び賃借権の評価

（1）貸し付けられている雑種地の価額

①　賃借権・地上権等の目的となっている雑種地の評価

　賃借権又は地上権等の目的となっている雑種地の評価に関する財産評価基本通達86《貸し付けられている雑種地の評価》の定めは、次のとおりとされています。

評価通達

（貸し付けられている雑種地の評価）
86　賃借権、地上権等の目的となっている雑種地の評価は、次に掲げる区分に従い、それぞれ次に掲げるところによる。（昭41直資3－19・平3課評2－4外・平6課評2－2外改正）
（1）賃借権の目的となっている雑種地の価額は、原則として、82《雑種地の評価》から84《鉄軌道用地の評価》までの定めにより評価した雑種地の価額（以下この節において「自用地としての価額」という。）から、87《賃借権の評価》の定めにより評価したその賃借権の価額を控除した金額によって評価する。
　　ただし、その賃借権の価額が、次に掲げる賃借権の区分に従いそれぞれ次に掲げる金額を下回る場合には、その雑種地の自用地としての価額から次に掲げる金額を控除した金額によって評価する。
　イ　地上権に準ずる権利として評価することが相当と認められる賃借権（例えば、賃借権の登記がされているもの、設定の対価として権利金その他の一時金の授受のあるもの、堅固な構築物の所有を目的とするものなどがこれに該当する。）
　　　その雑種地の自用地としての価額に、その賃借権の残存期間に応じ次に掲げる割合を乗じて計算した金額
　　（イ）　残存期間が5年以下のもの　100分の5
　　（ロ）　残存期間が5年を超え10年以下のもの　100分の10
　　（ハ）　残存期間が10年を超え15年以下のもの　100分の15
　　（ニ）　残存期間が15年を超えるもの　100分の20
　ロ　イに該当する賃借権以外の賃借権
　　　その雑種地の自用地としての価額に、その賃借権の残存期間に応じイに掲げる割合の2分の1に相当する割合を乗じて計算した金額
（2）地上権の目的となっている雑種地の価額は、その雑種地の自用地としての価額から相続税法第23条《地上権及び永小作権の評価》又は地価税法第24条《地上権及び永小作権の評価》の規定により評価したその地上権の価額を控除した金額によって評価する。

（3）及び（4）・・・記載省略・・・

（注）上記（1）又は（2）において、賃借人又は地上権者がその雑種地の造成を行っている場合には、その造成が行われていないものとして82≪雑種地の評価≫の定めにより評価した価額から、その価額を基として87≪賃借権の評価≫の定めに準じて評価したその賃借権の価額又は相続税法第23条≪地上権及び永小作権の評価≫若しくは地価税法第24条≪地上権及び永小作権の評価≫の規定により評価した地上権の価額を控除した金額によって評価する。

② 地上権の区分と評価方法の違い

賃借権のなかには、単に資材置場として使用するようなものから、地上権に準ずる堅固な構築物の所有を目的とするようなものまで種々あります。

地上権は、相続税法第23条に規定する割合によって評価しますので、後者については、地上権に準ずるものとして評価することとし、前者については、後者の2分の1の割合としています。

また、後者の割合は、借地権の目的となっている宅地の評価にあたり、借地の価額が少額であっても、また、定期借地権の目的となっている宅地の評価に当たっても、自用地とした場合の価額の20％相当額の評価減をする取扱いとしていること（評基通25の（1）及び（2））とのバランスから、貸し付けられている雑種地についてもこの割合を基準とした旨の説明がされています（財団法人大蔵財務協会刊「財産評価基本通達逐条解説」）。

（2）雑種地に係る賃借権の価額

雑種地に係る賃借権の評価に関する財産評価基本通達87≪賃借権の評価≫の定めは、次のとおりとされています。

評 価 通 達

（賃借権の評価）

87 雑種地に係る賃借権の価額は、原則として、その賃貸借契約の内容、利用の状況等を勘案して評定した価額によって評価する。ただし、次に掲げる区分に従い、それぞれ次に掲げるところにより評価することができるものとする。（平3課評2−4外改正）

（1）地上権に準ずる権利として評価することが相当と認められる賃借権（例えば、賃借権の登記がされているもの、設定の対価として権利金その他の一時金の授受のあるもの、堅固な構築物の所有を目的とするものなどがこれに該当する。）の価額は、その雑種地の自用地としての価額に、その賃借権の残存期間に応じその賃借権が地上権であるとした場合に適用される相続税法第23条≪地上権及び永小作権の評価≫若しくは地価税法第24条≪地上権及び永小作権の評価≫に規定する割合（以下「法定地上権割合」という。）又はその賃借権が借地権であるとした場合に適用される借地権割合のいずれか低い割合を乗じて計算した金額によって評価する。

（2）（1）に掲げる賃借権以外の賃借権の価額は、その雑種地の自用地としての価額に、その賃借権の残存期間に応じその賃借権が地上権であるとした場合に適用される法

定地上権割合の2分の1に相当する割合を乗じて計算した金額によって評価する。

　この財産評価基本通達87の柱書に「その賃貸借契約の内容、利用の状況等を勘案して」とあるように、賃借権の価額は、その賃貸借契約を解約して、賃借人に対して立退きを求めるとした場合に、賃借人に対して支払われる立退き料の額を勘案して評価するべきです。

　しかし、この立退き料の額は、立ち退くことによって賃借人が被る損害の程度や、その土地と同等の代替土地が地主から提供されるか否か、地主がこの土地を必要とする事情（正当事由の有無）などをも勘案（利益衡量）して決定されるものであり、納税者がこのような勘案をして賃借権の価額を評価するのは極めて困難です。

　そこで、同通達87は、簡便法として、賃借権の登記や権利金その他の一時金の授受があるもの、又は堅固な構築物の所有を目的とするものなど、地上権に準ずる権利として評価することが相当と認められる賃借権は、次に掲げる相続税法第23条《地上権及び永小作権の評価》に規定する割合（法定地上権割合）又はその賃借権が借地権であるとした場合に適用される借地権割合のいずれか低い割合を乗じて計算した金額によって、また、これ以外の賃借権は、同割合の2分の1に相当する割合を乗じて計算した金額によって、それぞれ評価することができるものとされました。

評 価 通 達

○**相続税法第23条に規定する割合（法定地上権割合）**

（地上権及び永小作権の評価）

第23条　地上権（借地借家法（平成3年法律第90号）に規定する借地権又は民法第269条の
　2第1項（地下又は空間を目的とする地上権）の地上権に該当するものを除く。以下同
　じ。）及び永小作権の価額は、その残存期間に応じ、その目的となつている土地のこれら
　の権利を取得した時におけるこれらの権利が設定されていない場合の時価に、次に定め
　る割合を乗じて算出した金額による。

　　残存期間が10年以下のもの　　　　　　　　　　100分の5

　　残存期間が10年を超え15年以下のもの　　　　　100の10

　　残存期間が15年を超え20年以下のもの　　　　　10分の20

　　　　　　　　・・・（以下記載省略）・・・

（注）相続税法第23条が規定する割合（法定地上権割合）は、上記のとおりですが、アンダーライン部分
　　の割合は、財産評価基本通達86《貸し付けられている雑種地の評価》が定める割合（341ページ参照）
　　とは異なっていますので、貸し付けられている雑種地の価額は、この通達86によって評価することに
　　留意してください。

　この財産評価基本通達87の（1）が、法定地上権割合と借地権割合のいずれか低い割合によることとしたのは、法的保護の強弱を比較した場合に、借地権価額よりも賃借権の価額が上回るのは相当でないことから、このように措置されたものです。

（注）1　上記の評価通達86（1）イにアンダーラインを付した（ロ）及び（ハ）の割合は、同通達87《賃借権の評価》が定める相続税法23条に規定する割合と異なっています。したがって、貸し付けられている雑種地の価額と賃借権の価額の合計額は、その雑種地の自用地としての価額と必ずしも一致しません。

　　　2　賃借権の残存期間に関しては、民法第604条《賃貸借の存続期間》の規定にも留意して判定をする必要がありますが、この民法604条は、平成29年法律第44号（令和2年4月1日施行）により改正されていますので、ご注意ください。この改正については、「第66　山林（林地）の評価」の4（325ページ）において、経過措置についての説明もしています。

4　貸し付けられている雑種地の評価上の留意事項

　貸し付けられている雑種地の評価方法については、財産評価基本通達86《貸し付けられている雑種地の評価》に定めがありますが、この定めを適用する際の留意事項は、同通達の次の注書きの定めです。

評 価 通 達

（貸し付けられている雑種地の評価）

86（本文省略）

　（注）上記(1)又(2)において、賃借人又は地上権者がその雑種地の造成を行っている場合には、その造成が行われていないものとして82《雑種地の評価》の定めにより評価した価額から、その価額を基として87《賃借権の評価》の定めに準じて評価したその賃借権の価額又は相続税法第23条《地上権及び永小作権の評価》若しくは地価税法第24条《地上権及び永小作権の評価》の規定により評価した地上権の価額を控除した金額によって評価する。

　この注書きによる評価の方法は、例えば、ゴルフ場の敷地の用に供する目的で農地や山林を賃貸し、これを賃借したゴルフ場経営会社などが造成工事を行ってゴルフ場用地にした場合は、これらの土地を賃貸している所有者にとっての土地の価額は、ゴルフ場用地としての価額を基に評価するのではなく、その造成が行われる前の土地と状況が類似する近隣地域の農地や山林の課税時期における1㎡当りの価格を比準して算定した土地の価額（（＊）　それが農地である場合は、農地法の規定による転用許可を得た後の土地の価額）を基として、賃借権の価額又は地上権の価額を控除した金額によって評価することになります。

（＊）　中間農地又は純農地の価額は、土地の評価割合（80%）のほか、農地の転用規制（80%）及び農地の限界収益率（0%～55%）を適用した価額で評定されています。

⇒315ページ参照。

　これに対し、これらの土地を賃借したゴルフ場経営会社などが有する賃借権の価額は、財産評価基本通達87《賃借権の評価》にその評価方法が定められていますが、この賃借権の価額は、ゴルフ場用地とした場合の価額を基に評価することになりますので、賃借権の価額と貸し付けられている雑種地の価額の合計額はその雑種地の自用地としての価額とは一致しない仕組みになっています。

【賃借権の価額】

$(A) \times$ 法定地上権割合又は借地権割合とのいずれか低い割合

【貸し付けられている雑種地の価額】

$(B) \times \left(1 - \text{法定地上権割合又は借地権割合とのいずれか低い割合}\right)$

造成後のゴルフ場用地
としての価額（A）

農地（＊）又は山林である
とした場合の価額（B）

---

5 ゴルフ場等の用に供する土地に係る賃借権の残存期間

　次に掲げる文は、昭和55年6月24日付の東京国税局長通達（直評第15号・直資第105号「個別事情のある財産の評価等の具体的な取扱いについて」）5−(4)《ゴルフ場等の用に供する土地の賃借権の評価》の定めとその解説です（昭和56年2月26日（木）第3355号「国税速報」に掲載）。賃借権の残存期間を判断する際の参考資料になると考えられます。

> **東京国税局長通達　昭和55年6月24日　直評第15号・直資第105号**
>
> **5−(4)　ゴルフ場等の用に供する土地の賃借権の評価**
>
> 　ゴルフ場、遊園地、運動場、競馬場その他これらに類似する施設の用に供する土地に係る賃借権の価額は、原則として、その賃借権の目的となっている土地の自用地としての相続税評価額にその残存期間に応ずる法第23条《地上権及び永小作権の評価》に規定する割合又は賃借権が借地権であるとした場合に適用される借地権割合のいずれか低い方の割合を乗じて計算した金額によって評価する。
>
> 　なお、前記(3)の（注）2は、この場合において準用する。

【解説】 本項は、ゴルフ場の用に供する土地の賃借権の評価について定めたものである。

　ゴルフ場等の用に供する土地は、材料置場や構築物などの敷地の用に供されている土地に比し、面積の広大なこと、投下資本の巨額なこと、ゴルフ等そのものの大衆化などから、ゴルフ場等を経営する者に貸付けた場合のその賃借権の賃貸借期間は相当長期間にわたると考えられる。

　本来、賃貸借の存続期間は、民法の規定によれば、20年を超えることは許されず、20年を超えて賃貸借をなしたときはその期間は20年に短縮することとされ、また、その期間の更新は20年を超えない範囲内で認められているが、例えば、ゴルフ場の用に供する土地の賃貸人の中の1人が更新を拒否したとしても、広い敷地の中の一部の土地の賃借権の返還を受けることは、一般的にみて不可能に近い。このように考えると、ゴルフ場の用に供する土地に係る賃借権の存続期間は、事実上、その期間の定めがないものに等しいということができる。このようにゴルフ場等の用に供する土地の賃借権は、一般の雑種地に係る賃借権と異なると認められるため、別に項目を設け、その価額の評価方法を定めたものである。

　ゴルフ場等の用に供する土地に係る賃借権の価額は、上記5−(2)《ゴルフ場等の用に供する土地の評価》の定めにより計算した自用地としての価額にその残存期間に応ずる法23条に規定する割合か、又は賃借権が借地権であるとした場合に適用される借地権割合のいずれか低い方

の割合を乗じて計算した金額によって評価することとし、その残存期間に応ずる法23条の割合を適用する場合の残存期間については、前記⑶の（注）２が準用される。

（昭和56年２月26日（木）第3355号「国税速報」より引用）

（著者注）文中の「前記⑶の（注）２」とは、上記の東京国税局長通達５－⑶《雑種地の賃借権の評価》の（注）２の次の定めを指します。

> （注）２　その賃借権の残存期間に応じ法第23条《地上権及び永小作権の評価》の規定を準用する場合において、その賃借権の利用状況に照らし、その契約期間の更新されることが明らかであると認められるときの残存期間は、その契約に係る残存期間に、更新によって延長されると認められる期間を加算した期間により、また、契約期間の定めのない賃借権の残存期間は、その賃借権上にある構築物等の大蔵省令による耐用年数を基として計算した未経過年数（賃借権上に構築物等がないときは１年とする。）による。

この東京国税局長通達は昭和55年６月24日付で発遣されたものですが、当時の民法604条《賃貸借の存続期間》の規定は、次に掲げるとおりです。

この規定は「第66　山林（林地）の評価」の４（326ページ）に掲げるとおり、平成29年法律第44号により、この「20年」とされていた期間は、いずれも「50年」に改正されています。（令和２年４月１日施行）

●民法604条（平成29年改正前の規定）

（賃貸借の存続期間）

第604条　賃貸借の存続期間は、20年を超えることができない。契約でこれより長い期間を定めたときであっても、その期間は、20年とする。

２　賃貸借の存続期間は、更新することができる。ただし、その期間は、更新の時から20年を超えることができない。

雑種地に係る賃借権の残存期間に関しては、次の平成４年３月31日公表裁決（裁決事例集No.43　369頁）が参考になるかと考えられます。

【裁決事例の概要】

自動車教習所のコースとして貸し付けられている土地に係る賃借権の残存期間は、更新されることが明らかである場合には、更新によって延長されると見込まれる期間をも考慮すべきであるとした事例

裁決の要旨

　　本件の賃貸借期間については、①本件契約は、昭和36年２月20日に締結した賃貸借契約を当初契約とし、昭和61年４月１日以降の契約においては、当事者のいずれからも契約解除の申出のない場合には、自動的に賃貸借期間を更新することとされ、以後、これに従って更新されており、過去30年近くにわたって賃貸借契約が継続されてきたこと、②賃貸先はS県公安委員会指定のC社であり公共性が極めて高いこと及び③本件土地は、賃貸借開始当初からC社の教習コースとして事業の用に使用されていること、また、本件土地の位置は、自動車教習コースのほぼ中央にあって、コンクリート舗装された自動車教習コースであり、その利用価値は極めて高いと認められることから、契約上、その賃貸借期間は３年とはいえ将来にわたり更新されることが予想され、長期間にわたるものと認められるので、事実上、残存期間の定めのないものと認めるのが相当である。

　　そうすると、本件土地の価額の評価に当たって、本件土地の自用地価額から控除すべき本件賃借権の価額は、本件土地の自用地価額に地上権の評価規定を準用し、残存期間の定めのないものの場合の割合100分の40の２分の１に相当する割合100分の20を適用して評価した価額となる。

6　「臨時的な使用に係る賃借権や賃貸借期間が１年以下の賃借権」の価額とその評価単位

　「臨時的な使用に係る賃借権や賃貸借期間が１年以下の賃借権」の価額とその評価単位については、「第14　複数の地目からなる一団の土地の評価単位」の(5)に掲げた質疑応答事例（98ページ）を、また、借地権の取引慣行がないと認められる地域にある賃借権の評価については、次の情報をそれぞれ参照してください。

資産企画官情報

（平成４.11.20第６号　国税庁）

借地権の取引慣行があると認められる地域以外の地域にある賃借権の評価

　借地権の取引慣行のあると認められる地域以外の地域にある賃借権は、評価しないこととしている（その借地権の目的となっている宅地の価額は、自用地価額からその価額に100分の20を乗じた価額を控除した金額によって評価することとしている。）。また、賃借権は借地借家法の適用はなく借地権に比較し法的保護の観点の点で劣ること等から、この地域にある賃借権は一般的にはその経済的価値は乏しいものと考えられる。このため、借地権の取引慣行のあると認められる地域以外の地域にある賃借権は、その登記がされているもの、設定の対価として権利金その他の一時金の授受があるもの、堅固な構築物の所有を目的とするものなどでその経済的価値が認められるものを除き評価しない。

　また、このような評価しない賃借権の目的となっている雑種地の価額は、その雑種地の自用地価額から、評価通達の定めにより評価したその賃借権の価額（自用地価額の20％相当額を限度とする。）を控除した金額によって評価する。

第 70　船場センタービルに係る道路占用権の評価

1　船場センタービルに係る道路占用権（取引事例のある道路占用権）

　船場センタービルは、大阪の中心地である船場の中央部に位置し、東は船場中央１丁目から、西は船場中央５丁目に至る延長約930m、中央部幅42mの建物で、東端の１号館から順に10棟の建物から成り、都市計画道路築港深江線（中央大通り）の中央部に道路占用許可を得て建築されています。この建物10棟は、２〜４階建てで、その屋上には12車線の阪神高速道路が走り、建物の１階部分の両側には４車線の平面道路、建物の地下３階部分には地下鉄中央線が走る他に例をみない建築物です。

　都市計画道路築港深江線は、大阪市のほぼ中央を東西に貫通する幹線道路ですが、船場地区の1.3ｋｍが未貫通であったため、船場地区については高架道路として交差点の立体化を図り、高架下にビルを建築して営業者を移転させることになり、大阪市の企画のもと株式会社大阪市開発公社が建築しました。

　建物と道路とが一体構造であるため、高架道を支えていることを条件として占用許可が付与されましたが、建物の区分所有権者がその所有権を譲渡すると、付与された道路占用権も譲受者に移転しますので、「取引事例のある道路占用権」に該当することになります。

船場センタービル断面図（東西）

2　評価通達の定め

　財産評価基本通達87−５《占用権の評価》は、取引事例のある占用権につき、「占用権の目的となっている土地の価額に、……売買実例価額、精通者意見価格等を基として占用権の目的となっている土地の価額に対する割合として国税局長が定める割合を乗じて計算した金額によって評価する。」と定めています。

　そのため、大阪国税局の「財産評価基準書（大阪府）」の「占用権の評価」には、船場センタービルに係る「各号館の階層別占用権積算価額表」が掲げられ、この表に定められた価額に、建物の専有部分の面積を乗じて計算した金額によって評価することとされています。

　取引事例のある占用権の評価は、船場センタービルについてのみ定められた評価方法ですが、関西地域には船場センタービルの区分所有権者が大勢いますので、上記の取扱いなどを記憶にとどめておいてください。

第8章 家屋及び家屋の上に存する権利

第71 家屋（自用家屋・附属設備等・貸家・借家権）の評価

1 家屋の評価

（1）家屋の意義

　「家屋」とは、一般には、住宅、店舗、事務所、病院、工場、倉庫等の建物をいいますが相続税評価における家屋及び固定資産税評価における家屋は、建物登記簿に登記されるべき建物をいうとされます。すなわち、不動産登記法における建物と意義を同じくします（建築中の家屋の評価については、第72の352ページ参照）。

　この点、不動産登記規則において、建物は次の三つの要件に該当するものと解されています（「固定資産税評価のあらまし」（一般財団法人　資産評価システム研究センター）から引用）。

⇒「**第58　借地権の成立要件**」の1（1）イの「建物の意義」（270ページ）参照。

---

①　屋根及び周壁又はこれらに類するものを有すること（外気分断性）

　外気分断性の判定は、屋根、周壁等により外気を分断しうる構造を備えているか否かにより行うものです。屋根及び三方以上の周壁があり、風雨をしのぐことができることがその要件とされます。

　ただし、周壁については、厳密な意味での外気との分断がされていなくても、建造物の使用目的、利用状況等を考慮して外気分断性があると判断される場合もあります。

　例えば、駐車場では排気ガスを排出しやすくするために、外周壁が腰壁程度しかないものが見受けられますが、外気分断性があると認められているものがあります。

②　土地に定着した建造物であること（土地への定着性）

　土地への定着性の判定は、基礎工事や付帯設備の状況により土地への物理的な結合状態を判断基準としますが、建物の規模、構造、耐久性、使用目的、利用状況等をも総合的に考慮し、継続的な土地への定着性を有するか否かにより判断します。

③　その目的とする用途に供しうる状態にあるもの（用途性）

　用途性の判定は、建造物が家屋本来の目的（居住、作業、貯蔵等）を有し、その目的とする用途に供しうる一定の利用空間が形成されているか否かにより判断します。

　なお、特殊な構造等のものについては、個々の利用状況等も考慮して判断することになります。

【参考法令】

旧家屋台帳法第2条

家屋台帳事務取扱要領第1章第5

地方税法の施行に関する取扱いについて（市町村税関係）第3章第1節第1

不動産登記事務取扱手続準則第77条、第78条

（2）評価の単位

家屋の評価は、原則として、1棟の家屋ごとに評価します（評基通88）。

（3）評価方法

家屋の価額は、その家屋の固定資産税評価額に倍率「1.0」を乗じて計算した金額によって評価します。

相続税における家屋の評価は、固定資産税評価額と相続税評価額との統一問題と関連し、固定資産税の家屋評価と歩調を合わせることとされ、土地の場合と同様に、固定資産税評価額に一定の倍率を乗じて算出することとされています。

区分所有に係る家屋については、その家屋全体の評価額を基とし、各所有部分の使用収益等の状況を勘案して計算した各部分に対応する価額によって評価されます（評基通3）。

（注）課税時期において、増改築等に係る家屋の状況に応じた固定資産税評価額が付されていない家屋の価額については、財産評価基本通達5（評価方法の定めのない財産の評価）の定めに基づき評価します。→第75（370ページ）参照）

なお、文化財建造物である家屋の評価については、第51（236ページ）を参照してください。

また、負担付贈与又は個人間の対価を伴う取引により取得した家屋については、その取得時における通常の取引価額に相当する金額になると取り扱われています。この点については第76（371ページ）を参照してください。

固定資産税評価額について

固定資産税評価額とは、地方税法第381条（（固定資産課税台帳の登録事項）の規定により家屋課税台帳若しくは家屋補充課税台帳に登録された基準年度の価格又は比準価格をいいますが、一般的に、家屋の評価方法は、次のような手法が考えられます。

① 類似する家屋の売買実例を基として評価する売買価格比較法（マーケットアプローチ）

② 再建築費から経過年数、破損状況、需給事情の変化等に応じた減価額（減価償却ではありません）を控除して算出した価額を基として評価する再建築基準法（コストアプローチ）

③ 賃貸収益から一般経費を控除した残額を還元利回りで還元する収益還元法（インカムアプローチ）

固定資産評価基準（自治省告示第百五十八号）によれば、固定資産税の家屋評価は上記の

アプローチ②の再建築基準法を採用しています。

　固定資産評価においては、評価の対象となる家屋の評点数を求め、それに評点一点当たりの価額を乗じて算出することとされています。評価の対象となる家屋の評点数は、木造家屋と非木造家屋との区分に応じ、まず、評価の対象となった家屋と同一のものを、評価の時点において新築するとした場合に必要となる建築費（再建築価格）を、屋根、外壁仕上、天井仕上等の部分別に合計し、再建築費評点数を算出します。次に、そうして求めた再建築費評点数に時の経過によって生ずる損耗の状況による減点補正等を行い、評価の対象となった家屋の評点数を算出します。

　一言で言い換えると、評価時点における家屋の新築価格を算出し、経年減点を反映させて評価します。

　経年減点補正率は、例えば次の別表第9のように整理されています。これを見ると、すべての評点の場合において、1年目は0.80から始まり、0.20で終わっています。この意味するところは、家屋の評価は、新築でも再建築の評点を20%減額するところから始まり、80%減額するところでストップするということです。つまり、新築時は評価が比較的低く、築年数が古くなってもゼロにはならず、一定の評価額が残るということです。

別表第9　木造家屋経年減点補正率基準表

1　専用住宅、共同住宅、寄宿舎及び併用住宅用建物

延べ床面積1.0㎡当たり再建築費評点数別区分							
55,120点未満		55,120点以上 86,320点未満		86,320点以上 133,120点未満		133,120点以上	
経過年数	経年減点 補　正　率	経過年数	経年減点 補　正　率	経過年数	経年減点 補　正　率	経過年数	経年減点 補　正　率
1	0.80	1	0.80	1	0.80	1	0.80
2	0.75	2	0.75	2	0.75	2	0.75
3	0.70	3	0.70	3	0.70	3	0.70
4	0.66	4	0.67	4	0.68	4	0.68
5	0.62	5	0.64	5	0.65	5	0.67
6	0.58	6	0.61	6	0.63	6	0.65
7	0.53	7	0.58	7	0.61	7	0.64
8	0.49	8	0.55	8	0.59	8	0.62
9	0.45	9	0.52	9	0.56	9	0.61
10	0.41	10	0.49	10	0.54	10	0.59
11	0.37	11	0.46	11	0.52	11	0.58
12	0.33	12	0.44	12	0.50	12	0.56
13	0.28	13	0.41	13	0.47	13	0.54
14	0.24	14	0.38	14	0.45	14	0.53
15以上	0.20	15	0.35	15	0.43	15	0.51
		16	0.32	16	0.40	16	0.50
		17	0.29	17	0.38	17	0.48
		18	0.26	18	0.36	18	0.47
		19	0.23	19	0.34	19	0.45
		20以上	0.20	20	0.31	20	0.43
				21	0.29	21	0.42
				22	0.27	22	0.40
				23	0.25	23	0.39
				24	0.22	24	0.37
				25以上	0.20	25	0.36
						26	0.34
						27	0.33
						28	0.31
						29	0.29
						30	0.28
						31	0.26
						32	0.25
						33	0.23
						34	0.22
						35以上	0.20

2　附属設備等の評価

附属設備等の評価は、次の区分に従います（評基通92）。

（1）家屋と構造上一体となっている設備

家屋の所有者が有する電気設備（ネオンサイン、投光器、スポットライト、電話機、電話交換機およびタイムレコーダー等を除く。）、ガス設備、衛生設備、給排水設備、温湿度調整設備、消火設備、避雷針設備、昇降設備、じんかい処理設備等で、その家屋に取り付けられ、その家屋と構造上一体となっているものについては、その家屋の価額に含めて評価します。

これらの附属設備は、固定資産税における家屋の価額を評価する場合の評点数の敷設上「建築設備」として算入されます。

（2）門、塀等の設備

門、塀、外井戸、屋外じんかい処理設備等の附属設備の価額は、その附属設備の再建築価額から、建築の時から課税時期までの期間（その期間に１年未満の端数があるときは、その端数は１年とする。）の償却費の額の合計額又は減価の額を控除した金額の100分の70に相当する金額によって評価します。この場合における償却方法は定率法によるものとし、その耐用年数は減価償却資産の耐用年数等に関する省令に規定する耐用年数によります。

（3）庭園設備

庭園設備（庭木、庭石、あずまや、庭池等をいう。）の価額は、その庭園設備の調達価額（課税時期においてその財産をその財産の現況により取得する場合の価額をいう。）の100分の70に相当する価額によって評価します。

3　貸家の評価

貸家の価額は、次の算式により計算した価額によって評価します（評基通93）。

【算式】

> 自用の家屋の価額（A）－借家権の価額（A×借家権割合）×賃貸割合

（注１）「自用家屋の評価」とは、評基通89（家屋の評価）89-2（文化財建造物である家屋の評価）又は92（附属設備の評価）の定めにより評価した家屋の価額をいいます。

（注２）借家権とは、借地借家法の適用のある家屋賃借権をいい、定期借家権は含みますが、家屋の無償使用は含まれません。

（注３）「賃貸割合」については第54（249ページ）及び第55（251ページ）参照。

（注４）国税局長の定める借家権の割合は財産評価基準書に示されており、その割合は、全国すべての地域において30%とされています。

4　借家権の評価

（1）借家権の意義

　借家権とは、建物の賃借権のことをいいます。建物の賃借権は、借地借家法の適用対象となり、通常の賃借権と異なって、借家人を保護するために特別の取扱いを受けることになります。

　主な保護措置としては、主として次のような項目がありますが、定期建物賃貸借（定期借家権）については、原則として、このような保護の対象とはなりません（次の④は除きます）。（借地借家法第26条～第40条参照）。

①　家主の解約や契約更新拒絶には正当事由がなければならない

②　契約終了時の造作買取請求権が認められる

③　内縁の妻など同居者による借家権の承継が認められる

④　登記がなくても家屋の引渡しを受ければ第三者に対抗できる

（2）借家権の評価

　借家権の価額は、次の算式により計算した価額によって評価します。ただし、この権利が権利金等の名称をもって取引される慣行のない地域にあるものについては、評価しません（評基通94）。

【算式】

> 89《家屋の評価》、89-2《文化財建造物である家屋の評価》又は92《附属設備等の評価》の定めにより評価したその借家権の目的となっている家屋の価額　×　借家権割合　×　賃借割合
>
> 　上記算式における「借家権割合」及び「賃借割合」は、それぞれ次によります。
>
> （1）「借家権割合」は、国税局長の定める割合による。
>
> （2）「賃借割合」は、次の算式により計算した割合による。
>
> $$\frac{\text{Aのうち賃借している各独立部分の床面積の合計}}{\text{当該家屋の各独立部分の床面積の合計（A）}}$$

　借家権は、大都市の高度に繁華性に富んだ一部の商業地などを除き、通常の場合は取引の対象になりません。そのため、借家権そのものの財産価値を評価するケースはほとんどないといってもいいでしょう。

　なお、借家権の価値は次のような場合に顕在化するとされています。

・賃貸人から建物の明渡しの要求を受けた際、借家人が不随意の立退きに伴い事実上喪失する経済的利益の補償を受ける場合

・公共用地の取得に伴い損失補償を受ける場合

定期借家権

　定期借家権は、借地借家法（平成４年８月１日施行）の一部が改正されたことにより、平成12年３月１日に創設された制度です。

　従来の借地借家法では、一部の例外を除いて、貸主側に建物の返還を求めるだけの正当事由がない限り、貸主は借家契約の更新を拒否することができないとされていました。

　しかし、平成12年３月１日の改正により、公正証書などの書面を交付して、借家契約時に貸主が「期間の満了により契約が終了する」ことを借家人に対して説明する場合には、期間満了に伴い借家契約を終了させることができることとされました。

　定期借家契約は、ある一定の期間で必ず明け渡しを求めることができるため貸主にメリットのある契約ですが、賃料は低廉になる傾向があるようです。

第72　建築中の家屋の評価と相続税の課税価格の計算

1　建築中の家屋の評価

　課税時期において現に建築中の家屋の価額は、相続開始の日までに投下された費用の額を相続開始の日の価額に置き換えた額の合計額（この合計額を「費用原価」といいます。）の100分の70に相当する金額によって評価します。

　この取扱いは、請負契約による場合も、自らが建築資材を調達して建築（自家建築）する場合も、同じです。

　具体的な事例によって、この評価計算を示すと、次のとおりです。

　例えば、建築費総額3000万円で家屋を建築する場合に、課税時期におけるその工事の進行度合が60％（費用原価1800万円）であるときの価額は、次のように評価します。

　①　自家建築の場合…18,000,000円×0.7＝12,600,000円

　②　請負工事の場合…30,000,000円×60％（進行度合）×0.7＝12,600,000円

2　請負工事の場合の相続税の課税価格の計算

　上記1の②の設例の請負工事の場合には、費用原価の額を基に建築中の家屋の価額を評価しますので、注文者の支払代金と請負者の投下費用の額との間に差額が生じるときは、その差額は、「未払金」又は「前渡金」として相続税の課税価格の計算の基礎に算入することになります。

　具体的な設例によって、この場合の課税価格の計算を示すと、次のとおりです。

⑴　例えば、上記1の②の設例で、相続開始日までの請負代金の支払額が15,000,000円であれば、次の③の財産及び④の債務の額を相続税の課税価格の計算の基礎に算入します。

　③　家　屋…（30,000,000円×60％）×0.7＝12,600,000円

　④　未払金…（30,000,000円×60％）－15,000,000円＝3,000,000円

⑵　同じ設例で、相続開始日までの請負代金の支払額が20,000,000円であれば、次の⑤及び⑥の財産を相続税の課税価格の計算の基礎に算入します。

　⑤　家　屋…（30,000,000円×60％）×0.7＝12,600,000円

　⑥　前渡金…20,000,000円－（30,000,000円×60％）＝2,000,000円

第73 配偶者居住権の評価

1 配偶者居住権

　民法及び家事事件手続法の一部を改正する法律（平成30年法律第72号）により、配偶者の居住権保護のための方策として、民法第8章第1節に「配偶者居住権」という新たな権利が創設されました。

　配偶者居住権の成立要件や同権利の主要な内容は、次の民法1018条第1項及び1030条に規定されています。

民 法

> **（配偶者居住権）**
> **第1028条**　被相続人の配偶者（以下この章において単に「配偶者」という。）は、被相続人の財産に属した建物に相続開始の時に居住していた場合において、次の各号のいずれかに該当するときは、その居住していた建物（以下この節において「居住建物」という。）の全部について無償で使用及び収益をする権利（以下この章において「配偶者居住権」という。）を取得する。ただし、被相続人が相続開始の時に居住建物を配偶者以外の者と共有していた場合にあっては、この限りでない。
> 　一　遺産の分割によって配偶者居住権を取得するものとされたとき。
> 　二　配偶者居住権が遺贈の目的とされたとき。
>
> **（配偶者居住権の存続期間）**
> **第1030条**　配偶者居住権の存続期間は、配偶者の終身の間とする。ただし、遺産の分割の協議若しくは遺言に別段の定めがあるとき、又は家庭裁判所が遺産の分割の審判において別段の定めをしたときは、その定めるところによる。

　被相続人が有していた建物に配偶者が居住権を取得し、建物の所有権は他の相続人が取得することで、配偶者の住居が確保され、かつ、他に金融資産も相続することができるため、配偶者の老後の生活を安定させることが可能となるもので、遺言や遺産分割における選択肢の一つとして機能することが期待されます。

　なお、民法1037条〜1041条に規定された配偶者短期居住権については、使用貸借等の規定の準用される使用借権類似の法定の債権であるため、財産評価の対象になりません。

2　配偶者居住権の評価方法

　配偶者居住権は、取得した相続財産の分割行為である遺産分割等により定められ、具体的相続分を構成することから、相続により取得した財産として相続税の課税対象になります。その場合の財産評価については、下記の理由から相続税法第22条の"時価"によるのではなく、相続税法で別途評価方法を規定することとされています（相法23の2）。これは法定評価ですから、例えば、鑑定評価等による時価申告は認められません。

＜法定された理由＞

①	相続税法の「時価」とは、それぞれの財産の現況に応じ、不特定多数の当事者間で自由な取引が行われる場合に通常成立すると認められる価額、すなわち、客観的な交換価値をいうものと解されており、取引可能な財産を前提としている。しかし、配偶者居住権は譲渡することが禁止されているため、この「時価」の解釈を前提とする限り、解釈に委ねるには馴染まないと考えられること。
②	まだ制度が開始しておらず、配偶者居住権の評価額について解釈が確立されているとは言えない現状において解釈に委ねると、どのように評価すれば良いのか納税者が判断するのは困難であると考えられ、また、納税者によって評価方法が区々となり、課税の公平性が確保できなくなるおそれがあること。
③	配偶者の余命年数を大幅に超える存続期間を設定して配偶者居住権を過大に評価し、相続税の配偶者に対する税額軽減の適用を受ける等の租税回避的な行為を防止するためには、法令の定めによることが適切であると考えられること。

（1）基本的な考え方

　配偶者居住権とそれに基づく敷地利用権の考え方を図示すると、次のイメージ図のようになります。

＜イメージ図1＞

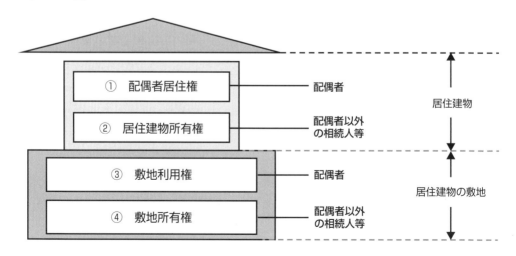

①　配偶者居住権

　配偶者居住権を取得した配偶者は、その存続期間中、従前から居住していた建物を無償で使用・収益することができます。これをその建物を取得した相続人の側から見れば、配偶者居住権が存続する期間中は配偶者による無償の使用・収益を受忍する負担を負い、存続期間満了時点でその建物が自由な使用・収益が可能な完全な所有権に復帰することになります。

　この点に着目し、まず、存続期間満了時点における建物所有権の価額を算定し、これを一定の割引率により現在価値に割り戻すことにより、相続開始時点における（配偶者居住権付の）建物所有権の評価額を算定します。

　そして、この価額を配偶者居住権が設定されなかったものとした場合の相続開始時点における建物所有権の評価額から控除することにより、間接的に配偶者居住権を評価することとされています。

＜イメージ図２＞

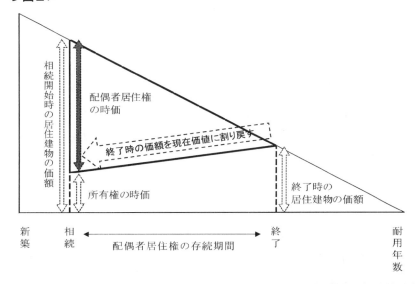

（国税庁質疑応答事例参照）

　ただし、遺産の分割の協議に時間を要した場合には、まず、遺産の分割が行われた時の配偶者の平均余命年数、耐用年数及び法定利率等に基づき、遺産の分割が行われた時の居住建物に占める配偶者居住権及び建物所有権の価額の割合（配偶者居住権と建物所有権の比率）を求めます。次に、その比率で相続開始時の時価を按分して、配偶者居住権及び所有権の評価額を求めます。

＜イメージ図3＞

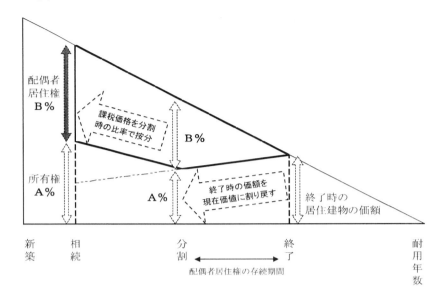

②　居住建物所有権

　居住建物の価額は、相続開始時における配偶者居住権が設定されていないものとした場合の居住建物の時価から配偶者居住権の価額を控除した残額により評価します。

　これは、居住建物に賃貸部分があった場合に、配偶者居住権の評価額の計算の基礎となる居住建物の時価が賃貸部分を含まないのに対し、所有権部分には賃貸部分を含める必要があるためです。すなわち、賃貸部分の価額 は、所有権部分に全て反映されることとなります。

＜イメージ図4＞

　※　賃貸併用住宅（200㎡）のうち、100㎡を賃貸の用に供しているものとします。

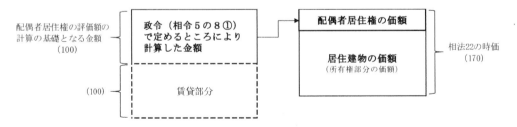

　相法22の時価：100＋100×（1－0.3）＝170
　　　　　　　　　　　　　　　　（借家権割合）

③　配偶者居住権に基づく敷地利用権

　居住建物の敷地の所有者は、配偶者居住権存続期間終了時に居住建物の敷地を自由に使用収益することができる状態に復帰します。この点に着目し、敷地利用権の価額は、居住建物の敷地について、建物所有権部分の「配偶者居住権存続期間終了時の価額（将来価値）」を求

め、それを現在価値に割り戻し、居住建物の敷地の時価からその割り戻した所有権部分の価額を控除した金額により評価します。

　この場合において、将来時点における土地等の時価を評価するのは不確実性を伴い困難な場合が多いと考えられること等から、時価変動を捨象し、相続開始時の価額をそのまま配偶者居住権存続期間終了時の時価として用いて計算します。

　また、配偶者居住権及び居住建物の評価と同様、遺産の分割の協議に時間を要した場合には、遺産の分割が行われた時の配偶者の平均余命年数及び法定利率等に基づき、遺産の分割が行われた時の居住建物の敷地に占める敷地利用権及び所有権の割合（敷地利用権と所有権の比率）を求め、その比率で相続開始時の時価を按分して、敷地利用権及び所有権の評価額を求めます。

＜イメージ図５＞

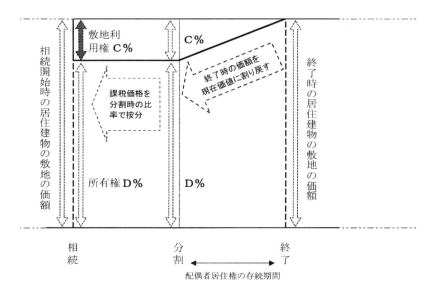

（国税庁「質疑応答事例」参照）

④　敷地利用権の評価単位

　宅地の評価単位は、原則として、取得者が取得した宅地ごとに判定しますが、１筆単位で評価するのではなく、１画地の宅地（利用の単位となっている１区画の宅地をいいます。）ごとに評価することとされています（評価通達７−２）。したがって、例えば、２以上の者から隣接している土地を借りて、これを一体として利用している場合、その借地権の評価に当たっては、全体を１画地として評価します。これに対し、貸主側の貸宅地の評価に当たっては、各貸主の所有する部分ごとに区分して、それぞれを１画地の宅地として評価します。

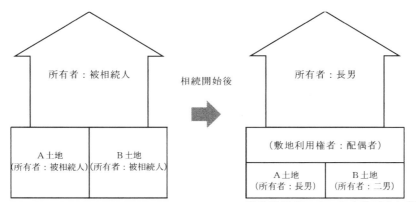

敷地利用権：Ａ・Ｂ土地ごとに評価
居住建物の敷地：Ａ・Ｂ土地ごとに評価

　ところで、敷地利用権の取得者は配偶者に限られています。そうすると、敷地利用権の評価単位は、必ず一になるようにも考えられます。しかしながら、宅地の評価単位は、原則として、取得者が取得した宅地ごとに判定し、居住建物の敷地（所有権部分）の価額は、居住建物の敷地の時価から敷地利用権の価額を控除した残額により評価することとされており、当該所有権部分と敷地利用権の合計が100%となるような評価方法が採用されています。

　そうすると、仮に、所有権部分とは異なる評価単位により敷地利用権を評価してしまうと、所有権部分と敷地利用権の合計が100%にならない場合が生じうるため、合理的であるとは言えません。そのため、敷地利用権については、当該敷地利用権の評価額の計算の基礎となる居住建物の敷地の評価単位と同様に判定するのが相当であると考えられます。この場合の居住建物の敷地（宅地）の評価単位は、上記のとおり、取得した者ごとに１画地の宅地として評価することとなりますから、敷地利用権の評価単位についても、その取得者が配偶者に限られているからといって、必ずしも一であるとは限りません。

【関係法令等】相法23の２③④評価通達７、７－２
　（質疑応答事例（令和２年７月７日資産評価企画官情報第３号「配偶者居住権等の評価に関する質疑応答事例」について（情報）を一部編集）

（２）評価方法のマトメ

　上記（１）＜イメージ図１＞の①～④に対応する評価方法を整理すると、被相続人の配偶者が居住していた建物及びその敷地についての配偶者居住権の評価額は、次表のとおりとなります。

■「配偶者居住権」及び配偶者の「敷地利用権」の評価方法の整理表

<table>
<tr>
<td rowspan="2">居住建物</td>
<td>①配偶者居住権の価額</td>
<td>$\begin{array}{c} \text{居住建物} \\ \text{の相続税} \\ \text{評価額}^{(※1)} \end{array} - \begin{array}{c} \text{居住建物} \\ \text{の相続税} \\ \text{評価額}^{(※1)} \end{array} \times \dfrac{\text{耐用年数}-\text{経過年数}-\text{存続年数}}{\text{耐用年数}-\text{経過年数}} \times \begin{array}{c} \text{存続年数に応じた} \\ \text{法定利率による複} \\ \text{利現価率} \end{array}$</td>
</tr>
<tr>
<td>②居住建物（所有権）の価額</td>
<td>居住建物の相続税評価額 － 配偶者居住権の価額$^{(※2)}$</td>
</tr>
<tr>
<td rowspan="2">居住建物の敷地</td>
<td>③敷地利用権の価額</td>
<td>$\begin{array}{c} \text{居住建物の敷地の} \\ \text{用に供される土地} \\ \text{の相続税評価額}^{(※3)} \end{array} - \begin{array}{c} \text{居住建物の敷地の} \\ \text{用に供される土地} \\ \text{の相続税評価額}^{(※3)} \end{array} \times \begin{array}{c} \text{存続年数に応じた法} \\ \text{定利率による複利現} \\ \text{価率} \end{array}$</td>
</tr>
<tr>
<td>④居住建物の敷地（所有権）の価額</td>
<td>$\begin{array}{c} \text{居住建物の敷地の用に供される} \\ \text{土地の相続税評価額} \end{array} -$ 敷地利用権の価額$^{(※4)}$</td>
</tr>
</table>

1　評価方法の整理表に掲げた評価額について

（※１）居住建物の相続税評価額

居住建物の一部が賃貸の用に供されている場合又は被相続人が相続開始の直前において居住建物をその配偶者と共有していた場合には、次の算式により計算した金額となります。

居住建物が賃貸の用に供されておらず、かつ、共用でないものとした場合の相続税評価額	×	賃貸の用に供されている部分以外の部分の床面積 / 居住建物の床面積	×	被相続人が有していた持分割合

（※２）配偶者居住権の価額

上段のイメージ図１の①で求めた配偶者居住権の価額です。

（※３）居住建物の用に供される土地の相続税評価額

居住建物の一部が賃貸の用に供されている場合又は被相続人が相続開始の直前において居住建物の敷地を他の者と共有し、若しくは居住建物をその配偶者と共有していた場合には、次の算式により計算した金額となります。

居住建物が賃貸の用に供されておらず、かつ、土地が共有でないものとした場合の相続税評価額	×	居住建物の賃貸の用に供されている部分以外の部分の床面積 / 居住建物の床面積	×	被相続人が有していた居住建物の敷地の持分割合と当該建物の持分割合のうちいずれか低い割合

（※４）敷地利用権の価額：イメージ図１の③で求めた敷地利用権の価額です。

2　その他の用語について

「評価方法の整理表」に掲げた用語の意義、内容、注意事項を整理すると、次表のようになります。

■耐用年数、経過年数、存続年数、平均余命及び複利現価率の端数処理

項　目	内　容	端数処理
耐　用　年　数	耐用年数省令の年数×1.5倍（※１）	6年以上端数切上げ 6年未満端数切捨て
経　過　年　数	建築日から配偶者居住権が設定された時までの経過年数（※１）	
存　続　年　数	配偶者居住権が設定された時の配偶者の平均余命（又は配偶者居住権の存続年数）（３年ごとに見直し）（※１）	
平　均　余　命	完全生命表（※２）	
複　利　現　価　率	$1 \div (1 + r)^n$ 　　r：法定割引率 　　n：配偶者居住権の存続年数	小数点以下３位未満 四捨五入

（※１）（耐用年数－経過年数）－存続年数 ≦ ０の場合は、イメージ図１の①の算式の「$\dfrac{\text{耐用年数－経過年数－存続年数}}{\text{耐用年数－経過年数}}$」はゼロとします。

（※2）「完全生命表」は、5年ごとに改定されますが、配偶者居住権が設定された時の属する年の1月1日現在において公表されている最新のものになります。

（注）譲渡所得の計算における非事業用資産の耐用年数の端数処理は、1年未満切捨てとされていますので、注意してください。（所令85）

【関係法令等】相法23の2①、相令5の8②③、所令85、相規12の2〜12の4、相基通23の2─3、5、民法404

3 配偶者居住権の具体的な計算例

（1）配偶者以外の相続人が居住建物及びその敷地を取得した場合の具体的な計算例

　相続開始時に居住建物の一部が賃貸の用に供されておらず、かつ、相続開始の直前において居住建物及びその敷地が共有でない場合において、配偶者以外の相続人が居住建物及びその敷地を取得した場合の具体的な計算例は、次のとおりです．

　（令和2年7月7日資産評価企画官情報第3号「配偶者居住権等の評価に関する質疑応答事例」について（情報）の12、タックスアンサー№4666参照）

　（注）その他の類型については、上記情報に次のような計算例が掲載されていますので参考にしてください。左の欄の数値は、同情報の項番です。

相続開始時に居住建物の一部が賃貸の用に供されておらず、かつ、相続開始の直前において居住建物及びその敷地が共有でない場合	
12	配偶者以外の相続人が居住建物及びその敷地を取得した場合
13	配偶者が居住建物の共有持分及び配偶者居住権を取得した場合
14	配偶者が居住建物の敷地の所有権及び配偶者居住権を取得した場合
15	居住建物が店舗併用住宅である場合
16	居住建物の敷地が借地権である場合
17	存続年数が残存耐用年数を超える場合
18	相続開始前に居住建物の増改築がされた場合
19	2以上の筆からなる1画地の宅地を2以上の者が取得した場合
相続開始時に居住建物の一部が賃貸の用に供されている、又は、相続開始の直前において居住建物若しくはその敷地が共有である場合	
20	賃貸あり（居住建物及びその敷地の共有なし）の場合
21	使用貸借による貸付けがされている場合
22	居住建物のみ共有（賃貸なし）の場合
23	居住建物のみ共有（賃貸あり）の場合
24	居住建物の敷地のみ共有（賃貸なし）の場合
25	居住建物の敷地のみ共有（賃貸あり）の場合
26	居住建物及びその敷地が共有（賃貸なし）の場合
27	居住建物及びその敷地が共有（賃貸あり）の場合

28	相続開始時と配偶者居住権が設定された時の「賃貸の用に供されている部分以外の部分の割合」が異なる場合
29	一時的な空室を「賃貸部分」として取り扱うこととした場合

（2）【設例】による評価額の計算

　【設例】による配偶者居住権等の価額の具体的な計算例を示すと、次のとおりです。（国税庁「タックスアンサーNo.4666」を編集）

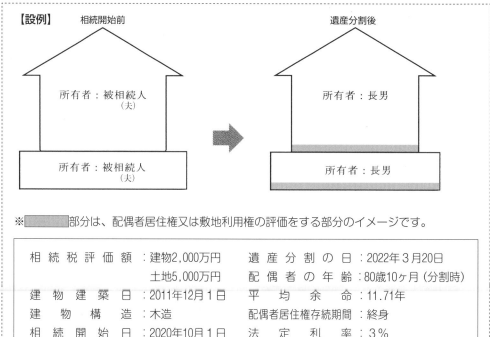

※[　　　　　]部分は、配偶者居住権又は敷地利用権の評価をする部分のイメージです。

相 続 税 評 価 額	：建物2,000万円	遺 産 分 割 の 日	：2022年3月20日
	土地5,000万円	配 偶 者 の 年 齢	：80歳10ヶ月（分割時）
建 物 建 築 日	：2011年12月1日	平 均 余 命	：11.71年
建 物 構 造	：木造	配偶者居住権存続期間	：終身
相 続 開 始 日	：2020年10月1日	法 定 利 率	：3％
賃 貸 の 有 無	：無	建 物 相 続 人	：長男
建 物 所 有 者	：被相続人（夫）	土 地 相 続 人	：長男
土 地 所 有 者	：被相続人（夫）		

【評価額の計算】

① 配偶者居住権の価額

$$\underset{\substack{(居住建物の相続税評価額)}}{2,000万円} - \underset{\substack{(居住建物の相続税評価額)}}{2,000万円} \times \frac{\overset{(耐用年数)\ \ (経過年数)\ (存続年数)}{33年-10年-12年}}{\underset{(耐用年数)\ \ (経過年数)}{33年-10年}} \times \underset{\substack{(複利現価率)}}{0.701} = \underset{\substack{(配偶者居住権の価額)}}{\underline{13,294,783円}}$$

（参考）耐用年数：33年（22年×1.5）（※）

　　　　経過年数：10年（2011年12月1日〜2022年3月20日：10年3ヶ月）

　　　　存続年数：12年（第22回生命表に基づく平均余命11.71年）

　　　　複利現価率：0.701（端数処理前0.7014）

　　　　※減価償却資産の耐用年数等に関する省令に定める住宅用の耐用年数を1.5倍したも

のを用います。

② 居住建物（所有権）の価額

（居住建物の相続税評価額）（配偶者居住権の価額）（居住建物の価額）
2,000万円　　－　13,294,783円　＝　6,705,217円

③ 敷地利用権の価額

$\begin{pmatrix} 居住建物の敷地の \\ 用に供される土地 \\ の相続税評価額 \end{pmatrix}$ $\begin{pmatrix} 居住建物の敷地の \\ 用に供される土地 \\ の相続税評価額 \end{pmatrix}$ （複利現価率）（敷地利用権の価額）
5,000万円　　－　　5,000万円　×　0.701　＝　14,950,000円

④ 居住建物の敷地（所有権）の価額

$\begin{pmatrix} 居住建物の敷地の \\ 用に供される土地 \\ の相続税評価額 \end{pmatrix}$ （敷地利用権の価額）（居住建物の敷地の価額）
5,000万円　　－　14,950,000円　＝　35,050,000円

（相法23の２）

配偶者居住権等の評価明細書

所有者	建　物	（被相続人氏名）　　　　　　　　　　①持分割合＿＿＿	（配偶者氏名）　　　　　　　　　持分割合＿＿＿	所在地番（住居表示）　（　　　　　　　　　）
	土　地	（被相続人氏名）　　　　　　　　　　②持分割合＿＿＿	（共有者氏名）　　　　　　　　　持分割合＿＿＿	（共有者氏名）　　　　持分割合＿＿＿

居住建物の内容	建物の耐用年数	（建物の構造）※裏面《参考1》参照		＿＿＿年 ③
	建築後の経過年数	（建築年月日）　　　　　　（配偶者居住権が設定された日）＿＿＿年＿＿月＿＿日　から　＿＿＿年＿＿月＿＿日　…　＿＿年　〔6月以上の端数は1年　6月未満の端数は切捨て〕		＿＿＿年 ④
	建物の利用状況等	建物のうち賃貸の用に供されている部分以外の部分の床面積の合計		＿＿㎡ ⑤
		建物の床面積の合計		＿＿㎡ ⑥

配偶者居住権の存続年数等	〔存続期間が終身以外の場合の存続年数〕（配偶者居住権が設定された日）　　　　　（存続期間満了日）　　　Ⓐ＿＿＿年＿＿月＿＿日　から　＿＿＿年＿＿月＿＿日　…　＿＿年　〔6月以上の端数は1年　6月未満の端数は切捨て〕		存続年数（Ⓒ）＿＿＿年 ⑦
	〔存続期間が終身の場合の存続年数〕（配偶者居住権が設定された日における配偶者の満年齢）　　　（平均余命）Ⓑ　※裏面《参考2》参照＿＿＿歳（生年月日＿＿＿年＿＿月＿＿日、性別＿＿＿）…＿＿年　Ⓒ〔ⒶとⒷのいずれか短い年数とし、Ⓑがない場合は⑪の年数〕		複利現価率※裏面《参考3》参照0.＿＿＿ ⑧

評価の基礎となる価額	建　物	賃貸の用に供されておらず、かつ、共有でないものとした場合の相続税評価額		＿＿＿円 ⑨
		共有でないものとした場合の相続税評価額		＿＿＿円 ⑩
		相続税評価額　（⑩の相続税評価額）＿＿＿円　×　（①持分割合）＿＿＿		＿＿＿円（円未満切捨て） ⑪
	土　地	建物が賃貸の用に供されておらず、かつ、土地が共有でないものとした場合の相続税評価額		＿＿＿円 ⑫
		共有でないものとした場合の相続税評価額		＿＿＿円 ⑬
		相続税評価額　（⑬の相続税評価額）＿＿＿円　×　（②持分割合）＿＿＿		＿＿＿円（円未満切捨て） ⑭

○配偶者居住権の価額

（⑨の相続税評価額）＿＿＿円　×　（⑤賃貸以外の床面積）／（⑥居住建物の床面積）＿＿＿㎡／＿＿＿㎡　（①持分割合）＿＿＿	＿＿＿円（円未満四捨五入） ⑮
（⑮の金額）＿＿＿円　－　（⑮の金額）＿＿＿円　×　{（③耐用年数－④経過年数－⑦存続年数）／（③耐用年数－④経過年数）}（注）分子又は分母が零以下の場合は零。　×（⑧複利現価率）0.＿＿＿	（配偶者居住権の価額）＿＿＿円（円未満四捨五入） ⑯

○居住建物の価額

（⑪の相続税評価額）＿＿＿円　－　（⑯配偶者居住権の価額）＿＿＿円	＿＿＿円 ⑰

○配偶者居住権に基づく敷地利用権の価額

（⑫の相続税評価額）＿＿＿円　×　（⑤賃貸以外の床面積）／（⑥居住建物の床面積）＿＿＿㎡／＿＿＿㎡　（①と②のいずれか低い持分割合）＿＿＿	＿＿＿円（円未満四捨五入） ⑱
（⑱の金額）＿＿＿円　－　（⑱の金額）＿＿＿円　×（⑧複利現価率）0.＿＿＿	（敷地利用権の価額）＿＿＿円（円未満四捨五入） ⑲

○居住建物の敷地の用に供される土地の価額

（⑭の相続税評価額）＿＿＿円　－　（⑲敷地利用権の価額）＿＿＿円	＿＿＿円 ⑳

備　考	

（注）　土地には、土地の上に存する権利を含みます。

（資4－25－3－A4統一）

建物の構造別耐用年数、完全生命表、複利現価表の数値については、「配偶者居住権の評価明細書」の裏面に掲げられている以下の数値を使用してください。

《参考1》 配偶者居住権等の評価で用いる建物の構造別の耐用年数（「居住建物の内容」の③）

構　造	耐用年数	構　造	耐用年数
鉄骨鉄筋コンクリート造又は鉄筋コンクリート造	71	金属造（骨格材の肉厚3mm以下）	29
れんが造、石造又はブロック造	57	木造又は合成樹脂造	33
金属造（骨格材の肉厚4mm超）	51	木骨・モルタル造	30
金属造（骨格材の肉厚3mm超〜4mm以下）	41		

《参考2》第22回生命表（完全生命表）に基づく平均余命（「配偶者居住権の存続年数等」の⑧）　※平成29年3月1日公表（厚生労働省）

満年齢	平均余命 男	平均余命 女	満年齢	平均余命 男	平均余命 女	満年齢	平均余命 男	平均余命 女	満年齢	平均余命 男	平均余命 女	満年齢	平均余命 男	平均余命 女
16	−	71	36	46	52	56	27	32	76	11	15	96	3	3
17	−	70	37	45	51	57	26	32	77	11	14	97	3	3
18	63	69	38	44	50	58	25	31	78	10	13	98	2	3
19	62	68	39	43	49	59	24	30	79	9	12	99	2	3
20	61	67	40	42	48	60	24	29	80	9	12	100	2	3
21	60	66	41	41	47	61	23	28	81	8	11	101	2	2
22	59	65	42	40	46	62	22	27	82	8	10	102	2	2
23	58	64	43	39	45	63	21	26	83	7	10	103	2	2
24	57	63	44	38	44	64	20	25	84	7	9	104	2	2
25	56	62	45	37	43	65	19	24	85	6	8	105	2	2
26	55	61	46	36	42	66	19	23	86	6	8	106	2	2
27	54	60	47	35	41	67	18	22	87	5	7	107	1	2
28	53	59	48	34	40	68	17	22	88	5	7	108	1	1
29	52	58	49	33	39	69	16	21	89	5	6	109	1	1
30	51	57	50	32	38	70	16	20	90	4	6	110	1	1
31	50	56	51	31	37	71	15	19	91	4	5	111	1	1
32	49	55	52	31	36	72	14	18	92	4	5	112	1	1
33	49	55	53	30	35	73	13	17	93	3	4	113	−	1
34	48	54	54	29	34	74	13	16	94	3	4	114	−	1
35	47	53	55	28	33	75	12	16	95	3	4	115	−	1

《参考3》 複利現価表（法定利率3％）（「配偶者居住権の存続年数等」の⑧）

存続年数	複利現価率	存続年数	複利現価率	存続年数	複利現価率	存続年数	複利現価率	存続年数	複利現価率	存続年数	複利現価率	存続年数	複利現価率
1	0.971	11	0.722	21	0.538	31	0.400	41	0.298	51	0.221	61	0.165
2	0.943	12	0.701	22	0.522	32	0.388	42	0.289	52	0.215	62	0.160
3	0.915	13	0.681	23	0.507	33	0.377	43	0.281	53	0.209	63	0.155
4	0.888	14	0.661	24	0.492	34	0.366	44	0.272	54	0.203	64	0.151
5	0.863	15	0.642	25	0.478	35	0.355	45	0.264	55	0.197	65	0.146
6	0.837	16	0.623	26	0.464	36	0.345	46	0.257	56	0.191	66	0.142
7	0.813	17	0.605	27	0.450	37	0.335	47	0.249	57	0.185	67	0.138
8	0.789	18	0.587	28	0.437	38	0.325	48	0.242	58	0.180	68	0.134
9	0.766	19	0.570	29	0.424	39	0.316	49	0.235	59	0.175	69	0.130
10	0.744	20	0.554	30	0.412	40	0.307	50	0.228	60	0.170	70	0.126

第9章 不動産評価の留意すべき情報等

第74 売買契約中の土地等又は建物等に係る相続税の課税等

1 売買契約中の土地等又は建物等に係る相続税の課税の取扱い

　平成3年1月11日付資産税課情報第1号ほか「売買契約中の土地等又は建物等に係る相続税の課税等について」は、売買契約中の不動産等に係る相続税の課税等に関する実務上の取扱いを示しています。

　この取扱いが適用される土地は、路線価等による評価手順を経る必要はありません。

　なお、この情報が発遣されて既に四半世紀が経過していますが、この取扱いは、通達や質疑応答事例によって定められておらず、この情報のみが具体的な取扱いの拠りどころとなっています。

　相続税の申告等に当たって留意すべき重要な事項が定められていますので、この情報の主要部分を抜粋して、次に掲げました。

資 産 税 課 情 報　　　　　　　　　　　　　　　（平成3.1.11第1号ほか　国税庁）

「売買契約中の土地等又は建物等に係る相続税の課税等について」　　　（抜粋）

１．（省略）

２．今後の実務における対応

　上記1の最高裁判決を踏まえ、売買契約中の土地等（土地等又は土地の上に存する権利をいう。）及び建物等（建物及びその附属設備又は構築物をいう。）に係る相続税の課税等については、次によるのが相当と考えられる。

⑴　土地等又は建物等の売買契約の締結後当該土地等又は建物等の売主から買主への引渡しの日・・・（中略）・・・前に当該売主又は買主に相続が開始した場合には、当該相続に係る相続税の課税上、当該売主又は買主たる被相続人の相続人その他の者が、当該売買契約に関し当該被相続人から相続又は遺贈（贈与者の死亡により効力を生ずる贈与を含む。以下同じ。）により取得した財産及び当該被相続人から承継した債務は、それぞれ次による。

　イ　売主に相続が開始した場合には、相続又は遺贈により取得した財産は、当該売買契約に基づく相続開始時における残代金請求権とする。

　ロ　買主に相続が開始した場合には、相続又は遺贈により取得した財産は、当該売買契約に係る土地等又は建物等の引渡請求権等とし、当該被相続人から承継した債務は、相続開始

時における残代金支払債務とする。

(注)　1.　買主に相続が開始した場合における上記ロの土地等又は建物等の引渡請求権等の価額は、原則として当該売買契約に基づく土地等又は建物等の取得価額の金額によるが、当該売買契約の日から相続開始の日までの期間が通常の売買の例に比較して長期間であるなど当該取得価額の金額が当該相続開始の日における当該土地等又は建物等の引渡請求権等の価額として適当でない場合には、別途個別に評価した価額による。

　　　　2.　買主に相続が開始した場合において、当該土地等又は建物等を相続財産とする申告があったときにおいては、それを認める。この場合における当該土地等又は建物等の価額は、‥(中略)‥相続税財産評価に関する基本通達（筆者注：平成3年12月9日付で「財産評価基本通達」に題名が改正されました。）により評価した価額によることになる。

　　　　3.　当該売買契約に基づき被相続人たる売主又は買主が負担することとなっている当該売買の仲介手数料その他の経費で、相続開始の時において未払いであるものは、当該被相続人に係る債務である。

　　　　4.　上記の取扱いによる課税処分が訴訟事件となり、その審理の段階で引渡し前の相続財産が「土地等」として争われる場合には、相続財産が「土地等」であるとしてもその価額は当該売買価額で評価すべきである旨を主張する事例もあることに留意する。

(2)・・・(以下略)・・・

(注)　この情報の「2」にある「上記1の最高裁判決」とは、次の(1)及び(2)に掲げる判決を指します。

　　　平成3年1月11日付資産税課情報第1号は、これらの判決を踏まえて、売買契約中の土地等又は建物等に係る相続税の課税等につき、従来の取扱いを改め、課税実務上の統一を図るために発遣されたものです。

「上記1の最高裁判決」とは

（1）売主に相続が開始した事件についての判決：昭和61.12.5付（第2小法廷）判決

　昭和61.12.5付（第2小法廷）判決は、被相続人がその所有する農地を譲渡し、買主に所有権が移転する前に相続が開始した事件につき、「たとえ本件土地の所有権が売主に残っているとしても、もはやその実質は売買代金債権を確保するための機能を有するに過ぎないものであり、相続人の相続した本件土地の所有権は、独立して相続税の課税財産を構成しないというべきであって、本件において相続税の課税対象となるのは、売買残代金であると解するのが相当である。」と判示しました。

（2）買主に相続が開始した事件についての判決

　イ　昭和61.12.5付（第2小法廷）判決

　　　最高裁昭和61年12月5日付判決は、被相続人が農地を譲り受け、農地法第3条の権利

移転の許可前に相続が開始した事件につき、本件相続税の課税財産は、本件農地の売買契約に基づき買主たる被相続人が売主に対して取得した農地の所有権移転請求権等の債権的権利と解すべきであり、その価額は、売買契約による農地の取得金額に相当する金額で評価すべきであるとした原審の判断は、正当として是認することができる、と判示しています。

□　平成2.7.13付（第2小法廷）判決

平成2.7.13付（第2小法廷）判決は、被相続人が宅地を譲り受け、所有権が被相続人に移転する前に相続が開始した事件につき、この被相続人の所有権移転請求権等の価額は、宅地等の価額に準じて考えることもできるが、不特定多数の当事者間で自由な取引が行われる場合に通常成立する客観的価額に相当する財産の評価が得られる事情が存するときには、この評価によることは、右基本通達と異なるものであっても、これを違法ということはできない、とした昭和62.9.28付東京高等裁判所判決を支持しました。

2　売買契約成立時から相続開始までに長期間経過した場合の事例

また、売買契約成立時から相続開始までに長期間（13年）経過した場合の事例において、最高裁平成5年5月28日付（第3小法廷）判決（税資第195号617頁）は、その相続財産は所有権移転請求権等の債権的権利であるとしながらも、評価額については、当該売買の対象となった農地の売買代金（仮払金）で評価するのではなく、農地と同一の財産的価値（相続税評価額）を有していると解して評価するのが相当であると判示しています。

これらの判例における判断を踏まえて、現在の課税実務上の取扱いが成り立っているといえます。

3　相続人が売買契約を解除した場合の事例

売主である被相続人が締結した土地の売買契約を相続人が売買契約を解除した事例につき、広島地方裁判所平成23年9月28日（平成22年（行ウ）第4号）判決は、次のとおり、判示しています。

判決の要旨

（3）本件売買契約に係る課税財産について（－抜粋－）

上記(2)で検討したとおり、本件解除は、手付契約に基づく解除権の行使による解除であったから、上記(1)の「解除権の行使によって解除された」（国税通則法23条2項3号、同法施行令6条1項2号参照）場合に該当するので、本件解除の遡及効（民法545条1項）は、本件における課税関係に影響を及ぼすことになる。すなわち、本件売買契約は、その成立時点（平成17年12月7日）に遡って消滅し、本件相続開始日（平成18年3月10日）に

おいて、本件売買契約は存在せず、本件売買代金債権も存在しなかったことになることから、本件売買契約に係る相続税の課税財産は、本件各土地建物であったというべきである。

　したがって、本件売買契約に係る課税財産が本件売買代金債権であるとする被告の主張は採用することができない。

　なお、仮に、本件解除が、手付契約に基づく解除権の行使による解除であったと評価することができず、原告ら、Ａ社間の、亡戊死亡後の合意に基づく解除（合意解除）であったと評すべきであるとしても、・・・認定事実によれば、甲家は代々の農家で、亡戊は、自分が亡くなった場合に相続税が高額になると考え、やむなく本件各土地建物を売却しようと、Ａ社との間で本件各土地建物に係る本件売買契約を締結し、履行に向けて手続を進めていたところ、突然亡戊が死亡し、共同相続人である原告らにおいて、本件売買契約の履行をどうするかについて検討を進める中で、相続税を納税できるだけの現金、預金、生命保険金が存在することが新たに判明し、納税するお金があるなら、甲家代々の不動産を売却するのではなく、できれば持っておきたいとの気持ちも出てきて、本件売買契約の合意解除に至ったことが認められ、これによれば、この合意解除は国税通則法施行令６条１項２号の「当該契約の成立後生じたやむを得ない事情」による解除に該当するというべきである。したがって、本件解除の遡及効（民法545条１項）は、やはり本件における課税関係に影響を及ぼすことになり、本件売買契約に係る相続税の課税財産は、本件各土地建物であったということになり、結論は変わらないということになる。

第 75 　増改築等の状況に応じた固定資産税評価額が付されていない家屋の評価

　課税時期において、増改築等に係る家屋の状況に応じた固定資産税の評価額が付されていない家屋の価額については、各都道府県の「財産評価基準書（家屋の固定資産税評価額に乗ずる倍率）」に、次のとおり掲載されていますので、相続税等の計算に当たって、留意してください。

財産評価基準書

（各都道府県統一様式）

家屋の固定資産税評価額に乗ずる倍率〜平成28年分（東京都）〜

　財産評価基本通達89（家屋の評価）の定めにより家屋の価額を評価する場合におけるその家屋の固定資産税評価額に乗ずる倍率は「1.0」です。

（注）課税時期において、増改築等に係る家屋の状況に応じた固定資産税評価額が付されていない家屋の価額については、財産評価基本通達5（評価方法の定めのない財産の評価）の定めに基づき評価します。

　　　具体的には、当該家屋の価額は、増改築等に係る部分以外の部分に対応する固定資産税評価額に、当該増改築等に係る部分の価額として、当該増改築等に係る家屋と状況の類似した付近の家屋の固定資産評価額を基として、その付近の家屋との構造、経過年数、用途等の差を考慮して評定した価額（ただし、状況の類似した付近の家屋がない場合には、その増改築等に係る部分の再建築価額から償却費相当額を控除した価額の100分の70に相当する金額）を加算した価額（課税時期から申告期限までの間に、その家屋の課税時期の状況に応じた固定資産税評価額が付された場合には、その固定資産税評価額）に基づき財産評価基本通達89（家屋の評価）又は93（貸家の評価）の定めにより評価します。

　　　なお、償却費相当額は、財産評価基本通達89-2（文化財建造物である家屋の評価）の(2)に定める評価方法に準じて、再建築価額から当該価額に0.1を乗じて計算した金額を控除した価額に、その建物の耐用年数（減価償却資産の耐用年数等に関する省令（昭和40年大蔵省令第15号）に規定する耐用年数）のうちに占める経過年数（増改築等の時から課税時期までの期間に相当する年数（その期間に1年未満の端数があるときは、その端数は、1年とします。））の割合を乗じて計算します。

（注）「状況の類似した付近の家屋」の判定は困難なことが多いので、実務上はかっこ内のただし書きの方法で評価するのが通常です。一般的には、増築や改築の費用には、旧建物（建物附属設備を含みます。以下同じ。）の一部を除却する費用及びこれに係る廃材処分費用が含まれますので、これらを控除した改良費の額によって、上記の計算をするべきです。また、旧建物の一部を除却した場合には、固定資産税評価額の一部を減額するべきでしょう。

第 76　負担付贈与又は対価を伴う取引により取得した不動産に係る評価

1　相続税法第７条に規定する「当該財産の時価」の意義

　相続税法第7条に規定する「当該財産の時価」の意義に関する解釈を明らかにした昭和57年
５月17日付直資２－178「相続税法基本通達の一部改正に伴う相続税等関係事務の運営について」通達の一部を次に掲げました。

事　務　運　営　通　達

> 　1～6　（省略）
> 　7　「著しく低い価額の対価」であるかどうかの判定について
> 　　法第７条から第９条までに規定する「著しく低い価額」の対価であるかどうかは、従
> 　来どおり個々の具体的事案に基づき判定するのであって所得税法施行令（昭和40年政令
> 　第96号）第169条の規定による判定とは異なることに留意すること。
> 　8　「低額譲渡の時価」の意義について
> 　　法第7条に規定する「当該財産の時価」とは、評価基本通達の定めにより評価した価額
> 　をいうこと。
> 　9　…（以下省略）…

2　負担付贈与又は対価を伴う取引により取得した土地等及び家屋等に係る評価

　上記１に掲げた昭和57年５月17日付の通達の定めに対し、平成元年３月29日付直評５ほか
「負担付贈与又は対価を伴う取引により取得した土地等及び家屋等に係る評価並びに相続税
法第７条及び第９条の規定の適用について（平成３年12月18日付改正）」通達（以下「平成元
年３月29日通達」といいます。）は、次ページのとおり定めています。

個別通達

平成元年3月29日　直評5・直資2-204

国税局長　殿

沖縄国税事務所長　殿

国税庁長官

負担付贈与又は対価を伴う取引により取得した土地等及び家屋等に係る評価並びに相続税法第7条及び第9条の規定の適用について

標題のことについては、昭和39年4月25日付直資56、直審（資）17「財産評価基本通達」（以下「評価基本通達」という。）第2章から第4章までの定めにかかわらず、下記により取り扱うこととしたから、平成元年4月1日以後に取得したものの評価並びに相続税法第7条及び第9条の規定の適用については、これによられたい。

（趣旨）

最近における土地、家屋等の不動産の通常の取引価額と相続税評価額との開きに着目しての贈与税の税負担回避行為に対して、税負担の公平を図るため、所要の措置を講じるものである。

記

1　土地及び土地の上に存する権利（以下「土地等」という。）並びに家屋及びその附属設備又は構築物（以下「家屋等」という。）のうち、負担付贈与又は個人間の対価を伴う取引により取得したものの価額は、当該取得時における通常の取引価額に相当する金額によって評価する。

　ただし、贈与者又は譲渡者が取得又は新築した当該土地等又は当該家屋等に係る取得価額が当該課税時期における通常の取引価額に相当すると認められる場合には、当該取得価額に相当する金額によって評価することができる。

　（注）「取得価額」とは、当該財産の取得に要した金額並びに改良費及び設備費の額の合計額をいい、家屋等については、当該合計金額から、評価基本通達130（（償却費の額等の計算））の定めによって計算した当該取得の時から課税時期までの期間の償却費の額の合計額又は減価の額を控除した金額をいう。

2　1の対価を伴う取引による土地等又は家屋等の取得が相続税法第7条に規定する「著しく低い価額の対価で財産の譲渡を受けた場合」又は相続税法第9条に規定する「著しく低い価額の対価で利益を受けた場合」に当たるかどうかは、個々の取引について取引の事情、取引当事者間の関係等を総合勘案し、実質的に贈与を受けたと認められる金額があるかどうかにより判定するのであるから留意する。

　（注）その取引における対価の額が当該取引に係る土地等又は家屋等の取得価額を下回る場合には、当該土地等又は家屋等の価額が下落したことなど合理的な理由があると認められるときを除き、「著しく低い価額の対価で財産の譲渡を受けた場合」又は「著しく低い価額の対価で利益を受けた場合」に当たるものとする。

3 ｜ 平成元年３月29日通達の適用を否定した裁決及び判決について

（1）平成元年３月29日通達の趣旨

　平成元年３月29日通達は、その発遣の趣旨につき、「最近における土地、家屋等の不動産の通常の取引価額と相続税評価額との開きに着目しての贈与税の税負担回避行為に対して、税負担の公平を図るため、所要の措置を講じるものである。」としています。

　この通達が発遣されたのは、いわゆる「バブル経済期」といわれた時期で、当時は、地価が著しい高騰を続けており、平成３年分までの路線価等は、前年７月１日の時価の70％相当額で評定されていたため、評価時点と課税時期との間にタイムラグがあることから、不動産の通常の取引価額と相続税評価額との開きに着目した贈与税の税負担回避行為が横行しており、これを放置することは税負担の公平の見地から弊害があるため、所要の措置が講じられたものです。

　バブル経済期においては、地価高騰の抑制が我が国の最重要課題とされ、国土利用計画法による「監視区域の指定」や「地価税法の導入」などの施策を始め、土地の資産としての有利性を縮減する観点から、公的土地評価の相互の均衡と適正化を図るなど、各種の地価抑制策が陸続と実行されました。

　そのため、相続税の路線価等については、平成４年分以降は、評定基準日を当年１月１日に変更し、同日の時価の80％相当額で評定することになりました。

⇒「第２　公的土地評価の均衡化・適正化」（30ページ）参照。

（2）平成元年３月29日通達の適用を否定した裁決

　平成元年３月29日通達は、上記(1)に掲げる趣旨で発遣された通達ですが、平成２年に各金融機関に対して発遣された「不動産融資の総量規制」通達を契機に、我が国のバブル経済は崩壊し、大幅な地価下落期を迎え、かつての土地神話は過去のものとなりました。

　これを契機に、我が国の地価は、低迷期ないし安定期を迎えたといえます。

　このような地価の低迷期ないし安定期にあって、課税庁は、平成元年３月29日通達を適用し、平成12年分贈与税の決定処分等を行いました。

　国税不服審判所は、この贈与税の決定処分等に対する審査請求において、平成15年６月19日付裁決により、平成元年３月29日通達（次の裁決では、この通達を「本件通達」と称しています。）の適用につき、次のとおりの判断をし、平成12年分贈与税の決定処分等の全部を取り消しました。

裁 決 事 例

（平15.6.19裁決、裁決事例集No.65　576頁）　－抜粋－

二　本件通達について

　原処分庁は、本件通達は、何ら経済状況等その時代背景に左右されるという性質のものではないから、平成12年分の贈与税の課税においても当然に適用がある旨主張する。

　しかしながら、本件通達の趣旨は、土地等及び家屋等の不動産の通常の取引価額と相続税評価額との開きに着目しての贈与税の負担回避行為に対して、税負担の公平を図るため、負担付贈与又は対価を伴う取引により取得した土地等及び家屋等に係る価額は、評価基本通達にかかわらず、通常の取引価額に相当する金額によって評価することとしたものであり、本件通達の適用に当たっては、本件通達が制定された当時における地価の動向及び路線価の時価に対する水準を考慮しなければならない。

　すなわち、本件通達の制定された当時は、路線価の時価に対する水準が公示価格の70%相当を目途としていたにもかかわらず、その後の地価の急騰に伴い、路線価がその適用年分の終わりに時価の20%から30%程度にすぎず、路線価に相当する金額を対価とした負担付贈与や低額譲受けという形式を採ることによる実質的な財産の移転が行われるようになり、これを放置することは、課税の公平の見地からみて弊害があることから、当該財産の価額は、評価基本通達にかかわらず、通常の取引価額に相当する金額によって評価することとする取扱いが定められたものである。

　ところで、本件の場合、本件不動産の譲受けが行われた平成12年の課税年分においては、路線価は公示価格の80%を目途に評定されており、かつ、本件土地の近隣の基準地価格は、上記…のとおり下落傾向にあったものであるから、本件不動産の相続税評価額は、課税庁が課税実務の公平と効率のために時価の範囲内と認める水準に留まるものと推認される。しかも、本件不動産の譲受価額71,950,000円は、本件不動産の相続税評価額69,236,309円を超えるものであり、このことをもっても、贈与税の負担回避行為があったとは認められないから、このような状況の下にあっては、本件通達の適用の前提を欠くものといわざるを得ない。

　したがって、この点に関する原処分庁の主張は採用することができない。

（注）本件不動産の譲受価額71,950,000円のうち、土地の価額は52,000,000円であったところ、原処分庁は、土地の通常の取引価額を65,538,875円と認定した事案です。

（3）平成元年3月29日通達の適用を肯定した裁決とこれを否定した判決

イ　平成元年3月29日通達の適用を肯定した裁決

　次に、国税不服審判所は、平成元年3月29日通達を適用して行われた平成15年分贈与税の決定処分等に対する審査請求において、平成18年5月24日裁決（裁決事例集No.71 473頁）により、同通達を適用した原処分は正当であると結論し、上記(2)の平成15年6月19日裁決とは異なり、審査請求を棄却する裁決をしました。

　この平成18年５月24日付の裁決は、要旨、次のような事実認定に基づき判断が下されたものです。

裁決の要旨

　売主である丙は、土地の時価が下落した事実が認められないにもかかわらず、その土地の共有持分を相続税評価額相当額で審査請求人ら（以下「請求人ら」といいます。）に譲渡することにより、譲渡損失を発生させ、丙の財産が減少していること等を総合勘案すると、丙は、土地の共有持分の通常の取引価額と相続税評価額との開きに着目した上で、その共有持分を請求人らに譲渡することにより、請求人らに贈与税を負担させることなく経済的利益を享受させるとともに、自らは、その共有持分の取得価額と相続税評価額との差額に相当する金額の譲渡損失を生じさせ、その損失を他の各種所得の金額から控除することにより所得税の負担を軽減させるために本件各取引を行ったと認めるのが相当である。そうすると、本件各取引は、相続税法第7条に規定する「著しく低い価額の対価で譲渡を受けた場合」に該当すると認めるのが相当である。

□　平成元年３月29日通達の適用を否定した判決

　上記イの審査請求に及んだ審査請求人（原告）らは、平成18年５月24日付の裁決を経た後の贈与税の決定処分等になお不服があるとして、贈与税決定処分取消等請求事件を提訴したところ、東京地方裁判所（平成18年（行ウ）第562号）平成19年８月23日民事２部判決により、この贈与税の決定処分等は、その全部が取り消されました。

　この判決は、次のとおりの判断を示しており、これにより、地価が低迷ないし安定している情勢下においては、平成元年３月29日通達の適用はないということで、一応の決着をみたといえるでしょう。ただし、同通達は、廃止されることなく、現在も国税庁ホームページに掲載されています。そのため、実務においては、例えば、貸家を贈与する際、負担付贈与の取扱いを回避するため、保証金を持ち回らずに、精算するというようなことが行われています。

376

判決の要旨

　　ここで被告が相続税法7条適用の根拠として指摘しているのは、本件各売買の売主である丙の側に自己の所得税の負担を軽減しようとする明確な意図があったことと、丙が原告らに対して一定の経済的利益を享受させる意思をもって本件各売買を行ったことである。しかし前記…において検討したように、当事者に贈与の意思や租税負担回避の意思があったか否かによって同条の適用が左右されることはないのであるから、丙の側の意思、意図を強調する被告の主張は採用することができない。なお、被告の主張によれば、丙の意図としては、自己の所得税負担を軽減することに重きが置かれているようであるが、そのような売主側の事情をもって、買主である原告らへの贈与税課税の根拠とすることも疑問である。また、これも前記…において検討したとおり、同条は、「著しく」低額でない限り、時価より低額での財産の譲渡が行われることを許容しているのであり、丙が原告らに一定の経済的利益を享受させたとしても、それが著しい程度のものと認められない限り、同条は適用されないのである。

（注）　上記の東京地方裁判所の判決があった後、上記(3)のイの平成18年5月24日付裁決（裁決事例集№71 473頁）は、国税不服審判所のホームページの裁決事例集からは、削除されたようで、現在、これをホームページ上で閲覧することはできません。

【参考資料】1．土地及び土地の上に存する権利の評価についての調整率表

①奥行価格補正率表　　　　　　　　　　　　　　（平成30年分以降用）

奥行距離m ＼ 地区区分	ビル街	高度商業	繁華街	普通商業・併用住宅	普通住宅	中小工場	大工場
4未満	0.80	0.90	0.90	0.90	0.90	0.85	0.85
4以上 6未満		0.92	0.92	0.92	0.92	0.90	0.90
6 〃 8 〃	0.84	0.94	0.95	0.95	0.95	0.93	0.93
8 〃 10 〃	0.88	0.96	0.97	0.97	0.97	0.95	0.95
10 〃 12 〃	0.90	0.98	0.99	0.99	1.00	0.96	0.96
12 〃 14 〃	0.91	0.99	1.00	1.00		0.97	0.97
14 〃 16 〃	0.92	1.00				0.98	0.98
16 〃 20 〃	0.93					0.99	0.99
20 〃 24 〃	0.94					1.00	1.00
24 〃 28 〃	0.95				0.97		
28 〃 32 〃	0.96		0.98		0.95		
32 〃 36 〃	0.97		0.96	0.97	0.93		
36 〃 40 〃	0.98		0.94	0.95	0.92		
40 〃 44 〃	0.99		0.92	0.93	0.91		
44 〃 48 〃	1.00		0.90	0.91	0.90		
48 〃 52 〃		0.99	0.88	0.89	0.89		
52 〃 56 〃		0.98	0.87	0.88	0.88		
56 〃 60 〃		0.97	0.86	0.87	0.87		
60 〃 64 〃		0.96	0.85	0.86	0.86	0.99	
64 〃 68 〃		0.95	0.84	0.85	0.85	0.98	
68 〃 72 〃		0.94	0.83	0.84	0.84	0.97	
72 〃 76 〃		0.93	0.82	0.83	0.83	0.96	
76 〃 80 〃		0.92	0.81	0.82			
80 〃 84 〃		0.90	0.80	0.81	0.82	0.93	
84 〃 88 〃		0.88		0.80			
88 〃 92 〃		0.86			0.81	0.90	
92 〃 96 〃	0.99	0.84					
96 〃 100 〃	0.97	0.82					
100 〃	0.95	0.80			0.80		

②側方路線影響加算率表

地区区分	加算率 角地の場合	加算率 準角地の場合
ビ ル 街	0.07	0.03
高度商業、繁華街	0.10	0.05
普通商業・併用住宅	0.08	0.04
普通住宅、中小工場	0.03	0.02
大 工 場	0.02	0.01

③二方路線影響加算率表

地区区分	加算率
ビ ル 街	0.03
高度商業、繁華街	0.07
普通商業・併用住宅	0.05
普通住宅、中小工場 大 工 場	0.02

④不整形地補正率を算定する際の地積区分表

地区区分 ＼ 地積区分	A	B	C
高 度 商 業	1,000㎡未満	1,000㎡以上 1,500㎡未満	1,500㎡以上
繁 華 街	450㎡未満	450㎡以上 700㎡未満	700㎡以上
普通商業・併用住宅	650㎡未満	650㎡以上 1,000㎡未満	1,000㎡以上
普 通 住 宅	500㎡未満	500㎡以上 750㎡未満	750㎡以上
中 小 工 場	3,500㎡未満	3,500㎡以上 5,000㎡未満	5,000㎡以上

⑤不整形地補正率表

地区区分 / 地積区分 / かげ地割合	高度商業、繁華街、普通商業・併用住宅、中小工場			普通住宅		
	A	B	C	A	B	C
10%以上	0.99	0.99	1.00	0.98	0.99	0.99
15% 〃	0.98	0.99	0.99	0.96	0.98	0.99
20% 〃	0.97	0.98	0.99	0.94	0.97	0.98
25% 〃	0.96	0.98	0.99	0.92	0.95	0.97
30% 〃	0.94	0.97	0.98	0.90	0.93	0.96
35% 〃	0.92	0.95	0.98	0.88	0.91	0.94
40% 〃	0.90	0.93	0.97	0.85	0.88	0.92
45% 〃	0.87	0.91	0.95	0.82	0.85	0.90
50% 〃	0.84	0.89	0.93	0.79	0.82	0.87
55% 〃	0.80	0.87	0.90	0.75	0.78	0.83
60% 〃	0.76	0.84	0.86	0.70	0.73	0.78
65% 〃	0.70	0.75	0.80	0.60	0.65	0.70

⑥間口狭小補正率表

地区区分 / 間口距離m	ビル街	高度商業	繁華街	普通商業・併用住宅	普通住宅	中小工場	大工場
4未満	−	0.85	0.90	0.90	0.90	0.80	0.80
4以上 6未満	−	0.94	1.00	0.97	0.94	0.85	0.85
6 〃 8 〃	−	0.97		1.00	0.97	0.90	0.90
8 〃 10 〃	0.95	1.00			1.00	0.95	0.95
10 〃 16 〃	0.97					1.00	0.97
16 〃 22 〃	0.98						0.98
22 〃 28 〃	0.99						0.99
28 〃	1.00						1.00

⑦奥行長大補正率表

地区区分 / 奥行距離 間口距離	ビル街	高度商業	繁華街	普通商業・併用住宅	普通住宅	中小工場	大工場
2以上3未満	1.00	1.00			0.98	1.00	1.00
3 〃 4 〃		0.99			0.96	0.99	
4 〃 5 〃		0.98			0.94	0.98	
5 〃 6 〃		0.96			0.92	0.96	
6 〃 7 〃		0.94			0.90	0.94	
7 〃 8 〃		0.92				0.92	
8 〃		0.90				0.90	

⑧がけ地補正率表

がけ地の方位 / がけ地地積 総地積	南	東	西	北
0.10以上	0.96	0.95	0.94	0.93
0.20 〃	0.92	0.91	0.90	0.88
0.30 〃	0.88	0.87	0.86	0.83
0.40 〃	0.85	0.84	0.82	0.78
0.50 〃	0.82	0.81	0.78	0.73
0.60 〃	0.79	0.77	0.74	0.68
0.70 〃	0.76	0.74	0.70	0.63
0.80 〃	0.73	0.70	0.66	0.58
0.90 〃	0.70	0.65	0.60	0.53

⑨規模格差補正率を算定する際の表

イ 三大都市圏に所在する宅地

地区区分 / 地積（㎡）　記号	普通商業・併用住宅 普通住宅 Ⓑ	Ⓒ
500以上 1,000未満	0.95	25
1,000以上 3,000未満	0.90	75
3,000以上 5,000未満	0.85	225
5,000以上	0.80	475

ロ 三大都市圏以外の地域に所在する宅地

地区区分 / 地積（㎡）　記号	普通商業・併用住宅 普通住宅 Ⓑ	Ⓒ
1,000以上 3,000未満	0.90	100
3,000以上 5,000未満	0.85	250
5,000以上	0.80	500

【参考資料】2.「財産評価基本通達の一部改正について」通達等のあらましについて（情報）

$$\left(\begin{array}{ll} \text{平成29年10月3日} & \text{資産評価企画官情報　第5号} \\ & \text{資産課税課情報　第17号} \end{array}\right)$$

　平成29年9月20日付課評2-46ほか2課共同「財産評価基本通達の一部改正について」（法令解釈通達）及び平成29年9月29日付課評2-48ほか2課共同「『相続税及び贈与税における取引相場のない株式等の評価明細書の様式及び記載方法等について』の一部改正について」（法令解釈通達）により、地積規模の大きな宅地の評価について定めるほか、取引相場のない株式等の評価等について所要の改正を行ったところであるが、そのあらましは別添のとおりであるので、参考のため送付する。

別　添

目次

（凡例）

　本情報において使用した法令及び通達の略称は、次のとおりである。

（法令・通達）	（略称）
○　昭和39年4月25日付直資56、直審（資）17「財産評価基本通達」（法令解釈通達）	評価通達
○　平成29年9月20日付課評2-46ほか2課共同「財産評価基本通達の一部改正について」による改正前の評価通達	旧評価通達
○　平成2年12月27日付直評23、直資2-293「相続税及び贈与税における取引相場のない株式等の評価明細書の様式及び記載方法等について」（法令解釈通達）	明細書通達
○　都市計画法（昭和43年法律第100号）	都市計画法
○　建築基準法（昭和25年法律第201号）	建築基準法
○　首都圏整備法（昭和31年法律第83号）	首都圏整備法
○　近畿圏整備法（昭和38年法律第129号）	近畿圏整備法
○　中部圏開発整備法（昭和41年法律第102号）	中部圏開発整備法
○　集落地域整備法（昭和62年法律第63号）	集落地域整備法
○　会社法（平成17年法律第86号）	会社法

（編者注）　上記「2」の掲載は省略しています。

1　地積規模の大きな宅地の評価

　平成29年度税制改正の大綱（平成28年12月22日閣議決定）において、相続税等の財産評価の適正化を図るため、相続税法の時価主義の下、実態を踏まえて、広大地の評価について、現行の面積に比例的に減額する評価方法から、各土地の個性に応じて形状・面積に基づき評価する方法に見直すとともに、適用要件を明確化することとされた。

　このことを踏まえ、「地積規模の大きな宅地の評価」を新設し、その適用要件については、地区区分や都市計画法の区域区分等を基にすることにより明確化を図った。

　なお、これに伴い「広大地の評価」を廃止した。

　（評価通達7、7-2、13、20-2～20-6、21-2、22、24-6、25、付表1、40、41、49、50、50-2、58-3、58-5＝改正、24-4、40-2、49-2、58-4＝廃止）

1　従来の取扱い

⑴　従来の取扱いの概要

　　従来、その地域における標準的な宅地の地積に比して著しく地積が広大な宅地で都市計画法第4条第12項に規定する開発行為（以下「開発行為」という。）を行うとした場合に公共公益的施設用地の負担が必要と認められるもの（以下「広大地」という。）の価額は、道路や公園等のいわゆる「潰れ地」が生じることから、原則として、正面路線価に広大地補正率及び地積を乗じて評価することとしていた（旧評価通達24-4）。

　　なお、広大地の評価の適用要件及び評価方法は次のとおりとしていた。

　【広大地の評価の適用要件】

　①　その地域における標準的な宅地の地積に比して著しく地積が広大な宅地であること

　②　開発行為を行うとした場合に公共公益的施設用地（道路、公園等）の負担が必要（潰れ地が生じる）と認められるものであること

　③　大規模工場用地に該当するものではないこと及び中高層の集合住宅等の敷地用地に適しているもの（その宅地について、経済的に最も合理的であると認められる開発行為が中高層の集合住宅等を建築することを目的とするものであると認められるもの）ではないこと

　【評価方法（算式）】

　　広大地の評価額　＝　正面路線価　×　広大地補正率（注）　×　地積

　　（注）広大地補正率　＝　$0.6 - 0.05 \times \dfrac{地積}{1,000\text{m}^2}$

　　　※　広大地補正率は0.35を下限とする。

⑵　従来の広大地の評価に係る広大地補正率と各種補正率の適用関係

　　従来の広大地の評価に係る広大地補正率は、土地の個別的要因に基づいて最も経済的・合理的な使用の観点から算定された鑑定評価額を基に統計学の手法を用いて設定

しており、土地の個別的要因に係る補正が全て考慮されたものとなっていることから、土地の形状、道路との位置関係等に基づく個別的要因に係る補正、すなわち評価通達15（（奥行価格補正））から20（（不整形地の評価））まで及び20-3（（無道路地の評価））から20-6（（容積率の異なる２以上の地域にわたる宅地の評価））までの定めを適用せず、正面路線価、広大地補正率及び地積の３要素を用いて評価することとしていた。

　また、鑑定評価における開発法では、広大地にセットバック部分がある場合、セットバック部分を潰れ地として有効宅地化率を計算していることから、広大地補正率にはセットバック部分のしんしゃくは織り込み済みであるため、広大地補正率を適用する土地については、評価通達24-6（（セットバックを必要とする宅地の評価））の定めは適用しないこととしていた。

⑶　広大な市街地農地等の評価について

　市街地農地等（市街地農地、市街地周辺農地、市街地山林及び市街地原野をいう。以下同じ。）が宅地であるとした場合において、旧評価通達24-4に定める広大地に該当するときは、旧評価通達40-2（（広大な市街地農地等の評価））、49-2（（広大な市街地山林の評価））及び58-4（（広大な市街地原野の評価））の定めにより、旧評価通達24-4の定めに準じて評価することとしていた。

　なお、市街地農地等を広大地として評価する場合には、広大地補正率の中で農地等（農地、山林及び原野をいう。以下同じ。）を宅地に転用するための宅地造成費相当額を考慮していることから、宅地造成費相当額を控除せずに評価することとしていた。

２　通達改正の趣旨

　従来の広大地の評価に係る広大地補正率は、個別の土地の形状等とは関係なく面積に応じて比例的に減額するものであるため、社会経済情勢の変化に伴い、広大地の形状によっては、それを加味して決まる取引価額と相続税評価額が乖離する場合が生じていた。

　また、従来の広大地の評価の適用要件は、上記１⑴のとおり「定性的（相対的）」なものであったことから、広大地に該当するか否かの判断に苦慮するなどの問題が生じていた。

　このような状況の下、平成29年度税制改正の大綱（平成28年12月22日閣議決定）において、相続税等の財産評価の適正化を図るため、相続税法の時価主義の下、実態を踏まえて、広大地の評価について、現行の面積に比例的に減額する評価方法から、各土地の個性に応じて形状・面積に基づき評価する方法に見直すとともに、適用要件を明確化する旨明記された。このことを踏まえ、「地積規模の大きな宅地の評価」を新設し、その適用要件については、地区区分や都市計画法の区域区分等を基にすることにより「定量的（絶対的）」なものとし、明確化を図った。

　なお、これに伴い「広大地の評価」を廃止した。

```
（参考）平成29年度税制改正の大綱（抄）

 二　資産課税

  6　その他

   (6)　相続税等の財産評価の適正化

      相続税法の時価主義の下、実態を踏まえて、次の見直しを行う。

    ①、②　（省略）

    ③　広大地の評価について、現行の面積に比例的に減額する評価方法から、各土地
      の個性に応じて形状・面積に基づき評価する方法に見直すとともに、適用要件
      を明確化する。

    ④　（省略）
```

3　通達改正の概要等

(1)　「地積規模の大きな宅地の評価」の概要

イ　「地積規模の大きな宅地の評価」の趣旨

　　「地積規模の大きな宅地の評価」では、新たに「規模格差補正率」を設け、「地積規模の大きな宅地」を戸建住宅用地として分割分譲する場合に発生する減価のうち、主に地積に依拠する次の①から③の減価を反映させることとした。

①　戸建住宅用地としての分割分譲に伴う潰れ地の負担による減価 （注）

　　地積規模の大きな宅地を戸建住宅用地として分割分譲する場合には、一定の場合を除き、道路、公園等の公共公益的施設用地の負担を要することとなる。この負担により、戸建住宅用地として有効に利用できる部分の面積が減少することになるため、このようないわゆる「潰れ地」部分の負担が減価要因となる。

　　（注）　この潰れ地の負担による減価は、主に地積に依拠する一方、奥行距離にも依拠することから、当該減価の一部は普通商業・併用住宅地区及び普通住宅地区の奥行価格補正率に反映させた。具体的には、改正前の数値では潰れ地の負担による減価を反映しきれていない奥行距離に係る奥行価格補正率の数値について、当該減価を適正に反映させるために見直すこととした。

②　戸建住宅用地としての分割分譲に伴う工事・整備費用等の負担による減価

　　地積規模の大きな宅地を戸建住宅用地として分割分譲する場合には、住宅として利用するために必要な上下水道等の供給処理施設の工事費用の負担を要するとともに、開設した道路等の公共公益的施設の整備費用等の負担が必要となる。

　　また、開発分譲地の販売・広告費等の負担を要する。

　　開発分譲業者は、これらの費用負担を考慮して宅地の仕入れ値（購入価格）を決定することになるため、これらの工事・整備費用等の負担が減価要因となる。

③　開発分譲業者の事業収益・事業リスク等の負担による減価

　　地積規模の大きな宅地を戸建住宅用地として分割分譲する場合には、開発分譲業

者は、開発利益を確保する必要がある。

　また、開発する面積が大きくなるにつれ販売区画数が多くなることから、開発分譲業者は、完売までに長期間を要したり、売れ残りが生じるというリスクを負う。

　さらに、開発分譲業者は、通常、開発費用を借入金で賄うことから、開発の準備・工事期間を通じた借入金の金利の負担を要する。

　開発分譲業者は、これらを踏まえて宅地の仕入れ値（購入価格）を決定するため、これらが減価要因となる。

ロ　「地積規模の大きな宅地」の意義

　上記イのとおり、「地積規模の大きな宅地の評価」は、戸建住宅用地として分割分譲する場合に発生する減価を反映させることを趣旨とするものであることから、戸建住宅用地としての分割分譲が法的に可能であり、かつ、戸建住宅用地として利用されるのが標準的である地域に所在する宅地が対象となる。したがって、三大都市圏では500㎡以上の地積の宅地、それ以外の地域では1,000㎡以上の地積の宅地であって、次の①から④に該当するもの以外のものを「地積規模の大きな宅地」とした[注1、2]。

　次の①から④に該当するものを「地積規模の大きな宅地」から除くこととしているのは、法的規制やその標準的な利用方法に照らすと「地積規模の大きな宅地の評価」の趣旨にそぐわないことを理由とするものである。

　なお、「地積規模の大きな宅地の評価」では、社会経済情勢の変化等を踏まえ、原則として、開発行為に係る要件を設けないこととした。

（注1）　「三大都市圏」とは、次の地域をいう。
　　　　　イ　首都圏整備法第2条第3項に規定する既成市街地又は同条第4項に規定する近郊整備地帯
　　　　　ロ　近畿圏整備法第2条第3項に規定する既成都市区域又は同条第4項に規定する近郊整備区域
　　　　　ハ　中部圏開発整備法第2条第3項に規定する都市整備区域

（注2）　三大都市圏では500㎡以上、それ以外の地域では1,000㎡以上という地積規模は、専門機関の実態調査等の結果に基づき設定した。したがって、三大都市圏では500㎡未満、それ以外の地域では1,000㎡未満の地積の宅地については、「地積規模の大きな宅地の評価」の適用はないことに留意する。

①　市街化調整区域（都市計画法第34条第10号又は第11号の規定に基づき宅地分譲に係る開発行為を行うことができる区域を除く。）に所在する宅地

　市街化調整区域は、「市街化を抑制すべき区域」（都市計画法7③）であり、原則として宅地開発を行うことができない地域である（都市計画法29、33、34）。このことからすると、市街化調整区域内に所在する宅地については、戸建住宅用地としての分割分譲に伴う減価が発生する余地がないことから、原則として、「地積規模の大きな宅地」に該当しないものとした。

　しかしながら、市街化調整区域であっても、都市計画法第34条第10号の規定によ

り、同法第12条の4第1項第1号に規定する地区計画の区域（地区整備計画が定められている区域に限る。）内又は集落地域整備法第5条第1項の規定による集落地区計画の区域（集落地区整備計画が定められている区域に限る。）内においては、当該地区計画又は集落地区計画に適合する開発行為を行うことができることとされている。また、都市計画法第34条第11号の規定により、いわゆる条例指定区域内においても、同様に開発行為を行うことができることとされている。

　これらのことを踏まえると、市街化調整区域であっても、都市計画法第34条第10号又は第11号の規定に基づき宅地分譲に係る開発行為を行うことができる区域については、戸建住宅用地としての分割分譲が法的に可能であることから、これらの区域内に所在する宅地について、地積規模を満たす場合には「地積規模の大きな宅地」に該当するものとした（注）。

　　（注）　都市計画法第34条第10号又は第11号の規定に基づき開発許可の対象とされる建築物の用途等は、地区計画、集落地区計画又は条例により定められるため、それぞれの地域によってその内容が異なることになる。したがって、地区計画又は集落地区計画の区域（地区整備計画又は集落地区整備計画が定められている区域に限る。）内、及び条例指定区域内に所在する宅地であっても、例えば、一定規模以上の店舗等の開発は認められるが、宅地分譲に係る開発は認められていないような場合には、「地積規模の大きな宅地の評価」の適用対象とならないことに留意する必要がある。

② **都市計画法の用途地域が工業専用地域に指定されている地域に所在する宅地**

　工業専用地域は、工業の利便を増進する地域（都市計画法9⑫）であり、同地域内においては、原則として、工業系の用途となじまない用途の建築物の建築が禁止され、住宅の建築はできないこととされている（建築基準法48⑫、別表第二）。

　このことを踏まえると、工業専用地域に所在する宅地については、地積規模が大きいものであっても、基本的に戸建住宅用地としての分割分譲に伴う減価が発生する余地がないことから、「地積規模の大きな宅地」に該当しないものとした（注）。

　　（注）　評価対象となる宅地が2以上の用途地域にわたる場合には、建築基準法上、2以上の用途地域にわたる建築物の敷地については、その全部についてその過半の属する用途地域の制限が適用されることを踏まえ、当該宅地の全部が当該宅地の過半の属する用途地域に所在するものとする。

③ **指定容積率が400％（東京都の特別区内においては300％）以上の地域に所在する宅地**

　指定容積率（注1）が400％（東京都の特別区内においては300％）以上の地域に所在する宅地については、マンション敷地等として一体的に利用されることが標準的であり、戸建住宅用地として分割分譲が行われる蓋然性が乏しいと考えられることから、「地積規模の大きな宅地」に該当しないものとした（注2）。

　　（注1）　指定容積率とは、建築基準法第52条第1項に規定する建築物の延べ面積の敷地面積に対する割合をいう。

　　　　　　なお、評価対象となる宅地が指定容積率の異なる2以上の地域にわたる場合には、建築

基準法の考え方に基づき、各地域の指定容積率に、その宅地の当該地域内にある各部分の面積の敷地面積に対する割合を乗じて得たものの合計により容積率を判定する。

（注2）　専門機関の実態調査等の結果に基づき、指定容積率を基準とすることとした。

④　**倍率地域に所在する評価通達22-2（（大規模工場用地））に定める大規模工場用地**

大規模工場用地に該当する場合には、別途、評価通達22（（大規模工場用地の評価））から22-3（（大規模工場用地の路線価及び倍率））までに定めるところにより、大規模な土地であることを前提として評価することとしており、また、大規模工場用地は、大規模な工場用地として利用されることが標準的であると考えられる。

このことを踏まえると、戸建住宅用地としての分割分譲が行われる蓋然性が乏しいと考えられることから、大規模工場用地については、「地積規模の大きな宅地」に該当しないものとした。

なお、大規模工場用地は、路線価地域においては、評価通達14-2（（地区））に定める大工場地区に所在するものに限られるところ、路線価地域の場合、下記ハ（イ）のとおり、「地積規模の大きな宅地の評価」は、普通商業・併用住宅地区及び普通住宅地区に所在する宅地が適用対象となることから、路線価地域に所在する大規模工場用地は、「地積規模の大きな宅地の評価」の適用対象から除かれることになる。

ハ　「地積規模の大きな宅地の評価」の適用対象

（イ）　路線価地域の場合

路線価地域においては、上記ロの「地積規模の大きな宅地」であって、評価通達14-2（（地区））に定める普通商業・併用住宅地区及び普通住宅地区に所在するものを、「地積規模の大きな宅地の評価」の適用対象とした。

普通商業・併用住宅地区及び普通住宅地区に所在する「地積規模の大きな宅地」を適用対象としているのは、これらの地区に所在する宅地は、指定容積率が400％（東京都の特別区内においては300％）以上の地域に所在するものを除けば、戸建住宅用地として利用されることが標準的であると考えられるため、戸建住宅用地として分割分譲する場合に発生する減価を考慮して評価する必要があることを理由とするものである（注1、2）。

（注1）　ビル街地区は、大規模な商業用地として利用されることを前提とした地区であり、当該地区内の宅地については、戸建住宅用地として分割分譲されることは想定されず、それに伴う減価が発生する余地がないことから、「地積規模の大きな宅地の評価」の適用対象とならない。

高度商業地区及び繁華街地区は、主として商業用地として利用されることを前提とした、通常繁華性の高い地区である。これらの地区内の宅地については、中高層の建物の敷地として利用されるのが標準的であり、戸建住宅用地としての分割分譲が行われる蓋然性が乏しいことから、「地積規模の大きな宅地の評価」の適用対象とならない。

中小工場地区は、主として中小規模の工場用地として利用されることを前提とした地区であり、当該地区内の宅地は、中小規模の工場用地として利用されることが標準的であることから、「地積規模の大きな宅地の評価」の適用対象とならない。

　　大工場地区は、大規模な工場用地として利用されることを前提とした地区である。当該地区内の土地は、大規模な工場用地として利用されることが標準的であり、戸建住宅用地としての分割分譲が行われる蓋然性が乏しいことから、「地積規模の大きな宅地の評価」の適用対象とならない。

（注2）　評価対象となる宅地の正面路線が2以上の地区にわたる場合には、地区について都市計画法の用途地域を判断要素の一つとして設定していることから、建築基準法における用途地域の判定の考え方を踏まえ、当該宅地の過半の属する地区をもって、当該宅地の全部が所在する地区とする。

㋺　倍率地域の場合

　倍率地域においては、上記㋺の「地積規模の大きな宅地」に該当すれば、「地積規模の大きな宅地の評価」の適用対象となる。

ニ　「地積規模の大きな宅地の評価」に係る具体的評価方法等

㋑　路線価地域の場合

　普通商業・併用住宅地区及び普通住宅地区に所在する「地積規模の大きな宅地」については、正面路線価を基に、その形状・奥行距離に応じて評価通達15（（奥行価格補正））から20（（不整形地の評価））までの定めにより計算した価額に、その宅地の地積に応じた「規模格差補正率」を乗じて計算した価額によって評価する。

　これを具体的な算式で表すと、次のとおりである。

【算式】

地積規模の大きな宅地（一方のみが路線に接するもの）の相続税評価額

$$= \text{正面路線価} \times \text{奥行価格補正率} \times \text{地積}$$
$$\times \begin{array}{c}\text{不整形地補正率など}\\ \text{の各種画地補正率}\end{array} \times \text{規模格差補正率}$$

㋺　倍率地域の場合

　倍率地域に所在する「地積規模の大きな宅地」については、評価通達21-2（（倍率方式による評価））本文の定めにより評価した価額が、その宅地が標準的な間口距離及び奥行距離を有する宅地であるとした場合の1平方メートル当たりの価額（注）を評価通達14（（路線価））に定める路線価とし、かつ、その宅地が評価通達14-2（（地区））に定める普通住宅地区に所在するものとして「地積規模の大きな宅地の評価」（評価通達20-2）の定めに準じて計算した価額を上回る場合には、当該「地積規模の大きな宅地」については、「地積規模の大きな宅地の評価」（評価通達20-2）の定めに準じて計算した価額により評価する。

（注）　「その宅地が標準的な間口距離及び奥行距離を有する宅地であるとした場合の1平方メートル当たりの価額」は、付近にある標準的な画地規模を有する宅地の価額との均衡を考慮して算定する必要がある。具体的には、評価対象となる宅地の近傍の固定資産税評価に係る標準宅地の1平方メートル当たりの価額を基に計算することが考えられるが、当該標準宅地が固定資産税評価に係る各種補正の適用を受ける場合には、その適用がないものとしたときの1平方メートル当たりの価額に基づき計算することに留意する。

ホ　「地積規模の大きな宅地の評価」に係る規模格差補正率と各種補正率の適用関係

　従来の広大地の評価に係る広大地補正率では、上記1⑵のとおり、土地の個別的要因に係る補正が全て考慮されているが、「地積規模の大きな宅地の評価」に係る規模格差補正率は、上記イのとおり、地積規模の大きな宅地を戸建住宅用地として分割分譲する場合に発生する減価のうち、主に地積に依拠するものを反映しているものであり、それ以外の土地の個別的要因に係る補正については考慮していない。

　したがって、地積規模の大きな宅地を戸建住宅用地として分割分譲する場合に発生する減価のうち、主に地積に依拠するもの以外の土地の形状、道路との位置関係等に基づく個別的要因に係る補正については、別途、評価通達15（（奥行価格補正））から20（（不整形地の評価））まで及び20-3（（無道路地の評価））から20-6（（容積率の異なる2以上の地域にわたる宅地の評価））までの定めを適用して評価上考慮することとなる。また、セットバック部分がある場合には、別途、評価通達24-6（（セットバックを必要とする宅地の評価））の定めを適用して評価することとなる。

ヘ　規模格差補正率の計算方法等

㈠　規模格差補正率の計算方法

　「規模格差補正率」は、下記の算式により計算する。

【算式】

$$規模格差補正率 = \frac{Ⓐ \times Ⓑ + Ⓒ}{地積規模の大きな宅地の地積（Ⓐ）} \times 0.8$$

（注）　上記算式により計算した規模格差補正率は、小数点以下第2位未満を切り捨てる。

　上の算式中の「Ⓑ」及び「Ⓒ」は、地積規模の大きな宅地の所在する地域に応じて、それぞれ下表のとおりとする。

① 三大都市圏に所在する宅地

地積㎡ 記号	普通商業・併用住宅地区、普通住宅地区	
	Ⓑ	Ⓒ
500以上　1,000未満	0.95	25
1,000 〃　3,000 〃	0.90	75
3,000 〃　5,000 〃	0.85	225
5,000 〃	0.80	475

② 三大都市圏以外の地域に所在する宅地

地積㎡	記号 地区区分	普通商業・併用住宅地区、普通住宅地区	
		Ⓑ	Ⓒ
1,000以上　3,000未満		0.90	100
3,000　〃　　5,000　〃		0.85	250
5,000　〃		0.80	500

（参考）奥行価格補正率表（抜粋）

奥行距離（メートル） 地区区分	普通商業・併用住宅地区		普通住宅地区	
	改正前	改正後	改正前	改正後
24以上　28 未満	1.00	1.00	0.99	0.97
28　〃　　32　〃			0.98	0.95
32　〃　　36　〃	0.98	0.97	0.96	0.93
36　〃　　40　〃	0.96	0.95	0.94	0.92
40　〃　　44　〃	0.94	0.93	0.92	0.91
44　〃　　48　〃	0.92	0.91	0.91	0.90
48　〃　　52　〃	0.90	0.89	0.90	0.89

《規模格差補正率の具体的計算例》

※三大都市圏に所在する地積1,500㎡の宅地の場合

$$規模格差補正率 = \frac{1,500㎡ \times 0.90 + 75}{1,500㎡} \times 0.8$$
$$= 0.76$$

ロ　規模格差補正率の算式の考え方

　「規模格差補正率」が適用される宅地の地積は、三大都市圏では500㎡以上、それ以外の地域では1,000㎡以上であるが、専門機関の分析結果によると、地積規模の大きな宅地を戸建住宅用地として分割分譲する場合に発生する減価は、当初は地積の増加に正比例的に増加するものの、一定の地積規模を超えると、その増加幅は緩やかとなる傾向にある。上記㈐の算式により計算した「規模格差補正率」は、この傾向を適正に反映したものとして計算される。

　また、当該減価の割合は、地積区分ごとに異なる（例えば、上記㈐の表のとおり、三大都市圏に所在する1,500㎡の宅地の場合、当該宅地の500㎡以上1,000㎡未満の部分の減価の割合（0.95（上記㈐の表のⒷの数値））と1,000㎡以上1,500㎡までの部分の減価の割合（0.90（上記㈐の表のⒷの数値））は異なる。）ため、当該宅地に係る「規模格差補正率」は、本来的には、当該宅地を①500㎡未満の部分、②500㎡以

上1,000㎡未満の部分及び③1,000㎡以上1,500㎡までの部分に分割し、それぞれの部分に対応する減価の割合を乗じて合算したものに基づき計算することとなる。しかしながら、このような計算方法によると、地積の規模が特に大きくなった場合には「規模格差補正率」の計算過程が複雑なものとなってしまうため、上記(イ)のとおり、簡便に「規模格差補正率」を計算できるようにした。具体的には、例えば、上記と同様の三大都市圏に所在する1,500㎡の宅地の場合、全体の面積を基に1,000㎡以上3,000㎡未満の0.90（上記(イ)の表の⑧の数値）を乗じた上で75（上記(イ)の表の⑥の数値）を加算する方法により、当該宅地の「規模格差補正率」（0.76）を計算できるようにしている。

⑵ 市街地農地等への「地積規模の大きな宅地の評価」の適用について

従来の広大な市街地農地等については、上記1⑶のとおり、旧評価通達24-4の定めに準じて評価することとしていたが、今般の改正により、旧評価通達24-4の定めの廃止に伴い、旧評価通達40-2、49-2及び58-4の定めも併せて廃止し、今後は、通常の市街地農地等と同様、評価通達39（（市街地周辺農地の評価））、40（（市街地農地の評価））、49（（市街地山林の評価））及び58-3（（市街地原野の評価））の定めにより評価することとした。

市街地農地等については、評価通達39、40、49及び58-3の定めにおいて、その農地等が宅地であるとした場合を前提として評価（宅地比準方式により評価）することとしているところ、開発分譲業者が、地積規模の大きな市街地農地等を造成し、戸建住宅用地として分割分譲する場合には、地積規模の大きな宅地の場合と同様に、それに伴う減価が発生することになる。

したがって、市街地農地等については、「地積規模の大きな宅地の評価」の適用要件を満たせば、その適用対象となる（ただし、路線価地域にあっては、宅地の場合と同様に、普通商業・併用住宅地区及び普通住宅地区に所在するものに限られる。）(注)。評価通達40注書、49注書及び58-3注書において、このことを留意的に明らかにした。

(注) 市街地農地等について、宅地への転用が見込めないと認められる場合には、戸建住宅用地としての分割分譲が想定されないことから、「地積規模の大きな宅地の評価」の適用対象とならないことに留意する。

なお、上記1⑶のとおり、従来の広大地評価に係る広大地補正率では、宅地造成費相当額が考慮されていたが、「地積規模の大きな宅地の評価」に係る規模格差補正率は、上記⑴イのとおり、地積規模の大きな宅地を戸建住宅用地として分割分譲する場合に発生する減価のうち、主に地積に依拠するものを反映しているものであり、宅地造成費相当額は反映していない。

したがって、「地積規模の大きな宅地の評価」の適用対象となる市街地農地等については、「地積規模の大きな宅地の評価」を適用した後、個々の農地等の状況に応じた宅地造成費相当額を別途控除して評価することとなる。

⑶ **雑種地への「地積規模の大きな宅地の評価」の適用について**

　　雑種地の価額は、近傍にある状況が類似する土地に比準した価額により評価する（評価通達82）ところ、評価対象となる雑種地の状況が宅地に類似する場合には宅地に比準して評価することとなり、農地等に類似する場合には農地等に比準して評価することとなる。このとき、市街化区域内の農地等の価額は宅地比準方式により評価することとしていることから、市街化区域内の雑種地についても、宅地比準方式により評価することとなる。

　　このような宅地に状況が類似する雑種地又は市街地農地等に類似する雑種地について、「地積規模の大きな宅地の評価」の適用要件を満たす場合には、宅地と同様に、戸建住宅用地としての分割分譲に伴い発生する減価を評価額に反映させる必要がある。

　　したがって、状況が宅地に類似する雑種地又は市街地農地等に類似する雑種地については、「地積規模の大きな宅地の評価」の適用要件を満たせば、その適用対象となる（ただし、路線価地域にあっては、宅地の場合と同様に、普通商業・併用住宅地区及び普通住宅地区に所在するものに限られる。）。

⑷ **具体的な計算例**

　　「地積規模の大きな宅地の評価」の具体的な計算例を示せば、次のとおりである。

（設例1）宅地の場合

　　三大都市圏内に所在する面積750㎡の宅地

　　※ 他の地積規模の大きな宅地の評価の適用要件は満たしている。

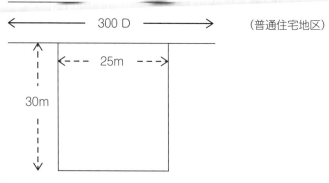

【計算】

1　**規模格差補正率**

$$\frac{750㎡ \times 0.95 + 25}{750㎡} \times 0.8 = 0.78$$

2　**評価額**

　　（路線価）　（奥行価格補正率）　（面積）（規模格差補正率）

　　300,000円　×　0.95　×　750㎡　×　0.78　＝　166,725,000円

　　（注）　規模格差補正率は、小数点以下第2位未満を切り捨てて求める。

（設例２）市街地農地の場合

三大都市圏以外の地域内に所在する面積1,500㎡の畑

※１　他の地積規模の大きな宅地の評価の適用要件は満たしている。

　２　宅地造成費として、整地（１㎡当たり600円）を要する。

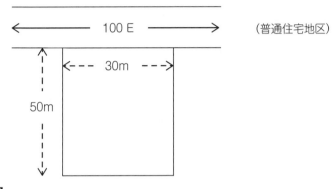

【計算】

１　規模格差補正率

$$\frac{1,500㎡ \times 0.90 + 100}{1,500㎡} \times 0.8 = 0.77$$

２　１㎡当たりの価額

$$\underset{(路線価)}{(100,000円} \times \underset{(奥行価格補正率)}{0.89} \times \underset{(規模格差補正率)}{0.77}) - \underset{(整地費)}{600円} = 67,930円$$

３　市街地農地の評価額

67,930　円　×　1,500㎡　＝　101,895,000円

（注１）　規模格差補正率は、小数点以下第２位未満を切り捨てて求める。

（注２）　市街地農地等については、「地積規模の大きな宅地の評価」を適用した後、宅地造成費相当額を別途控除して評価する。

⑸　適用時期

平成30年１月１日以後に相続、遺贈又は贈与により取得した財産の評価に適用することとした。

◆ 「地積規模の大きな宅地の評価」の適用対象の判定のためのフローチャート

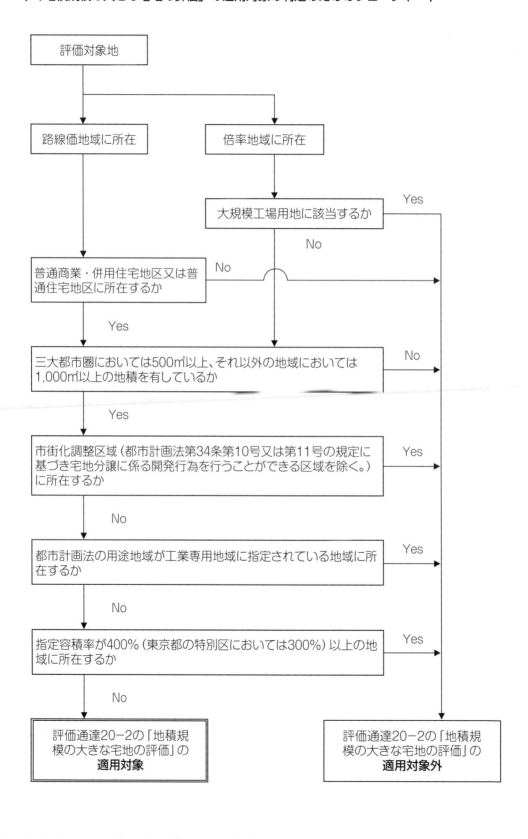

【参考資料】 3. 「地積規模の大きな宅地の評価」の適用要件チェックシート

（平成30年1月1日以降用）「地積規模の大きな宅地の評価」の適用要件チェックシート（1面）

（はじめにお読みください。）

1　このチェックシートは、財産評価基本通達20-2に定める「地積規模の大きな宅地」に該当するかを確認する際にご使用ください（宅地等の評価額を計算するに当たっては、「土地及び土地の上に存する権利の評価明細書」をご使用ください。）。

2　評価の対象となる宅地等が、路線価地域にある場合はＡ表を、倍率地域にある場合はＡ表及びＢ表をご使用ください。

3　「確認結果」欄の全てが「はい」の場合にのみ、「地積規模の大きな宅地の評価」を適用して評価することになります。

4　「地積規模の大きな宅地の評価」を適用して申告する場合、このチェックシートを「土地及び土地の上に存する権利の評価明細書」に添付してご提出ください。

宅地等の所在地番			地　積		㎡
所有者	住所（所在地）		評価方式	路線価 ・ 倍率	
	氏名（法人名）			（Ａ表で判定） （Ａ表及びＢ表で判定）	
被相続人	氏名		相続開始日又は受贈日		

【Ａ表】

項　目	確認内容（適用要件）	確認結果	
面　積	○　評価の対象となる宅地等（※2）は、次に掲げる面積を有していますか。 ①　三大都市圏（注1）に所在する宅地については、500㎡以上 ②　上記以外の地域に所在する宅地については、1,000㎡以上	はい	いいえ
地区区分	○　評価の対象となる宅地等は、路線価図上、次に掲げる地区のいずれかに所在しますか。 ①　普通住宅地区 ②　普通商業・併用住宅地区 ＊　評価の対象となる宅地等が倍率地域にある場合、普通住宅地区内に所在するものとしますので、確認結果は「はい」を選択してください。	はい	いいえ
都市計画（※1）	○　評価の対象となる宅地等は、市街化調整区域（注2）以外の地域に所在しますか。 ＊　評価の対象となる宅地等が都市計画法第34条第10号又は第11号の規定に基づき宅地分譲に係る開発行為（注3）ができる区域にある場合、確認結果は「はい」を選択してください。	はい	いいえ
	○　評価の対象となる宅地等は、都市計画の用途地域（注4）が「工業専用地域」（注5）に指定されている地域以外の地域に所在しますか。 ＊　評価の対象となる宅地等が用途地域の定められていない地域にある場合、「工業専用地域」に指定されている地域以外の地域に所在するものとなりますので、確認結果は「はい」を選択してください。	はい	いいえ
容積率（※1）	○　評価の対象となる宅地等は、次に掲げる容積率（注6）の地域に所在しますか。 ①　東京都の特別区（注7）に所在する宅地については、300%未満 ②　上記以外の地域に所在する宅地については、400%未満	はい	いいえ

【Ｂ表】

項　目	確認内容（適用要件）	確認結果	
大規模工場用地	○　評価の対象となる宅地等は、「大規模工場用地」（注8）に該当しない土地ですか。 ＊　該当しない場合は「はい」を、該当する場合は「いいえ」を選択してください。	はい	いいえ

※1　都市計画の用途地域や容積率等については、評価の対象となる宅地等の所在する市（区）町村のホームページ又は窓口でご確認ください。

2　市街地農地、市街地周辺農地、市街地山林及び市街地原野についても、それらが宅地であるとした場合に上記の確認内容（適用要件）を満たせば、「地積規模の大きな宅地の評価」の適用があります（宅地への転用が見込めないと認められるものを除きます。）。

3　注書については、2面を参照してください。

（平成30年1月1日以降用）「地積規模の大きな宅地の評価」の適用要件チェックシート（2面）

(注) 1 三大都市圏とは、次に掲げる区域等をいいます（具体的な市町村は下記の（表）をご参照ください。）。
　　　　① 首都圏整備法第2条第3項に規定する既成市街地又は同条第4項に規定する近郊整備地帯
　　　　② 近畿圏整備法第2条第3項に規定する既成都市区域又は同条第4項に規定する近郊整備区域
　　　　③ 中部圏開発整備法第2条第3項に規定する都市整備区域
　　　2 市街化調整区域とは、都市計画法第7条第3項に規定する市街化調整区域をいいます。
　　　3 開発行為とは、都市計画法第4条第12項に規定する開発行為をいいます。
　　　4 用途地域とは、都市計画法第8条第1項第1号に規定する用途地域をいいます。
　　　5 工業専用地域とは、都市計画法第8条第1項第1号に規定する工業専用地域をいいます。
　　　6 容積率は、建築基準法第52条第1項の規定に基づく容積率（指定容積率）により判断します。
　　　7 東京都の特別区とは、地方自治法第281条第1項に規定する特別区をいいます。
　　　8 大規模工場用地とは、一団の工場用地の地積が5万㎡以上のものをいいます。

(表)　三大都市圏（平成28年4月1日現在）

圏名	都府県名		都市名
首都圏	東京都	全域	特別区、武蔵野市、八王子市、立川市、三鷹市、青梅市、府中市、昭島市、調布市、町田市、小金井市、小平市、日野市、東村山市、国分寺市、国立市、福生市、狛江市、東大和市、清瀬市、東久留米市、武蔵村山市、多摩市、稲城市、羽村市、あきる野市、西東京市、瑞穂町、日の出町
	埼玉県	全域	さいたま市、川越市、川口市、行田市、所沢市、加須市、東松山市、春日部市、狭山市、羽生市、鴻巣市、上尾市、草加市、越谷市、蕨市、戸田市、入間市、朝霞市、志木市、和光市、新座市、桶川市、久喜市、北本市、八潮市、富士見市、三郷市、蓮田市、坂戸市、幸手市、鶴ケ島市、日高市、吉川市、ふじみ野市、白岡市、伊奈町、三芳町、毛呂山町、越生町、滑川町、嵐山町、川島町、吉見町、鳩山町、宮代町、杉戸町、松伏町
		一部	熊谷市、飯能市
	千葉県	全域	千葉市、市川市、船橋市、松戸市、野田市、佐倉市、習志野市、柏市、流山市、八千代市、我孫子市、鎌ケ谷市、浦安市、四街道市、印西市、白井市、富里市、酒々井町、栄町
		一部	木更津市、成田市、市原市、君津市、富津市、袖ケ浦市
	神奈川県	全域	横浜市、川崎市、横須賀市、平塚市、鎌倉市、藤沢市、小田原市、茅ケ崎市、逗子市、三浦市、秦野市、厚木市、大和市、伊勢原市、海老名市、座間市、南足柄市、綾瀬市、葉山町、寒川町、大磯町、二宮町、中井町、大井町、松田町、開成町、愛川町
		一部	相模原市
	茨城県	全域	龍ケ崎市、取手市、牛久市、守谷市、坂東市、つくばみらい市、五霞町、境町、利根町
		一部	常総市
近畿圏	京都府	全域	亀岡市、向日市、八幡市、京田辺市、木津川市、久御山町、井手町、精華町
		一部	京都市、宇治市、城陽市、長岡京市、南丹市、大山崎町
	大阪府	全域	大阪市、堺市、豊中市、吹田市、泉大津市、守口市、富田林市、寝屋川市、松原市、門真市、摂津市、高石市、藤井寺市、大阪狭山市、忠岡町、田尻町
		一部	岸和田市、池田市、高槻市、貝塚市、枚方市、茨木市、八尾市、泉佐野市、河内長野市、大東市、和泉市、箕面市、柏原市、羽曳野市、東大阪市、泉南市、四条畷市、交野市、阪南市、島本町、豊能町、能勢町、熊取町、岬町、太子町、河南町、千早赤阪村
	兵庫県	全域	尼崎市、伊丹市
		一部	神戸市、西宮市、芦屋市、宝塚市、川西市、三田市、猪名川町
	奈良県	全域	大和高田市、安堵町、川西町、三宅町、田原本町、上牧町、王寺町、広陵町、河合町、大淀町
		一部	奈良市、大和郡山市、天理市、橿原市、桜井市、五條市、御所市、生駒市、香芝市、葛城市、宇陀市、平群町、三郷町、斑鳩町、高取町、明日香村、吉野町、下市町
中部圏	愛知県	全域	名古屋市、一宮市、瀬戸市、半田市、春日井市、津島市、碧南市、刈谷市、安城市、西尾市、犬山市、常滑市、江南市、小牧市、稲沢市、東海市、大府市、知多市、知立市、尾張旭市、高浜市、岩倉市、豊明市、日進市、愛西市、清須市、北名古屋市、弥富市、みよし市、あま市、長久手市、東郷町、豊山町、大口町、扶桑町、大治町、蟹江町、阿久比町、東浦町、南知多町、美浜町、武豊町、幸田町、飛島村
		一部	岡崎市、豊田市
	三重県	全域	四日市市、桑名市、木曽岬町、東員町、朝日町、川越町
		一部	いなべ市

(注)　「一部」の欄に表示されている市町村は、その行政区域の一部が区域指定されているものです。評価対象となる宅地等が指定された区域内に所在するか否かは、当該宅地等の所在する市町村又は府県の窓口でご確認ください。

【参考資料】 4．宅地造成費の金額表＜抄＞（令和４年分大阪府）

◆市街地農地等の評価に係る宅地造成費

　「市街地農地」、「市街地周辺農地」、「市街地山林」（注）及び「市街地原野」を評価する場合における宅地造成費の金額は、平坦地と傾斜地の区分によりそれぞれ次表に掲げる金額のとおりです。

　　（注）ゴルフ場用地と同様に評価することが相当と認められる遊園地等用地（市街化区域及び
　　　　それに近接する地域にある遊園地等に限ります。）を含みます。

表1　平坦地の宅地造成費

工　事　費　目		造　成　区　分	金　　額
整地費	整　地　費	整地を必要とする面積1平方メートル当たり	700 円
	伐採・抜根費	伐採・抜根を必要とする面積1平方メートル当たり	1,000 円
	地盤改良費	地盤改良を必要とする面積1平方メートル当たり	1,600 円
土　盛　費		他から土砂を搬入して土盛りを必要とする場合の土盛り体積1立方メートル当たり	6,900 円
土　止　費		土止めを必要とする場合の擁壁の面積1平方メートル当たり	74,300 円

（留意事項）
　（1）「整地費」とは、①凹凸がある土地の地面を地ならしするための工事費又は②土盛工事を要する土地について、土盛工事をした後の地面を地ならしするための工事費をいいます。
　（2）「伐採・抜根費」とは、樹木が生育している土地について、樹木を伐採し、根等を除去するための工事費をいいます。したがって、整地工事によって樹木を除去できる場合には、造成費に本工事費を含めません。
　（3）「地盤改良費」とは、湿田など軟弱な表土で覆われた土地の宅地造成に当たり、地盤を安定させるための工事費をいいます。
　（4）「土盛費」とは、道路よりも低い位置にある土地について、宅地として利用できる高さ（原則として道路面）まで搬入した土砂で埋め立て、地上げする場合の工事費をいいます。
　（5）「土止費」とは、道路よりも低い位置にある土地について、宅地として利用できる高さ（原則として道路面）まで地上げする場合に、土盛りした土砂の流出や崩壊を防止するために構築する擁壁工事費をいいます。

表2　傾斜地の宅地造成費

傾　斜　度	金　　額
３度超　５度以下	19,100 円/㎡
５度超　10度以下	22,900 円/㎡
10度超　15度以下	35,100 円/㎡
15度超　20度以下	49,400 円/㎡
20度超　25度以下	54,800 円/㎡
25度超　30度以下	61,400 円/㎡

（留意事項）

（１）「傾斜地の宅地造成費」の金額は、整地費、土盛費、土止費の宅地造成に要するすべての費用を含めて算定したものです。

　　　なお、この金額には、伐採・抜根費は含まれていないことから、伐採・抜根を要する土地については、「平坦地の宅地造成費」の「伐採・抜根費」の金額を基に算出し加算します。

（２）傾斜度３度以下の土地については、「平坦地の宅地造成費」の額により計算します。

（３）傾斜度については、原則として、測定する起点は評価する土地に最も近い道路面の高さとし、傾斜の頂点（最下点）は、評価する土地の頂点（最下点）が水平距離の最も長い地点にあるものとして判定します。

（４）宅地への転用が見込めないと認められる市街地山林については、近隣の純山林の価額に比準して評価する（財産評価基本通達 49（市街地山林の評価））こととしています。

　　　したがって、宅地であるとした場合の価額から宅地造成費に相当する金額を控除して評価した価額が、近隣の純山林に比準して評価した価額を下回る場合には、経済合理性の観点から宅地への転用が見込めない市街地山林に該当するので、その市街地山林の価額は、近隣の純山林に比準して評価することになります。

　　（注）１　比準元となる具体的な純山林は、評価対象地の近隣の純山林、すなわち、評価対象地からみて距離的に最も近い場所に所在する純山林です。

　　　　　２　宅地造成費に相当する金額が、その山林が宅地であるとした場合の価額の100 分の 50 に相当する金額を超える場合であっても、上記の宅地造成費により算定します。

　　　　　３　宅地比準方式により評価する市街地農地、市街地周辺農地及び市街地原野等についても、市街地山林と同様、経済合理性の観点から宅地への転用が見込めない場合には、宅地への転用が見込めない市街地山林の評価方法に準じて、その価額は、純農地又は純原野の価額により評価することになります。

　　　　　　なお、市街地周辺農地については、市街地農地であるとした場合の価額の100 分の 80 に相当する金額によって評価する（財産評価基本通達 39（市街地周辺農地の評価））ことになっていますが、これは、宅地転用が許可される地域の農地ではあるが、まだ現実に許可を受けていないことを考慮したものですので、純農地の価額に比準して評価する場合には、80％相当額に減額する必要はありません。

（参考）市街地山林の評価額を図示すれば、次のとおりです。

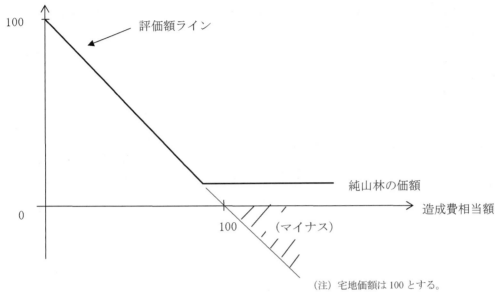

（参考）高さと傾斜度との関係

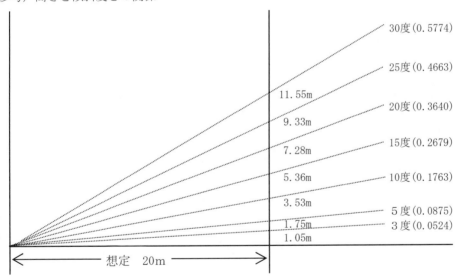

傾斜度区分の判定表

傾　　斜　　度	①高さ÷奥行	②奥行÷斜面の長さ
３度超５度以下	0.0524 超 0.0875 以下	0.9962 以上 0.9986 未満
５度超 10 度以下	0.0875 超 0.1763 以下	0.9848 以上 0.9962 未満
10 度超 15 度以下	0.1763 超 0.2679 以下	0.9659 以上 0.9848 未満
15 度超 20 度以下	0.2679 超 0.3640 以下	0.9397 以上 0.9659 未満
20 度超 25 度以下	0.3640 超 0.4663 以下	0.9063 以上 0.9397 未満
25 度超 30 度以下	0.4663 超 0.5774 以下	0.8660 以上 0.9063 未満

（注）①及び②の数値は三角比によります。

〔平坦地の宅地造成費の計算例〕

○　規模、形状

　面積「400㎡」、一面が道路に面した間口20m、奥行20mの土盛り1mを必要とする画地で、道路面を除いた三面について土止めを必要とする正方形の土地である場合

（略図）

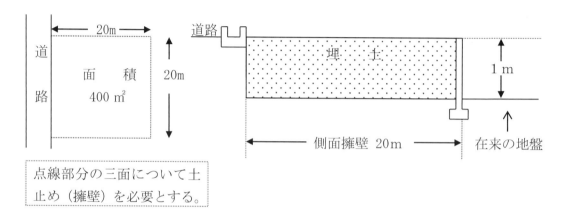

点線部分の三面について土止め（擁壁）を必要とする。

○　宅地造成費の計算（市街地農地等の評価明細書（一部抜粋））

<table>
<tr><td rowspan="17">宅地造成費の計算</td><td rowspan="12">平坦地</td><td rowspan="6">整地費</td><td rowspan="2">整　地　費</td><td>（整地を要する面積）　　　　　　　　　　　（1㎡当たりの整地費）</td><td>⑥</td><td>円</td></tr>
<tr><td>４００　　㎡　×　　　　　７００　　円</td><td>２８０，０００</td><td></td></tr>
<tr><td rowspan="2">伐採・抜根費</td><td>（伐採・抜根を要する面積）　　　　　　　（1㎡当たりの伐採・抜根費）</td><td>⑦</td><td>円</td></tr>
<tr><td>　　　　　㎡　×　　　　　　　　　円</td><td></td><td></td></tr>
<tr><td rowspan="2">地盤改良費</td><td>（地盤改良を要する面積）　　　　　　　（1㎡当たりの地盤改良費）</td><td>⑧</td><td>円</td></tr>
<tr><td>　　　　　㎡　×　　　　　　　　　円</td><td></td><td></td></tr>
<tr><td colspan="2" rowspan="2">土　盛　費</td><td>（土盛りを要する面積）（平均の高さ）　（1㎥当たりの土盛費）</td><td>⑨</td><td>円</td></tr>
<tr><td>４００　　㎡　×　１　m　×　６，９００　円</td><td>２，７６０，０００</td><td></td></tr>
<tr><td colspan="2" rowspan="2">土　止　費</td><td>（擁壁面の長さ）　（平均の高さ）　（1㎡当たりの土止費）</td><td>⑩</td><td>円</td></tr>
<tr><td>６０　　m　×　１　m　×　７４，３００　円</td><td>４，４５８，０００</td><td></td></tr>
<tr><td colspan="2">合　計　額　の　計　算</td><td>⑥　＋　⑦　＋　⑧　＋　⑨　＋　⑩</td><td>⑪</td><td>円
７，４９８，０００</td></tr>
<tr><td colspan="2">1㎡当たりの計算</td><td>⑪　÷　①</td><td>⑫</td><td>円
１８，７４５</td></tr>
<tr><td rowspan="5">傾斜地</td><td colspan="2">傾斜度に係る造成費</td><td>（傾斜度）　　　　　　度</td><td>⑬</td><td>円</td></tr>
<tr><td colspan="2" rowspan="2">伐採・抜根費</td><td>（伐採・抜根を要する面積）　　　　　　　（1㎡当たりの伐採・抜根費）</td><td>⑭</td><td>円</td></tr>
<tr><td>　　　　　㎡　×　　　　　　　円</td><td></td><td></td></tr>
<tr><td colspan="2">1㎡当たりの計算</td><td>⑬　＋　（⑭　÷　①）</td><td>⑮</td><td>円</td></tr>
</table>

※　上記評価明細書の①は、評価する農地等の面積を指します。

〔傾斜地の宅地造成費の計算例〕

○　規模、形状

　　道路の地表に対し傾斜度９度の土地

　　面積「480 ㎡」、全面積について伐採・抜根を要する場合

（略図）

○　宅地造成費の計算（市街地農地等の評価明細書（一部抜粋））

宅地造成費の計算	平坦地	整地費	整　地　費	（整地を要する面積）　　　　　　　　　　　　　　（１㎡当たりの整地費） 　　　　　　　　㎡　　　　×　　　　　　　　　円	⑥　　　　　　円
			伐採・抜根費	（伐採・抜根を要する面積）　　　　　　　　　　　（１㎡当たりの伐採・抜根費） 　　　　　　　　㎡　　　　×　　　　　　　　　円	⑦　　　　　　円
			地盤改良費	（地盤改良を要する面積）　　　　　　　　　　　　（１㎡当たりの地盤改良費） 　　　　　　　　㎡　　　　×　　　　　　　　　円	⑧　　　　　　円
		土　盛　費		（土盛りを要する面積）（平均の高さ）　　　　　（１㎡当たりの土盛費） 　　　　　　㎡　×　　　　ｍ　×　　　　　　円	⑨　　　　　　円
		土　止　費		（擁壁面の長さ）　　　（平均の高さ）　　　　　（１㎡当たりの土止費） 　　　　　ｍ　×　　　　ｍ　×　　　　　　　円	⑩　　　　　　円
		合　計　額　の　計　算		⑥　＋　⑦　＋　⑧　＋　⑨　＋　⑩	⑪　　　　　　円
		１㎡当たりの計算		⑪　÷　①	⑫　　　　　　円
	傾斜地	傾斜度に係る造成費		（傾斜度）　　　　９　　度	⑬　　　　　　円 22,900
		伐採・抜根費		（伐採・抜根を要する面積）　　　　　　　　　　　（１㎡当たりの伐採・抜根費） **480**　㎡　　　×　　　**1,000**　円	⑭　　　　　　円 480,000
		１㎡当たりの計算		⑬　＋　（⑭　÷　①）	⑮　　　　　　円 23,900

　※　上記評価明細書の①は、評価する農地等の面積を指します。

巻末附録／50音順用語索引

著者紹介

小寺　新一（こでら　しんいち）

税理士
昭和25年　東京都に生まれる
昭和47年　関西大学法学部卒業
昭和47年　大阪国税局採用
　　　以後、資産評価官、岸和田税務署長、国税審判官、八尾税務署長等を
　　　歴任
平成21年7月　大阪国税局退職
同　　年9月　税理士事務所開設
【著書・編書】
・広大地の評価手法（実務出版　著）
・最新 相続税・贈与税 土地評価の実務（税務研究会出版局　編・共著）
・税務署はここを見ている！相続税申告書で提出前にチェックすべき18の
　ポイント（レガシー　共著）
・土地評価減額の実務ポイントはここだ！―路線価方式編―（レガシー　著）
・広大地評価の路地状開発（レガシー　著）

吉村　一成（よしむら　かずなり）

税理士・不動産鑑定士・芦屋大学客員教授
昭和34年　大阪市に生まれる
昭和59年　同志社大学商学部卒業
昭和60年　大阪国税局採用
　　　以後、評価公売専門官（徴収担当）、統括国税調査官（資産税担当）等
　　　を歴任
平成24年7月　大阪国税局辞職
　　　　　　　不動産鑑定士登録後、吉村鑑定事務所　開設
同　　年9月　税理士登録後、吉村鑑定税理士事務所　開設
平成29年4月　芦屋大学客員教授就任
【著書】
・相続対策としての小規模宅地等特例の効果的活用法（実務出版）
・広大地評価はこう変わる（清文社　著）
・広大地判定マニュアル（レガシー　著）
・レベル別に見る厳選土地評価マニュアル（レガシー　著）

税務署を納得させる

四訂版 不動産評価の実践手法

～～《相続税・贈与税》～～

平成25年11月20日	初　版　発行	著　者	小寺　新一	©2022
平成26年４月20日	第２刷発行		吉村　一成	
平成26年10月20日	第３刷発行	発行者	池内　淳夫	
平成27年７月15日	第４刷発行			
平成29年４月15日	改訂版　発行			
平成30年４月10日	三訂版　発行			
令和４年10月20日	四訂版　発行			

発行所　実務出版株式会社
　　　　〒542-0012 大阪市中央区谷町９丁目２番27号　谷九ビル６Ｆ
　　　　電話　06(4304)0320／FAX06(4304)0321／振替　00920-4-139542
　　　　https://www.zitsumu.jp/

＊落丁、乱丁本はお取替えいたします。　　　　　　　　印刷・製本　大村印刷㈱

ISBN978-4-910316-16-1